"十二五"普通高等教育本科国家级规划教材
普通高等教育"十一五"国家级规划教材

汽车设计

第 2 版

主编 罗永革 冯 樱
参编 郭一鸣 高 伟 周红妮
　　　李楚琳 赵慧勇 张继伟
主审 韩宗奇

机械工业出版社

本书是"十二五"普通高等教育本科国家级规划教材、普通高等教育"十一五"国家级规划教材。

本书系统地介绍了汽车设计的理论和方法、现代汽车开发流程及数字化设计手段，涵盖了整车设计与匹配、电动汽车总体设计、底盘各总成设计的基本知识等内容，具体包括汽车总体设计、电动汽车总体设计，以及离合器、变速器、万向节与传动轴、驱动桥、悬架、转向系和制动系等设计应满足的要求、结构方案的分析与选型、主要参数的确定、零部件强度的计算及数字化设计方法。

本书可作为高等院校车辆工程专业的教材，也可作为汽车行业及相关行业工程技术人员的参考书。

本书配有PPT课件，免费赠送给采用本书作为教材的教师，可登录www.cmpedu.com注册并下载。本书部分知识点配有相关视频或动画，读者可扫描书中二维码进行观看。

图书在版编目（CIP）数据

汽车设计/罗永革，冯樱主编. —2版. —北京：机械工业出版社，2020.12（2025.6重印）

普通高等教育"十一五"国家级规划教材 "十二五"普通高等教育本科国家级规划教材

ISBN 978-7-111-67086-5

Ⅰ.①汽… Ⅱ.①罗… ②冯… Ⅲ.①汽车-设计-高等学校-教材 Ⅳ.①U462

中国版本图书馆CIP数据核字（2020）第253307号

机械工业出版社（北京市百万庄大街22号　邮政编码100037）
策划编辑：宋学敏　责任编辑：宋学敏　章承林　杨启森
责任校对：郑　婕　封面设计：张　静
责任印制：张　博
固安县铭成印刷有限公司印刷
2025年6月第2版第5次印刷
184mm×260mm·19.5印张·458千字
标准书号：ISBN 978-7-111-67086-5
定价：59.00元

电话服务　　　　　　　　　网络服务
客服电话：010-88361066　　机　工　官　网：www.cmpbook.com
　　　　　010-88379833　　机　工　官　博：weibo.com/cmp1952
　　　　　010-68326294　　金　书　网：www.golden-book.com
封底无防伪标均为盗版　　　机工教育服务网：www.cmpedu.com

第 2 版前言

在汽车行业"电动化、网联化、智能化、共享化"新四化的浪潮下,汽车设计技术在不断进步。汽车行业发展和新的高等教育形势共同呼吁相关教材的不断更新,以满足高等教育的迫切需要。

为贯彻党的二十大精神,深入实施科教兴国战略、人才强国战略、创新驱动发展战略,根据汽车设计技术的发展、读者的建议,以及近年来教学与科研的体会和经验,第 2 版基本保持了原教材体系,对第 1 版主要进行了如下修改:

1) 将第 1 版第一章第四节"汽车设计技术发展"改为"汽车产品开发技术",新增了汽车 Benchmarking 和产品虚拟现实等内容。

2) 将发动机选型和参数确定以及轮胎选型等内容列入第 2 版第二章,增加乘用车发动机舱布置方面的内容,对车身内部布置内容做了较大修订。

3) 将第 1 版第三章汽车发动机总体设计内容删去,新增第三章电动汽车总体设计,内容包括电动汽车的结构形式、电驱动系统和电源系统的设计、电动汽车的布置以及参数匹配等。

4) 将第 1 版第八章中车架的设计内容删去,将行驶系的设计改为悬架设计,对悬架设计的内容进行扩展,增加了渐变钢板弹簧和油气弹簧的设计。

5) 为进一步体现汽车及汽车设计技术的发展,同时考虑到 CAD 技术在机械类专业基础课中讲授已较为普遍,将第 1 版中 CAD 技术在汽车总布置中的应用、汽车齿轮的三维参数化设计方法内容删去,增加了万向传动装置的运动仿真、汽车主动转向和线控转向、转向系振动分析与优化、汽车 ABS 匹配等内容,并对原有的汽车主要总成 CAE 分析部分进行了完善。

6) 为方便教师教学和学生自学,根据实际教学需要,对部分知识点安排了视频、动画等资源,可扫描书中的二维码进行观看。

本书由湖北汽车工业学院罗永革、冯樱任主编,郭一鸣、高伟、周红妮、李楚琳、赵慧勇、张继伟参与部分章节的编写,全书由清华大学苏州研究院韩宗奇教授审阅。本书的编写,得到了许多同行专家的指导与支持,在此深表感谢。我们对本书参考文献的作者表示感谢,同时还要对参与本书录入工作的李莹表示深深的谢意。

恳切希望使用本书的广大师生和读者批评指正,可通过电子邮件(fengy_qc@ huat. edu. cn)与我们联系。

编 者

第1版前言

在汽车产品开发的整个过程中,产品的先天质量取决于设计,成本的 70% 是由设计阶段决定的。随着科学技术和汽车工业的发展,汽车设计方法也发生了日新月异的变化,除传统的方法和计算机辅助设计方法外,还引进了有限元分析、计算机模拟计算等现代设计方法与分析手段,在缩短设计周期的同时提高了设计质量。本书的编写是将现代设计方法与汽车设计理论进行有机结合的一次尝试,同时也力求将作者多年的教学、科研和设计经验以及部分汽车行业专家的工程实践经验融入其中。

全书共十章。第一章介绍汽车设计的内容、特点和要求,以及汽车产品开发方法和程序,并重点介绍了汽车数字化设计技术;第二章为汽车总体设计,除汽车概念设计和总布置设计外,还增加了 CAD 技术在汽车总布置中的应用;将发动机总体设计列为第三章,介绍了发动机参数、形式的选择及发动机技术的发展;第四章至第十章依次阐述离合器、变速器、万向节传动轴、驱动桥、行驶系统、转向系统和制动系统设计。各章的主要内容包括设计应当满足的要求、结构方案分类和分析、主要参数的确定原则、主要零件的强度计算和结构元件分析等;为把现代设计方法贯穿在具体的设计中,在变速器设计一章中增加了汽车齿轮的三维参数化设计方法;在离合器、转向系统的设计中增加了优化设计的方法;在悬架设计中增加了对双横臂独立悬架的运动仿真;在驱动桥、制动系统设计中分别增加了驱动桥桥壳与制动鼓的有限元分析。

本书由湖北汽车工业学院罗永革、冯樱任主编。郭一鸣、张胜兰、陶健民、李楚琳等参与部分章节的编写;王保华、赵慧勇、张继伟、周红妮等为本书编写提供了帮助。全书由燕山大学韩宗奇教授和湖北汽车工业学院伍德荣教授审阅。在本书编写过程中,得到许多同行专家的指导与支持,在此深表感谢。我们对本书参考文献的作者表示感谢,同时还要对参与本书排版的李莹和高伟表示深深的谢意。

由于编者水平有限,特别是对新内容、新知识的理解与掌握有限,书中难免存在不足之处,欢迎广大读者批评指正。

编 者

目 录

第 2 版前言
第 1 版前言
第一章　绪论 ………………………………… 1
　第一节　汽车设计概述 ………………………… 1
　第二节　汽车产品开发方法 …………………… 4
　第三节　汽车产品开发程序 …………………… 11
　第四节　汽车产品开发技术 …………………… 17
　思考题 …………………………………………… 28
第二章　汽车总体设计 …………………… 29
　第一节　汽车形式的选择 ……………………… 29
　第二节　汽车主要尺寸和参数的选择 ………… 38
　第三节　发动机与轮胎的选型 ………………… 46
　第四节　汽车总布置设计 ……………………… 49
　第五节　汽车车身内部布置 …………………… 56
　第六节　汽车 DMU 校核 ……………………… 67
　思考题 …………………………………………… 71
第三章　电动汽车总体设计 …………… 72
　第一节　电动汽车设计概述 …………………… 72
　第二节　电动汽车的结构形式 ………………… 74
　第三节　电动汽车电驱动系统的设计 ………… 79
　第四节　电动汽车电源系统的设计 …………… 82
　第五节　电动汽车的布置 ……………………… 89
　第六节　电动汽车的参数匹配 ………………… 95
　思考题 …………………………………………… 100
第四章　离合器设计 ……………………… 101
　第一节　概述 …………………………………… 101
　第二节　离合器的结构形式及选择 …………… 102
　第三节　离合器主要参数的选择 ……………… 106
　第四节　离合器主要零件的设计 ……………… 108
　第五节　离合器操纵机构的设计 ……………… 123
　思考题 …………………………………………… 125
第五章　变速器设计 ……………………… 126
　第一节　概述 …………………………………… 126
　第二节　变速器结构方案的确定 ……………… 127
　第三节　变速器主要参数的选择 ……………… 131
　第四节　同步器的设计 ………………………… 135
　第五节　变速器操纵机构的设计 ……………… 141
　第六节　变速器壳体的设计 …………………… 144
　第七节　自动变速器 …………………………… 147
　思考题 …………………………………………… 151
第六章　万向节与传动轴设计 ………… 152
　第一节　概述 …………………………………… 152
　第二节　万向节结构方案选型 ………………… 152
　第三节　万向节的传动特性和受力分析 …… 160
　第四节　万向节的设计计算 …………………… 164
　第五节　传动轴与辅助支承的结构
　　　　　分析与设计 …………………………… 168
　第六节　球笼式万向节的运动分析 …………… 171
　思考题 …………………………………………… 174
第七章　驱动桥设计 ……………………… 175
　第一节　概述 …………………………………… 175
　第二节　驱动桥的选型 ………………………… 175
　第三节　主减速器的设计 ……………………… 178
　第四节　差速器的设计 ………………………… 192
　第五节　半轴的设计 …………………………… 197
　第六节　驱动桥桥壳的设计 …………………… 201
　思考题 …………………………………………… 207
第八章　悬架设计 ………………………… 208
　第一节　概述 …………………………………… 208
　第二节　悬架形式及选择 ……………………… 208
　第三节　悬架主要性能参数的确定 …………… 211
　第四节　钢板弹簧的设计 ……………………… 215
　第五节　独立悬架弹性元件的设计 …………… 221
　第六节　独立悬架导向机构的设计 …………… 226
　第七节　基于 ADAMS 的汽车双横臂式
　　　　　独立悬架实例分析 …………………… 234
　思考题 …………………………………………… 242
第九章　转向系设计 ……………………… 243

第一节	概述 …………………………… 243	第一节	概述 …………………………… 272
第二节	转向系的主要性能参数 ……… 244	第二节	制动系的结构形式及选择 ……… 273
第三节	转向器结构形式的选择及设计计算 ……………………… 248	第三节	制动系主要参数的确定 ……… 278
第四节	转向管柱带传动轴总成的设计 … 252	第四节	制动器的设计与计算 ………… 282
第五节	助力转向机构的设计 ………… 253	第五节	制动驱动机构的设计与计算 … 289
第六节	转向梯形机构的优化设计 …… 262	第六节	ABS 的匹配 …………………… 294
第七节	转向系振动分析与优化 ……… 267	第七节	鼓式制动器的热-力耦合的有限元分析 ……………………… 299
思考题 …………………………………… 271		思考题 …………………………………… 303	

第十章 制动系设计 …………………… 272

参考文献 ……………………………… 304

第一章 绪 论

第一节 汽车设计概述

自1886年1月29日世界上第一辆汽车诞生以来，汽车工业经历了130多年的发展历程。汽车工业的发展，带动了钢铁、石油、机械、电子等许多相关产业的发展。汽车工业的规模和汽车产品的质量成为衡量一个国家科技水平的重要标志之一。因此，世界上许多国家和地区将汽车工业作为国民经济的支柱产业。随着汽车工业和科学技术的不断进步，汽车设计日臻完善，汽车的各项性能逐步提高。

一、汽车设计的含义

从横向上看，汽车设计包括了设计对象、设计进程甚至设计思路的设计；从纵向上看，汽车设计贯穿于产品孕育直至消亡的全生命周期，涵盖了产品研究、产品规划、产品设计、产品试验、产品制造、产品销售、产品使用、产品报废等设计活动，起到促进科学研究、生产经营和社会需求之间互动的中介作用。

二、汽车设计的内容

汽车设计的内容包括三个层次：整车总体设计、系统总成设计和零部件设计，如图1-1所示。

整车总体设计层次的主要任务包括汽车总体设计选型、外形造型设计、总布置尺寸确定、人机工程分析、各系统或总成的性能要求和主要参数选择等内容。这个层次决定了汽车的造型特点、主要用途、基本性能、价格范围、用户阶层以及生产纲领等。

系统总成设计层次的主要任务包括汽车各个系统或总成结构形式的选择、各种总成结构形式要满足汽车整体性能的分析计算、运动系统或总成的运动校核等内容。这个层次决定了汽车所采用的技术是否先进、汽车总体设计是否合理、基本性能是否能保证、是否做到了产品系列化和零部件通用化，以及制造价格能否控制在较低水平。

零部件设计层次的主要任务包括汽车主要零部件结构形式的选择、零部件的受力分析、运动分析、主要参数和材料的选择、强度计算以及初步的制造工艺分析等内容。这个

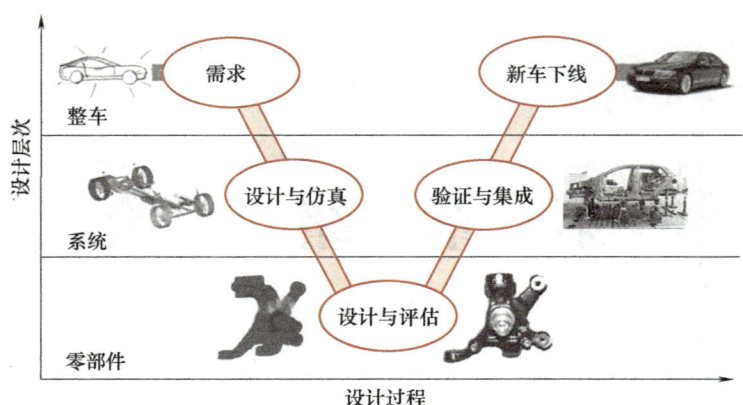

图 1-1 汽车设计的三个层次

层次决定了汽车各总成基本性能的保证手段、零部件的标准化程度、零部件生产的组织规模以及提高零部件质量并降低造价的途径。

三、汽车设计的特点和要求

汽车作为一种运动机械，与其他机械产品相比，其特点是使用条件复杂、产量大、变型多，涉及范围广泛，与能源、交通、环境、安全等多方面相关。因此，汽车设计要考虑的要素众多。

1. 考虑工作环境的复杂多变

汽车是在自然环境条件下使用的交通工具，而自然环境复杂多变。我国地域辽阔，每一辆汽车都有可能面临不同的气候、地理等复杂的工作环境，如高温、高寒、高湿等不同的气候条件，高原、山区、丘陵、沙漠等不同的地理条件，以及燃料供应、路面环境、维修能力等不同的使用条件。这些不同的工作环境对汽车的结构、性能、材料和工艺等提出了许多特殊的要求。例如，高原地区车辆要采用增压发动机；高寒地区车辆要考虑发动机的冷起动；高温地区车辆要考虑车厢的隔热、通风和空调的使用；山区车辆则应提高汽车的爬坡能力并配备辅助制动器等。

2. 坚持"三化"原则

汽车产量大、品种及型号多，设计中实行"三化"（即产品系列化、部件通用化、零件标准化）原则，可简化生产，提高生产率，保证产品质量，降低成本。

产品系列化是指制造厂为了既能供应各种型号的产品（可为汽车，也可为总成或部件），又能进行大量生产，而将产品合理分档，组成系列，并考虑各种变型，以较少的基本型衍生出较多的系列产品。例如，驱动形式为 4×4 的越野汽车加上一根驱动桥就可变型成为 6×6 的越野汽车，加上两根驱动桥则变型成为 8×8 的越野汽车，形成产品系列；发动机可按缸数分为直列 4 缸、6 缸或 V 形排列 6 缸、8 缸等几个品种，组成产品系列。

部件通用化是指在同一系列或整车质量相近的一些车型上，尽量采用同样结构和尺寸的总成或部件，以简化生产。例如，将某款车型加长，原有的宽度和高度保持不变，这就使变型车辆和原型车辆大部分总成或部件通用，降低了制造成本，提高了生产率，简化了维修。

零件的标准化是指在设计中应尽可能采用标准件，这有利于通用化和系列化，更有利于组织生产、降低成本、提高质量和方便维修。

3. 遵循相关的标准和法规

汽车设计要遵循汽车有关的标准和法规。针对我国市场开发的汽车产品，汽车设计就要在我国有关标准和法规的指导下进行，包括国家标准、行业标准和企业标准等；针对世界市场开发的汽车产品，汽车设计就必须考虑国际标准化组织（ISO）制定的一些标准和出口所在地相关的标准和法规。例如，进军美国市场的汽车产品就必须满足美国国家标准协会（ANSI）标准、美国机动车工程师协会（SAE）标准、美国联邦机动车安全标准（FMVSS）等；进军欧洲市场的汽车产品就必须满足欧洲经济委员会（ECE）和欧洲经济共同体（EEC）所制定的汽车法规。

4. 重视汽车使用中的安全、可靠、经济和环保

如图1-2所示，汽车的使用性能是多方面的，例如，动力性、经济性、可靠耐久性、舒适性、安全性等，另外还要考虑环保、排放、是否电磁兼容（EMC）的要求，并兼顾造型、功能配置等，其中某些性能有时是相互矛盾的。因此，汽车设计要在给定的条件下，协调各种使用性能的要求，合理选择各种性能指标，使汽车在该使用条件下的综合使用性能达到最优，尤其要重视使用中的安全、可靠、经济和环保。

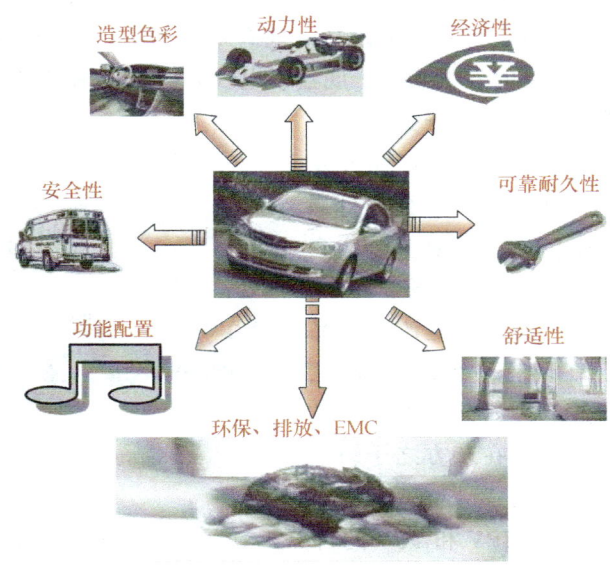

图1-2 汽车的使用性能要求

5. 既重视工程要求又重视外观造型

汽车设计要满足良好的工程要求，既要满足结构的强度要求、整车布置的匹配要求、实际使用的人机工程要求，还要满足相关的制造、装配等工艺要求。由于汽车的外形、色

彩是给人的第一印象，是人们评价汽车最直接的要素，同时对市容、人的感官有很大影响，因此在符合法律法规的前提下，汽车的外观造型和色彩搭配也很重要。

另外，汽车设计还是综合考虑机械工程、交通工程、制造工程、运营工程和管理工程等的系统工程。

综上所述，汽车设计涉及多门专业学科和各种不同的要求，是一项重要而复杂的工作。因此，要做到成功的汽车设计，就必须运用系统工程的观点和方法，全面均衡地、有层次地处理各种不同要求，使整车的设计实现技术、经济和艺术的有机结合。如果设计中考虑欠周到就会造成制造上的困难、功能上的缺陷，影响产品市场竞争力，带来巨大的经济损失，因此，对汽车设计只有精益求精、不断完善，才能设计出符合使用要求的、物美价廉的汽车产品。

第二节　汽车产品开发方法

一、汽车新产品的分类

汽车新产品开发就是实现产品创新。按照创新数量的多少或技术变化程度的大小，汽车新产品可分为全新产品、更新产品和新牌子产品。

1. 全新产品

全新产品分为两类：一类是技术复杂程度最高的全新平台式开发，从发动机到底盘，从车身到电气都要全新开发；另一类是以某一现有平台为基础，开发新车身为主，造型、结构及尺寸都会有变化，同时在发动机、底盘、电气方面做继承式改进。

全新平台式开发工作量大、任务重，花费的时间与费用巨大，乘用车全新产品开发一般需要5~6年，但往往每一两年会进行局部改型，在灯具、饰件、散热栅架上做些变化，然后冠以某某年款车型推向市场。

新车身开发式全新产品往往是改变产品用途及其应用原理，在现有平台的基础上，对原有产品进行再创造。例如，奇瑞公司的东方之子 Cross（见图1-3）在东方之子轿车平台的基础上开发，采用了跨界车（Crossover）的概念，兼有轿车、MPV 和 SUV 的特点，应用原理有了显著变化。

图1-3　奇瑞东方之子 Cross

2. 更新产品

更新产品是指在技术原理没有重大变化的前提下，针对市场需要对现有产品所做的外形变化、功能扩展和技术上的改进。根据改进程度的大小，更新产品可分为大改款产品和小改款产品。

大改款产品主要是指汽车产品为满足消费者需求、适应政策法规要求以及顺应时代发展趋势等而增加配置、改善动力系统、满足排放要求、内外饰时尚改进以及为改善安全性、舒适性等方面而做出的一系列改进。

小改款产品改进内容比较少，更多的是在车内、车外肉眼可见的部件有所更新，例如，只改变车身的前后部造型和内外饰件等。小改款时间及费用最少，一般都是在年底进行，为的是给市场一个冲击。例如，图1-4所示为东风雪铁龙汽车公司爱丽舍车型的2010款和2017款。

图1-4　东风雪铁龙汽车公司爱丽舍车型的2010款和2017款

3. 新牌子产品

新牌子产品是指企业对现有汽车产品做比较大的改动，并使用一种新的牌子，成为一种新产品，这样可改变用户对老产品的固有印象，使消费者容易接受新产品。

二、汽车产品开发的商业原则

汽车产品开发是一种商业行为，商业行为就要遵循商业原则。汽车产品要面向市场、满足用户需求并最终获利，在产品开发时就必须考虑质量、价值和成本。

1. 质量观念

质量是产品市场竞争中最重要的支柱，质量竞争已成为企业市场竞争的关键。质量的好坏关系到产品开发的成败，一个汽车产品如果没有很好的质量是很难在残酷的市场上站稳脚跟的。因此，汽车产品开发中应把产品的质量放在首位。

2. 价值观念

品牌是商品价值的体现，优良的品牌是汽车企业在激烈的市场竞争中取胜的重要手段，好的品牌能不断创造出令用户可以感受到的魅力。因此，汽车企业开发的新产品首先应该有品牌特征，然后才是提高品牌知名度，进而打造强势品牌。

3. 成本观念

以最低的成本获取最大的利润是企业的追求，而用户最希望购买的是性价比高（即高性能低价格）的汽车产品。提高产品性价比的途径主要有以下几种：成本不变，功能提高；成本下降，功能不变；成本有所提高，功能大幅度提高；成本大幅度下降，功能略有下降；成本下降，功能提高。因此，在汽车新产品开发中，应根据企业实际情况合理选择提高性价比的途径。

三、汽车产品开发的系统理念

汽车产品开发是一项复杂的系统工程。从汽车产品的生命周期来看,汽车产品开发从用户需求出发,配以企业管理系统、产品开发系统、产品制造加工系统、零配件供应系统、销售管理系统以及售后服务系统等构成了一个相互衔接的网络,成为现代化汽车企业的基本模式,如图1-5所示。

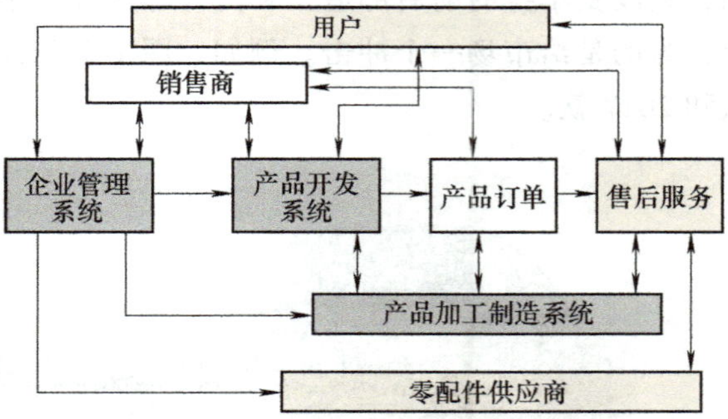

汽车产品开发系统工程要遵循以下原则:

图 1-5 现代化汽车企业的基本模式

1. 整体原则

汽车产品开发系统包括众多环节或子系统,虽然这些环节或子系统具有各自独立的功能,但其功能的实现都要服从于整体功能的实现。因此,汽车产品开发就要把产品开发系统作为研究对象,在产品开发中树立整体观念和全局观念。

首先,应把汽车新产品作为一个独立的整体来设计,而不是一堆任意组合的零部件;其次,在新产品开发中,要处理好标准法规要求与用户需求之间的关系;另外,要重视产品开发的每一个环节,在每一个环节都要实行目标成本控制和全面质量管理。

2. 协调原则

汽车产品开发系统的各个环节或子系统之间有着相互依赖的特定关系,在产品开发过程中,要协调好各环节或各子系统与整体之间的关系,使各子系统的功能服从于整体目标,以求得整体功能的优化。

在汽车设计中,要善于统筹兼顾以达到协调。例如,汽车的很多使用性能之间是矛盾的,在汽车性能设计时就要根据产品开发的要求灵活取舍,有的产品要追求某一方面的突出性能,但不忽视其他的性能,以迎合个性化用户的需求,有的产品可能需要平衡各方面的性能,以迎合大多数用户的需求。

3. 优化原则

汽车产品开发系统是有明确目的的,产品开发必须降低成本、提高质量、符合市场需求。因此,汽车产品开发应从整体优化目标出发,达到技术、质量、成本和开发周期的统一。

在新车开发时,必须把目的转化为具体的质量、时间和成本目标,也就是在正确的时机,以正确的价格,推出正确的产品,提高产品竞争力,为企业赢得市场。

4. 反馈原则

汽车产品开发系统处于工业生产系统之中,要受到社会、政治、经济等因素的制约。针对这一特点,汽车企业必须自觉遵守有关的政策法规、准确预测市场需求、合理制订企业产品规划。

在新产品开发过程中,要及时获取企业产品开发系统内外的各种有效信息,特别要重视政策法规的研究、用户的信息反馈,认真研究市场需求,主动适应市场发展,不断改进产品开发。

四、汽车产品开发的平台/架构战略

汽车平台是在开发过程中用相似的底盘和车身结构,承载不同车型的开发及生产制造,生产出外形、功能不尽相同的产品,生产平台是汽车的一部分,它涉及设计、数据管理等,是由一系列产品共享的一整套资产。

一个成功且完善的平台,可以同时承载不同车型的开发及制造,生产出外形、功能都不尽相同的产品,以合理的成本来提供多样的选择,大大缩短了产品开发、更新的周期,使得在降低成本和产品多样性之间取得很好的统一。在制造方面,由于是同一平台的产品,可以大量采用通用化的零部件和总成,从而大大降低了制造成本和采购成本(不同平台之间的零部件共享率一般低于30%);在研发方面,一个平台上实现了技术性的突破,就等于这个平台上搭载的所有产品都实现了突破,使各项开发费用大大降低。

基于市场需求、市场竞争和技术发展的背景,世界上主要的汽车公司纷纷推出平台战略。世界上第一个轿车平台是在德国大众公司诞生的,而平台战略也成为大众公司一项重要的产品战略,并被许多其他汽车厂商所借鉴。通过平台战略的实施,大众公司整合了产品系列,平台数量已从原先的32个减少到A00级、A0级、A级、B级、D级五个底盘规格,统一了全部产品系列,在公司内部共同使用这五大平台,大大降低了各项成本,同时提高了产品的竞争力,既能满足用户多样化的需求又加快了新产品推出的速度。例如,表1-1为大众公司的部分平台车型。表中,P表示平台,Q表示发动机横置(纵置为L),第一位数字3代表A级、4代表B级,最后一位数字表示第几代。

表1-1 大众公司的部分平台车型

大众平台	一汽大众车型	上海大众车型
PQ34	宝来	无
	高尔夫	
PQ35	速腾	明锐
	开迪	途安
PQ45	无	帕萨特-领驭
PQ46	迈腾	无

从20世纪90年代开始,平台战略被主要汽车跨国公司接受并大力推广,对于增强企业的竞争实力起了重要的推动作用。例如,日本的本田(Honda)公司在20世纪90年代初就致力于共用平台的开发,使其在20世纪90年代的竞争中处于相对的优势地位。在开发1993年型的"雅阁"车型时,本田公司仅在一个底盘平台上就开发出了多种车型,即用于北美市场的前轮驱动型和单排双门跑车,用于日本市场的基本型和旅行车,以及用于欧洲市场的全轮驱动型。

平台战略的实施，有利于实现多品种、小批量的多元化产品格局，满足全球不同市场和不同目标用户的个性化需求；有利于平台部分的产量相对集中和扩大；也有利于汽车产品开发中智力资源和资本资源等的合理重组。

尽管平台战略在汽车企业实践方面已取得很大的进步，但共用平台也有一些不利之处：平台共用给汽车设计师带来很多约束，在汽车设计时设计师发挥的作用有限，真正能改变的是车身外形，其他改动甚少；平台战略使产品的重叠现象过于严重，多个品牌来自同一平台，各个品牌的产品特性不易保持，价格定位也不好确定；共用平台抹杀了各个品牌间的差别，影响了企业赖以生存和发展的品牌优势。

平台化是一种生产模式，并不是所有产品都适合平台化生产。规划和设计平台比单纯开发一个产品耗费的人力物力要大得多，在决定是否需要开发一个平台以支持公司的长远计划之前，要对技术、资源、市场、公司能力等各方面进行谨慎的分析。

针对平台战略的缺陷，有的汽车企业（如宝马公司、奥迪公司以及雷诺-日产联盟等）推出了"模块化"战略。所谓模块，是指由几个零部件集装在一起，并在汽车装配过程中作为一个单元来对待，而且它并不一定非要具有某种特定的功能。模块可以是一个系统，而一个系统也可以包含好几个模块。汽车座椅装配的变化可以很好地解释模块化的概念。最初座椅外套是在汽车总装厂里缝合的，而后将外套覆合在泡沫材料制成的圆形芯子上，做成软垫和座椅靠背，接着将其和座椅调角器及滑轨装配在一起，随后再加上头枕和安全导轨，最后才能将座椅装到汽车上；而如今，座椅供应商送给整车厂的已不再是座椅散件而是整个座椅，这种变化就是实现模块化的结果。例如，图1-6所示为雷诺-日产联盟在2013年公布的CMF（Common Module Family）模块化平台，其设计理念是最大灵活化，不是传统意义的一个平台，而是一个"混合体"，各模块可以根据车型不同需要进行相应改动，实现从紧凑型车到中型SUV的开发。

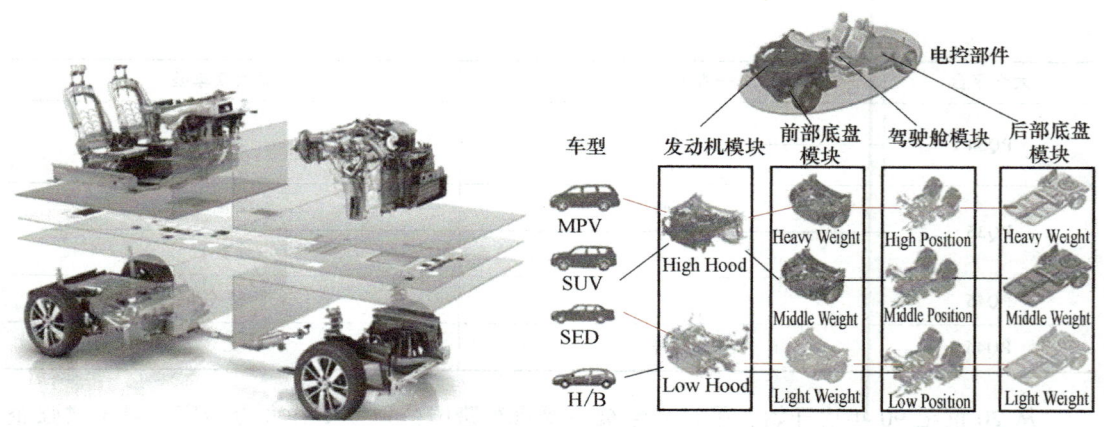

图1-6　雷诺-日产CMF模块化平台

汽车开发采用模块化可以实现很多优点：聚零为整，可以将零散的小件集装成模块，形成由小到大的层次结构；化繁为简，实现零件组合的简化；灵活多变，实现产品的系列化；量身定做满足用户多样化的要求；可靠方便，有利于装配、使用和维修的方便。

对于一个在市场上全方位参与竞争的汽车公司而言，开发多个平台是不可避免的。但平台数量过多同样会导致投入过大和产品技术过于复杂，因此有必要研究平台与平台之间的关系。如果两个平台的关键部分采用的是相同的工程解决方案，则称为同一架构上的两个平台。例如，图 1-7 所示为汽车整车产品、平台与架构之间的关系。架构战略是一种更为灵活的整车规划和研发战略，它以架构-平台-产品这样一个自上而下的树状结构承载了具有相同架构特性的所有车型研发。架构概念强调的是工程解决方法的共用，是平台概念中物理"同零件"的抽象化与升华，是更深层次的协同，是平台概念基础上的扩展和往上延伸。平台与平台、平台与架构之间的划分在各公司之间也是有差异的，随着技术的进步也在演变之中。

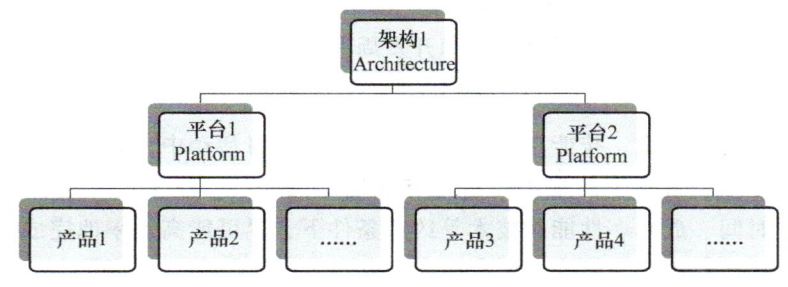

图 1-7 汽车整车产品、平台与架构之间的关系

架构战略或者说统一架构的车型应具有这样一些特性：

1) 一组共用的零件，在保证工程方案相同的前提下尽可能最大化地实现关键零件共用。

2) 共同的功能和性能限制，共用的工程解决方案决定了架构所有车型具有一定的性能共性，并且建立起工程解决方案的"最优性"。

3) 一组共用的界面，用以保证关键架构零件的共用性。

4) 相同的制造体系，统一架构车型相同的制造体系确保企业整体制造规划的灵活性。

5) 一定的尺寸带宽，用共同的工程方案解决关键尺寸在一定范围内的浮动，进一步满足用户个性化的需求。

架构战略给现代汽车开发提供了一条崭新的思路，在平台化沿用和全新开发之间架起了一座桥梁。

1) 它提供了更为广泛及灵活的产品规划方式，如果按照平台战略，由于产品的外形、布置有较大差异，SUV、MPV、轿车等车型相互之间是很难共平台开发的，架构思路的出现避免了一系列新平台各自为政的情况出现，使公司资源得到最合理的整合。由于架构战略有共同的功能及其性能的前瞻性，使得规划部门更早地着手前期规划，让人员、经费及硬件尽早到位。

2) 以比较小的代价解决了共平台策略车型缺少变化的问题，在同一架构的指导下，不同平台所衍生出的不同性能的车型给用户提供了更为多样化的选择空间。

3) 大大节省了开发费用，在无法做到同平台的情况下，平台之间共架构的设计理念还能够大幅缩减工程开发费用、投资费用和制造费用。

4）降低了同架构车型开发周期和风险，得到验证的工程方案可以应用于该架构中任意一款车型，产品质量的提升以及售后的反馈都将从中获益。

5）由于同架构车型在开发时就考虑了采取一致的制造体系，对于企业的生产、物流、采购体系也提供了更大的灵活性。

五、汽车产品开发的管理方法

汽车产品开发的工作比较复杂，动用的人力和物力、牵扯到的部门和单位都很多，需要花费的时间也很长，除此之外，还必须要有足够的资金保障。为此，汽车产品开发必须要有科学的管理方法，对汽车设计过程中涉及的人、财、物等进行管理，对时间、质量和成本进行控制，达到技术、质量、成本和开发周期的最优组合。

1. 项目管理

项目管理就是把知识、技能、工具和技术应用到项目活动中，以满足或超过项目投资者的要求和期望。项目管理的根本目的是有效地利用时间、技术、人力和资金等各种资源，在给定的时间、成本、性能和技术等约束条件下，尽可能高效率地完成项目任务，达到项目目标，从而向用户提供满意的产品或服务。

由于汽车产品开发是一项复杂的系统工程，需要面对动态多变的市场环境，需要跨部门、跨职能乃至跨文化沟通与解决问题，需要团队合作实现目标，需要对众多的开发活动进行有机整合，因此汽车产品开发的项目管理至关重要。

项目管理是以项目组的形式开展工作的。现代项目管理一般涉及以下几个方面的内容：项目集成管理、项目范围管理、项目时间管理、项目成本管理、项目质量管理、项目人力资源管理、项目信息管理、项目风险管理和项目采购管理等。

2. 并行工程

并行工程是对产品设计及其相关过程（包括设计过程、制造过程和支持过程）进行并行、一体化设计的一种系统化工作模式。并行工程把计算机辅助设计、制造、管理和质量保证体系等有机地集成在一起，实现信息集成、信息共享、过程集成。并行工程的开发模式以开发周期短、产品质量高、开发费用低、用户满意为目标，强调设计过程的并行性、系统性和快速反馈，同时要求各相关职能间的工作协同与集成。

在汽车产品开发过程中，在产品设计阶段，项目组就适时地发布各种信息，使有关部门和相关供应商能在设计阶段就及早参加项目，并开展工艺过程设计、外购零部件设计、模具设计等。通过不同专业过程的合理交叉与并行，使占项目开发周期较长的过程或活动得以同步进行。设计人员在产品设计阶段就要综合考虑产品生命周期的各个方面，包括产品概念、功能需求、工艺性、成本核算、质量控制以及报废回收等问题。

在并行工程中，产品设计、制造加工、质量控制、销售服务等环节不再是相互独立的过程，而是整个产品开发系统的有机组成部分。各相关职能为了共同的项目目标以平行、交叉、协同的方式解决产品开发过程中出现的问题，及时交换和反馈信息，根据项目需要迅速做出决策，有效提高工作效率和质量。

3. 全面质量管理

全面质量管理（Total Quality Management，TQM）是指一个组织以质量为中心，以全员参与为基础，通过对涉及产品质量的对象、过程、人员的全面管理和全面应用各种管理方法，达到让用户满意和本组织所有成员及社会受益的目的所实行的长期有效并能保证成功的管理途径或管理活动。

全面质量管理的基本内容是"三全"：对全面质量的管理，全面质量指所有质量，即不仅是产品质量，还包括工作质量、服务质量，其中产品质量是核心；对全过程的管理，对产品的质量管理不限于制造过程，而是扩展到市场研究、产品开发、生产准备、采购、制造、检验、销售及售后服务全过程；由全体人员参与的管理，企业把"质量第一，人人有责"作为基本指导思想，将质量责任落实到全体职工，人人为保证和提高质量而努力。全面质量管理的根本宗旨是有效地利用人力、物力、财力等资源，以最经济的手段生产出用户满意的产品。

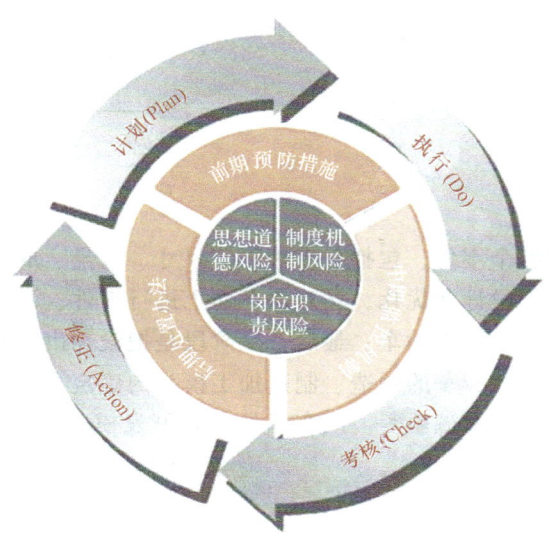

图 1-8　PDCA 循环（戴明环）

为实施全面质量管理，在汽车产品开发中采用了很多质量跟踪、管理和评审方法，如 PDCA 循环（也称为戴明环，见图 1-8）、六西格玛管理、质量体系五大工具和 AUDIT 评审方法等。

第三节　汽车产品开发程序

任何产品都有一定的生命周期，汽车也不例外。因此，汽车企业要不断改进产品和开发新产品，以满足市场的要求，从而保证产品的市场竞争力和企业的可持续发展。汽车从构思到投放市场需要一个较长的时间过程，汽车产品的开发必须根据企业产品发展规划来确定，以实现社会环境、市场需求和企业实际条件的协调。

汽车的产品开发是一个循序渐进的过程，需要投入大量的人力、物力和财力。以开发一辆全新车型为例，从项目开始到最终新产品批量生产一般需要近 50 个月的时间。一辆全新车型的开发主要分为三个部分：一是要开发一辆什么样的车；二是如何设计满足要求的车；三是怎样把设计好的新车型批量制造出来。汽车产品开发的程序如图 1-9 所示。

从项目开始到确定产品战略意向是汽车产品开发中的一个关键阶段，这个阶段的任务是明确要开发一辆什么样的车，根据市场动向、用户需求和产品预测，明确产品、市场、制造加工、部件配套、外形概念以及现有产品的利用等，作为整车开发的工程输入；接下来利用各种理论和测试手段，将整车技术性能指标自上而下进行细化，分解到系统、总成

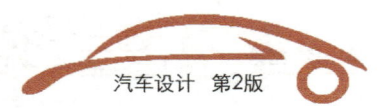

汽车设计公司
样车制作

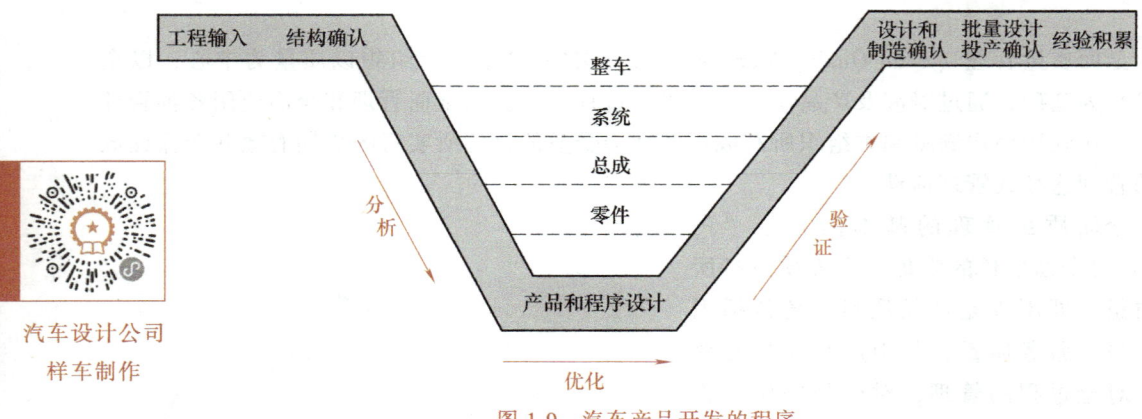

图1-9 汽车产品开发的程序

和各个零件,包括技术性能、尺寸、重量、成本和制造工艺等,产品开发人员对各个零件进行设计和优化,然后自下而上进行零件、总成、系统和整车性能指标的综合验证,以设计满足要求的车;最后一个阶段是把设计出来的新车高质量地批量生产出来,包括零部件订货、样车的制造、制造加工模具的确定、批量生产计划、整车装配工艺、整车性能调试及可靠性试验等。汽车产品V形开发模式的典型里程碑事件如图1-10所示。

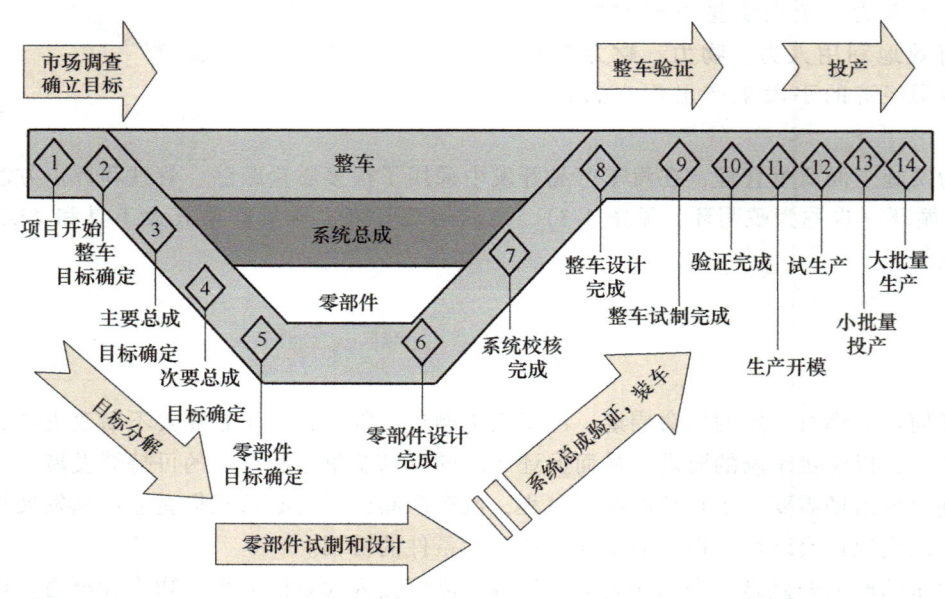

图1-10 汽车产品V形开发模式的典型里程碑事件

汽车产品的开发是一个多部门联合协作的过程,通常分为四个阶段:概念设计阶段、工程设计阶段、试制试验阶段和生产阶段,如图1-11所示。

一、概念设计阶段

概念设计阶段要提出整车的构想方案,并对其可行性进行论证,从而确定切实可行的整车设计目标与方案。

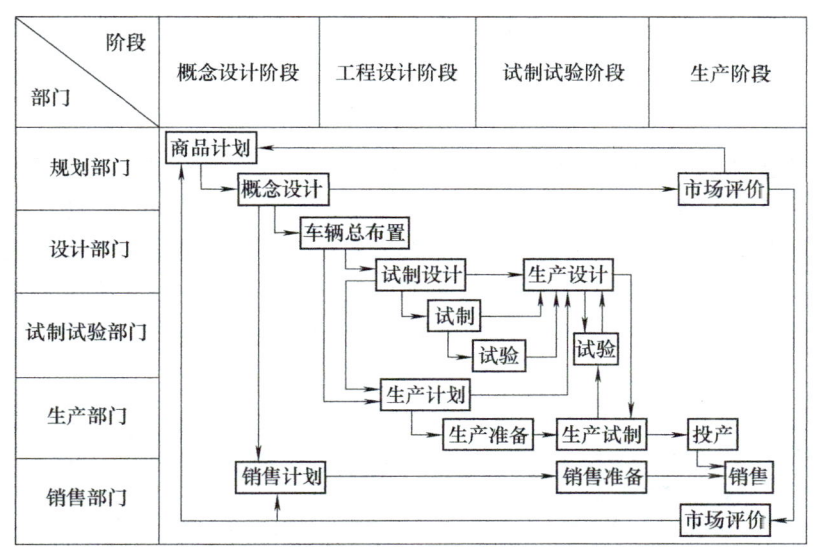

汽车胶带图

图 1-11 汽车产品开发的主要过程

1. 调查研究和制订产品开发目标

设计人员在产品技术设计之前要进行广泛的调查，包括市场调查、用户调查、竞争对手调查、生产调查和参考样车调查等，在对调查的情况进行分析研究之后，制订产品开发目标，包括市场目标、价格目标、性能目标和系列目标等。市场目标是指市场的区域、用户的类型以及希望占据的市场份额；价格目标是指用户能接受的价格范围、产品价格的优势、企业赢利情况等；性能目标指主要性能指标及要优先保证的顺序；系列目标应提出系列的基本框架及构成方式；在结构上应明确形式与主要结构特征，还应提出生产纲领和投产时间。

2. 方案构思与论证

设计人员根据上述目标可以构思多个整车方案，并画出方案草图，然后对每个方案进行分析，发现问题，研究对策，最后从中选出两三个较为合理的设计方案。与此同时，造型设计师根据总布置设计所定出的汽车尺寸和基本形状，就可勾画出汽车的具体形象。效果图又分为构思草图和彩色效果图两种。构思草图是记录造型设计师灵感的速写画，如图 1-12 所示。彩色效果图是在构思草图的基础上绘制的较正规的绘画，需要正确的比例、透视关系和表达质感，如图 1-13 所示。在进行对比分析之后，确定两三个方案做 1∶5 的

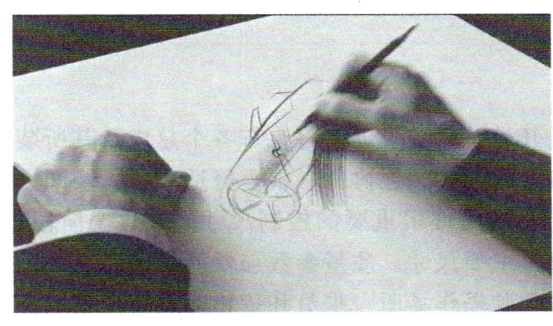

图 1-12 汽车方案构思草图

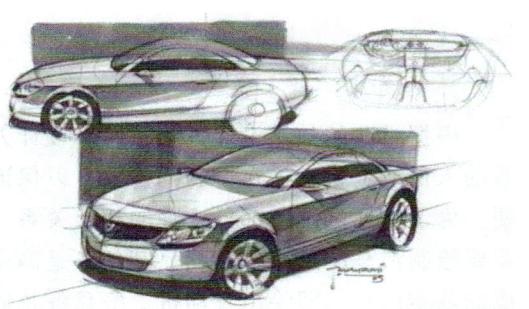

图 1-13 汽车方案彩色效果图

油泥模型，如图 1-14 所示。设计人员在这一过程中要充分发挥创造性，开放思路，大胆创新。

3. 模型车制作和编写设计构想书

油泥模型

在上述两三个整车设计方案和 1∶5 的油泥模型基础上进一步分析论证，选定一两个方案制作模型车（或 1∶1 的油泥模型，见图 1-15）。在制作模型车的过程中，整车设计人员要进行一些连接设计，模型车在外形和主要结构特征上代表了设计思路，但在很多细节上是不完善的。在制作模型车的同时，整车设计人员要编制"设计构想书"，其主要内容包括设计依据、设计目标、技术方案和技术经济分析。

图 1-14　整车 1∶5 的油泥模型

图 1-15　整车 1∶1 的油泥模型

4. 召开选型讨论会

上述工作完成之后，就可以召开选型讨论会，如图 1-16 所示。会议的目的是从若干个造型方案中选择出一个合适的车型方案，以便作为技术设计的依据。参会人员主要包括造型设计师、结构设计师和工艺师等，会议主要讨论审美问题，但也涉及结构、工艺等方面。选型讨论会结束，说明选定车型的造型构思基本成熟，汽车的概念设计阶段结束。

图 1-16　汽车产品选型讨论会

二、工程设计阶段

1. 总布置设计

根据批准的整车设计方案，整车设计人员开始总布置设计，将汽车各个总成及其所装载的人员或货物安排在恰当的位置，以保证各总成运转相互协调、乘坐舒适和货物装卸方便。为了保证汽车各部分合理的相互关系，需要定出许多重要的控制尺寸。在这个阶段，需要绘制汽车的总布置草图，其任务是确定整车主要尺寸、质量参数与性能指标以及各总成的基本形式，即绘出发动机、底盘各总成、驾驶操作场所、乘员和货物的具体位置以及边界形状，也包括零部件的运动（如前轮转向与跳动）范围校核。在此基础上较准确地确定汽车的轴距、总长、总宽、总高、离地间隙、货台（或地板）高度等主要尺寸。经过汽车总布置设计，就可确定汽车的主要尺寸和基本形状，如图1-17所示。在总布置图完成后，即可进行车身造型设计及绘制车身布置。其任务是绘制不同外形、方向、色彩的车身外形图；制作相应造型的1∶5整车模型；从中选优后再制作1∶5或1∶1的精确模型。

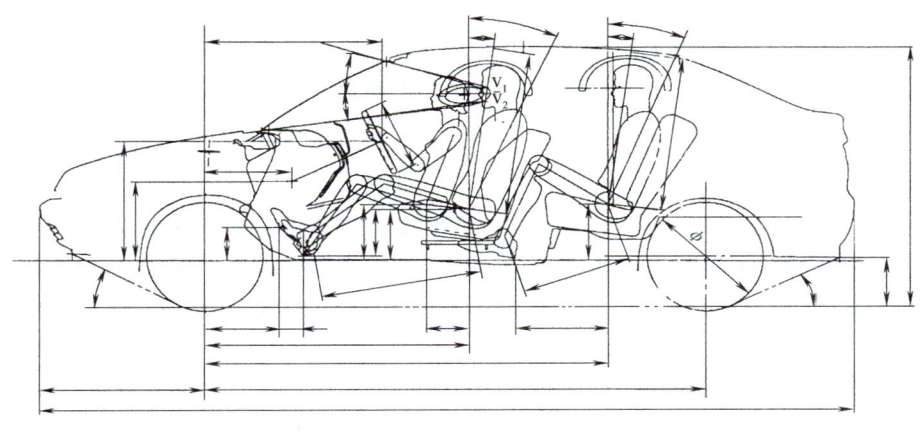

图1-17　汽车总布置设计简图

2. 编写设计任务书

完成上述工作后即可编写设计任务书，以便对以后的设计、试验和工艺准备进行指导和提供依据。其内容包括任务来源、设计原则和设计依据；产品的用途及使用条件；汽车型号、承载容量、布置形式及主要技术指标和参数（包括空车及满载下的整车尺寸、轴荷及性能参数，有关的可靠性指标及环保指标等）；各总成及部件的结构形式和特性参数；标准化、通用化、系列化水平及变型方案，拟采用的新技术、新结构、新装备、新材料和新工艺，维修及其方便性的要求，续驶里程；生产规划、设备条件及预期制造成本和技术经济预测等。有时也加入与国内外同类型汽车技术性能的分析和对比等。有的还附有汽车总布置方案草图及车身外形方案图。

3. 技术设计

技术设计的任务是根据汽车整车性能，提出对各总成及部件的布置要求和特性参数等设计要求；协调整车与总成间、相关总成间、总成与有关部件间的布置关系和参数匹配关系，使之组成一个在给定使用条件下的使用性能达到最优并满足设计任务书要求的整体。具体工作包括：①绘制汽车总布置图；②根据总布置设计确定的整车参数和性能指标，提出对各总成和部件的设计要求；③对各部分运动空间和运动干涉的校核；④确定有关总成和部件支承的形式、结构参数与特性等；⑤确定各总成的质心位置，核算汽车空载和满载时轴荷分配及整车质心高度；⑥对汽车车身进行布置空间的校核，并制作1∶1的车身内、外模型来检查驾驶操作及上下车的方便性、视野范围、乘坐空间及舒适性等；⑦汽车总成、部件及零件选型与设计；⑧设计图样的工艺审查及必要的修改等。

4. 进行汽车总装配并绘制总装配图

在各部件设计完成，并经过设计和工艺审查后，对汽车各零部件进行装配。其目的是通过装配，检查各零部件是否出现干涉；绘制总装配图来核算和标注汽车的外形尺寸和总布置的各项尺寸链。

三、试制试验阶段

试制试验阶段是由理论走向实践的过程，进行样机试制试验并进行小批量试制，以验证产品图样、设计文件和工艺文件、工装图样的正确性；验证产品的适用性、可靠性和安全性，并完成产品的鉴定。

1. 样机试制

样机试制是指根据设计图样、工艺文件和必要的工装设备生产零部件，进行样机组装试制。试制样机的主要目的是验证产品的结构、性能和工艺性等，考核产品图样和设计文件的质量，同时为试验提供必要的车辆，生产样机的数量应根据产品的类型和试验需要来确定。

样机试制可以及时发现设计中的问题，并在投产前进行解决。各部件完成后应核对其是否符合控制质量，整车试装配后应核对各主要尺寸和参数是否符合设计要求。

2. 样机试验

样机试验是对汽车的设计和产品进行验证，以保证产品的结构和安全。试验包括性能试验和可靠性试验两个方面。

性能试验的目的是验证设计阶段各个总成以及零部件经过装配后能否达到设计要求，及时发现问题，做出设计修改，完善设计方案。

可靠性试验的目的是验证汽车的强度以及耐久性，包括试验场试验、道路测试、风洞试验、碰撞试验等。试验应根据国家制定的有关标准逐项进行，不同车型有不同的试验标准。例如，图1-18所示为汽车产品典型的"三高"试验。根据试制、试验的结果进行分析总结，对出现的各种问题进行改进设计，再进行第二轮试制和试验，直至产品定型。

a)   b)   c)

图1-18 汽车产品典型的"三高"试验

a) 高温试验 b) 高寒试验 c) 高原试验

3. 小批量试制

小批量试制是在样机试制试验的基础上进行的，其主要目的是考核产品的工艺性，验证正式生产的全部工艺文件及工艺装备质量，并进一步验证产品的性能、结构和经设计改进后的产品设计文件及图样的正确性和合理性，为批量生产做工艺准备。

小批量试制完成后，提交经过修改、改进并最终通过评审的设计资料、工艺文件和全部图样，最终形成完整的产品文件。

四、生产阶段

生产阶段是汽车设计过程的最后一个环节，包括定型投产和持续改进两方面的工作。

1. 定型投产

定型投产是在小批量试制的基础上进行的，是完成正式投产前的准备工作，其主要目的是进一步完善产品工艺文件，改进、改善并定型工艺装备，配置必要的生产和试验设备，确保达到正式投产的条件和具备持续稳定生产合格产品的批量生产能力。

已定型的产品要进行正式批量生产（Start of Production，SOP），并投放市场销售和进行售后服务工作。

2. 持续改进

持续改进是指在产品生命周期内，对产品、过程或体系进行不断改进。企业产品和服务的质量，决定着用户的满意度，影响着产品的市场竞争力。要提高用户的满意度，就必须不断地提高质量，通过改进产品生命周期内各环节的工作，对出现的问题及时采取纠正措施，同时通过积极改进以消除隐患，提高产品竞争力，不断满足用户的要求。

第四节　汽车产品开发技术

随着汽车工业的不断发展和壮大，汽车设计技术在近百年中也在不断更新，主要经历了完全靠经验设计、以科学试验和技术分析为基础的设计和如今的计算机辅助设计三个阶段。20 世纪 60 年代，计算机的出现使汽车设计技术得到飞跃发展，设计过程也发生了彻底改变。计算机辅助设计（CAD）就是利用计算机及其外部设备进行产品设计，在计算机上可进行汽车零部件的设计及装配、汽车结构参数及性能参数等的优化选择与匹配、零部件的强度核算与寿命预测、产品有关方面的模拟计算或仿真分析等工作。以 CAD（计算机辅助设计）、CAE（计算机辅助工程）、CAM（计算机辅助制造）和 PDM（产品数据管理）系统为基础的集成数字化设计和虚拟开发技术已经成为现代汽车设计的主要标志之一。

一、数字化设计技术

数字化设计（Digital Design，DD）就是通过数字化的手段来改造传统的产品设计方法，以实现新产品设计为目标，以计算机软硬件技术为基础，以数字化信息为辅助手段，支持产品建模、分析、修改、优化以及生成设计文档的相关技术的结合。广义的数字化设计技术涵盖了以下内容：

1）利用计算机进行产品的概念化设计、三维几何建模、虚拟装配、生成工程图及设计相关文档。

2）利用计算机进行产品外形、结构、材质、颜色的优选及匹配，满足用户的个性化需求，实现最佳的产品设计效果。

3）利用计算机分析产品公差、计算质量特性、计算体积和表面积、分析干涉现象等。

4）利用计算机对产品进行有限元分析、优化设计、可靠性设计、运动学及动力学仿真验证等，以实现产品拓扑结构和性能特征的优化。

其中，前两项在产品开发中具有重要地位，它为数字化开发提供基础的产品模型，减少因重新建模而可能产生的错误。狭义的数字化设计只包含这两项，也就是计算机图形学（CG）和计算机辅助设计（CAD）所涵盖的内容。后两项的内容则属于计算机辅助工程（CAE）技术的范畴，也即数字化仿真（Digital Simulation, DS）技术的一部分。

1. 三维数字化建模技术

产品数字化模型是产品信息的载体，包含了产品功能信息、性能信息、结构信息、零件几何信息、装配信息、工艺和加工信息等。信息的表现形式主要以几何信息和非几何信息为主。传统的设计方法中，早期的设计方案、功能描述基本上以文档和简单草图表示，这一阶段以人的智能为主，在详细设计阶段，产品信息以工程图样为载体，零件的几何形状、产品的装配、与加工相关的工艺要求等都表示和标注在图样上；而随着数字化设计技术的发展，目前的产品模型逐步开始以三维实体模型作为表现形式，以特征操作作为模型的创建，以参数化支持模型的修改能力，以属性和其他各种形式表示不同阶段的非几何信息。

CAD技术的发展经历了线框建模、表面建模、实体建模、参数化特征建模等阶段。基于特征的三维参数化实体建模是目前数字化设计中最常用的几何建模方法，它采用面向工程实际应用的特征设计方法，零件具备可修改性的参数化功能。

实体建模是指在计算机上采用实体模型的方式描述和构造三维几何对象的方法。实体模型的信息丰富，具备零件的实体特征，可以根据不同的观察方向通过消隐、隐藏线、虚线、着色方式显示实体，并显示逼真的色彩图形；可以利用面的信息进行数控加工编程计算；还能够满足物理性能计算，如质量与质心计算、质心以及工程分析的需求。在产品设计中，实体建模技术符合人们对真实产品的理解和习惯。

实体建模方法在表示物体形状和几何特性方面是完整有效的，但是从工程应用和系统集成的角度看，还存在一些问题。例如，实体建模中的操作是面向几何的（点、线、面），而非工程描述（如槽、孔、凸台的构造特征），信息集成困难，因而需要有一个既适用于产品设计和工程分析又适用于制造计划的统一产品模型，满足制造过程中各环节对产品数据的需求。特征建模方法的出现弥补了实体建模的这一不足。

广义的特征是指产品开发过程中各种信息的载体，如零件几何信息、拓扑信息、几何公差、材料、装配、热处理、表面粗糙度等，如图1-19所示；狭义的特征则是指具有一定拓扑关系的一组实体体素构成的特定形体，如图1-20所示。

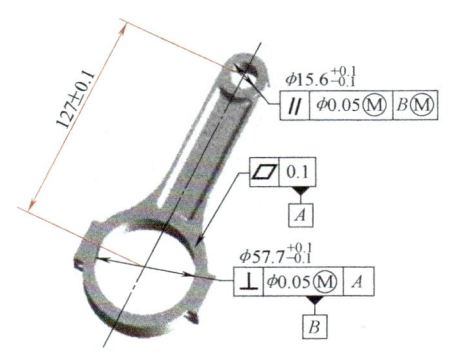
图1-19 广义的特征

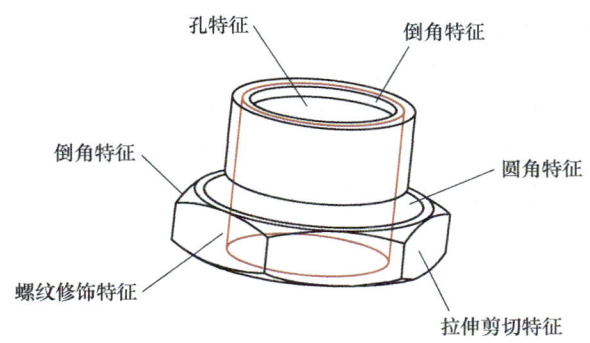
图1-20 狭义的特征

参数化为产品模型的可变性、可重用性、并行设计等提供了手段，使用户可以利用以前的模型方便地进行模型重建，并可以在遵循原设计意图的情况下方便地改动模型，生成系列产品，大大提高设计效率。

在三维数字化建模技术中，产品的装配设计一般提供两种方法：自下而上的设计方法和自顶向下的设计方法。

自下而上的设计方法是一种比较传统的方法，主要应用于相互结构关系及重建行为较为简单的零部件的独立设计。其主要思路是先设计出详细零件再"拼装"成产品。如果在装配过程中发现某些零件不符合要求，例如，零件与零件之间产生干涉、某一零件根本无法进行安装等，就要对零件进行重新设计、重新装配，再发现问题，再进行修改，如此反复。

自顶向下的设计方法是从装配体中开始设计工作的。首先根据产品的功能需求进行概念设计，在设计初期就考虑部件（子部件或零件）与部件之间的约束和定位关系，在完成产品的整体设计之后，然后进行详细设计，即对概念设计产生的产品整体外形逐级划分出子部件，直到最终零件。在此设计过程中需对零件及子部件进行必要的分析，可以使用一个零件的几何体来帮助定义另一个零件，可以将布局草图作为设计的开端，定义固定的零件位置、基准面等，然后参考这些定义来设计零件。

从某种意义上说，自下而上的设计方法只把装配设计当作一种"拼装"的工具来看待，没有把产品作为一个整体进行设计，产品的总体功能无法保证，设计的效率也无法提高。而自顶向下的设计方法面向的是产品功能和设计者的意图，产品的整体功能约束贯彻产品设计的始终，才是真正意义上的产品设计。

2. 数字化仿真技术

仿真（Simulation）是指利用数学模型或者物理模型来模仿实际系统，代替实际系统来进行试验和研究。随着计算数学的成熟和计算机技术的发展，人们越来越多地通过数学模型应用计算机来进行仿真，进而形成了计算机仿真技术。计算机仿真的实质是仿真过程的数字化，因此称为数字化仿真。产品的数字化仿真技术通称为计算机辅助工程（Computer Aided Engineering，CAE），它主要对设计出的数字化产品进行性能仿真、评价和预测，并可对数字化产品进行优化设计，对提高新产品的设计质量和水平有不可替代的作用。传统设计方法是被动地重复分析产品的性能，而数字化设计技术可做到主动地设计产品的参数。借助于 CAE，相当部分的传统物理试件和试验可被数字模型与数字仿真取代，设计人员能够更快捷、更容易地判断所设计的产品功能、性能和各种指标的优劣，进行设计方案的校验、评价分析和仿真优化，甚至能够实现某些物理试验难以做到的分析评价及仿真，减少物理试验及试件的制作，从根本上改变传统设计中依赖试凑、类比和定性分析的原始做法，实现迅速、直观、准确的量化评价和预测。CAE 流程如图 1-21 所示。

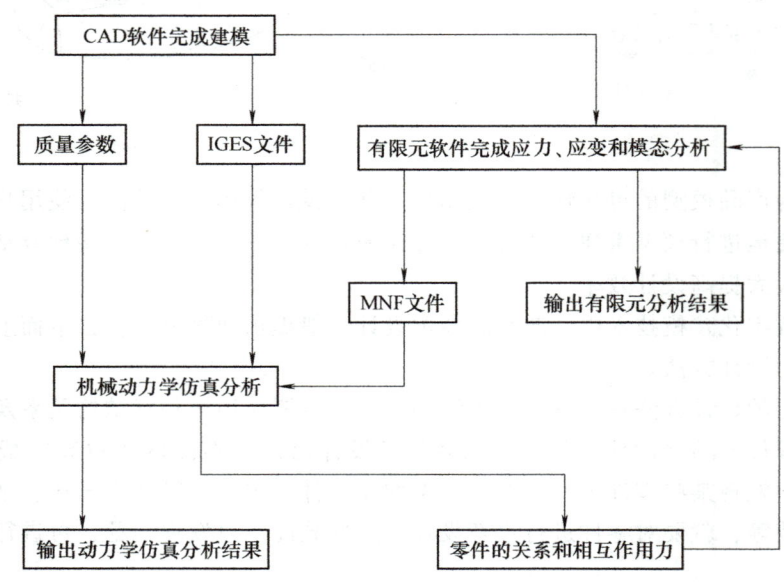

图 1-21　CAE 流程

CAE 作为一项跨学科的数值模拟分析技术，越来越受到科技界和工程界的重视，它已成为数字化设计过程中不可缺少的重要环节。许多大型的 CAE 分析软件已相当成熟并已商品化，计算机模拟分析不仅在科学研究中普遍采用，而且在工程上也已达到了实用化阶段。

CAE 主要包括以下几个方面：

（1）**工程数值分析**　运用工程数值分析中的有限元等技术分析计算产品结构的应力、变形等物理场量，给出整个物理场量在空间与时间上的分布，实现结构的从线性、静力计算分析到非线性、动力计算分析。

（2）**结构优化设计**　运用优化设计的方法在满足设计、制造、使用的约束条件下，对产品的结构、工艺参数、结构形状参数进行优化设计，使产品结构性能、工艺过程达到最优。

（3）**运动学/动力学仿真**　运用运动学/动力学的理论、方法，对由 CAD 实体造型设计出的机构、整机进行运动学/动力学仿真，给出机构、整机的运动轨迹、速度、加速度以及动反力的大小等。

汽车数字化设计本质上就是要利用计算机生产出"数字汽车"，即汽车全部采用三维数字化设计、形成全车数字产品模型，不但在几何上，而且在属性上全部采用数字化方式描述。

不难看出，汽车数字化设计技术是一个跨学科的综合性技术，它包括汽车数字化定义、仿真、可视化、虚拟现实、数据集成和优化等。它主要是指在计算机平台上，通过三维CAD/CAE软件，建立完整的汽车数字化样车（包括汽车本身及所包括的机械系统、发动机、仪器仪表等配套产品），组成数字化样车的每个部件，除了准确定义三维几何图形外，还赋有相互间的装配关系、技术关联、工艺、公差、人力资源、材料、制造资源和成本等信息，数字化样车应具有从产品设计、制造到产品维护各阶段所需的所有功能，为产品和流程开发以及从产品概念设计到产品维护整个产品生命周期的信息交流和决策提供一个平台。

从设计过程总体结构来看，数字化设计与传统设计的过程和思路大致相仿，即两者都是与设计人员思维活动相关的智力活动，是一个分阶段、分层次、逐步逼近解答方案并逐步完善的过程。传统设计与数字化设计的比较见表1-2。从表1-2中可以看出，由于计算机技术、信息技术、网络技术等的飞速发展，使得设计过程中各个设计阶段所采用的设计工具、设计理念、设计模式发生了深刻的变化。因此，数字化设计是利用数字化技术对传统产品设计过程的改造、延伸和发展。

表1-2 传统设计与数字化设计的比较

项目	传统设计	数字化设计
设计方式	手工绘图	计算机绘图
设计工具	绘图板、丁字尺、圆规、铅笔、橡皮等	计算机、网络、CAD/CAE软件、绘图机、打印机等
产品表示	二维工程图样、各种明细表等	三维CAD模型、二维CAD电子图样、BOM等
设计方法	经验设计、手工计算、封闭收敛的设计思维	基于三维的虚拟设计、智能设计、可靠性设计、有限元分析、优化设计、动态设计、工业造型设计等现代化设计方法
工作方式	串行设计、独立设计	并行设计、协同设计
管理方式	纸质图档、技术文档管理	基于PDM的产品数字化管理
仿真方式	物理样机	数字样机、物理样机
特点	过早进入物理样机阶段，从设计到物理样机反复迭代修正由个人经验、手工计算带来的设计错误，设计周期长，成本高	形象直观、干涉检查、强度分析、动态模拟、优化设计、外观及色彩设计等采用数字化样机进行实现，设计错误少，设计周期短，成本低

传统的产品设计过程遵循的是串行开发模式，承担各设计阶段任务的不同职能部门或人员在执行任务前从上游接收数据，并在任务完成后将数据再输入下游；简单的计算分析难以准确地预测被设计产品的实际性能，通常需通过样机试制和样机试验结果确定设计方案的优劣，以便修改、完善设计。因此产品开发的反复性大、成功率低、周期长。而应用数字化设计技术可以从以下几个方面大大缩短产品的开发时间。

1）在方案设计中，可以同时对多个方案进行综合性能的模拟预测，以便迅速确定最佳方案。

2）在详细设计阶段，可以通过仿真，对结构、参数是否适合产品综合性能要求进行验证。

3）数字化仿真可以代替或部分代替样机制作、工艺试验。

4）可以通过对制造过程、装配过程的模拟，及早在设计阶段就发现并解决工艺设计、加工制造中可能发生的问题。

二、汽车 Benchmarking 技术

汽车设计开发是一个庞大的工程，高质量的产品不仅依赖于理论分析，还依赖于长期积累的生产经验和专门知识。国外知名的汽车企业通过长期的试验和设计过程，以数据库、模型和产品平台等形式积累了大量知识。而我国无论在汽车开发技术还是整车开发数据积累上都远落后于发达国家，很大程度上制约了我国汽车产业的发展。相对于汽车正向开发技术，Benchmarking 技术属于逆向设计方法，即在汽车开发过程中，采用对标分析方法，了解对比车型的技术状态并参考其优、缺点，使整车设计得到参考、借鉴，从而减少在设计阶段产生的缺陷；有助于企业收集创新概念，改进产品质量，提高制造效率，并缩短产品开发周期。

汽车产品开发过程中采用 Benchmarking 技术需要对标的内容很多，包括市场份额、销售价格、营销策略、售后服务水平、配件维修价格、产品性能指标、法规适应性、生产物流成本、设计开发成本、固定投资和新技术应用水平等。例如，图 1-22 所示为国内某公司的参考样车分析流程。新车型开发目标定位后，项目组根据研发对标需求，向公司相关部门申请采购参考样车，同时成立 Benchmarking 小组。样车采购完成以后，就开始了

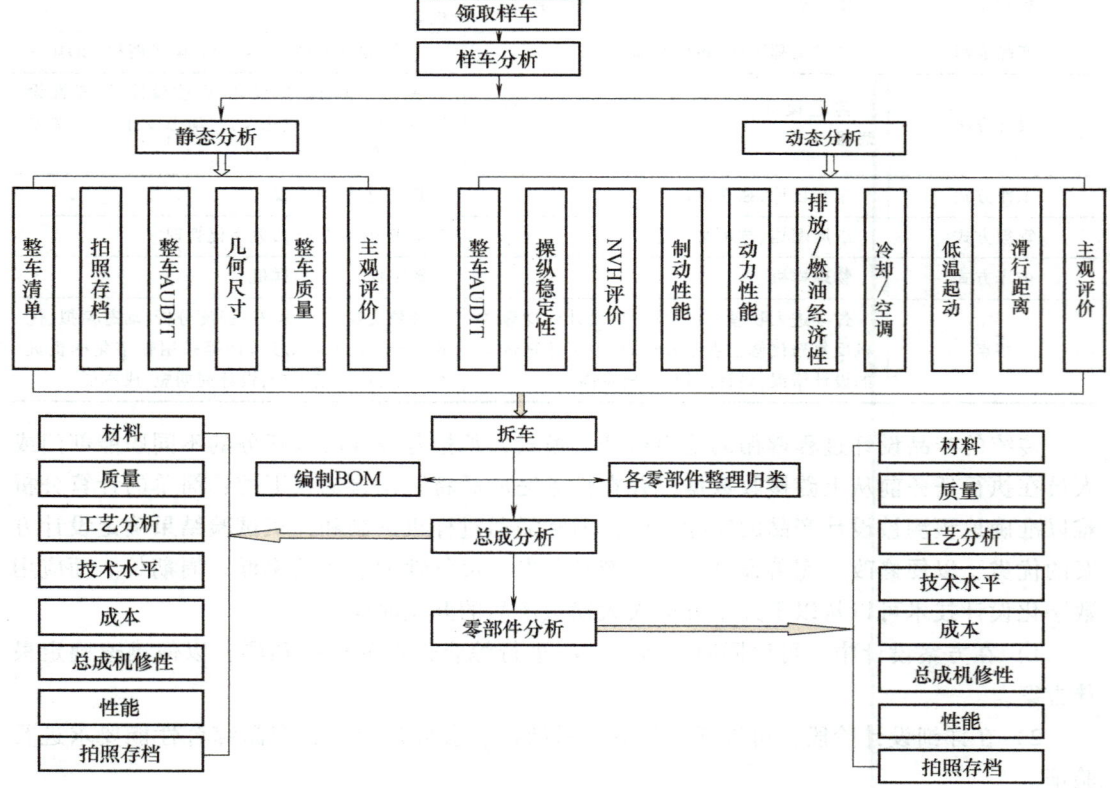

图 1-22　参考样车分析流程

整车的对标分析过程，对标过程与项目的研发过程紧密衔接。对标分析内容非常丰富，完成一份完整的整车对标分析大约需要半年的时间。

参考样车分析流程中包含下述重要阶段：整车静态分析、整车动态分析、整车拆解与检测、整车逆向分析及 Benchmarking 数据管理。

1. 整车静态分析

整车静态分析主要包括整车主观评价和整车静态测量。

整车主观评价的目的是通过主观角度了解样车在外观造型、布置及人机方面的优势和劣势，避免在新车的开发设计中盲目对标样车；通过参考主观评价表优化自身的设计方案，使设计的新车更具有市场竞争力。主观评价主要包括外观、机械布置及人机布置等方面多个子项内容。

整车静态测量是指对整车基本尺寸和关键硬点进行测量，它为整车的设计规范、平台建设和新产品设计等提供基础数据和参考基准。它包括以下内容：

1) 竞品车拍照：车身外观拍照、外饰拍照、内饰拍照、特定布置拍照、特定零件拍照等。

2) 竞品车色彩测量：颜色测量、纹理测量、外观漆层分析等。

3) 竞品车测量参数：整备质量、满载质量、轮荷、轴荷、整车质心等。

4) 整车主要尺寸参数：主要人机工程参数测量、开闭件间隙测量、密封件间隙测量、内外饰表面品质测量、四轮定位参数测量、主要尺寸的三坐标测量、悬架静刚度测量、整车最小转弯半径测量、开闭件运动参数测量、非标参数测量。

5) 竞品车电器件参数：玻璃升降器行程测量、电喇叭声压测量、刮水器刮水频率和间隙时间测量、竞品车空调风速和噪声参数测量、门控开关行程测量、点烟器弹出时间测量、按钮开关行程测量、熔丝盒熔断器规格测量、整车静态电流和电器件工作电流测量等。

2. 整车动态分析

整车动态分析主要是指对样车进行动力性、经济性、制动性、操纵稳定性、平顺性、通过性、NVH、安全性、温度场性能、流场性能等试验分析。其中，NVH 是指噪声（Noise）、振动（Vibration）和声振粗糙度（Harshness）。整车 NVH 包括怠速 NVH、轰鸣声、道路 NVH、风噪声等。这项对标工作需要依托试验部门和专业的性能分析师来完成。通过试验采集数据并多次对标，形成整车性能参考数据库，为新车型性能目标的设定提供参考依据。

3. 整车拆解及检测

整车拆解及检测阶段是样车对标分析中最为关键和重要的阶段。通过拆解，分析前发动机舱、底盘及内饰件的布置形式，对重要零部件的尺寸、结构、功能、安装状态及可维修性等进行分析研究，同时进行零部件拍照和点云扫描，逆向生成三维模型，为新车型布置方案的制订及零部件设计提供详细的参考，缩短整车的研发周期。图 1-23 所示为拆解样车结构的流程。

对零部件进行几何尺寸测量和性能试验。通过几何尺寸测量获得关键零部件的有效数

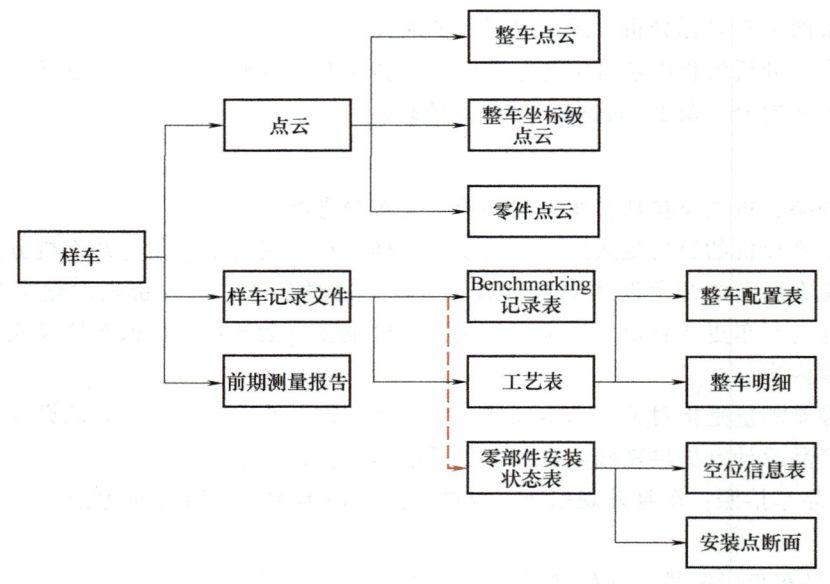

图 1-23 拆解样车结构的流程

据,用于分析公差带范围。零部件性能试验包括:车门刚度试验、门锁及铰链动强度试验、座椅头枕静刚度试验、安全带性能试验、仪表板静刚度试验、零部件 NVH 性能试验、转向盘静刚度试验、前左减振器特性试验、车顶强度静态测试、白车身转弯刚度试验、白车身扭转刚度试验、白车身模态试验、标杆车材料性能试验等。

逆向建模在整个 Benchmarking 开发过程中,工作量最大,占用时间最长。利用三维光学测量系统和 Geomagic Studio 实现汽车零部件逆向工程设计主要涉及逆向测量、数据处理、曲面模型重构以及与 CAD 系统的参数转换四个方面的技术。逆向工程的流程与关键技术如图 1-24 所示。

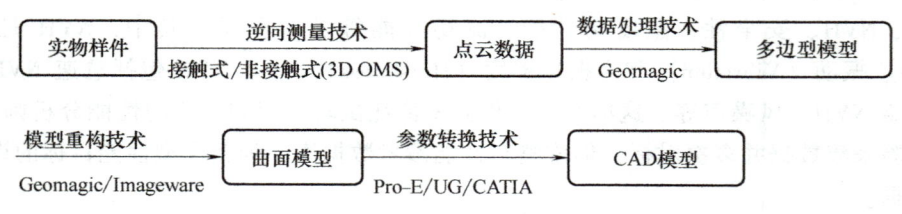

图 1-24 逆向工程的流程与关键技术

4. 整车逆向分析

整车后期的逆向分析,主要包括工艺分析、成本分析、材料分析、CAE 分析等内容,工艺分析主要是针对冲压件的模夹检工装开发、涂装工艺等进行。在 Benchmarking 阶段针对标杆车进行的 CAE 分析,同样包括标杆车汽车碰撞与安全分析、NVH 分析、结构强度与疲劳分析、整车多体动力学仿真、CFD 仿真。

5. Benchmarking 车型数据管理

整车 Benchmarking 知识库的数据一般以结构图、特征信息、图片、图表清单等形式来表示，其优点是使用方便，操作简单，便于检索与存储，数据形式直观高效，适用范围广等。为了有效地管理和控制对标过程中不同环节的对标数据，需要建立产品数据管理（Product Data Management，PDM）系统。产品数据管理是用于管理与产品设计信息相关的，诸如零件信息、车型配置、技术文档、设计数据、二维工程图以及与产品生产过程信息相关的技术。PDM 主要是以应用软件为基础，提供全生命周期的信息管理，将产品技术信息与管理信息集成，构成支撑产品如何形成的全部信息资料。通过建立产品模型，数据管理系统可以有效、实时、完整地控制从新产品策划、产品设计开发、产品制造以及产品报废的整个产品全生命周期的数字化信息。

三、汽车产品虚拟现实开发技术

虚拟现实是一种为改善人与计算机的交互方式、提高计算机可操作性的人机界面综合技术，它通过高速图形计算机、头盔显示器或其他三维视觉通道、三维位置跟踪器和立体声音响，使计算机用户能够沉浸到计算机屏幕所显示的场景中去，从而产生一种类似"幻觉"的人工三维环境——"虚拟环境"。

目前，虚拟现实技术已广泛使用于汽车工业的各个领域，如汽车的虚拟造型、虚拟设计、虚拟试验、虚拟装配等，可减少物理样机的制作成本，加速产品设计流程，满足用户个性化配置和外观需求，提高市场反应能力。自 20 世纪 90 年代起，宝马公司开始使用虚拟现实技术开发汽车，现在宝马公司使用的是 Vive 及其先进的显示和跟踪技术，通过对科技的运用给公司提供了更大的灵活性。例如，图 1-25 所示为宝马公司员工使用虚拟现实技术开发汽车的画面。

图 1-25　宝马公司员工使用虚拟现实技术开发汽车的画面

福特公司的沉浸式车辆环境（Ford Immersive Vehicle Environment，FIVE）实验室是一个虚拟汽车原型房间，其中有一辆汽车，一个 80in（2032mm）的 4K 显示器和计算机平台，汽车只有一个座位和转向盘，如图 1-26 所示。使用者戴上 VR 眼镜和一只手套，遍布墙壁的 19 个运动跟踪摄像头会对其进行监测，以获得佩戴者头部的精确位置和方向。戴上眼镜后，用户可以加载车辆 CAD 模型，将它们置于不同的环境中，然后在汽车周围走动就好像自己身处陈列室一样。坐入测试平台后，用户可以体验汽车的内部情况，这种感觉完全像是坐在一辆真正的汽车中,其细节是非凡的。用户还可以把头伸到发动机舱里检查发动机,CAD 模型足够详细,包括了发动机的内部机制和车内装饰。在完成模型或其他物理原型前,福特公司会使用这个虚拟平台来测试 CAD 设计的质量、工程问题、适配和完成情况。

探访现代工厂
1~3

图 1-26　福特公司的 FIVE 实验室

四、汽车产品协同开发技术

汽车产品协同开发可以定义为不同专业、不同区域的设计人员在产品设计过程中有序、高效地进行一系列协调和配合,以实现共同的开发目标。

在整个产品开发过程中存在着多方面的协同需求。

(1) **多专业多领域的设计协同**　汽车产品的研发是一项复杂的系统工程,只有多专业跨领域的工程师一起协同工作,才能完成整车的研发。

(2) **异地设计中心的协同**　在汽车产品研发的过程中,需要分布在多地的研发设计中心进行跨地域的协同设计。例如,长安汽车公司自 2003 年以来,已形成了以重庆研究院总体规划、系统集成,意大利造型设计,日本内外饰和精致工艺,英国动力总成制造,美国底盘技术支持,上海的人才优势和车身工程,北京的政策法规研究,以及黑龙江和江西的子品牌支撑的"五国九地、各有侧重"的全球研发格局,实现 24h 不间断协同研发,可有效利用全球的人才、时间、技术和文化资源,打造自主创新能力。

(3) **设计与制造协同**　在汽车产品研发的过程中,制造部门需要提前介入设计,对产品的可制造性进行评审,提前对生产制造装备进行并行设计,研发部门需要与制造部门进行反复的评审和沟通,尽量在设计的早期完成对产品可制造性的确认,完成生产装备的规划。

汽车研发过程中的协同需求还包括与合作伙伴的协同、与供应商的协同等,在这个复杂的系统工程中,很多环节还需要同时与各方进行协同,在此过程中,需要有一个可以供大家使用的数据平台或系统,用于支撑产品设计数据的交互和存储。汽车公司通常使用产品全生命周期管理(PLM)系统来实现协同。例如,图 1-27 所示为吉利汽车公司 ENOVIA VPM 系统架构示意图。

ENOVIA VPM 系统总体定为三层的架构:最上面是企业管理层,对应的是传统的 PDM,关注的是业务流程,注重企业流程的严格遵守,上下级工序的有序衔接,主要负

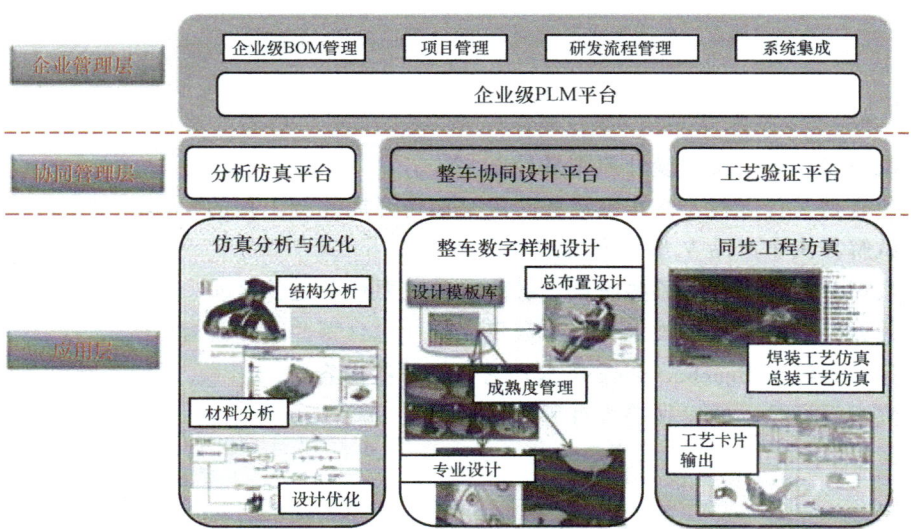

图 1-27 吉利汽车公司 ENOVIA VPM 系统架构示意图

责企业级的 BOM 管理、项目管理、研发流程管理等；中间是协同管理层，用于管理设计，注重应用性以及与下游众多工具的集成；底层是 CAX 设计工具，如 CAD 设计工具 CATIA、工艺设计工具 DELMIA 以及不同学科的 CAE 设计工具。

五、汽车设计技术发展趋势

近年来，汽车"四化"（电动化、智能化、网联化、共享化）的快速推进，给汽车产业带来了新的变革浪潮，同时也使汽车设计技术面临新的挑战。在信息通信技术、物联网技术、互联网技术以及管理技术快速发展的信息时代，汽车设计技术发展将更加强调汽车领域知识工程的嵌入、专业化、自动化和智能化，同时与新产品开发的流程紧密结合。汽车设计数字化也将转向以知识流程来驱动产品开发，并覆盖产品开发的全生命周期。

汽车设计技术的发展趋势可归纳为网络化、虚拟化、知识自动化及管理创新，具体体现在以下几个方面：

（1）**开发流程数字化** 基于 CAD、CAE 及数字化集成开发技术，实现汽车全数字化研发体系，即从汽车的概念设计开始，到三维建模、仿真分析、虚拟验证以及项目管理的开发流程全数字化。

（2）**虚拟开发可视化** 基于虚拟现实技术，构建包括虚拟环境、虚拟设计、虚拟产品以及虚拟企业等在内的虚拟开发体系，可以通过网络组建动态联盟企业，实现异地协同开发。

（3）**知识型工作自动化** 实现大部分基于知识的重复性、操作性劳动（知识型工作）由系统自动地完成，对企业历史数据和行为数据进行深度挖掘，实现工业技术驱动信息技术、信息技术促进工业技术的双向发展。

（4）**需求响应敏捷化** 汽车企业将加速应用能够即时响应用户需求的新技术，提升产品开发实力，满足瞬息万变的市场需求，缩短汽车企业对用户产品的交付期，提高产品

竞争力。

思 考 题

1. 汽车设计的三层次设计原则是什么？
2. 什么是并行工程？汽车设计各阶段是如何开展并行工程的？
3. 试解释汽车产品 V 形开发模式的含义。
4. 汽车产品开发包括哪些阶段？各阶段的主要任务是什么？
5. 什么是数字化设计技术？汽车数字化设计包含哪些具体内容？
6. 什么是汽车 Benchmarking 技术？它包括哪些内容？
7. 汽车设计技术的发展趋势有哪些？

第二章　汽车总体设计

汽车性能的优劣不仅取决于组成汽车各部件的性能，在很大程度上还取决于各部件的协调和配合，即取决于汽车总体设计。总体设计水平的高低对汽车的设计质量、使用性能和产品生命力起决定性的影响。

汽车总体设计的主要任务为：

1) 从技术先进性、生产合理性和使用要求出发，正确地选择整车形式及主要技术参数、各总成的结构形式及参数，提出整车设想，为各部件设计提供整车参数和设计要求。

2) 对各部件进行合理布置和运动校核，使汽车不仅有足够的装载容量，而且能做到尺寸紧凑、乘坐舒适、质量小、质心低、安全可靠、操作轻便、造型美观、视野良好、维修方便、运动协调。

3) 对汽车性能进行精确计算和控制，保证汽车主要性能指标的实现。

4) 正确处理好整车与部件、部件与部件以及设计、使用与制造之间的矛盾，使产品符合"好用、好修、好造和好看"的原则，在综合指标方面赶上或超过世界水平。

第一节　汽车形式的选择

一、汽车的分类

汽车设计首先应确定所设计的汽车类型。汽车有很多分类方法，可以按照汽车用途、动力装置类型、车身或驾驶室特点、发动机排量、汽车总长、乘客座位数、汽车总质量不同等来分类，也可以取上述特征量中的两个指标作为分类的依据。

根据 GB/T 15089—2001《机动车辆及挂车分类》，汽车分类如图 2-1 所示，汽车主要分为 M 类和 N 类两大类。M 类车根据座位数和最大设计总质量又分为 M_1、M_2 和 M_3 类车；N 类车根据最大设计总质量又分为 N_1、N_2 和 N_3 类车。

根据 GB/T 3730.1—2001《汽车和挂车类型的术语和定义》，汽车分为乘用车和商用车。乘用车是指在设计和技术特性上主要用于载运乘客及随身行李和/或临时物品、包括驾驶人座位在内最多不超过 9 个座位的汽车。它也可以牵引一辆挂车。乘用车又可分为普通乘用车、活顶乘用车、高级乘用车、小型乘用车、敞篷车、仓背乘用车、旅行车、多用

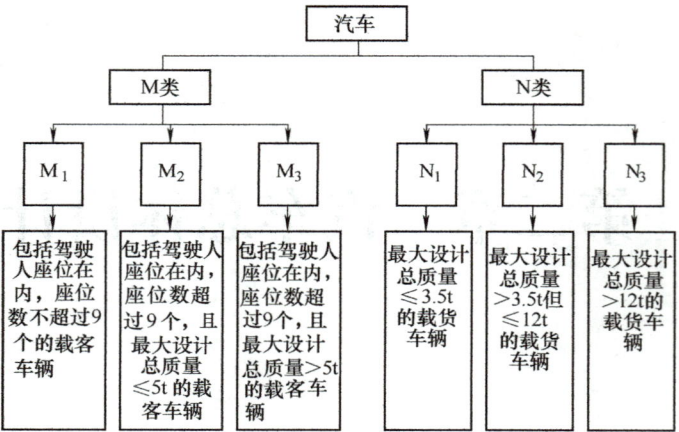

图 2-1 汽车分类

途乘用车、短头乘用车、越野乘用车、专用乘用车，见表 2-1。

表 2-1 乘用车分类（GB/T 3730.1—2001）

分类	说明					图例
	车身	车顶	座位	车门	车窗	
普通乘用车	封闭式	硬顶	≥4	2		
				4		
活顶乘用车	可开启式	硬顶	≥4	2	≥4	
		软顶		4		
高级乘用车	封闭式	硬顶	≥4	4	≥6	
				6		
小型乘用车	封闭式	硬顶	≥2	4	≥2	
				6		
敞篷车	可开启式	软顶	≥2	2	≥2	
		硬顶		4		
仓背乘用车	封闭式	硬顶	≥4	2	≥4	
				4		
旅行车	封闭式	硬顶	≥4	2	≥4	
				4		

（续）

分类	说明					图例
	车身	车顶	座位	车门	车窗	
多用途乘用车	座位数超过7个，多用途					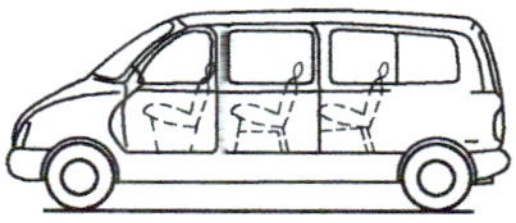
短头乘用车	短头					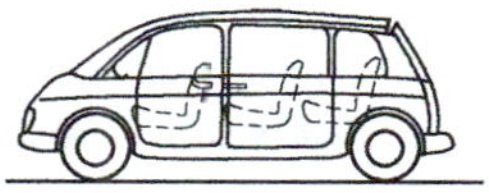
越野乘用车	可在非道路上行驶					
专用乘用车	专门用途（救护车、旅居车、防弹车、殡仪车）					

商用车是指在设计和技术特性上用于运送人员和货物的汽车，并且可以牵引挂车。商用车又有客车、半挂牵引车、货车之分，见表2-2。客车是指在设计和技术特性上用于载运乘客及其随身行李、包括驾驶人座位在内的座位数超过9座的商用车辆。客车又可分为小型客车、城市客车、长途客车、旅游客车、铰接客车、无轨电车、越野客车、专用客车。小型客车是指除驾驶人座位外，座位数不超过16座的客车。半挂牵引车是指装备有特殊装置、用于牵引半挂车的商用车辆。货车是指一种主要为载运货物而设计和装备的商用车辆，它能否牵引一挂车均可。货车又可分为普通货车、多用途货车、全挂牵引车、越野货车、专用作业车、专用货车。

表2-2　商用车分类（GB/T 3730.1—2001）

分类		说明	图例
客车	小型客车	载客，≤16座（除驾驶人座位外）	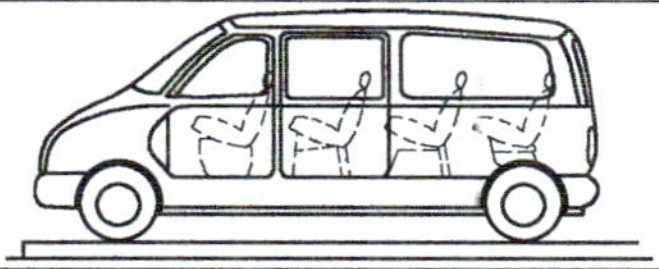
	城市客车	城市用公共汽车	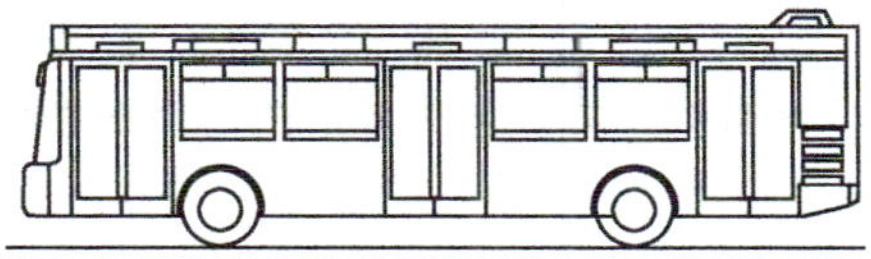
	长途客车	长途客车	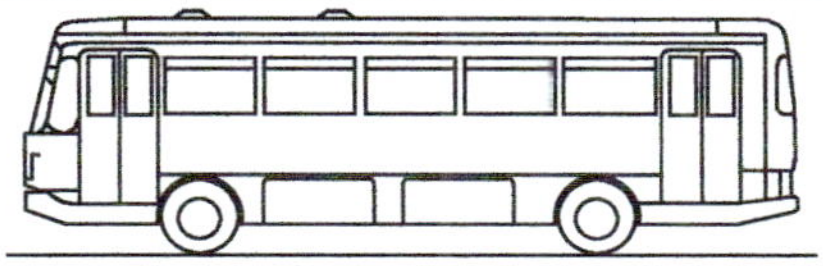
	旅游客车	旅游用车	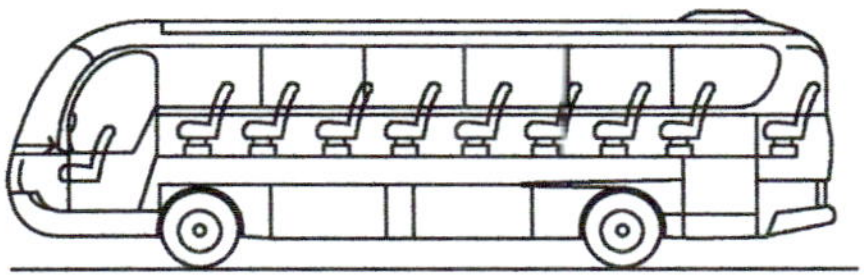

（续）

分类		说明	图例
客车	铰接客车	由两节刚性车厢铰接组成的客车	
	无轨客车	经架线由电力驱动的客车	
	越野客车	可在非道路上行驶的客车	
	专用客车	专门用途的客车	
货车	半挂牵引车	牵引半挂车的商用车	
	普通货车	敞开或封闭的载货车	
	多用途货车	驾驶座后可载3人以上的货车	
	全挂牵引车	牵引、牵引杆式挂车的货车	
	越野货车	可在非道路上行驶的一种货车	

（续）

分类		说明	图例
货车	专用作业车	特殊工作的货车（如消防车、救险车、垃圾车、应急车、街道清扫车、扫雪车、清洁车等）	
	专用货车	运输特殊物品的货车（如罐式车、乘用车运输车、集装箱运输车等）	

普通乘用车的等级划分主要依据轴距、排量、质量等参数，字母顺序越靠后，该级别车的轴距越长、排量和质量越大，轿车的豪华程度也越高。这种分类方法属于欧系分类，其中德国大众公司的轿车分类法具有代表性，将轿车分为 A、B、C、D、E、F 等级，见表 2-3。

表 2-3 轿车等级划分方法

轿车等级		轴距/m	排量/L	举例	备注
A	A00	2~2.2	<1	奥拓、奇瑞 QQ3	微型轿车
	A0	2.2~2.3	1~1.3	两厢夏利、奇瑞 QQ6	
	A	2.3~2.45	1.3~1.6	捷达、POLO、富康	普通轿车
B		2.45~2.6	1.6~2.4	帕萨特、Audi A4、东方之子	中档轿车
C		2.6~2.8	2.4~3.0	Audi A6、宝马 3 系	高档轿车
D		>2.8	>3.0	Audi A8、宝马 7 系	豪华轿车
E		—	—	奔驰 E280、E200K	高级轿车
F		—	—	法拉利、保时捷、兰博基尼	赛车

二、汽车形式的选择

汽车的形式体现在轴数、驱动形式、布置形式和车身形式上。

1. 轴数

汽车车轴又称为汽车车桥。影响轴数的因素主要有汽车的用途、总质量、使用条件、公路车辆法规和轮胎的负荷能力等。一般汽车可以有两轴组、三轴组、四轴组甚至更多的车轴组。矿用自卸车因不在公路上行驶，不受轴荷限制。

GB 1589—2016《汽车、挂车及汽车列车外廓尺寸、轴荷及质量限值》规定了汽车、挂车及汽车列车单轴、二轴组及三轴组的最大允许轴荷限值（见表 2-4），且最大允许轴荷不应超过该轴或轴组各轮胎负荷之和。对于其他类型的车轴，其最大允许轴荷不应超过该轴轮胎数乘以3000kg。

表2-4 汽车及挂车单轴、二轴组及三轴组的最大允许轴荷限值（GB 1589—2016）

类型			最大允许轴荷限值/kg
单轴	每侧单轮胎		7000①
	每侧双轮胎	非驱动轴	10000②
		驱动轴	11500
二轴组	轴距<1000mm		11500③
	1000mm≤轴距<1300mm		16000
	1300mm≤轴距<1800mm		18000④
	轴距≥1800mm（仅挂车）		18000
三轴组	相邻两轴之间距离≤1300mm		21000
	相邻两轴之间距离>1300mm，且≤1400mm		24000

① 安装名义断面宽度不小于425mm轮胎的车轴，最大允许轴荷限值为10000kg；驱动轴安装名义断面宽度不小于445mm轮胎的车轴，最大允许轴荷限值为11500kg。
② 装备空气悬架时最大允许轴荷的最大限值为11500kg。
③ 二轴挂车最大允许轴荷限值为11000kg。
④ 汽车驱动轴为每轴每侧双轮胎且装备空气悬架时，最大允许轴荷的最大限值为19000kg。

2. 驱动形式

汽车驱动形式有4×2、4×4、6×2、6×4、6×6、8×4、8×8等，在驱动形式表达式中，前一位数字表示汽车车轮数，后一位数字表示驱动轮数。

影响选取驱动形式的主要因素有汽车的用途、总质量和对车辆通过性能的要求等。增加驱动轮数能够提高汽车的通过能力，驱动轮数越多，汽车的结构越复杂，整备质量和制造成本也随之增加，同时也使汽车的总体布置工作变得困难。乘用车和总质量小些的商用车，多采用结构简单、制造成本低的4×2驱动形式。总质量大于19t且小于26t的公路车辆采用6×2或6×4的驱动形式，总质量更大的公路车辆则采用8×4的驱动形式。越野车一般采用全轮驱动来提高其通过性。

3. 布置形式

汽车布置形式是就发动机、驱动桥和车身（或驾驶室）的相互关系和布置特点而言的。汽车的使用性能除取决于整车和各总成的相关参数外，汽车的布置形式对其使用性能也有很重要的影响。

(1) 乘用车的布置形式 乘用车的主要布置形式可分为：发动机前置前轮驱动（FF）、发动机前置后轮驱动（FR）和发动机后置后轮驱动（RR）三种驱动形式，如图2-2所示。

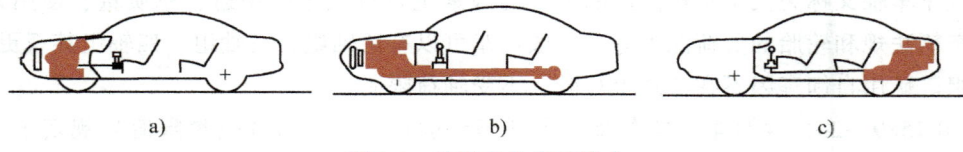

图2-2 乘用车的布置形式
a）发动机前置前轮驱动（FF） b）发动机前置后轮驱动（FR） c）发动机后置后轮驱动（RR）

1）发动机前置前轮驱动（FF）。如图 2-2a 所示，这种布置形式广泛使用在轻型级、中级乘用车上。其优点是发动机和动力传动系统布置紧凑；由于省掉了传动轴，可使地板低而平，有利于提高乘坐舒适性；与后轮驱动的乘用车比较，前轴的负荷大，有明显的不足转向特性，整车的操纵稳定性好；易于向客货两用车变型；当发动机布置在轴距外时，汽车的轴距可以缩短，因而有利于提高汽车的机动性；汽车散热器布置在汽车前部，散热条件好，发动机可以得到足够的冷却；行李舱布置在汽车后部，故有足够大的行李舱空间；因为发动机、离合器、变速器与驾驶人位置近，所以操纵机构简单；发动机横置时，原主减速器的锥齿轮需用圆柱齿轮取代，这又降低了制造和装配难度。由于其上述优点，这种布置近年来在中级以上的乘用车上采用也日益增多。然而上坡行驶时因驱动轮上的附着力减小，汽车爬坡能力降低，特别是在爬越泥泞的坡道时，驱动轮容易打滑并使汽车丧失操纵稳定性；当后座无人时制动，后轮易抱死；前轮驱动兼转向使得结构复杂；轮胎易磨损。当发动机横置时受空间限制，总体布置工作困难，维修与保养时的接近性变差。我国生产的捷达、帕萨特、雅阁、飞度、宝来、富康等乘用车，均采用发动机前置前轮驱动的布置形式。

图 2-3 所示为发动机前置前轮驱动乘用车的发动机布置方案。发动机横置于前轴之前（见图 2-3a），小排量短发动机适于这种布置。前围板及前排座椅可以前移，特别是发动机横置时允许的前移量较大，汽车的轴距及总长均能缩短，随之整备质量也减小。发动机纵置在前桥前会使汽车前悬、前轴荷增加，因此此时宜采用轴向尺寸短些的发动机。发动机纵置于前轴之前（见图 2-3b）时，前围板及座椅前移量较前一方案小，且前悬较大，前轴荷有些过大。因此，采用此方案的发动机不宜过长，V 型或水平对置型发动机最适宜于此方案的布置。当发动机横置在前轴之后（见图 2-3c）时，会使车身前围板及座椅后移，致使轴距及总长较大，前悬虽可减小，但车头加长，车身造型受到一定限制，发动机维修也不方便。但这种方案轴荷分配较为合理。

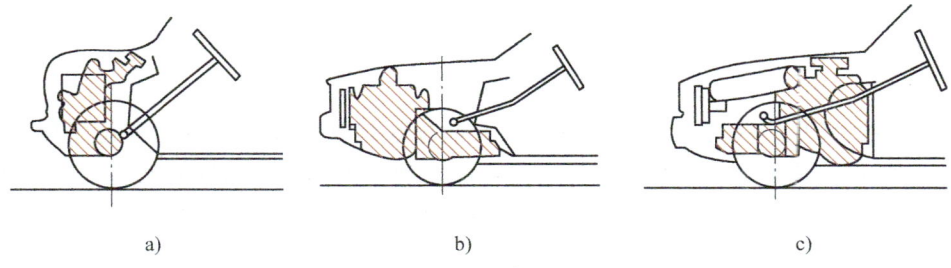

a)   b)   c)

图 2-3 发动机前置前轮驱动乘用车的发动机布置方案

a) 发动机横置于前轴之前   b) 发动机纵置于前轴之前   c) 发动机横置于前轴之后

2）发动机前置后轮驱动（FR）。这是目前广泛用于中、高级乘用车的传统布置形式（见图 2-2b）。其发动机、离合器、变速器连成一体置于汽车前部，并通过万向节传动轴与后驱动桥的主减速器相连。这种布置方案的主要优点是汽车的前后轴荷分配较均匀，对操纵稳定性、行驶平顺性和延长轮胎的寿命有利；前轮不驱动，因而不需要采用等速万向节，这有利于减少制造成本；操纵机构简单；上坡行驶时，因驱动轮上的附着力增大，故爬坡能力强；改装为客货两用车或救护车比较容易；有足够大的行李舱空间；因变速器与主减速器分开,故拆装、维修容易;发动机的接近性良好。其缺点是动力传动系统部件多,自身质量大;传动轴的存在使得地板难以降低;汽车的总长、轴距均较长,整车整备质量增大,同时影响到汽车的燃油经济性和动力性。

3) 发动机后置后轮驱动(RR)。如图2-2c所示,其发动机、离合器、变速器及主减速器连成一体,不需传动轴,这种布置形式常将发动机布置在轴距以外,与发动机前置后轮驱动布置相比,轴距可相应缩短,质量可减小,结构紧凑,机动性好,但后轮必须配以独立悬架。其缺点是高速时转向不稳定,有过度转向的倾向;操纵机构复杂;后座噪声大,后轮气压高,不利于乘坐舒适性。该布置形式曾用于微型乘用车,现在很少采用。

(2) 商用车的布置形式

1) 货车的布置形式。就货车而言,发动机前置后轮驱动是目前采用最为广泛的布置形式。它的优点在于发动机的通用性好,既可选装直列或卧式,又可采用V型发动机,维修时也方便;另外货箱地板高度较低,整车对路面要求也比较低;传动系及操纵系统比较简单,上坡时能提供较大的附着力。

按驾驶室与发动机的相对位置不同,货车又可分为如下几种形式:

① 长头式货车。长头式货车的发动机位于驾驶室前部,如图2-4a所示。发动机完全凸出在驾驶室前部,发动机有独立的发动机舱和单独的舱盖。其优点是维修发动机方便,离合器、变速器等操纵机构简单,易于布置;驾驶室隔热、隔振效果好;地板低,驾驶人上、下车方便;驾驶人的安全性好。其缺点是载货面积利用率低,整车总长较大,转向不灵活,驾驶人视野差。

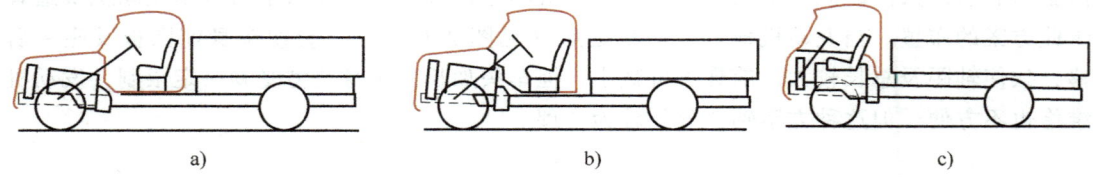

图2-4 货车的布置形式

a) 长头式货车 b) 短头式货车 c) 平头式货车

② 短头式货车。短头式货车发动机的大部分在驾驶室前部,少部分位于驾驶室内,如图2-4b所示。其车身部分的结构特点是:因发动机大部分凸出在驾驶室前部,所以发动机有独立的发动机舱和单独的发动机舱盖,发动机舱与驾驶室共同形成货车的车头部分。

③ 平头式货车。平头式货车的发动机位于驾驶室内,如图2-4c所示。汽车总长和轴距尺寸短,最小转弯直径小,机动性能良好;驾驶人视野得到明显改善;采用翻转式驾驶室时能改善发动机及其附件的接近性;汽车的载货面积利用率比较高。但空载时前轴负荷大,因而在坏路上的汽车通过性变差;进、出驾驶室不如长头式货车方便;离合器、变速器等操纵机构复杂;驾驶室隔热、隔振效果差。平头式布置又分为发动机在前轴之上两侧座位之间(见图2-5a)、发动机在前轴之上座位之下(见图2-5b)、发动机在前轴之后座位之下(见图2-5c)等几种形式。图2-5a所示的形式在重型货车上用得较多,其发动机位置较高、易维修,座位较低,汽车总高较低,可降低风阻;缺点是驾驶室内较拥挤,隔

热、隔振困难。图 2-5b、c 所示的形式主要用于发动机外形较小的微型或轻型货车上，优点是其发动机位置较低、驾驶室内较宽敞，隔热、隔振较好，但发动机不易维修，为解决这一问题，可采用驾驶室可翻转的结构。

2）客车的布置形式。根据发动机的位置不同，客车的布置形式有发动机前置后桥驱动（见图 2-6a）、发动机中置后桥驱动（见图 2-6b）和发动机后置后桥驱动（见图 2-6c、d）。发动机前置时，可布置在轴距外或布置在前轴上方。发动机后置时，可以纵置或横置在汽车的后部。

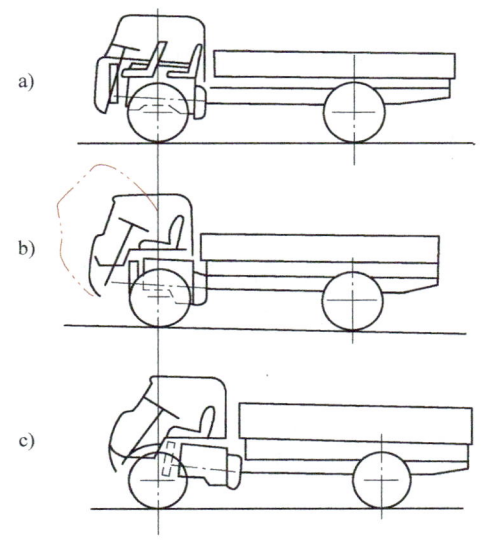

图 2-5 平头式货车的几种布置形式

a）发动机在前轴之上两侧座位之间 b）发动机在前轴之上座位之下 c）发动机在前轴之后座位之下

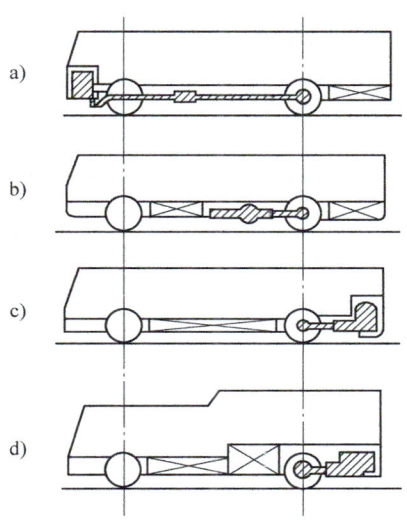

图 2-6 客车布置形式

a）发动机前置 b）发动机中置 c）发动机后横置 d）发动机后纵置

① 发动机前置后桥驱动。采用这种布置形式的优点是与货车通用的部件多，易于从货车改装；动力总成操纵结构简单；散热器位于汽车前部，冷却效果好；发动机易维修。其缺点是由于发动机舱盖凸出在地板之上，载客面积利用率差；车内噪声大，隔热、隔振困难，影响乘坐舒适性；且前轴容易过载，轴荷分配不理想；并可能造成转向沉重。

② 发动机中置后桥驱动。采用这种布置形式的优点是轴荷分配合理；传动轴的长度短；车厢内面积利用最好，车内噪声小；并且布置座椅不会受发动机限制；乘客车门能布置在前轴之前，以利于实现单人管理。其缺点是发动机必须用水平对置式的，要专门设计；因布置在地板下部，其冷却、防尘和维修困难，动力总成的操纵机构复杂。目前这种布置形式采用不多。

③ 发动机后置后桥驱动。目前国内外城市客车和旅游客车，很多都采用这种布置形式。其优点是动力总成紧凑，机动性好，整车整备质量小；车内布置趋于合理，车厢内地板平坦，且发动机与车厢分隔开，因此室内振动和噪声小，对车内温度有所改善，舒适性好，车厢面积利用率高；轴荷分配较合理，可在车外修理发动机；此外地板下可形成容积较大的行李舱。其缺点是发动机冷却条件不好，动力操纵机构复杂，

故障不易及时判别。

第二节 汽车主要尺寸和参数的选择

一、汽车主要尺寸的确定

汽车的主要尺寸有外轮廓尺寸、轴距、轮距、前悬和后悬等。

1. 外廓尺寸

GB 1589—2016《汽车、挂车及汽车列车外廓尺寸、轴荷及质量限值》规定了汽车的外廓尺寸界限，见表2-5和表2-6。

表2-5 栏板式、仓栅式、平板式、自卸式货车及其半挂车外廓尺寸的最大限值（GB 1589—2016）

车辆类型			长度/mm	宽度/mm	高度/mm
仓栅式货车、栏板式货车、平板式货车、自卸式货车	二轴	最大设计总质量≤3500kg	6000	2550	4000
		3500kg<最大设计总质量≤8000kg	7000		
		8000kg<最大设计总质量≤12000kg	8000		
		最大设计总质量>12000kg	9000		
	三轴	最大设计总质量≤20000kg	11000		
		最大设计总质量>20000kg	12000		
	双转向轴的四轴汽车		12000		
仓栅式半挂车、栏板式半挂车、平板式半挂车、自卸式半挂车	一轴		8600		
	二轴		10000		
	三轴		13000		

表2-6 其他汽车、挂车及汽车列车外廓尺寸的最大限值（GB 1589—2016）

车辆类型			长度/mm	宽度/mm	高度/mm
汽车		三轮汽车①	4600	1600	2000
		低速货车	6000	2000	2500
		货车及半挂牵引车	12000②	2550③	4000
	乘用车及客车	乘用车及二轴客车	12000	2550	4000④
		三轴客车	13700		
		单铰接客车	18000		
挂车		半挂车	13750⑤	2500③	4000
		中置轴、牵引杆挂车	12000⑥		
汽车列车		乘用车列车	14500	2500③	4000
		铰接列车	17100⑦		
		货车列车	20000⑧		

① 当采用转向盘转向，由传动轴传递动力，具有驾驶室且驾驶人座椅后设计有物品放置空间时，长度、宽度、高度的限值分别为5200mm、1800mm、2200mm。
② 专用作业车车辆长度限值要求不适用，但应符合相关标准要求。
③ 冷藏车宽度最大限值为2600mm。
④ 定线行驶的双层城市客车高度最大限值为4200mm。
⑤ 运送45ft（13.716m）集装箱的半挂车长度最大限值为13950mm。
⑥ 车厢长度限值为8000mm（中置轴车辆运输挂车除外）。
⑦ 长头铰接列车长度限值为18100mm。
⑧ 中置轴车辆运输列车长度最大限值为22000mm。

2. 轴距 L 的选择

轴距对整车质量、汽车总长、最小转弯直径、传动轴长度、纵向通过半径等都有影响。当轴距短时，上述指标减小。此外，轴距对载荷分配和传动轴夹角有影响。轴距过短，会使车厢长度不足或后悬过长，上坡、加速或制动时轴荷转移过大，汽车制动性和操纵稳定性变坏；车身纵向角振动增大，对平顺性不利；万向节传动轴的夹角增大。在考虑满足所设计汽车的车厢尺寸、轴荷分配、主要性能和整车布置等要求前提下，将轴距设计得短一些为好。表 2-7 给出了各类汽车轴距和轮距的取值范围。

原则上讲：乘用车级别越高，装载量、载客量越多的货车和客车，轴距取得越长；对机动性的要求越高，轴距的选取应相对取得短些；为了满足多种用户的需求，针对同一种车，应设计出基本型、长轴距和短轴距等几种变型。轴距的最终确定是通过总布置和相应的计算来完成的，其中包括检查最小转弯直径和万向节传动夹角是否过大等。

表 2-7 各类汽车的轴距和轮距的取值范围

车型	类别		轴距 L/m	轮距 B/m
乘用车	发动机排量 V/L	$V<1.0$	2.00~2.20	1.10~1.38
		$1.0<V\leq1.6$	2.10~2.54	1.15~1.50
		$1.6<V\leq2.5$	2.50~2.86	1.30~1.50
		$2.5<V\leq4.0$	2.85~3.40	1.40~1.58
		$V>4.0$	2.90~3.90	1.56~1.62
商用车	客车	城市客车(单车)	4.5~5.0	1.74~2.05
		长途客车(单车)	5.0~6.5	1.74~2.05
	4×2 货车 总质量 m_a/t	≤2.2	1.7~2.9	1.15~1.35
		2.2~3.5	2.3~3.2	1.30~1.50
		3.5~6.0	2.6~3.6	1.40~1.65
		6.0~9.0	3.6~4.2	1.70~1.85
		10.0~14.0	3.6~5.5	1.84~2.00
		>14.0	4.5~5.6	1.84~2.00

3. 前轮距 B_1 和后轮距 B_2

汽车轮距对汽车的总宽、总质量、横向稳定性和机动性都有较大的影响。轮距越大，则悬架的角刚度越大，汽车横向稳定性越好，有利于增加倾斜刚度，车厢内横向空间也越大；但会使汽车的总宽和总质量过大，并且影响最小转弯直径。

由于受汽车总宽不超过 2.5m 的限制，轮距不宜过大。在有确定的前轮距范围时，应能够布置下发动机、车架、前悬架和前轮，并保证前轮有足够的转向空间，同时转向杆系与车架间有足够的运动间隙。后轮采用双胎的汽车，其后轮距是指左轮双胎中间到右轮双胎中间的距离。对越野车而言，前后轮距应保持一致，以减小滚动阻力，提高通过性。轮距的选取见表 2-7。

4. 前悬长度 L_F 和后悬长度 L_R

前、后悬长时，汽车接近角和离去角小，会影响汽车的通过性能。前悬处要布置发动机、散热器、风扇、弹簧前支架、车身前部、转向器等，要有足够的布置空间。其长度与汽车的类型、驱动形式、发动机的布置形式密切相关。汽车后悬长度主要与汽车长度、轴距及载荷分配有关。后悬也不宜过长，以免使汽车的离去角过小而引起上、下坡时刮地，同时转弯也不灵活。客车及封闭式车厢（或罐体）的汽车及挂车后悬应小于或等于轴距的 65%。专用作业车在保证安全的情况下，后悬可按客车后悬要求核算，其他车辆后悬应小于或等于轴距的 55%。车辆长度小于 16m 的发动机后置的铰接客车，在保证安全的情况下，后悬可不超过轴距的 70%。汽车及挂车的后悬均应小于或等于 3.5m（中置轴车辆运输挂车除外）；货车的后悬一般在 1.2~2.2m 之间（微型车例外）；特长货箱汽车的后悬较大，可达 2.6m 左右。

二、汽车质量参数的确定

汽车的质量参数包括整车整备质量、载客量、装载质量、质量系数、汽车总质量、轴荷分配等。

1. 整车整备质量 m_0

整车整备质量是汽车上带有全部装备（包括随车工具和备胎等），加满燃油（至少加注制造厂设计容量的 90%）、冷却液、润滑油等，但没有装货和载人时的整车质量。在总体设计阶段，需要预先估计这一数值，一般采用以下两种方法。

一种方法是对同样级别的样车和各个部件的质量进行测试及计算，以此为参考，再结合新车设计的结构特点、工艺水平等初步估算出新设计汽车各个部件的大致质量，在此基础上进行累加，即可估算出该车的整车整备质量。

另一种方法是在无样车的情况下，对货车而言，可参考国内外大量同级别汽车的数据，为新车选择一适当的质量系数 η_{mo}。这个系数定义为汽车装载质量 m_e 与整车整备质量 m_0 之比。货车质量系数的推荐值见表 2-8。由货车的质量系数，按汽车所要求的装载质量即可估算出整车整备质量。

表 2-8 货车质量系数 η_{mo} 的推荐值

车型	总质量 m_a/t	η_{mo}
货车	1.8~6.0	0.80~1.10 0.80~1.00 柴油车
	6.0~14.0	1.10~1.35
	≥14.0	1.30~1.70

乘用车和商用客车的整备质量可按人均所占汽车整备质量的统计平均值进行估算。其人均整备质量见表 2-9。

表 2-9 乘用车和商用客车的人均整备质量

乘用车		人均整备质量/(t/人)	商用客车	人均整备质量/(t/人)
发动机排量 V/L	$V<1.0$	0.15~0.16	30 座以下	0.096~0.16
	$1.0<V≤1.6$	0.17~0.24	30 座以上	0.065~0.13
	$1.6<V≤2.5$	0.21~0.29		
	$2.5<V≤4.0$	0.29~0.34		
	$V>4.0$	0.29~0.34		

整车整备质量对汽车的成本和使用经济性都有影响。尽可能地减小整车整备质量，可以抵消因满足安全标准、排气净化标准和噪声标准所带来的整备质量增加，同时可以节约燃油。

2. 汽车的载客量和装载质量 m_e

汽车的装载量除了应满足汽车的用途、运输经济效益和使用条件外，还应考虑工厂生产条件，并符合行业产品规划中对装载量系列化的要求。汽车的装载质量是指在硬质良好路面上行驶时所允许的额定装载量。当汽车在碎石路面上行驶时，装载质量应有所减少，越野车的装载质量是指越野行驶或在土路上行驶时的装载质量。乘用车的装载量用座位数来表示，微型和轻型乘用车为 2~4 座，中、高级乘用车为 4~7 座。长途或旅游客车的载客量就是座位数，而城市客车的载客量应包括站立乘客数和座位数两部分，一般每平方米站立面积不超过 8 位乘客。

3. 汽车的总质量 m_a

汽车的总质量是指经过整备完好、装备齐全并按规定载满乘客和货物的整车质量。

乘用车和商用客车的总质量由整备质量、乘员和驾驶人质量以及乘员的行李质量三部分组成。其中乘员和驾驶人每人质量按 68kg 计，总质量可按表 2-10 给出的公式计算。

表 2-10 汽车总质量计算公式

类型	计算公式	备注
乘用车	$m_a = m_o + m_p + m_1$	m_o：汽车整备质量 m_e：汽车装载质量 m_p：乘员和驾驶人质量 m_1：行李质量，乘用车每人 7kg，长途客车每人 10~15kg，城市客车不计 m_f：附加设施质量
商用客车	$m_a = m_o + m_p + m_1 + m_f$	
商用货车	$m_a = m_o + m_e + m_p$	

4. 汽车轴荷分配的确定

汽车的轴荷分配是指汽车在空载或满载静止状态下，各车轴对支承平面的垂直载荷，也可以用占空载或满载总质量的百分比来表示。

计算汽车轴荷分配时，要有各总成的质量和质心位置等参数。各总成质量可通过样件实测得到，也可参照同类车型样件实测值修正得到；各总成质心位置可通过实测得到或按其几何形状和结构特点估计得到。

设总成质量为 m_i，空载或满载时的总成数量为 n，轴距为 L，质心位置距前轴水平距离为 x_i，则整车总质量 m 为

$$m = \sum_{i=1}^{n} m_i$$

后轴轴荷 m_r 为

$$m_r = \frac{\sum_{i=1}^{n} m_i x_i}{L}$$

前轴轴荷 m_f 为

$$m_f = m - m_r$$

载荷分配对轮胎寿命和汽车的使用性能有显著的影响，在进行汽车总体设计时应对轴荷分配予以足够的重视。

1) 应使轮胎磨损均匀。满载时每个轮胎的负荷应大致相等，实际受各种因素的影响，这个条件在使用中只能近似地得到满足。

2) 应满足汽车使用性能的要求。对于后轮装单胎的双轴货车，为防止空车时后轮易抱死发生侧滑，常选空车时后轴负荷大于41%，而对于后轮为双胎的汽车，则前、后轴荷可以大致按1/3和2/3的比例处理。对于越野车，为了保证在坏路上的通过性，减小前轮的滚动阻力，增加后轮的附着力，常将满载时前轴负荷控制在总轴荷的26%~27%。

3) 轴荷的分配还要考虑到汽车的操纵稳定性，使汽车具有不足转向特性。汽车的发动机位置和驱动形式对轴荷分配影响很大。

各类汽车轴荷分配数据见表2-11。

表2-11 各类汽车轴荷分配数据

车型		满载		空载	
		前轴负荷(%)	后轴负荷(%)	前轴负荷(%)	后轴负荷(%)
乘用车	发动机前置前轮驱动	47~60	40~53	56~66	34~44
	发动机前置后轮驱动	45~50	50~55	51~56	44~49
	发动机后置后轮驱动	40~46	54~60	38~50	50~62
商用货车	4×2 后轮单胎	32~40	60~68	50~59	41~50
	4×2 后轮双胎，长、短头式	25~27	73~75	44~49	51~56
	4×2 后轮双胎，平头式	30~35	65~70	48~54	46~52
	6×4 后轮双胎	19~25	75~81	31~37	63~69

三、汽车主要性能参数的确定

1. 汽车的动力性参数

汽车的动力性主要参数有最高速度、加速时间、最大爬坡度、比功率和比转矩等。

(1) **最高速度** u_{max}　随着汽车性能特别是主动安全性能的提高以及各国公路路面的改善和高速公路的发展，汽车最高速度有了普遍性提高，选择时应考虑汽车的类型、用途和道路条件、具备的安全条件和发动机的功率等，并以汽车行驶的功率平衡为依据来确定。汽车最高速度的大致选取范围见表2-12。

(2) **加速时间**　汽车的加速时间对平均行驶车速有着很大影响。乘用车常用0~100km/h所需的时间来表明加速能力。发动机排量大于1.6L的乘用车，加速时间为7~18s，发动机排量小些的乘用车的加速时间为12~25s。对于 $u_{max} < 100$km/h 的汽车，采用0~60km/h的加速时间来评价。

(3) **上坡能力**　用汽车满载时在良好路面上的最大爬坡度 i_{max} 来表示上坡能力。乘用车、货车和越野汽车的使用条件不同，对各自的爬坡能力要求也不同。货车要在各种道路上行驶，其 i_{max} 一般在30%左右。越野汽车的最大爬坡度要求在60%左右。

（4）比功率和比转矩 比功率是汽车所装发动机最大功率与汽车最大总质量之比，可作为评价汽车动力性的综合指标；比转矩是发动机的最大转矩与汽车总质量之比，反映了汽车的牵引能力。这两个参数的大致选取范围见表2-12。

表 2-12 汽车动力性参数范围

汽车类别			最高速度 $u_{max}/(km/h)$	比功率 $P_b/(kW/t)$	比转矩 $T_b/(N \cdot m/t)$
乘用车	发动机排量 V/L	$V \leq 1.0$	110~150	30~60	50~110
		$1.0 < V \leq 1.6$	120~170	35~65	80~110
		$1.6 < V \leq 2.5$	130~190	40~70	90~130
		$2.5 < V \leq 4.0$	140~230	50~80	120~140
		$V > 4.0$	—	60~110	100~180
货车	最大总质量 m_a/t	$m_a \leq 1.8$	80~135	16~28	30~44
		$1.8 < m_a \leq 6.0$		15~25	38~44
		$6.0 < m_a \leq 14.0$	75~120	10~20	33~47
		$m_a > 14.0$		6~20	29~50
客车	车辆总长 L_a/m	$L_a \leq 3.5$	85~120	—	—
		$3.5 < L_a \leq 7.0$	100~160		
		$7.0 < L_a \leq 10$	95~140		
		$L_a > 10$	85~120		

2. 汽车的燃油经济性参数

汽车燃油经济性参数用汽车在水泥路面或沥青路面，以经济车速或多工况满载行驶百公里的燃油消耗量（L/100km）来评价。该值越小，燃油经济性越好。在设计时，这项指标可参考总质量相近的同类车的百公里油耗或单位汽车质量的百公里油耗值来估算。乘用车百公里燃油消耗量见表2-13。

表 2-13 乘用车百公里燃油消耗量

发动机排量 V/L	$V \leq 1.0$	$1.0 < V \leq 1.6$	$1.6 < V \leq 2.5$	$2.5 < V \leq 4.0$	$V > 4.0$
百公里燃油消耗量/(L/100km)	4.4~7.5	7~12	10~16	14~20	18~23.5

对于货车，有时用每吨百公里燃油消耗量来评价，见表2-14。

表 2-14 货车每吨百公里燃油消耗量

总质量 m/t		$m \leq 4$	$4 < m \leq 6$	$6 < m \leq 12$	$m > 12$
每吨百公里燃油消耗量 /[L/(t·100km)]	汽油车	3.0~4.0	2.8~3.2	2.68~2.82	2.50~2.60
	柴油车	2.0~2.8	1.9~2.1	1.55~1.86	1.43~1.53

3. 汽车的通过性参数

汽车的几何通过性参数包括最小转弯直径、最小离地间隙、接近角、离去角、纵向通过半径等。

转向盘转至极限位置时，汽车前外转向轮轮辙中心在支承平面上的轨迹圆的直径称为最小转弯直径 D_{min}，用它来描述转向的机动性。其值与汽车的轴距、轮距及转向车轮的最大转角等有关，应根据汽车的类型、用途、道路条件、结构特点及轴距等尺寸选取。对机动性要求较高的汽车，D_{min} 应取小些。各类汽车的最小转弯直径见表 2-15。

表 2-15 各类汽车的最小转弯直径

车型	级别		D_{min}/m	车型	级别		D_{min}/m
乘用车	发动机排量 V/L	$V \leq 1.0$	7.0~9.5	商用货车	最大总质量 m/t	$m \leq 1.8$	8.0~12.0
		$1.0 < V \leq 1.6$	8.5~11.0			$1.8 < m \leq 6.0$	10.0~19.0
		$1.6 < V \leq 2.5$	9.0~12.0			$6.0 < m \leq 14.0$	12.0~20.0
		$2.5 < V \leq 4.0$	10.0~14.0			$m > 14.0$	13.0~21.0
		$V > 4.0$	11.0~15.0				
商用客车	总长 L/m	$L \leq 3.5$	8.0~11.0	矿用自卸车	装载质量 m_e/t	$m_e \leq 45$	15.0~19.0
		$3.5 < L \leq 7.0$	10.0~13.0			$m_e > 45$	18.0~24.0
		$7.0 < L \leq 10.0$	14.0~20.0				
		$L > 10.0$	17.0~22.0				

最小离地间隙表征汽车无碰撞地越过石块、树桩等障碍物的能力。在设计汽车时，应保证有足够的最小离地间隙。

接近角和离去角表征汽车接近或离开障碍物时，不发生碰撞的能力。接近角和离去角越大，则汽车的通过性越好。

纵向通过半径表征汽车无障碍地通过小丘、拱桥等障碍物的能力。纵向通过半径越小，汽车的通过性越好。

各类汽车的最小离地间隙、接近角、离去角及纵向通过半径等通过性参数见表 2-16。

表 2-16 汽车通过性参数

汽车类型	最小离地间隙/m	接近角/(°)	离去角/(°)	纵向通过半径/m
4×2 乘用车	0.15~0.22	20~30	15~22	3.0~8.3
4×4 乘用车	0.21~0.25	45~50	35~40	1.7~3.6
4×2 货车	0.18~0.30	40~60	25~45	2.3~6.0
4×4、6×6 货车	0.26~0.35	45~60	35~45	1.9~3.6
4×2、6×4 客车	0.22~0.37	10~40	6~20	4.0~9.0

4. 汽车的操纵稳定性参数

（1）**不足转向特性参数** 为了使汽车具有一定的不足转向特性，以达到较好的操纵稳定性，通常在总体设计时做到前、后轮胎的侧偏角之差大于零。通常要求汽车以 $0.4g$ 的向心加速度定圆周转向时，这个差值应在 $1°$~$3°$ 为好。

（2）**车身侧倾角** 为保持较好的侧向稳定性，当整车以 $0.4g$ 的向心加速度定圆等速行驶时，车身侧倾角应控制 $3°$ 以内，最大不允许超过 $7°$。

（3）制动点头角 为使汽车具有较好的乘坐舒适性，当汽车以 0.4g 的减速度制动时，车身的点头角不大于 1.5°。

5. 汽车的制动性参数

汽车通常以制动距离、制动减速度和制动踏板力作为汽车制动性的主要设计指标和评价参数。在选取制动性指标时，必须考虑相关的交通法规和标准。

GB 7258—2017《机动车运行安全技术条件》中规定：机动车应设置足以使其减速、停车和驻车的制动系或装置；机动车在规定的减速度下的制动距离和制动稳定性要求见表 2-17。

表 2-17　机动车制动距离和制动稳定性要求（GB 7258—2017）

机动车类型	制动初速度 /(km/h)	满载检验制动距离要求/m	空载检验制动距离要求/m	试验通道宽度/m
三轮汽车	20	≤5.0		2.5
乘用车	50	≤20.0	≤19.0	2.5
总质量不大于 3500kg 的低速货车	30	≤9.0	≤8.0	2.5
其他总质量不大于 3500kg 的汽车	50	≤22.0	≤21.0	2.5
铰接客车、铰接式无轨电车、汽车列车（乘用车列车除外）	30	≤10.5	≤9.5	3.0①
其他汽车、乘用车列车	30	≤10.0	≤9.0	3.0①

① 对车宽大于 2.55m 的汽车和汽车列车，其试验通道宽度（单位为 m）为 "车宽（m）+ 0.5"。

汽车在规定的初速度下急踩制动时的平均减速度和制动稳定性要求见表 2-18。

表 2-18　汽车制动时的平均减速度和制动稳定性要求（GB 7258—2017）

机动车类型	制动初速度 /(km/h)	满载检验充分发出的平均减速度 /(m/s²)	空载检验充分发出的平均减速度 /(m/s²)	试验通道宽度/m
三轮汽车	20	≥3.8		2.5
乘用车	50	≥5.9	≥6.2	2.5
总质量不大于 3500kg 的低速货车	30	≥5.2	≥5.6	2.5
其他总质量不大于 3500kg 的汽车	50	≥5.4	≥5.8	2.5
铰接客车、铰接式无轨电车、汽车列车（乘用车列车除外）	30	≥4.5	≥5.0	3.0①
其他汽车、乘用车列车	30	≥5.0	≥5.4	3.0①

① 对车宽大于 2.55m 的汽车和汽车列车，其试验通道宽度（单位为 m）为 "车宽（m）+ 0.5"。

汽车在空载和满载状态下，在规定的初速度下进行应急制动时，其应急制动性能要求见表 2-19。

表 2-19　汽车应急制动性能要求（GB 7258—2017）

机动车类型	制动初速度 /(km/h)	制动距离/m	充分发出的平均减速度/(m/s²)	允许操纵力不应大于/N 手操纵	允许操纵力不应大于/N 脚操纵
乘用车	50	≤38.0	≥2.9	400	500
客车	30	≤18.0	≥2.5	600	700
其他汽车（三轮汽车除外）	30	≤20.0	≥2.2	600	700

在空载状态下，驻车制动装置应能保证机动车在坡度为 20%（对总质量为整备质量的 1.2 倍以下的机动车为 15%）、轮胎与路面间的附着系数不小于 0.7 的坡道上，正、反两个方向保持固定不动，其时间不应少于 2min。对于允许挂接挂车的汽车，其驻车制动装置必须能使汽车列车在满载状态下能稳定停在坡度为 12% 的坡道上。

6. 汽车的舒适性参数

汽车应为乘员提供舒适的乘坐环境和方便的操作条件，称为汽车的舒适性。它包括汽车的平顺性、空气调节性能（温度、湿度等）、车内噪声、乘坐环境（活动空间、车门及通道宽度、内部设施等）及驾驶人的操作性能。

汽车的平顺性通常用垂直振动的参数（如频率、振动加速度等）来评价，各类汽车悬架的偏频、静挠度和动挠度见表 2-20。

表 2-20　汽车悬架的偏频、静挠度和动挠度

车型		满载偏频 n/Hz		满载静挠度 f_c/cm		满载动挠度 f_d/cm	
		前悬架 n_1	后悬架 n_2	前悬架 f_{c1}	后悬架 f_{c2}	前悬架 f_{d1}	后悬架 f_{d2}
乘用车	发动机排量 ≤2.5L	1.02~1.44	1.18~1.58	12~24	10~18	8~11	10~14
	发动机排量 >2.5L	0.91~1.12	0.98~1.29	20~30	15~26	8~11	10~14
客车		1.29~1.89		7~15		5~8	
货车		1.51~2.04	1.67~2.23	6~11	5~9	6~9	6~8
越野汽车		1.39~2.04		6~13		7~13	

第三节　发动机与轮胎的选型

一、发动机的选型

双增压、双涡轮、双涡流增压器的区别

发动机形式对汽车的许多性能都有影响，尤其对汽车的动力性、燃油经济性、使用可靠性与耐久性、维修的方便性以及制造成本与市场的竞争力等都有直接的影响。因此，在汽车设计时，发动机选型是一项关键的决策。

发动机选型的依据因素主要有汽车的类型、用途、使用条件、总布置形式、总质量及动力性指标、经济性要求、材料和燃料资源、排放污染和噪声方面的法规限制，以及现有的发动机系列及技术指标水平、技术发展趋势、生产条件和制造成本、市场预测情况以及将来的配件供应及维修条件等，通常要经过多种方案比较甚至通过先行的试验研究才能选定一个好的方案。

在发动机基本形式的选择中，首先应确定的是采用柴油机还是汽油机。

与柴油机相比，汽油机具有升功率大、质量比功率小、振动和噪声低、冷起动性好等优点，但其也有油耗高、燃油经济性差、有点火系统、结构复杂等一些缺点。在安装空间较小、动力性要求高、舒适性要求好的轿车和微型、轻型客车和货车上得到了广泛的应用。

与汽油机相比，柴油机具有油耗低，压缩比可达 15～23，效率高达 38%，燃油经济性好，无点火系统、故障少、工作可靠、耐久性好、寿命长、排气污染低和放火安全性好等优点。就世界范围而言，大型发动机已柴油化，中型汽车也多采用柴油机，中型货车采用柴油机的也不少，欧洲小型高速柴油机在乘用车上使用也较为普遍。这得益于柴油机在产品设计和制造工艺上的不断完善，柴油机以往振动及噪声较大、轮廓尺寸及质量大、造价较高、起动较困难并容易冒黑烟等缺点得到了较好的克服。目前，我国绝大多数的乘用车和小型车辆仍采用汽油机，总质量较大的货车以应用柴油机为主。国外，载重量在 4t 以上的货车全部用柴油机。

发动机的气缸有直列、水平对置和 V 形排列三种排列形式。对于直列式，其结构简单、维修方便、造价低廉、工作可靠、宽度小、容易布置，在中型及以下的货车上和排量不大的乘用车上得到广泛应用。V 形排列发动机具有高度尺寸小、长度尺寸短，曲轴箱及曲轴刚度大，易于设计尺寸紧凑的高转速、大功率发动机且易于系列化等优点，在发动机排量大的乘用车、重型货车和重型越野车上的应用日渐增多，但 V 形排列发动机的宽度大，在平头式车上布置困难；造价高，也限制了其应用。水平对置发动机，其高度低，容易平衡，一般用在少量车辆总长较长的客车上。

发动机的冷却方式分为风冷和水冷两种。水冷发动机冷却均匀可靠、散热性好，气缸变形小，缸盖、活塞等主要零件的热负荷较低，可靠性高，能很好地适应大功率发动机的冷却要求，发动机增压后也容易采取措施（如加大散热器，增加泵量）加强散热，噪声小，车内供暖容易解决。因此，绝大多数的汽车都采用水冷发动机。但其冷却性能受气温影响显著，设计时要考虑避免高气温天气发动机过热的问题出现。风冷发动机的系统简单，维修方便，对于沙漠和缺水地区及炎热、酷寒地区使用的适应性好，不会产生发动机过热和冻结现象，但其冷却不均匀，缸盖等有关零件的热负荷高，可靠性不高，噪声大，油耗较高，故使用得很少。

发动机的进气方式分为增压和自然吸气两种。发动机增压可以提高其功率，减小其尺寸和质量。发动机增压的类型主要有涡轮增压、机械增压和气波增压三种类型。在汽车柴油机上采用涡轮增压已经有半个多世纪了，柴油发动机采用增压可有效提高发动机的升功率和燃油经济性。伴随着电子控制燃油喷射汽油机的逐步普及，近年来汽油发动机增压，特别是轿车汽油机的涡轮增压得到了较大的普及和发展。

二、发动机主要性能参数的确定

1. 发动机最大功率 P_{emax} 和相应转速 n_P

发动机的功率越大则汽车的动力性越好，但功率越过大会使发动机的功率利用率降低，燃油经济性下降，传动系的质量也要加大，因此，要合理选择发动机的功率。选择方法有两种：一是估算法，可参考同类型、同级别而且动力性相近的汽车比功率来选择设计对象的比功率值，再乘以设计对象的总质量，就可得到所需的最大功率值；另一种是计算的方法，根据新车设计所要求的最高车速可计算得到发动机的最大功率。

$$P_{emax} = \frac{1}{\eta_T} \left(\frac{m_a g f}{3600} u_{amax} + \frac{C_D A}{76140} u_{amax}^3 \right)$$

式中，P_{emax} 为最大功率（kW）；η_T 为传动效率，对单级主减速器驱动桥 4×2 汽车可取 0.9；m_a 为汽车总质量（kg）；g 为重力加速度，$g=9.8\text{m/s}^2$；f 为滚动阻力系数，对货车取 0.02，矿用车取 0.03，乘用车考虑到车速 u_a 的影响，取 $f=0.0165+0.001(u_a-50)$；C_D 为空气阻力系数，乘用车取 0.3~0.35，货车取 0.8~1.0，客车取 0.6~0.7；A 为汽车正投影面积（m^2）；u_{amax} 为最高车速（km/h）。

在整车选型阶段还应考虑最大功率时的转速范围，因为它不仅影响发动机本身的技术指标和使用性能，还影响其寿命、整车性能、传动系的寿命以及主减速比的选择。目前，汽油机的 n_P 在 3000~7000r/min 之间，乘用车发动机的 n_P 较高，大多在 4000r/min 以上，总质量小的货车的 n_P 在 4000~5000r/min 之间，总质量居中的货车更低一些。乘用车和总质量小的货车使用的柴油机转速较高，其最大功率转速一般在 3000~4000r/min 之间，总质量较大的货车柴油机转速 n_P 在 1800~4000r/min 之间，重型货车柴油机的 n_P 可取得低一些。

2. 发动机最大转矩 T_{emax} 及相应的转速 n_T

发动机最大转矩 T_{emax} 对汽车的动力因数、加速性能和爬坡性能都有直接的影响。在汽车选型时，应针对所设计的汽车的类型、用途、道路条件等情况合理地选择发动机的 T_{emax} 和 n_T。当 P_{emax} 和 n_P 选定后，可用下式计算确定 T_{emax}：

$$T_{emax}=\alpha T_P=9549\alpha\frac{P_{emax}}{n_P}$$

式中，T_{emax} 为发动机最大转矩（N·m）；α 为转矩适应性系数，可参考同级发动机的试验值，一般取 1.1~1.3；T_P 为最大功率转矩（kW）；P_{emax} 为最大功率（kW）；n_P 为最大功率转速（r/min）。

n_P 与 n_T 之间要求有一定差值，如果它们很接近，将导致直接档的最低稳定车速偏高，使汽车通过十字路口时换档次数增多，因此，n_P/n_T 一般在 1.4~2.0 之间选取。

三、轮胎的选用

轮胎的选用
1~2

轮胎的选用应根据实际使用条件与要求进行选择。

与有内胎轮胎相比，无内胎轮胎具有高速安全性好、拆装及维修方便、质量与转动惯量小等优点，在乘用轿车上得到了广泛应用，并开始在商用货车上使用，但无内胎轮胎的制造工艺和材料要求更高，修理较为困难。

由于子午线轮胎在附着性、散热性、缓冲性、负荷能力、油耗、使用寿命长等方面明显优于普通斜交轮胎，更适应现代汽车对安全、高速、低能耗的发展要求，因此在乘用车上已普遍采用。在商用车上也越来越多地开始采用子午线轮胎。

低压轮胎弹性好，断面宽，滚动阻力大，抓地能力好，壁薄散热好，从而提高了汽车的行驶稳定性及轮胎的使用寿命，因此汽车上几乎全部都使用低压轮胎。

乘用车轮胎尺寸小，高速性和舒适性好；商用车轮胎尺寸大，承载能力强；非公路用车轮胎附着性好，胎面耐刺扎，适用于在恶劣条件下工作。

公路花纹轮胎滚动阻力小、噪声小，适用于铺装路面，其中纵向花纹轮胎适用于良好路面，横向花纹轮胎适用于土石路面；越野花纹轮胎适用于坏路面或无路地带使用；混合花纹轮胎适用于使用路面条件变化不定的场合。

目前用钢丝和各种高强度人造材料制作帘线的轮胎得到了广泛应用，用天然纤维制作帘线的轮胎已遭淘汰。与普通断面轮胎相比，宽断面轮胎扁平率较低，高速稳定性要好，更适用于乘用车轮胎。为适应现代汽车运行条件逐步改善、行驶速度日益提高的要求，多数汽车特别是乘用车（轿车、轻型客车）的轮胎选用既是子午线轮胎结构又是低压、宽断面的无内胎轮胎。

此外，进行总体布置计算时，汽车轮胎所承受的最大静负荷值，应与轮胎额定负荷值接近，两者之比称为轮胎负荷系数，此系数应控制在 0.9~1.0 之间，以防止超载。超载不仅会导致轮胎寿命降低，而且会降低操纵稳定性和行驶安全性。乘用轿车与轻型客车、商用轻型货车的车速高、动负荷大，轮胎负荷系数应取下限。充气压力和使用速度对轮胎负荷能力也有影响。随着道路条件的改善和高速公路的发展，汽车车速逐步提高，使轮胎发热量增加、温度升高，并使胎面与轮胎帘线层脱落，轮胎寿命降低。因此，汽车行驶速度也是影响轮胎选择的一个重要因素。

轮胎是由专业化生产厂制造的，并具有高度的标准化、系列化特点。随着我国汽车工业的发展，我国也制定了相应轮胎标准，并几经修订形成现行标准。如 GB 9743—2015《轿车轮胎》、GB/T 2978—2014《轿车轮胎规格、尺寸、气压及负荷》、GB 9744—2015《载重汽车轮胎》、GB/T 2977—2016《载重汽车轮胎规格、尺寸、气压及负荷》。上述标准规定了轮胎的规格、基本参数、主要尺寸、气压与负荷的对应关系等。

第四节 汽车总布置设计

在概念设计中，初步确定了整车控制尺寸、质量参数、性能要求、发动机和轮胎形式及新车的结构形式，接下来是对总成和部件进行空间布置，并校核初选的各部件结构和尺寸是否符合整车尺寸和参数的要求，使其达到最佳组合，进行汽车总布置设计，得到合理的总布置方案，绘制出总布置图。

汽车总布置设计的工作相当繁琐复杂，需要合理调配各部分的空间以及判断各零部件之间的关系和工作状态是否合理，有些工作要反复进行、多次修改才能达到要求。

汽车总布置工作的主要内容分为空间布置和性能相关的布置两部分，具体项目见表2-21。

表 2-21 汽车总布置工作的具体项目

总布置主要内容	总布置具体项目	
空间布置（人机校核、法规校核、运动校核等）	发动机、传动系的布置；悬架、轮胎的布置；踏板、变速杆等操纵机构的布置；燃油箱、备胎的布置；车身及内外饰件的布置；座椅的布置；载货空间的布置等	
性能相关的布置	油耗	燃油箱容量
	制动性能	质心位置、轮胎尺寸等
	操纵稳定性	轴距、转向器位置、转向盘行程等

(续)

总布置主要内容		总布置具体项目
性能相关的布置	NVH 性能	传动轴夹角、发动机悬置、空气滤清器、消声器、排气吊挂、后视镜、仪表板横梁等
	空气动力学性能	发动机舱盖前端高度、前风窗倾斜角、后风窗倾斜角、扰流板、空气进出风口等
	机动性	轮距、轴距、前后悬、转向齿条行程等
	发动机冷却	前格栅形式、散热器尺寸、前端开口面积等

一、整车布置的坐标系

汽车总布置图是反映汽车总布置设计结果的图面，是汽车总布置设计的重要内容，其目的是在图样上实现总体方案，校核各部件尺寸是否满足设计要求。整车总布置图包括侧视图、俯视图、前视图和必要的断面布置图、局部布置图等。总布置图的主视图是侧视图和俯视图，且将汽车置于面向左方的位置，有时还应辅以汽车的前视图以及必要的横向断面图和剖视图。

在绘制总布置图时，首先要确定整车坐标系。通常以车架上平面或车身地板主平面为 XY 面；以过前轮中心线且垂直于 XY 面的面为 YZ 面；以汽车的纵向对称面为 XZ 面。XY 面和 XZ 面的交线为 X 轴，向后为正方向；XY 面和 YZ 面的交线为 Y 轴，向右为正方向；XZ 面和 YZ 面的交线为 Z 轴，向上为正方向；三条轴线的交点为 O 点，如图 2-7 所示。一般非承载式车身以车架上平面为 XY 面，承载式车身以车身地板主平面为 XY 面。设计时推荐使用统一的坐标系，但允许独立总成建立自己的坐标系。

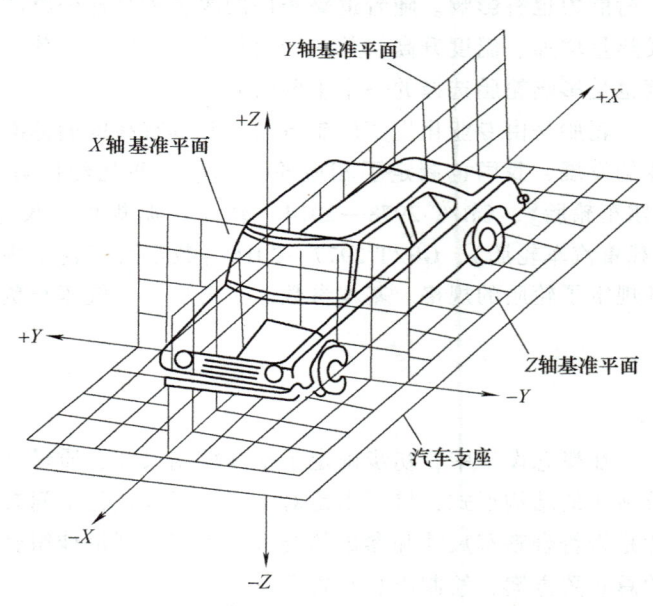

图 2-7 整车坐标系（GB/T 19234—2003）

二、整车布置的基准线

在绘制总布置图时，还要选择绘图的基准线（面）。通常选择车架上平面线、前轮中心线、汽车中心线、地面线和前轮铅垂线作为基准线，如图 2-8 所示。

(1) **车架上平面线** 纵梁上翼面较长的一段平面或承载式车身中部地板或边梁的上缘面在侧视图和前视图上的投影线，称为车架上平面，它作为垂直方向尺寸的基准线（面）。

（2）**前轮中心线** 通过左、右前轮中心，并垂直于车架平面线的平面，在侧视图和俯视图上的投影线，称为前轮中心线。

（3）**汽车中心线** 汽车纵向垂直对称平面在俯视图和前视图上的投影线，称为汽车的中心线。

（4）**地面线** 地平面在侧视图和前视图上的投影线，称为地面线。此线是标注汽车高度、接近角、离去角、离地间隙和货台高度等尺寸的基准线。

（5）**前轮铅垂线** 通过左、右前轮中心，并垂直于地面的平面，在侧视图和俯视图上的投影线，称为前轮铅垂线。此线用来作为标注汽车轴距和前悬的基准线。当车架与地面平行时，前轮铅垂线与前轮中心线重合。货车的车架上平面在满载静止位置时，通常设计成相对地面倾斜一个小角度（一般为 0.5°~1.5°），即前低后高，以便汽车驱动时，汽车趋于水平，如图 2-8 所示。为了制图方便，可将车架上平面线画成水平的，而地面线画成斜的（与水平线成 α_F 角）。

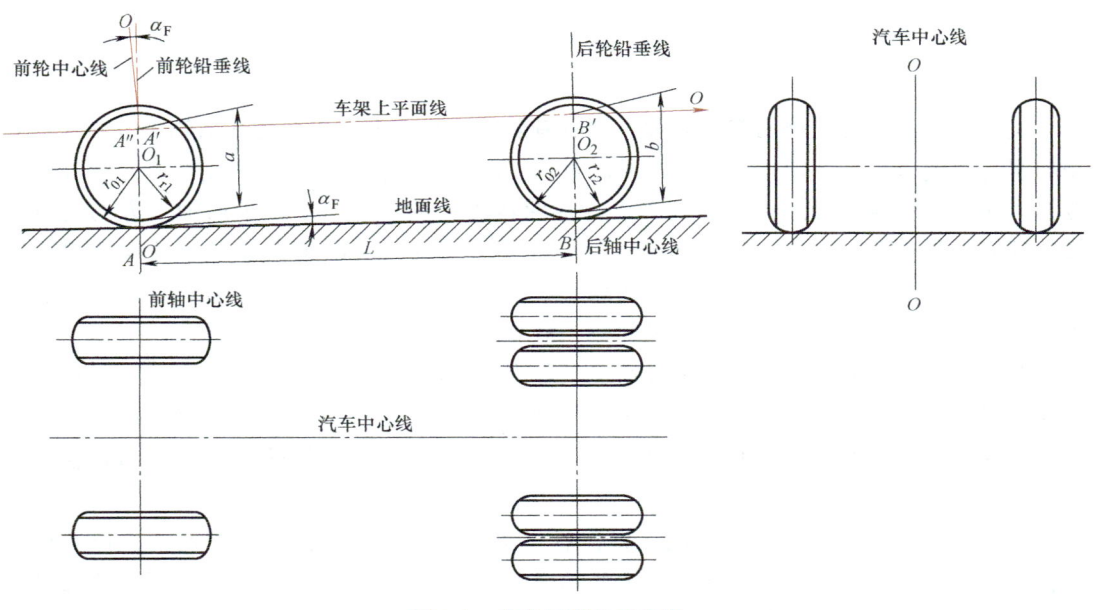

图 2-8　总布置图的基准线

三、商用车主要部件的布置

下面以商用货车为例介绍其主要部件的布置。

1. 发动机和传动系的布置

在进行发动机布置时，需要考虑的主要问题有：发动机与发动机舱的间隙、发动机舱的空气流动性、发动机允许倾角、传动轴夹角、轴荷分配、维修可接近性以及变型的方便性等。

对于发动机前置后驱动方案而言，其位置由三个参数表示：气缸体前端面（或后端面）与曲轴中心交点到前轮中心线的纵向距离 x 和该点离地高度 z，以及曲轴中心线相对车架上平面的倾角 θ（见图 2-9）。倾角 θ 一般为 $1°\sim4°$。发动机向后倾斜是为了减小传动轴的夹角。发动机的前后位置主要根据汽车轴荷分配、驾驶室形式（平头式或长头式）、前轴结构（整体式或断开式）、传动轴夹角大小和选装发动机的范围，并参考同类汽车后才能确定。从系列车型的角度考虑，以缸体后端面与发动机的曲轴中心交点为传动系布置基准点为好，如果以这种方式将系列所可能选用的发动机加以适当考虑，会使系列化程度提高。

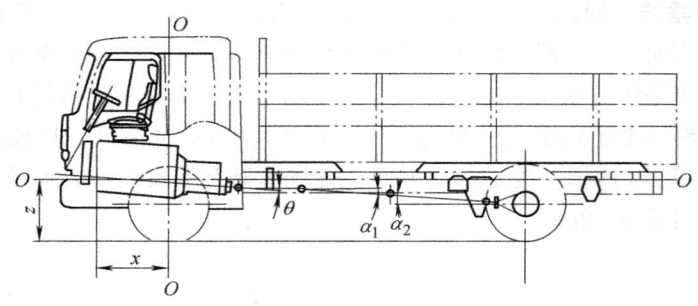

图 2-9 确定动力总成位置的主要尺寸

发动机的高度对离地间隙和驾驶人视野有影响。货车发动机布置在前轴上方，考虑到悬架缓冲块脱落以后，前轴最大向上跳动量达 $70\sim100\text{mm}$，这就要求发动机有足够高的高度，以防止前轴碰坏油底壳。油底壳设计成深浅不一的形状，使位于前轴上方的地方最浅，同时再将前梁中部锻成下凹形状（注意，前梁下部尺寸必须保证最小的离地间隙），以降低发动机的高度，改善长头式车的驾驶人视野。发动机布置在座垫以下的平头式车，发动机顶部与座垫底罩间要留有通风间隙，故宜选用高度较小的发动机。

此外，发动机曲轴中心线在一般情况下与汽车中心线一致。这对底盘承载系受力和发动机悬置支架的统一有利。对于前桥是驱动桥的 4×4 越野车，为了使前驱动桥的主减速器总成上下跳动时与发动机不发生运动干涉，将发动机与前桥的主减速器向相反方向偏移。

在底盘装配和设计中，发动机、离合器、变速器装成一体，因此在发动机位置确定后，包括发动机、离合器、变速器在内的动力总成也随之确定。布置时常将后桥主减速器的轴线向上翘起一个小的角度，这样可以减小传动轴的夹角，并保持传动轴上万向节两端的夹角尽量相等，夹角在满载时应不大于 $4°$，当车身产生最大垂直振幅时也不大于 $7°$。为了使左、右半轴通用，差速器壳体中心线应与汽车中心线重合。

2. 转向装置的布置

转向盘位于驾驶人座椅前方，为保证驾驶人转向舒适，应注意转向盘平面与水平面之间的夹角，并以取得转向盘前部盲区最小为佳，不影响驾驶人观察仪表，同时要照顾到转向盘周围有足够的空间。

转向盘的位置和倾斜角度应保证驾驶人能舒适地进行转向操作，转向管柱的位置以不妨碍驾驶人操纵离合器等踏板时的腿部运动为原则。必要时，转向管柱可做成两节，用万向节来连接。

在布置转向杆系时，应检查转向范围内杆件的运动有无死角或死点；转向摇臂与转向直拉杆和转向节臂与直拉杆之间的夹角，在中间位置时，尽可能布置成接近直角，以保证较高的传动效率。当采用前纵置钢板弹簧悬架时，要特别注意转向器的布置和转向节臂球头的位置，既要避免悬架运动与转向机构运动出现干涉，又要防止紧急制动时的前轮跑偏。此外，还要保证前悬架和转向杆系的运动协调。当前轮采用独立悬架时，要正确选择分段式梯形机构的断开点位置，以保证转向杆系与悬架杆系运动协调。

3. 悬架的布置

货车的前、后悬架多采用纵置半椭圆形钢板弹簧悬架。在布置时，为了满足转向轮偏转的需要，前钢板弹簧悬架布置在纵梁下面。钢板前端通过弹簧销和支架与车架相连接，后端用吊耳和支架与车架相连。这样的布置有利于缓和来自路面的冲击。同时，为了满足主销后倾角的要求，将其前钢板弹簧布置成前高后低状。后钢板弹簧布置在车架和车轮之间，钢板弹簧上的U形螺栓和固定弹簧螺栓与车架之间要留足够的间隙。减振器要尽可能布置成直立状，以充分利用其有效行程；空间不允许时才布置成斜置状。

4. 制动系的布置

在气压制动系中，储气筒尽量布置在汽车中心线的两侧，制动操纵阀尽可能接近储气筒。为缩短制动时间，前桥储气筒尽可能靠近前桥，后桥储气筒尽可能靠近后桥，同时应考虑车重的平衡，合理布置。此外，储气筒还应和消声器保持一定的间隙。

制动管路的布置要注意安全、可靠、整齐美观。在一条管路上，当两个固定点之间有相对运动时，要采用软管过渡。平行管之间的距离不小于5mm，或者完全束在一起，交叉管之间的距离应不小于20mm。制动管路一般布置在车架纵梁内部，用管夹固定。管路总长度应尽量小些，减少不必要的往复管路。管接头应尽可能少些，管接头要布置在显露的地方以便维修。

制动系踏板和驻车制动杆的布置应使驾驶人操纵轻便。若脚制动踏板力和驻车制动杆力大于400N时，应采用助力装置，并保证制动驱动杆件运动时无干涉和死角，更不应在车轮跳动时自行制动。

5. 空调装置的布置

空调布置有多种方案：轻型客车多采用整体式空调，空调装置布置在车顶前部，其优点是便于吸入新鲜空气，由空调消耗的功率及燃料也少；对发动机后置的大客车，常将冷凝器布置于发动机之前，将蒸发器布置在车顶上。根据需要，大客车的蒸发器可以是一个或几个。当采用多个蒸发器时，几个蒸发器可分散布置在沿车顶的空气管道中，这样冷却效果好但结构较复杂，成本也高；当采用一个蒸发器时，可布置在车厢中间偏前的车顶（称为中置式），布置管道比较方便，且能均匀地在乘客间分配调节过的空气。管道可纵向布置在车厢顶盖的中央或两侧。

6. 油箱、备胎和蓄电池的布置

油箱的容积根据汽车最大续驶里程（一般为200~600km）来确定。货车油箱常布置在纵梁上，大型客车油箱往往布置在两轴之间的地板下部。另外，考虑到发生车祸时不要因为冲撞到油箱而发生火灾，油箱应布置在撞车时不会受到损坏的地方。

备胎的布置要考虑两方面的因素：轴荷分配及驾驶人一人即能装卸备胎。将备胎垂直放置是最利于驾驶人滚着推动车轮和固定到夹持架上并予以升举的。在货车上，为使两纵梁受力比较均匀，有的备胎装在燃料箱对面的纵梁上。也有的货车将备胎装在车架后部的下方，并采用悬链式，可保证拆装方便，并使汽车的质心位置降低。但这种布置会减小汽车的离去角。后置后驱的长途客车一般将备胎放置于前部车架下方，此时应考虑备胎可能对接近角产生影响；而前置后驱的长途客车一般将备胎放置在尾部行李舱内，或悬挂在行李舱下部的车架上，如果悬挂在车架下部则应考虑备胎可能对离去角的影响。在大型的半挂车和牵引车上，一般将备胎布置在驾驶室的后面。对于运距短的矿山自卸车一般不用备胎。

蓄电池应布置在起动机一侧，应尽量靠近起动机，这样可以缩短路线，同时还要考虑拆装方便性和良好的接近性。蓄电池一般采用负极搭铁，有利于车身防腐和安全。蓄电池搭铁必须牢固，而且蓄电池要可靠地安装在汽车车架上，并保证有防漏电措施。另外，蓄电池的布置还必须考虑到日常维修和保养的方便性。

四、乘用车发动机舱的布置

乘用车发动机舱是最复杂的总布置区域，因为发动机舱容纳了众多的零件和系统（见图2-10），如发动机动力总成、发动机进排气系统、发动机冷却模块、前照灯、蓄电池、ABS模块、发动机冷却液储液罐、熔丝盒、真空助力器、洗涤液容器，如果采用液压转向还有转向油容器，有时还有ECU模块以及连接各个零部件之间的管路和线束等。

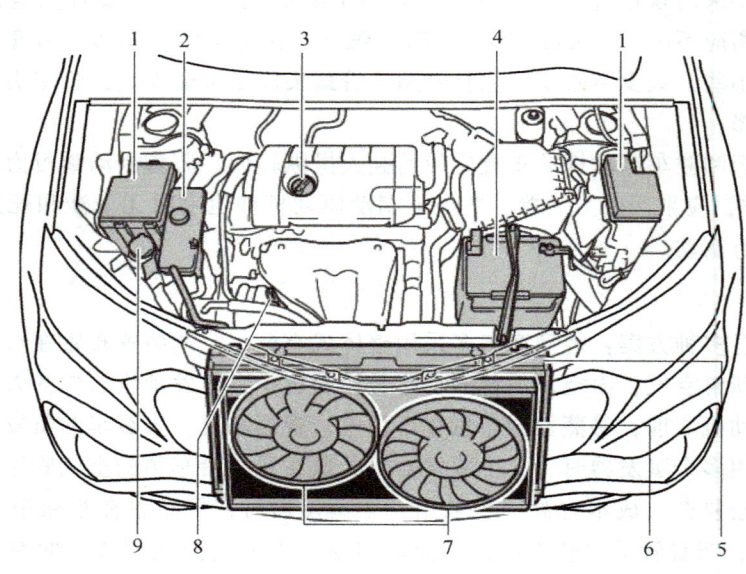

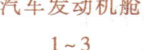

汽车发动机舱 1~3

图2-10　某发动机舱布置

1—熔丝盒　2—发动机冷却液储液罐　3—发动机机油加油口盖　4—蓄电池　5—散热器
6—冷凝器　7—电动冷却风扇　8—发动机机油尺　9—喷洗液储液罐

发动机舱布置时应注意以下几点：

1) 设计初期，机舱布置应考虑同款车后期使用多款动力总成的可能。如汽油机与柴油机、带增压系统与不带增压系统等的动力总成状态是有区别的，需统筹考虑，以满足通用性要求。

2) 发动机舱关键零部件的动静态间隙，既要满足汽车运动中零件安全间隙和整车生产时装配空间的要求，同时还需满足车辆碰撞安全性能以及发动机冷却性能的要求。

3) 管路及线束类零件的布置要保证整体管线布局一目了然，固定合理，维修方便。

4) 合理设计发动机护罩，有效遮蔽管线等不需维修的部件，保证发动机舱布置的整洁。

5) 维修方便性。整车维护中需更换油液（如冷却液、助力转向液、洗涤液、制动液、发动机机油、变速器齿轮油及离合器油等）的加注口位置和需要定期维护的部件，如前照灯、空气滤清器及蓄电池等，在动力总成部件布置完成后需根据人机工程尺寸参数对操作空间进行校核，必要时需调整动力总成的布置或更改零部件的设计。

1. 动力总成布置

首先根据动力总成质量和质心位置测量数据，确定其最佳工作角度，并满足整车质量分布、离地间隙及碰撞安全等要求。布置应考虑受力和振动情况，应使悬置系统的弹性中心与动力总成质心尽量重合，使动力总成在各个自由度上能够很好地解耦；若无法满足，则优先考虑减小发动机垂直和扭转方向的振动。通常动力总成的后悬置应离其质心近些，以承受较大的垂直作用力和较小的扭转负荷；前悬置离其质心较远，承受较小的垂直作用力和较大的扭转负荷。

发动机的前、后位置应与上、下位置一起进行考虑，前、后位置确定以后，再确定汽车前围板和冷却模块的位置。传动轴轴线与变速器输出轴线间的夹角尽量要小，一般空载时小于 $6°$，满载时小于 $4°$，半载时为 $-2°\sim2°$，反跳时小于 $15°$。左、右驱动半轴的长度尽量保持相同。如果有原型车，尽可能保持动力输出位置不变，可减少左、右半轴设计时对半轴、悬架及转向系的干涉校核工作，有效减少设计周期。

发动机周围零部件布置间隙应符合的原则：运动件之间的间隙不小于 35mm；运动件同非运动件之间的间隙不小于 20mm；非运动件之间的间隙不小于 10mm。

图 2-11 所示为某发动机前置后轮驱动轿车的发动机舱纵截面。为减小传动轴夹角，发动机布置呈向后倾斜

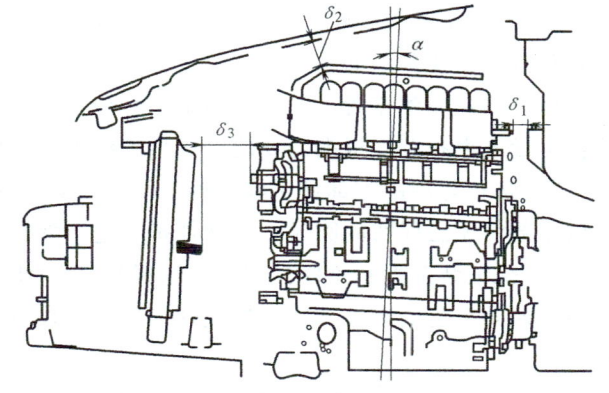

图 2-11 某轿车发动机舱纵截面（$Y=0$）

状，图中的 $α$ 角对轿车来说一般在 $3°\sim4°$ 之间；动力总成和前端冷却模块和前围板的距离（$δ_3$ 和 $δ_1$）应不小于 30mm；发动机舱盖与发动机零件的间隙 $δ_2$ 不得小于 25mm。

2. 进、排气系统布置

发动机的进气口应布置在有利于进风，且能有效避免沙尘和雨水等进入的位置。进气

管折弯程度要合理设计，以减小进气阻力。空气滤清器及谐振器的设计要兼顾发动机台架试验情况和舱内空间的布置。

排气消声器形式选择既要根据发动机排气噪声水平，也要考虑空间布置的可能性，并合理选择排气管折弯半径以充分减小背压。排气管、催化器及消声器等连接位置还应充分考虑维修空间。

排气系统部件为主要热源，其他零部件布置时应考虑尽量远离排气系统部件，特别是油管（含燃油管及动力转向油管等）及电器元件（如线束、蓄电池、ECU、TCU、ABS 等）。排气管与一般零件间隙应大于 30mm；排气管与油箱及油管之间间隙应大于 60mm；三元催化器与转向机、转向油管、燃油管、制动油管、传动轴防尘套、暖风水管及冷却水管等的间隙，一般要大于 65mm，空间不满足时增加隔热罩进行防护。

3. 冷却系统布置

散热器形式和尺寸根据发动机的参数进行估算和选取，再确定其在舱内的位置。散热器布置要保证进风量及进风面积，水管折弯半径应尽量大，以利于冷却液循环，副冷却液壶的布置位于该系统的最高处。冷却管路之间的空间关系应保证在加注冷却液过程中，能排净系统内全部的空气，不存在滞留空气的死角。

4. 管路及线束布置

对于水管、油管、空调管、进排气管及换档离合节气门拉线等容易发生折弯的零件，在空间允许的情况下弯曲半径尽可能得大，便于气体、液体流动和提高拉线效率。对于连接相对运动部分的零部件，要充分考虑运动量，预留安全距离，如制动软管、驻车制动拉线等。

线束布置设计需做到：

1）布置整齐、隐蔽，不影响发动机舱布局。按棋盘方式（纵、横、高方向尽量对齐）排列，避免斜线布置；插接件、配线及防护具等色调一致；线束应尽量在发动机舱的前后面和左右侧布置，如前部横梁、轮包上方及前围板等位置，并防止与周围零部件干涉；尽量成束布置，根据需要使用成型的线卡，使整体布局显得规整。

2）防止与周围零部件干涉。确保线束布置处相对运动和无运动的零部件的间隙；与其他零部件无法保留间隙时，应增加护套进行保护。

3）保证装配性和维修性。尽量选择易装配和操作的走向，可提高装配效率；防止由于装配差异引起的干涉；线束插接件连接处应设置在易操作处，保证装配和检修时有操作空间。

4）避热避水。线束走向应尽量避开热源，例如：排气管系统部件、散热器进液管及发动机缸体等；线束插接件应布置在泥水不易飞溅到的地方，必要时可采用防水插接件；线束的固定应长期有效，否则会导致火灾隐患。

第五节 汽车车身内部布置

汽车车身内部布置以人体尺寸、人体生理结构和视觉特性为依据，力求汽车室内布置设计以人体为中心实现车内空间尺寸协调、操纵控件位置协调以及整车人车视野协调,并确保驾驶人与乘员的舒适性、居住性、上下车方便性、安全性以及驾驶人的操纵方便性和视野性等。车身内部布置遵循的设计原则为:使外部尺寸尽量小、内部空间尽量大、满足各项功能要求、满足人机工程学要求、满足标准法规及技术条件要求。

为实现上述目标,通常使用驾驶人人体模型、眼椭圆、头部包络面、手伸可触及界面、驾驶人膝部包络线等与人机工程有关的设计工具。人机布置工具简图如图2-12所示。

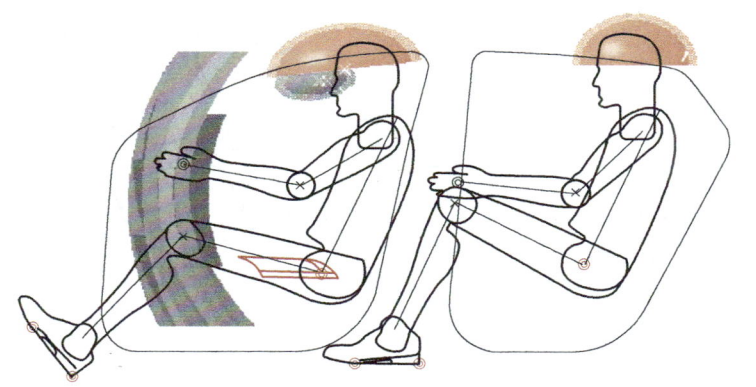

人机布置校核

图 2-12　人机布置工具简图

一、车身内部布置工具

1. 人体模型

人体模型是汽车设计中用于测量和模拟人体的分析工具。人体模型根据用途可分为布置用、测量用、动力学分析用和碰撞用人体模型等,既有物理人体模型也有数字人体模型。车身内部布置采用的是布置用人体模型。

人体模型可按地区分类,如:

1) SAE人体模型。它是根据北美地区人体统计数据建立的,共分为三档:较小人体、中间人体和较大人体。较小人体指95%的女性,只有5%的女性的人体尺寸低于这个数值;中间人体是指介于较大和较小人体的中间值;较大人体是指95%的男性,只有5%的男性的人体尺寸高于这个数值。SAE J833对人体尺寸有详细的规范。

2) 欧洲人体模型。它是根据欧洲人体统计数据建立的。

3) 中国人体模型。它是根据中国人体统计数据建立的,与SAE中等级分类相似,主要分为四个等级:一级采用女子5百分位身高,二级采用女子50百分位身高与男子5百分位身高重叠值,三级采用女子95百分位身高与男子50百分位身高重叠值,四级采用男子95百分位身高。虽然国家标准GB/T 15759—1995中规定了人体模型的参考要求,但目前国内各大主机厂多使用SAE的规范。

布置用人体模型根据用途又分为二维人体模板和三维人体模型。二维人体模板主要用于前期概念设计时的主断面设计和二维空间的布置和设计,如图2-13所示。这种模板由人体的躯干、靠背角基准杆、大腿、小腿和脚(带鞋)等部分组成,通过人体的各关节点连接。其中关键特征点有：S_p 为肩点；H_p 为胯点，是躯干与大腿的关节点，车身设计中常称作 H 点；K_p 为膝点，是大腿与小腿的关节点；A_p 为踝点，是小腿与脚的关节点；AH_p 为踵点，此时脚在加速踏板上，即脚跟着地点，是开始布置人体的基准。

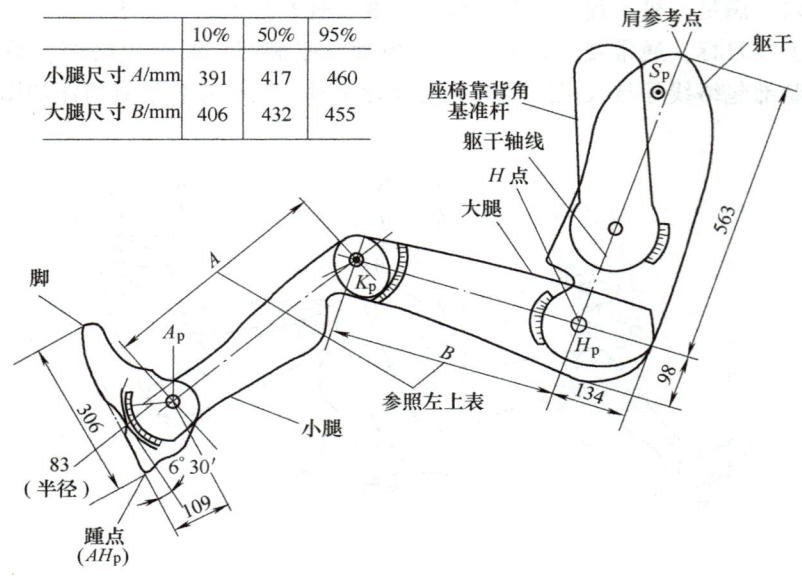

图 2-13 二维人体模板

图 2-14 所示的三维人体模型主要用于样车测量和试验。随着汽车设计的数字化发展，

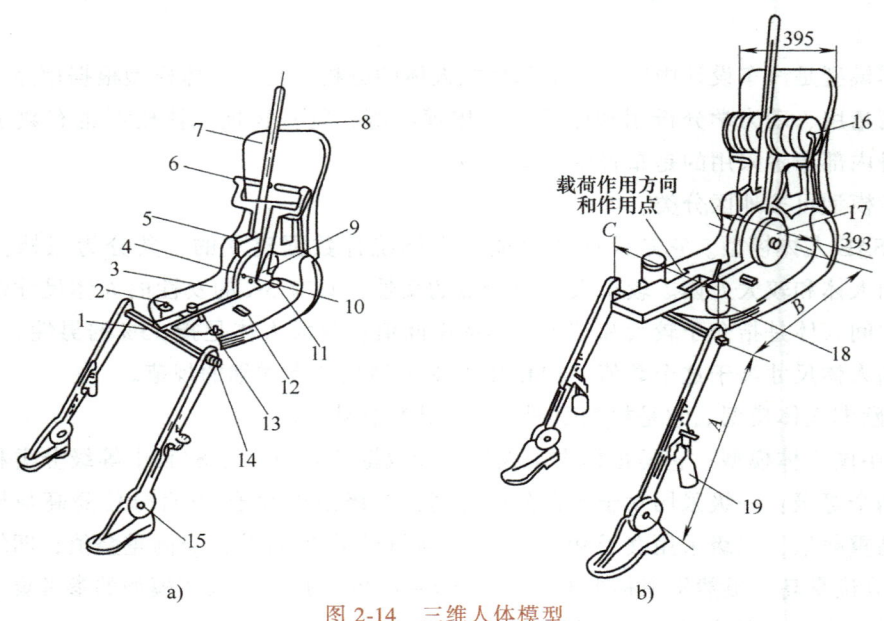

图 2-14 三维人体模型
a) H 点人体模型各构件名称 b) H 点人体模型各构件的尺寸与负荷分布
1—连接膝关节的T形杆 2—大腿重块垫块 3—座位盘 4—臀部角度量角器 5—靠背角水平仪
6—躯干重块悬架 7—靠背盘 8—头部空间探测杆 9—靠背量角器 10—H 点标记钮
11—H 点支枢 12—横向水平仪 13—大腿杆 14—膝部角量角器 15—小腿夹角量角器
16—躯干重块 17—臀部重块 18—大腿重块 19—小腿重块

CATIA、UG 等三维设计软件均自带由 CAD 技术制作的数字人体模型,使得人机布置设计更直观、更精确,更方便模拟人的实际动作,可用作空间分析和检查,例如,图 2-15 所示为 CATIA 软件中的三维数字化人体模型。目前美国标准法规要求采用的是 95 百分位的 SAE-3DM,欧洲法规要求采用的是 50 百分位的 SAE-3DM,由于我国生产的轿车多为引进国外技术或合资生产,因此各汽车厂使用的模型不尽相同。

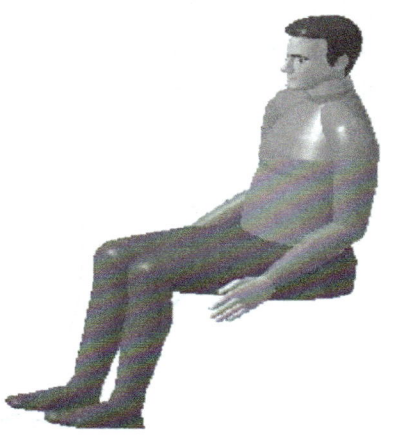

图 2-15 CATIA 软件中的三维数字化人体模型

2. 眼椭圆

驾驶人眼椭圆是指不同身材的驾驶人按自己的意愿将座椅调整到适当位置,并以正常的驾驶姿势入座后,其眼睛位置在车身坐标系中的统计分布图形由于呈椭圆状,故称驾驶人眼椭圆。把二维眼椭圆侧视图、俯视图推广到三维空间就形成了三维的眼椭球模型,如图 2-16 所示。它用来描述眼睛在车内坐标系内的活动范围。眼椭圆的中心点坐标、长短轴长度和方向,与车辆类型、H 点位置、转向盘中心点坐标位置、踏板位置、座椅水平调节量、驾驶人百分位均有关系。

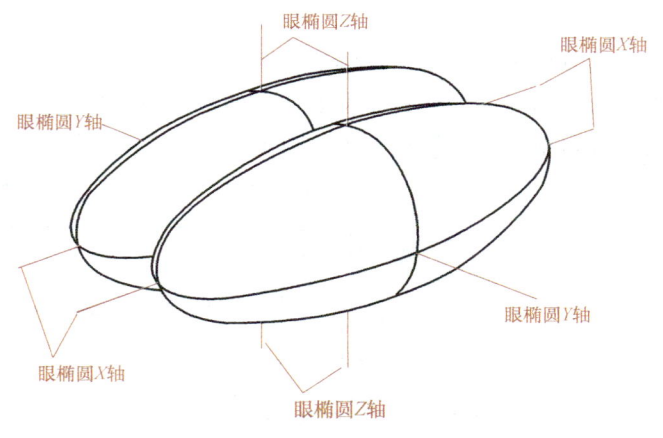

图 2-16 三维眼椭圆示意图

眼椭圆主要应用于汽车视野校核,如确定前风窗玻璃及除霜部位、汽车风窗遮阳带位置;汽车后视镜位置设计及视野校核;确定驾驶人眼睛及头部转动时仪表板和汽车 A 柱、B 柱、C 柱及 D 柱的盲区等。

3. 头部包络面

汽车乘员的头部包络面是指大量不同身材的乘员按自己最舒适的姿态将座椅调整到合适位置后,头部位置在整车坐标系中的统计分布图形。头部包络面中心坐标与眼椭球中心坐标有一定的关联。通过头部包络面的移动,来确定乘员头部最大运动空间,进而确定顶盖、顶盖侧横梁及顶棚的界限。头部包络面分为座椅不可调节式头部包络面和座椅可调节式头部包络面。前者适合于后排乘员的头部位置和头顶空间的设计分析，后者适合驾驶人的头部位置和头顶空间的设计分析。图 2-17 所示为座椅可调节式头部包络面。

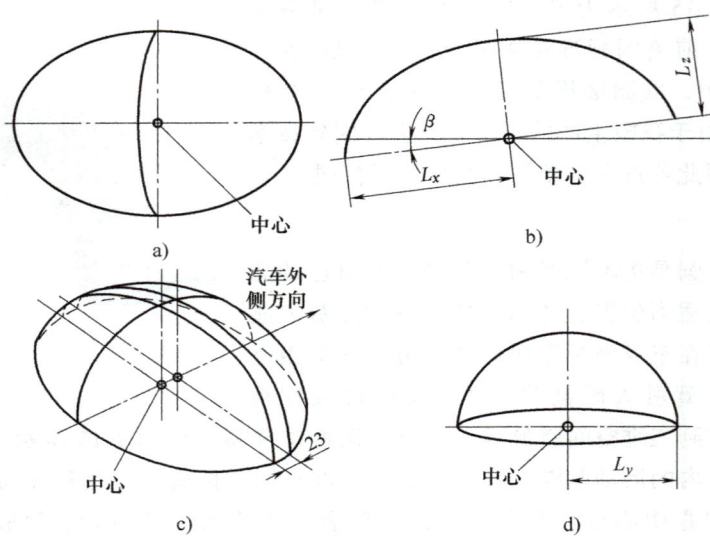

图 2-17 座椅可调节式头部包络面

4. 手伸可触及界面

手伸可触及界面是指驾驶人以正常驾驶姿势身系安全带坐在座椅中，右脚支撑于加速踏板踵点上，一手握住转向盘时，另一只手所能伸及的最大空间界面。驾驶人的手伸可触及界面是在实验室内手伸可触及界面测量台上测得的，如图 2-18 所示。

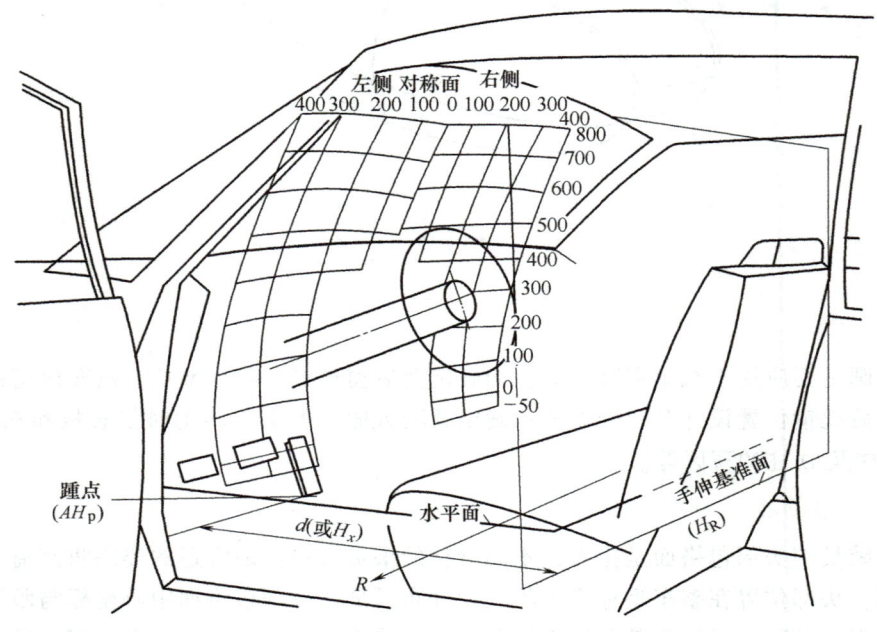

图 2-18 驾驶人的手伸可触及界面

二、乘用车车身的布置

车身总布置首先需要确定市场竞品车型状态以供后续总布置方案参考；接着选择驾驶人模板，设定姿态；再确定驾驶人在整车中的位置；最后完成人机工程相关操纵件的布置。前排驾驶人的布置是车身总布置的核心，在此基础上进行后排人机布置及整车尺寸的确定。

驾驶人乘坐位置与周围部件有着密切的人机关系，其座椅的布置会直接影响到驾驶人安全性、舒适性、视野和操作方便性，因此内部空间布置是以座椅为中心确定乘用车车身内部的关键尺寸。图 2-19 所示为乘用车车身内部空间的布置尺寸图，图中 L 代表长度方向的距离，H 代表高度方向的距离，W 代表宽度方向的距离，A 表示角度。

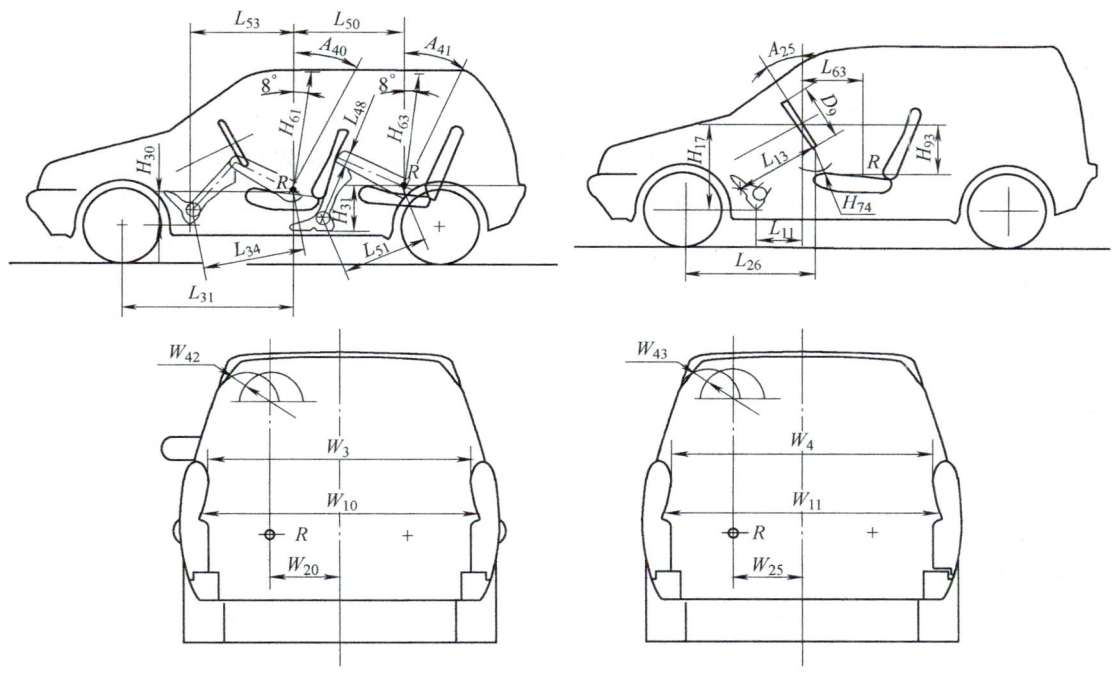

图 2-19 乘用车车身内部空间的布置尺寸图

L_{11}—踵点到转向盘中心的水平距离　A_{25}—转向盘在 Y-平面内的夹角　L_{26}—转向盘到前轮中心的距离　L_{34}—前座有效腿部空间　A_{40}—前座躯干倾角　A_{41}—后排座躯干倾角　L_{48}—膝盖自由空间　L_{50}—R 点之间的距离　L_{51}—第二排座有效腿部空间　L_{53}—前座 R 点到踵点的距离　W_3—前客厢肩部空间　W_4—后客厢肩部空间　W_{10}—前客肘部宽度　W_{11}—后客肘部宽度　W_{20}—前座 R 点的 Y 坐标　W_{25}—后排座 R 点的 Y 坐标　W_{42}—前座头部空间　W_{43}—后排座头部空间　H_{17}—踵点到转向盘中心的垂直距离　H_{30}—前座 R 点到脚跟的距离　H_{31}—后排座 R 点到脚跟的距离　H_{61}—前座头部有效内部空间　H_{63}—后座头部有效内空　H_{74}—转向盘下端距前排座椅的距离　H_{93}—前 R 点至转向盘中心的垂直距离　D_9—转向盘直径

车身室内布置具体步骤如下：

(1) 确定加速踏板中心点的位置　根据前地板基准面的位置并参考同类车型，加入 95 百分位的人体模板，将脚跟放在前地板基准面以上 20mm（考虑到地垫厚度 25mm，被压缩量 5mm）。将脚的球形点（BOF）与加速踏板中心点重合，球形点到脚跟点的距离根据设计车型的具体情况，可在 175～203mm 范围内选择。由此定出加速踏板踵点（AH_p），如图 2-20 所示，推荐足角为 90°。

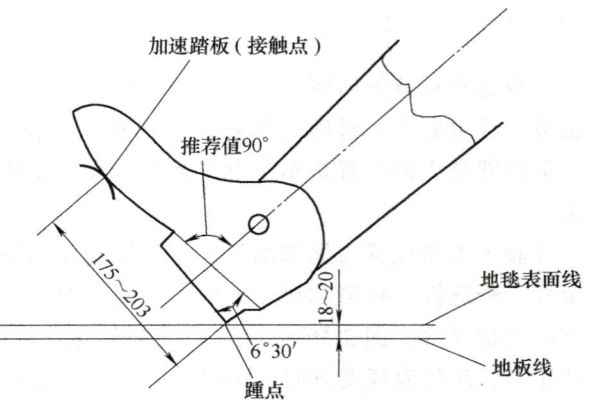

图 2-20　踵点确定方法

（2）**确定驾驶人座椅位置和调节行程**　对人体模型进行初步布置时，在满足整车设计要求下要尽量使人体模型处于图 2-21 所示的最佳驾驶坐姿状态。首先根据竞品车型、视野、空间以及平台数据，初步确定驾驶人坐高 H_{30}（见图 2-19）；在水平方向上，整车轴距和车长一定时，踵点到前轮轮心的距离越小，整车室内空间越好，因此在确定 L_{31} 之前，应同竞品车型对比，尽量优化舱内的布置；如果座椅位置可调，则通过座椅调节的全程，可建立以三维坐标描述的 H 点轨迹线。考虑了各种调整（水平、竖直、倾斜）之后的最后正常驾驶或乘坐位置上的 H 点，是制造商的设计参考点，称为 R 点。在整车宽度确定的情况下，座椅设计参考点 R 点距离整车纵向对称面越远，驾驶人和副驾驶人之间的距离越大，整车空间感越好。但会导致 R 点与门护板之间距离变小，不利于车门内零部件的布置，因此需要设定相对合理的 R 点在整车中的位置，即 W_{20}（前座点的 Y 坐标）的值。在综合协调 H_{61}（前座头部有效内部空间）、L_{34}（前座有效腿部空间）、H_{17}（踵点到转向盘中心的垂直距离）、L_{11}（踵点到转向盘中心的水平距离）、D_9（转向盘直径）后，确定 95 百分位即 R 点的位置。前排座椅靠背角 A_{40} 的设计范围为 5°～40°，一般取 25°。

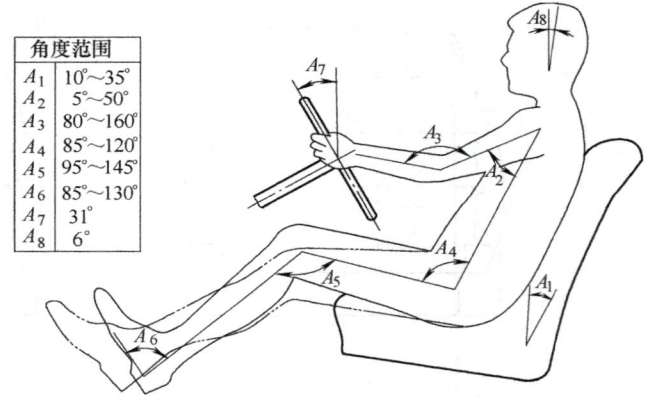

图 2-21　舒适驾驶姿势的人体生理角度

座椅位置的调节范围是根据女子 5 百分位和男子 95 百分位人体尺寸的驾驶人乘坐极限位置确定的，该范围应包含男女比例为 1：1 的 2.5、5、10、50、90、95 和 97.5 百分位的驾驶人各个舒适位置。例如，图 2-22 所示为仅考虑水平和竖直调节的 H 点位置曲线模型和座椅行程调节范围。

（3）**踏板组布置**　踏板组布置的好坏直接影响整车的驾驶舒适性和驾驶安全性，是整车总布置的重要工作之一。由于加速踏板所需的踩力和行程较小，造成驾驶操纵疲劳的主要原因是频繁踩踏。因此，加速踏板的位置布置应使人体处在舒适的驾驶姿势上，故室

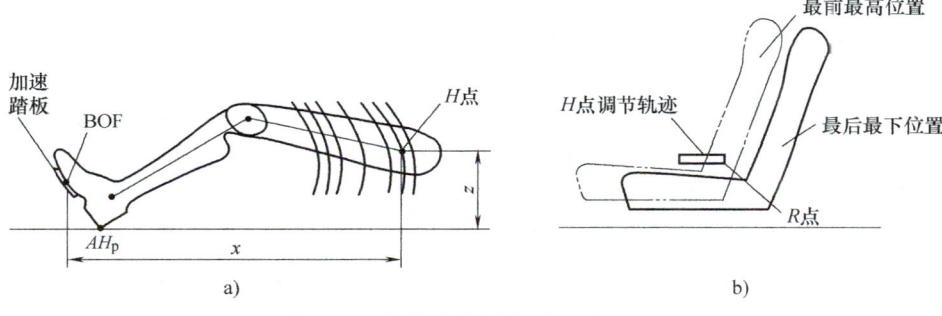

图 2-22 驾驶人座椅位置和调节行程
a) H 点位置曲线模型　b) 座椅行程调节范围

内人体布置设计常以踵点作为基准点开始布置人体。制动器和离合器踏板的布置应保证人体的腿部处在最佳施力姿势下。由于此类踏板的操纵需要一定的操纵力，采用蹬踏的姿势是必要的，一般从已确定的 H 点位置开始布置。从脚踏板的纵向位置来看，制动踏板和离合器踏板比加速踏板离驾驶人要近些。如果是在平台车上进行车身设计，若没有特殊要求，一般不改动踏板结构，可以通过改变座椅位置或其他车身零件的方法使其满足设计要求。轿车脚踏板的侧向间距（见图 2-23）要求详见 GB/T 17346—1998。

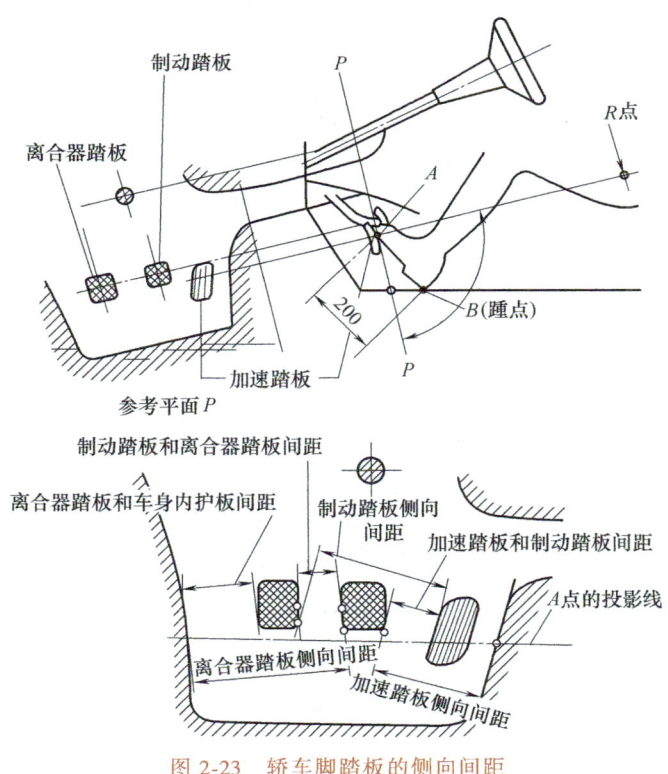

图 2-23 轿车脚踏板的侧向间距

（4）转向盘和手操纵件布置　驾驶人在驾驶汽车时，为保证安全应保持驾驶姿势变化不大的情况下完成对转向盘和一些手操纵件的操作，转向盘和手操纵件应布置在人体模型的可触及范围内。转向盘布置在左、右手可触及界面的相交部分，转向盘中心在人体模型的对称面上，根据标准推荐的人体模型驾驶姿势自然握住转向盘来最终确定转向盘相对于车身的具体位置以及与水平面的夹角。

驾驶人在行车过程中用到的各种操纵件应尽量做到只用手臂而不移动身躯就可完成操作，并对各种操纵件及照明控制器的优先级给予重视。如设计变速杆时应保证在任何档位，5百分位的女子和95百分位的男子都能很方便地触及，且变速杆拉到最前面时离副仪表板的距离不小于50mm；在任何档位，变速杆与左、右座椅及前面乘员的身体要保持足够的间隙，一般大于50mm。设计驻车制动杆时，驻车制动杆应方便触及，驾驶人在拉驻车制动杆时不与其他的车身部件干涉。应注意驻车制动杆前端（制动时）至变速杆拉到最后时的最小距离一般大于30mm，驻车制动杆与中央通道的垂直距离和纵向距离一般要求大于40mm，驻车制动杆前端宽度一般要求大于25mm。

（5）眼椭圆的定位和视野校核 眼椭圆的定位包括确定椭圆中心位置和倾角。影响眼椭圆定位的布置参数包括：转向盘在前、后方向相对于加速踏板参考点的距离 L_6、座椅高度 H_{30}、变速器类型和座椅升程等。在 SAE J941—2002 中，其眼椭圆不再根据设计乘员背部角度 A_{40} 定位，而是主要考虑转向盘前后位置和座椅高度，使眼椭圆定位的灵活性和准确性得到提高，如图 2-24 所示。汽车类型不同，座椅行程不同，人体百分位不同，使用的国家不同，相对应的眼椭圆的尺寸和定位方案也不同。眼椭圆完成后，可进行驾驶人的视野设计。

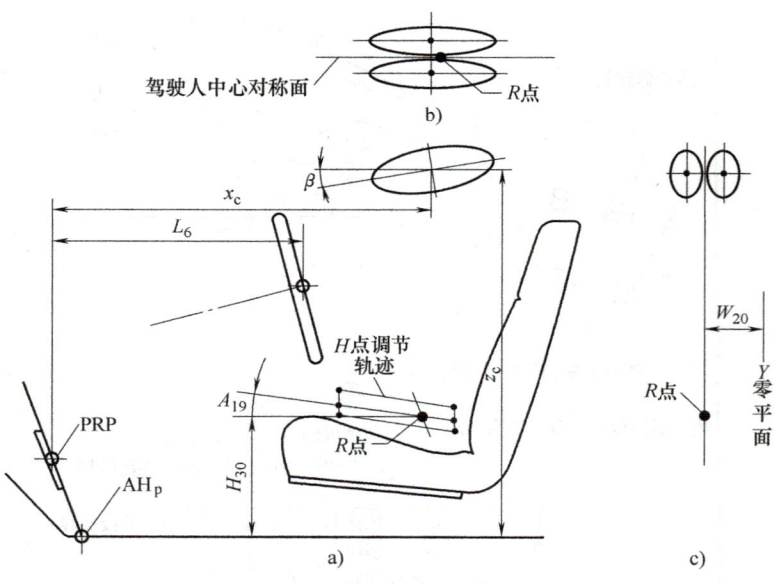

图 2-24 影响眼椭圆定位的布置参数
a）侧视图 b）俯视图 c）后视图

（6）乘员头部空间和轿车顶盖布置 头部空间是车身总布置需要确定的关键的总布置尺寸，通行的方法是用过 R 点的 H_{61-1} 和 H_{61-2} 来评判头部空间的大小。如图 2-25 所示，头部空间越大，乘客在车内的活动空间越大，舒适度越好，但由此带来车辆总高度较大，车型的流线将被破坏，空气动力性变差。当前、后座椅的 R 点和头部包络面位置布置完成后，根据有效头部空间尺寸 H_{61-1} 和 H_{61-2} 的经验值，考虑头部间隙尺寸 L_{38}、H_{41-1}、L_{39}、H_{41-2}，并结合车身造型和空气动力学要求可最终确定轿车顶盖高度。同时，由于头部包络面是考虑到正常人头发空间后统计出来的，因此在确定头部空间尺寸时还需要考虑戴帽子、汽车颠簸、乘员头饰和正常活动等所需要的空间。

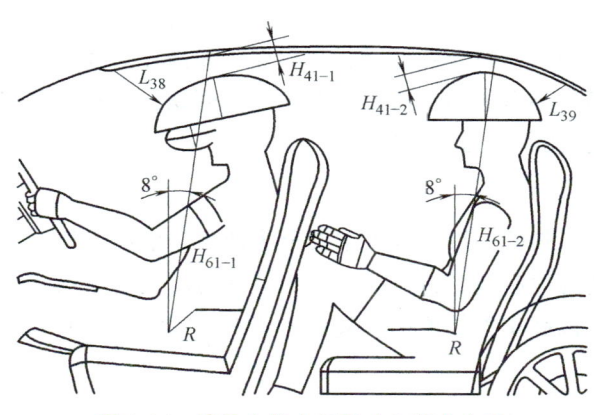

图 2-25　乘员头部空间尺寸和顶盖布置

（7）后排人体布置　其布置方法与前排相似。布置时应主要考虑的是：座椅的高度与地板上的凸包形状和高度有关，应保证有足够的座垫厚度；采用阶梯地板时，在前排座椅的下部应留有充足的搁脚空间，前、后排座椅的间距取决于人体臀部至膝部的距离；前排座椅的靠背厚度应根据乘用车的级别和使用性能的要求进行合理选取，后座靠背压缩后的形状应与轮罩的切面相平行，以利于空间的利用。后座人体的头部与车身顶盖内衬或后风窗玻璃内表面之间应有足够的间隙。另外需指出的是，后座空间尺寸（见图 2-19）因车型级别不同差异较大，如决定坐姿的关键尺寸 L_{48}（膝盖自由空间）、L_{51}（后座有效腿部空间），级别越高，相应尺寸越大。L_{51}、L_{48} 的推荐值分别大于 900mm、50mm。

三、视野及转向盘障碍盲区校核

安全性是汽车设计需要考虑的重要内容，汽车车身在进行内部布置时针对影响安全性的方案必须按照法规或标准进行相应校核，如驾驶人前方视野校核、仪表板视野校核和后方视野校核等。

1. 前方视野校核

前方视野校核主要包括前风窗视野校核、A 柱盲区校核和前风窗刮水器刮扫区域校核等内容。

前风窗视野校核保证汽车前方具有良好的上、下视野，同时保证驾驶人的舒适性。驾驶人上视角指的是前风窗上部可见部分的最下边缘与 95 百分位的眼椭圆上半部分的切线与水平面的夹角。下视角指的是发动机舱盖与 95 百分位的眼椭圆下半部分的切线与水平面的夹角。根据法规要求，上视角一般要求能保证看到停车线前 12m 远、5m 高的交通信号指示灯，下视角一般要求能保证看到停车线前 6m 远的地面上的一点。前风窗视野校核主要是检查前风窗的布置，其具体要求及做法参见 GB/T 11562—2014。

驾驶人一侧的 A 柱盲区是驾驶人前方视野盲区中最主要的部分，影响安全行车。A 柱盲区用双目障碍角表示，其大小与 A 柱本身的结构尺寸和驾驶人眼睛到 A 柱的距离有关，其具体要求及做法参见 GB/T 11562—2014。

刮水器刮刷区域 DMU

前风窗刮水器刮扫区域必须满足驾驶人的视野要求，是布置刮水器的依据。刮扫面积与刮水器的布置位置、刮扫摆角和刮片尺寸有关。在进行前风窗刮水器刮扫区域校核时，不仅要考虑刮水器有足够的刮扫面积，而且还要有正确的刮扫部位，其具体要求及做法参见 GB/T 11562—2014。

2. 后方视野校核

驾驶人后方视野主要分为两种：借助车外后视镜看到的外后视野和借助车内后视镜看到的内后视野，这些视野的范围与后视镜的尺寸、形式和安装位置有关。后方视野校核是后视镜布置的依据，其具体要求及做法参见 GB 15084—2013。

3. 仪表板视野校核

驾驶人在观察仪表等显示装置时，其视线会受到转向盘轮缘、轮毂或轮辐的阻挡，在仪表板上形成盲区。如果仪表和相关控制件布置在仪表板盲区内，就会影响驾驶人对仪表的观察和对相关控制件的操作，这不利于安全行车，因此有必要对仪表板盲区进行校核。

转向盘在仪表板上形成的盲区主要有两部分：一是转向盘轮缘形成的盲区，二是转向盘轮毂及轮辐形成的盲区，在进行仪表板盲区校核时应分开进行校核。通常分别选择 95 百分位、50 百分位以及 5 百分位的人体模型进行仪表板校核。表 2-22 为某车仪表板视野校核情况，可见各百分位人体都能在正常驾驶位置获得良好的组合仪表视野，说明该车仪表板的布置满足要求。

表 2-22　各百分位仪表板视野校核

	95 百分位	50 百分位	5 百分位
中眼点			
左眼点			
右眼点			

另外，还应考虑仪表罩的眩目检查，防止光线射向仪表板玻璃对驾驶人造成眩目。同时仪表板罩的高度和厚度要适中，以免影响驾驶人前方视野。

车身布置除了要进行视野校核以外，还要进行人体坐姿、前风窗玻璃刮水面积、手伸可触及界面、踏板间距布置以及上下车方便性等校核。

第六节　汽车 DMU 校核

在整车总布置完成后，要进行必要的校核工作，就是检查各个总成、部件的安装位置、连接关系、布置间隙以及运动以后会不会有干涉，还有符不符合设计要求和法律规定等内容。这样经过校核与修改的反复进行，确认整车详细布置方案，最终得到完善的整车设计数据。随着汽车数字化设计技术的应用，DMU 校核已成为汽车产品开发中非常重要的一项工作。

人机校核 DMU

一、DMU 的含义及作用

DMU 是 Digital Mock-Up 的缩写，又称数字化电子样车，指一个正确的、完整的整车三维数模，是由三维软件设计出的零部件按照其内在逻辑而组成的结构性的虚拟样车模型，而且这个虚拟样车可以进行不同的模拟和评价。

DMU 是对产品的真实化计算机模拟，满足各种各样的功能，提供用于工程设计、加工制造、产品拆装维护的模拟环境；是支持产品和流程、信息传递、决策制定的公共平台；覆盖产品从概念设计到维护服务的整个生命周期。

在汽车产品开发的应用过程中，DMU 具有以下功能和特点：

1) 与三维软件系统完全集成，并以"上下关联的设计"方式作业，能实现装配之间、零部件之间、一个模型文件中的多个几何实体之间、曲面模型和实体模型之间、特征之间等多种层次的端到端的各类关联；通过建立关联性的设计模板进行管理和重用，提高设计效率。

2) 提供强大的可视化手段，除了虚拟显示和多种浏览功能，还集成了 DMU 漫游和截面透视等先进手段。用不同方式对电子样车进行全方位的审视、评估和模拟，尽可能在数字化环境中看到真实世界中相同的效果，实现低成本、高效率的产品可视化模拟。

3) 具备各种功能性检测手段，如安装/拆卸、机构运动、干涉检查、截面扫描等功能性分析。尽可能在数字化环境中进行与真实世界中相同的分析，使产品开发人员在设计早期就发现问题，提高设计质量。

4) 具有产品结构的配置和信息交流功能。在产品开发过程中不断对配置及零件完整性进行验证，大部分的设计错误都能被发现或避免，从而大大减少实物样机的制作与验证，有效降低设计成本，缩短设计周期，提高设计效率。

二、DMU 校核的具体内容

在汽车产品开发的应用过程中，DMU 校核类型不同，其所包含的内容也不一样，见表 2-23。

表 2-23　汽车 DMU 校核的具体内容

DMU 校核类型	DMU 校核的具体内容
干涉检查	静态干涉检查；动态干涉检查

（续）

DMU 校核类型	DMU 校核的具体内容
截面检查	随机截面检查；按指定平面进行截面检查
距离分析	最小距离分析；某一方向上的距离分析；距离带分析
产品结构比对	不同版本的零件之间的结构变化；不同产品配置之间的结构变化
机构运动分析	单命令的机构运动分析；多命令的机构运动分析；按指定规则运动的机构运动分析；机构运动过程中动态干涉检查；创建运动件的空间包络体
产品拆装分析	按照指定的路径进行拆装分析；Camera 捕捉拆装视点；拆装过程中动态干涉检查；创建运动件的空间包络体

1. 干涉检查

DMU 干涉检查将对所选择产品中的所有干涉问题进行检查，并给出检查结果。但在实际设计过程中，有些干涉是正常干涉，对这些干涉将不进行任何处理；有些干涉是设计过程中产生的问题，需要通过一定的方法来消除这些干涉。

2. 截面检查

DMU 截面检查用来检查产品内部在某一个平面上的详细结构，以此来检查产品的设计是否符合产品在概念设计阶段所做的产品定义。

3. 距离分析

DMU 距离分析可以方便地测量两个零件之间的最小距离或者在某一个绝对坐标方向的距离。同时，它还可以测量两个零件之间的公差距离带，以不同的颜色对距离关系进行区分。

4. 产品结构比对

DMU 产品结构比对是对整车产品中不同配置的零部件以及同一个零部件不同版本之间的对比，以检查不同配置的零部件有什么样的差异以及对比因模型更改等因素造成的新旧版本之间的差异。

5. 机构运动分析

DMU 机构运动分析是在虚拟的环境中模拟产品实际的运动状况。在动态过程中检验机构设计是否符合概念设计阶段对机构所做的定义。同时，在动态过程中对产品的位置信息、运动特性信息进行检查和分析。

6. 产品拆装分析

DMU 产品拆装分析是对产品拆装过程的演示和在拆装过程中动态的检查产品同周围零部件之间的关系，包括产品拆装路径的定义和优化，拆装过程中的动态干涉检查、工具空间校核等。

三、DMU 运动校核实例

在总体设计中，要对各相对运动部件或零件进行运动干涉校核，确定其运动轨迹及运动空间，防止产生运动干涉和不协调等情况。一般从两方面进行运动检查：从整车角度出发检查运动学正确性；对有相对运动的部件或零件检查运动干涉。这些检查关系到汽车能否正常工作，在汽车总体设计时一般要进行以下校核工作：

1）转向轮在跳动和转向过程中与翼子板、转向杆系之间的运动关系。

2）传动轴跳动时的运动关系。

3）后轮跳动时与翼子板的相对关系。

4）转向杆系与转向轮悬架共同工作所产生的转向干涉。

5）制动时前轴扭转所产生的转向干涉。

6）驾驶区各种操纵机构的运动轨迹，主要是校核各种操纵动作是否会发生干涉或人体的动作是否舒适。

7）可翻转的驾驶室翻转时连接驾驶室和车架之间的杆件和软管的运动轨迹，包括转向传动轴、变速杆及其他各种操纵杆件、软轴、连接软管、线束等的校核。

8）自卸车举升机构的运动关系，校核举升机构的运动轨迹。

在进行运动校核时，一般利用计算机分析软件。下面以车轮跳动的运动校核为实例来说明运动校核的一般思路和方法。

在车身设计、前舱布置的过程中，通常要给汽车轮胎的运动留出足够的空间，避免干涉现象的发生。以下介绍基于 ADAMS（Automated Dynamics Analysis of Mechanical System）动力学仿真软件的汽车轮胎运动包络体的形成方法，采用的是 ADAMS/car 模块。

某轿车前悬架采用的是麦弗逊式（Macpherson）独立悬架，转向机构是齿轮齿条式（Rack_pinion）转向机，转向横拉杆与转向机直接相连；后悬架是多连杆式悬架（Multi_link）。前左、前右簧下质量系统的结构基本相同，可以认为左、右悬架（包括转向横拉杆）以汽车的纵向中轴线对称。悬架零部件中，除了弹性元件、橡胶元件外，其余零部件全部看作刚体，在运动过程中不变形。坐标系采用设计中的整车坐标系。

生成轮胎包络体的基本步骤如下：

1）建立悬架模型。在 ADAMS 软件中建立前悬架模型，如图 2-26 所示，并修改相关

麦弗逊悬架
跳动

图 2-26　ADAMS 前悬架模型

参数。在 ADAMS 的数据库中,提供了很多的悬架模型模板,这样悬架的建模过程就变得简单许多,只需对模板中的关键点的值调整成该轿车悬架关键点的坐标值即可。

2) 悬架运动分析。在 ADAMS 悬架分析模块中,对前轮的典型工况进行运动分析,前轮的典型工况包括前轮左右转向极限和上下跳动极限等。

3) 结果处理。转换到 ADAMS 后处理模式(Postprocessor),得到在不同工况下轮心坐标(x_0,y_0,z_0)、轮胎轴线上某一点的坐标(x_1,y_1,z_1)随时间的变化曲线。例如,图 2-27 所示为该轿车在前轮左右转向极限工况下轮心坐标随时间的变化曲线。

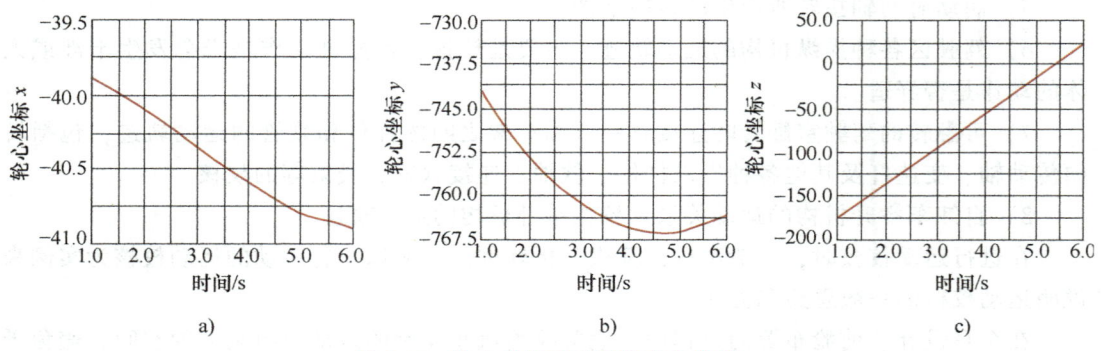

图 2-27 轮心坐标随时间的变化曲线

a) x 坐标 b) y 坐标 c) z 坐标

4) 从 ADAMS 软件导出坐标点。根据 ADAMS 软件的运动仿真结果,将某一工况下轮心坐标(x_0,y_0,z_0)、轮胎轴线上某一点的坐标(x_1,y_1,z_1)导出并存为 ASCⅡ类型的数据文件。

5) 在 CAD 软件中建立轮胎三维模型。若有现成的轮胎数字模型(数模),则直接在 CAD 软件中导入该三维轮胎 CAD 模型。

6) 将坐标点导入 CAD 软件。将 ASCⅡ类型的数据文件导入 CATIA 或 UG 等 CAD 软件中,得到某一工况下轮心坐标与轮胎轴线一点坐标的一系列组合。

7) 轮胎布置。以轮胎中心点和轮胎轴线为约束条件,对轮胎进行布置,最终生成轮胎包络体,如图 2-28 所示。

用同样的方法,也可以得到后悬架的轮胎运动包络体,如图 2-29 所示。

图 2-28 前悬架轮胎包络体

图 2-29 后悬架轮胎包络体

思 考 题

1. 乘用车为什么会普遍采用发动机前置前轮驱动的布置形式？
2. 轴荷分配对汽车的性能有何影响？乘用车的轴荷一般如何分配？
3. 汽车的主要性能参数包含哪些内容？
4. 汽车总布置设计的主要内容有哪些？
5. 试简述乘用车车身布置的基本步骤。
6. 在汽车产品开发的应用过程中，DMU技术具有哪些功能和特点？
7. 汽车总体设计时为什么要考虑运动校核？其主要内容有哪些？

第三章 电动汽车总体设计

随着汽车工业的快速发展，环境和能源对人类生活和社会发展的影响越来越大，节能、环保、新能源等字眼越来越紧密地与汽车联系在一起。研制开发更节能、更环保和使用替代能源的新型汽车，成为各大汽车公司的当务之急。电动汽车既是解决环境和能源问题的重要途径，也是提升汽车企业核心竞争力的技术制高点。

第一节 电动汽车设计概述

汽车开发是一个长周期、高投入的过程，任何车型的设计开发都需要非常慎重，以最大可能规避开发风险，提高开发效率。电动汽车的设计开发方法与传统汽车大体相似，但也有其自身特点。

一、电动汽车的开发模式

我国明确选择了纯电动汽车的战略路线，但我国汽车行业的总体水平与技术的前沿性出现明显落差，因此在开发纯电动汽车时出现了以下三种主要的开发模式。

第一种为"传统模式"，即外方仍然提供总体技术，在国内的合资企业进行生产，核心零部件仍然由国内的合资企业提供。全球性汽车企业在开发出新能源汽车的原始技术之后，在我国市场进行适应性"二次开发"，再在我国的合资企业中进行生产。采用此模式，除了可以满足政策要求之外，还可以更好地适应我国本土市场的特点与需求特征。该开发模式的典型代表是位于江苏省常熟市的丰田汽车研发中心（中国）有限公司。

第二种为"合资模式"，即中外方共同开发且中外方各自负责部分技术，在国内的合资企业框架下进行开发和生产，核心零部件主要由本土企业提供。在合资企业的框架下开发新能源汽车，中外双方拥有不同的分工与协作方式，产品采用本土品牌并主要在我国市场进行销售。该开发模式的典型代表是上汽集团与其旗下的合资企业。

第三种为"自主模式"，即本土汽车厂商主导整体开发进程，并以本土品牌生产和销售，主要集中于商用车和低端乘用车领域。本土汽车企业完全主导新能源汽车的产品开发进程。鉴于自身的开发能力，特别是整车开发水平相对低下，以及在政府采购的推动下，一部分汽车厂商集中于新能源客车和专用车的产品开发。该开发模式的典型代表是东风汽车集团有限公司。

二、电动汽车的开发流程

电动汽车的开发应遵循的总体思路是：车型开发兼顾平台化，零部件开发兼顾模块化，不论车型开发还是零部件开发都必须同时考虑可扩展性。

电动汽车的整车开发可从以下 4 个方面展开进行：

1) 在市场上找到一个当前生产能力能够满足的产品需求，在脑海里形成一个将要开发车型的概念。

2) 从市场得来的产品需求经过分析、研究、论证，形成可实现的整车规格。

3) 在产业链上寻找合适的供应商，通过相应的工艺工装生产出各类零部件。

4) 采购整车需求的零部件，试制工程样车，经过反复测试与修改的试错工作，经过公告验证得到满足市场需求和符合法规的整车产品。

典型的电动汽车的整车开发流程如图 3-1 所示，该流程具有 10 个开发节点，分别是项目启动、整车纲要、整车概念、整车规格定义、规格批准、设计冻结、设计签发、工程签发、SOP 以及项目总签发；共包括 7 大内容，即技术概念、技术规范、数模样车、功能样车、工程样车、生产服务和试销服务。

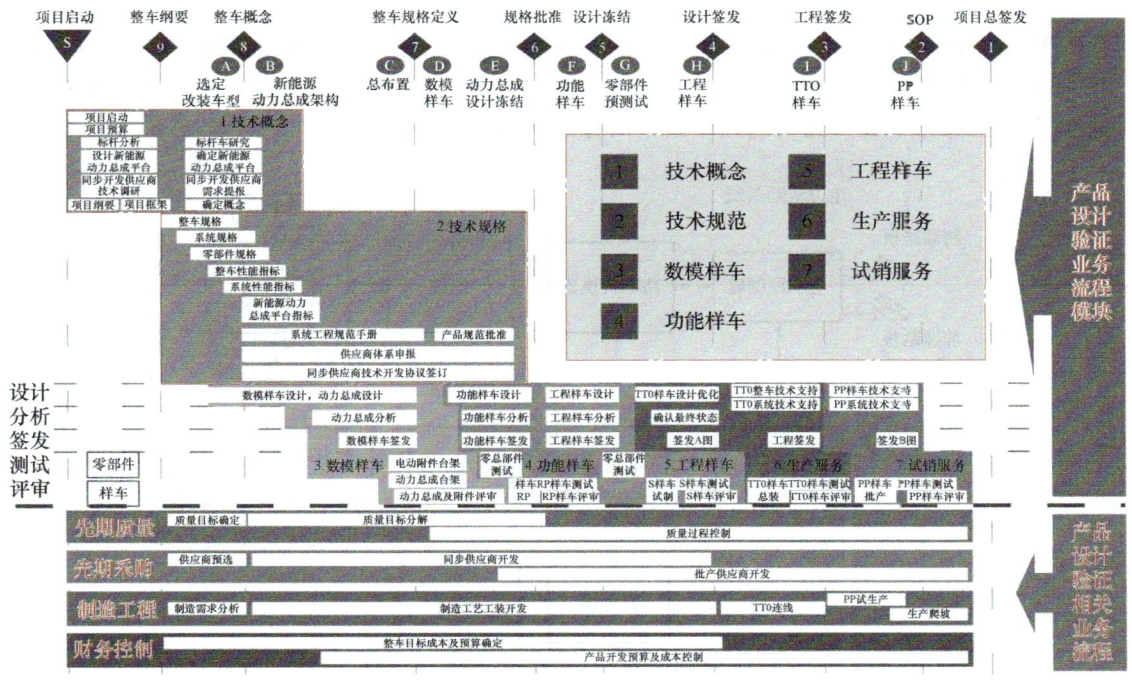

图 3-1 电动汽车的整车开发流程

(1) **技术概念** 基于标杆研究进行工程初步设计及概念设计所需的各项活动，其目的是将用户需求转换为项目开发目标及具体工作内容。

(2) **技术规范** 按照概念设计、造型设计及产品定义的要求，通过整车布置及系统布置确定整车技术规范及各系统技术规范,制定质量目标,制定工艺规划,进行供应商开发,最终形成产品设计任务书。

(3) **数模样车** 采用三维数模设计的数字样车,通过数字样车验证产品是否满足概念设计的要求。

(4) **功能样车** 制作快速原型样车,用来验证整车、系统和部件的功能是否达到设计要求,同时开始工装及工艺的开发制造。

(5) **工程样车** 围绕整车和部件的生命周期评估和可靠性评估完成样车试制,用来验证整车是否达到工程设计的目标要求,以设计冻结为主要标志。

(6) **生产服务** 完成工装样车,通过工装样车的试制验证工艺、工装的可行性以及产品是否达到批量生产的目标要求,并对产品进行相关验证。

(7) **试销服务** 完成产品样车,用来验证产品是否达到上市的目标要求,并完成产品开发各业务的项目总结。

第二节　电动汽车的结构形式

一、纯电动汽车的基本结构

纯电动汽车一般由电机驱动,电机的驱动能源来源于蓄电池,因此其结构和燃油汽车明显不同,其系统主要组成如图3-2所示。纯电动汽车主要由电力驱动系统、电源系统和辅助系统三部分组成。纯电动汽车以下简称电动汽车。

纯电动汽车结构

新能源汽车"三电"系统

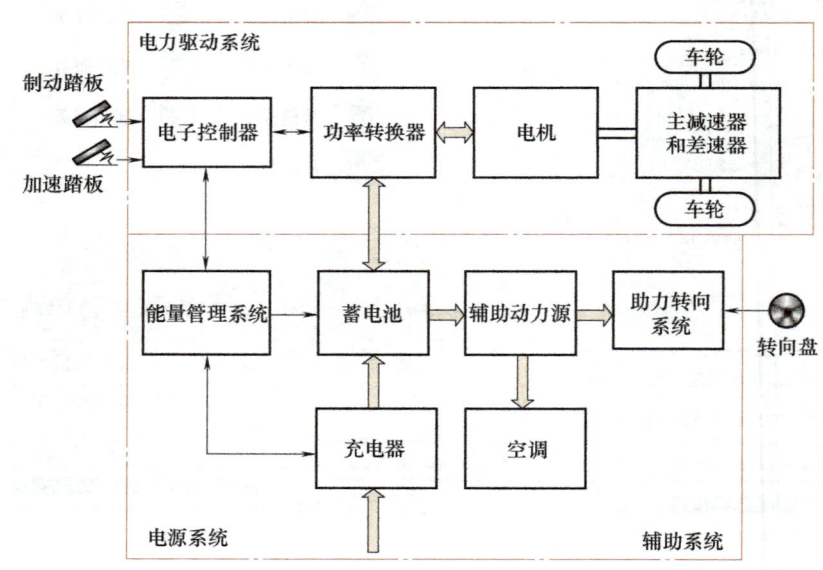

图3-2　纯电动汽车的系统组成

1. 电力驱动系统

电动汽车的电力驱动系统主要包括电子控制器、功率转换器、电机、机械传动装置和车轮等。该系统的主要作用是将蓄电池中储存的电能转化为驱动汽车行驶的动能,并能够在汽车制动时回收部分制动能量给蓄电池充电。

2. 电源系统

电动汽车的电源系统主要包括蓄电池、能量管理系统和充电器等。该系统的主要作用是向电机提供动力源,监测蓄电池工作状态,并控制充电器向蓄电池充电。

3. 辅助系统

电动汽车的辅助系统主要包括辅助动力源、空调、助力转向系以及其他辅助设备等。

电动汽车行驶时,蓄电池通过控制系统向电机供电,电机将电能转换为机械能,机械动力通过传动系统传递给驱动轮。由驾驶人操纵的制动踏板和加速踏板上都安装有传感器。加速踏板位置传感器将加速踏板的位置变成电信号送入电子控制器,从而控制汽车的行驶速度;当汽车制动时,制动踏板位置传感器将制动踏板的位置变成电信号送入电子控制器,从而回收汽车的制动能量。

电动汽车与传统的燃油汽车在结构上的主要区别是由电机取代了内燃机,另外在能源、储能装置、传动系统等方面也有所不同。用电机代替内燃机及其附属装置(即润滑、冷却、进排气系统等),使其结构简单;在动力传动装置上,取消了燃料箱和燃料控制系统,代之以电源系统、电子控制系统等。传统内燃机汽车与电动汽车的比较见表 3-1。

表 3-1 传统内燃机汽车与电动汽车的比较

项目	内燃机汽车	电动汽车
车载能源	汽油或柴油	电能
储能装置	燃油箱	蓄电池
驱动装置	内燃机	电机及其控制器
传动系统	离合器、变速器、万向传动装置、驱动桥等	部件减少

二、电力驱动系统的结构形式

采用不同的电力驱动系统可构成不同结构形式的电动汽车。根据电力驱动系统的不同,电动汽车主要分为 6 种结构形式,如图 3-3 所示。

在图 3-3a 中,电机代替了传统汽车的发动机,并仍然采用内燃机汽车的传动系统,包括离合器、变速器、传动轴和驱动桥等总成。有电机前置驱动桥前置、电机前置驱动桥后置等多种驱动模式。变速器提供不同的传动比,差速器实现转弯时内外两侧车轮以不同的转速驱动。但该形式结构复杂,效率低,不能充分发挥电机的性能。

在图 3-3b 中,电机、固定速比的变速器和差速器一起,构成了电动汽车的动力系统。该动力系统结构利用电机低速段恒转矩和大范围转速变化中所具有的恒功率特性,采用固定速比变速器替代多速比的变速器;基于这一替换,动力系统对离合器的要求也降低了,从而可以取消离合器,这样可以减少机械传动装置的体积和质量,简化驱动系统;但存在无法对变工况下电机工作点效率的优化,同时为满足车辆加速/爬坡和高速工况要求,通常需要选择功率较大的电机。

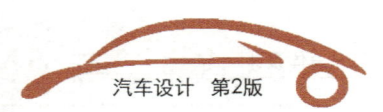

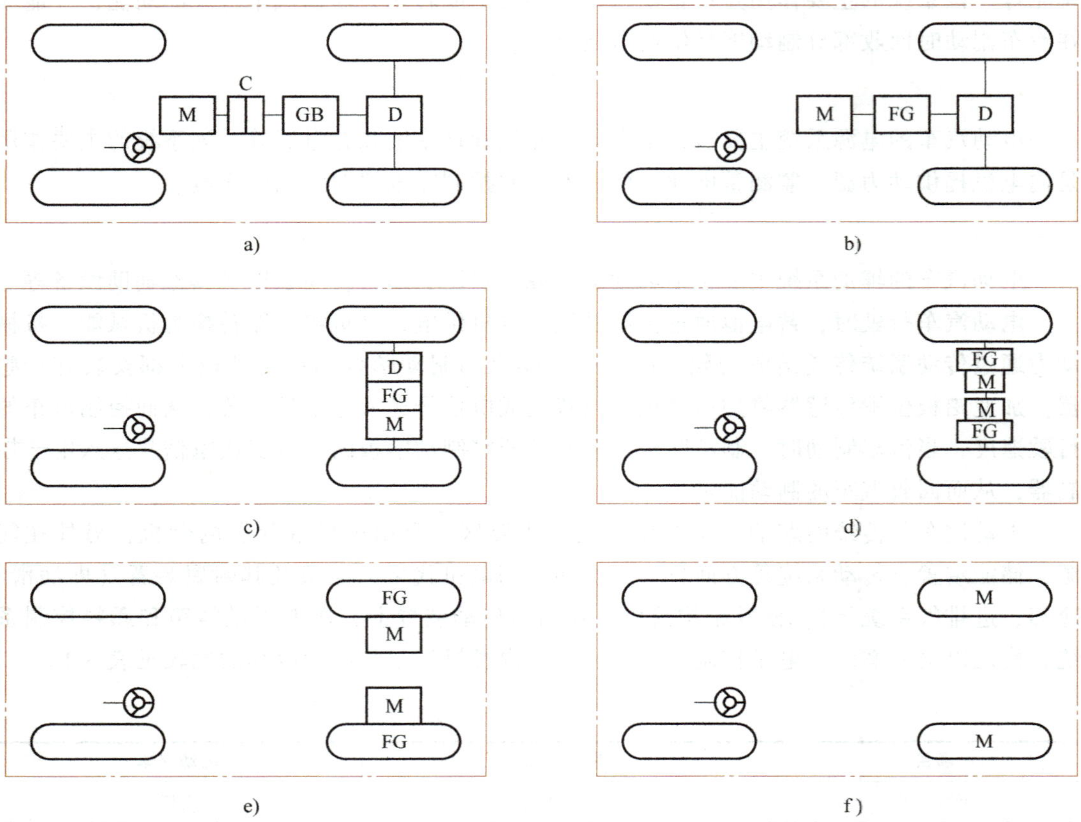

图 3-3 电动汽车电力驱动系统的结构形式

C—离合器 D—差速器 GB—变速器 FG—固定速比变速器 M—电机

在图 3-3c 中，与发动机横向前置、前轮驱动的内燃机汽车的布置形式类似，电机、固定速比减速器和差速器进一步集成，甚至可以做成单个部件，两根半轴连接驱动车轮。该形式传动机构紧凑、传动效率高、安装方便，在小型电动汽车上应用最为普遍。

在图 3-3d 中，机械差速器被取消，采用两个电机通过固定速比减速器分别驱动两个车轮。每个电机的转速可以独立调节控制，便于实现电子差速，不必选用机械差速器。电子差速的优点是体积小、质量小，在汽车转弯时可以实现精确的电子控制，提高电动汽车的性能；其缺点是由于增加了电机和功率转换器，增加了初始成本，而且对两个电机进行精确控制需进一步发展。

在图 3-3e 中，驱动电机和固定速比的行星齿轮减速器被安装在车轮中，这种驱动系统也可以被称为轮边电机驱动系统，这样可以进一步简化驱动系统。该驱动系统中行星齿轮减速器的主要作用是降低电机的转速并增大电机的转矩，以满足不同工况的功率需求。

在图 3-3f 中，完全舍弃了电机和驱动轮之间的机械连接装置，用电机直接驱动车轮，电机的转速控制等价于轮速控制，构成所谓的轮毂电机驱动系统，使车速控制变得简单。这样的驱动系统结构对电机提出了特殊要求，如车轮在加速或减速时要具有高转矩特性。

除了上述传动系统布置以外，还有一些特殊的布置方式，如图3-4所示的双电机驱动四轮驱动系统和图3-5所示的双电机分布式驱动系统。

在图3-4中，前轮和后轮都由电机通过差速器来驱动，在不同工况下可以实现不同的电机驱动车辆，或者按照一定的转矩分配比例联合使两个电机共同驱动车辆，从而使汽车的驱动效率最大。

在图3-5中，双电机独立驱动可以使动力控制变成软连接，使传动系统简化；可以均衡电机的体积和质量，方便布置，同时也能减小单个电机的电流和功率的额定值，且比单电机驱动方式的驱动效率要高很多；每个车轮可以单独控制，可以方便地实现车轮驱动力的单独调节和施加横摆力矩控制，便于实现性能更好的、成本更低的牵引力控制系统（TCS）、防抱制动系统（ABS）及车辆动力学控制（VDC）系统，容易实现汽车底盘系统的电子化、主动化，极大地改善车辆的驱动性能和行驶性能；对车轮采用独立控制的驱动及电制动系统，与单电机驱动相比，可以提高汽车能量利用效率，这对提高电动汽车续驶里程是很重要的。

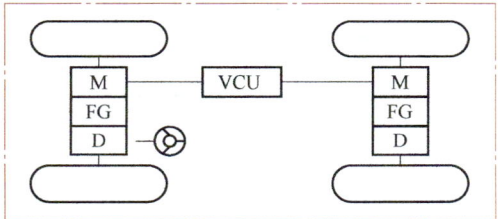

图3-4 双电机四轮驱动系统

D—差速器　FG—固定速比减速器
M—电机　VCU—整车控制单元

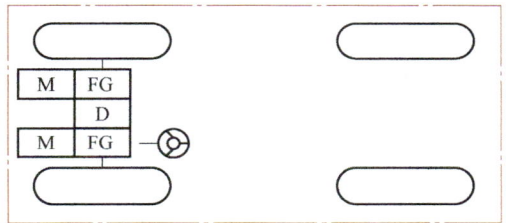

图3-5 双电机分布式驱动系统

D—差速器　FG—固定速比减速器　M—电机

三、电源系统的结构形式

采用不同类型的电源系统，如不同的蓄电池、燃料电池、超级电容器和高速飞轮等，可构成不同的电动汽车结构。根据电源系统的不同，电动汽车主要分为6种结构形式，如图3-6所示。

在图3-6a中，蓄电池可以布置在汽车的四周，也可以集中布置在汽车的尾部或者在底盘下面，是现在电动汽车所独有的以蓄电池作为动力源的一种结构。所选用的蓄电池应该能提供足够高的比能量和比功率，并且在车辆制动时能回收制动能量。

在图3-6b中，在电动汽车上同时采用两种不同的蓄电池，其中一种能提供高比能量，另外一种能提供高比功率，这样就解决了一种蓄电池不能同时满足对比能量和比功率的要求问题。这种蓄电池作为混合动力能源的基本结构，不仅分离了对比能量和比功率的要求，而且在汽车下坡或制动时可利用蓄电池回收能量。

在图3-6c中，除了蓄电池以外，还可以用燃料电池作为储能装置，它是一个小型的发电装置。氢气可以储存在一个车载的氢气罐里，而氧气可以直接从空气中获得。燃料电

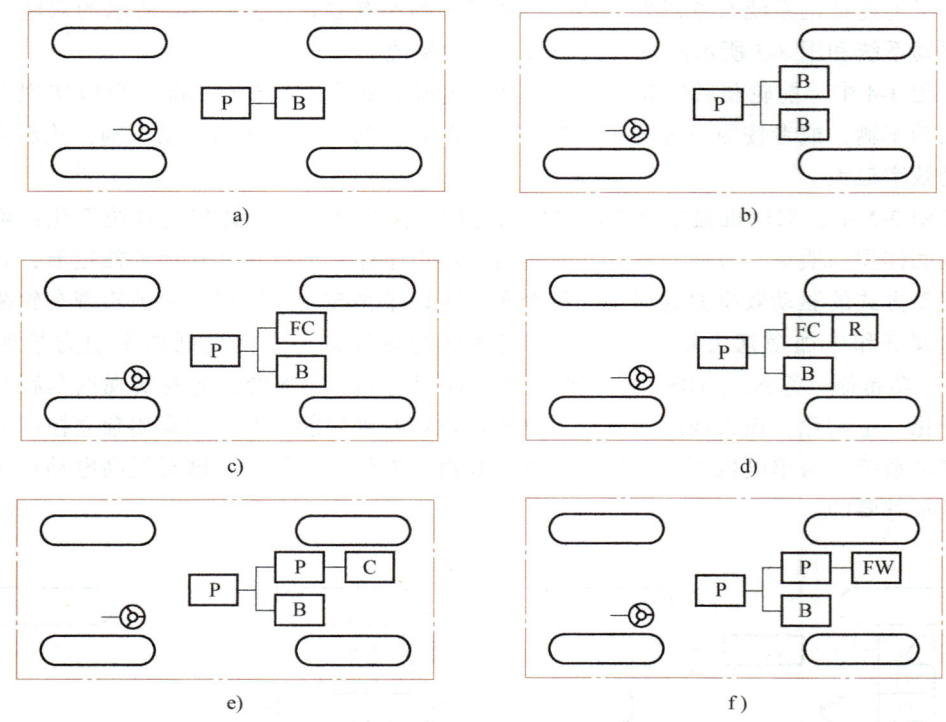

图 3-6 电动汽车电源系统的结构形式
B—蓄电池　C—电容器　FC—燃料电池　FW—高速飞轮
P—功率转换器　R—重整器

池能提供高的比能量但不能回收制动能量,因此最好与一种能提供高比功率且能高效回收制动能量的蓄电池结合在一起使用。

在图 3-6d 中,电动汽车上带有一个小型重整器,燃料电池所需的氢气由重整器随车产生。燃料电池所需的氢气不仅可以以压缩氢气、液态氢或金属氢化物的形式储存,还可以由常温的液态燃料如甲醇或汽油随车产生。

在图 3-6e 中,用蓄电池与电容器作为混合动力时,所选的蓄电池必须能提供高比能量,因为电容器本身比蓄电池具有更高的比功率和更高效回收制动能量的能力。由于用在电动汽车上的超大容量电容器相对而言电压较低,因此需要在蓄电池和电容器之间加一个 DC/DC 功率转换器。

在图 3-6f 中,高速飞轮和蓄电池作为混合动力,所选用的蓄电池应能提供高比能量。用于电动汽车的飞轮与传统低速笨重的飞轮是不同的,这种飞轮质量小,且在真空下高速运转,超高速飞轮与具有两种工作模式(电动机和发电机)的电机转子相结合,能够将电能和机械能进行双向转换。高速飞轮最好与无刷交流电机结合使用,因为这种电机的效率比直流电机高,因而应在蓄电池和飞轮之间加一个 AC/DC 转换器。

第三节　电动汽车电驱动系统的设计

一、电动汽车电驱动系统概述

通常电驱动系统从功能角度可分为电气和机械两大部分，由于驱动电机低速大转矩的特性，其中机械传动部分的结构是可选的。电气部分包括电机和电功率控制转化部分。电驱动系统结构简图如图 3-7 所示。

电动汽车电驱动系统应满足以下基本原则：

1. 安全性原则

电动汽车续驶里程相对较短，比较适合在城市或郊区运行。城市工况下的道路情况复杂，人员密集，由于动力电池高压充放电，若设计不当或操作不规范，将存在爆炸和燃烧的可能。因此，安全是电动汽车总体布置设计的首要原则。

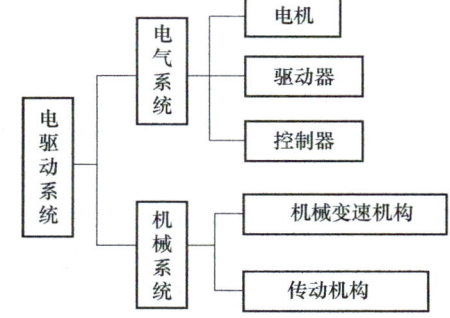

图 3-7　电驱动系统结构简图

2. 一致性原则

原车经过充分的试验验证是设计合理的，因此总体布置必须充分考虑原车状态，应尽量使电动汽车状态与原车一致。

3. 继承性原则

应尽量采用原车的零部件或者可在市场上采购的零部件，定制零部件将增加开发成本，延长开发周期。

电动汽车电机的工作原理

4. 标准性原则

结构布置、安全性、平顺性和操纵稳定性等性能必须满足电动汽车的强制性标准。

二、驱动电机的基本要求

电动汽车运行工况复杂，对驱动电机要求能够频繁的起动/停止、加速/减速，低速和爬坡的时候要求转矩高，高速时要求转矩低，并要求宽广的调速范围。电机的选型要素通常包括：电机的类型、额定电压、机械特性、效率、尺寸参数、可靠性和成本等。在基本物理参数定型的基础上，通过匹配驱动系统和电子控制系统使电机工作在最佳的性能区间。

对电机基本性能指标有以下要求：

1）高电压：在允许的范围内采用高电压可以减小电机尺寸，降低损耗。
2）高转速：高转速电机体积更小、质量小，可降低整车整备质量。
3）质量小：轻量化设计可以降低整备质量，节省能量。
4）较大的起动转矩和较大的调速范围，这样匹配的电动汽车具有较好的起动性能、加速性能，并可以提高驾驶舒适性，减低驾驶人操作强度，达到与传统驾驶习惯的适应。
5）效率高、损耗小，能实现制动能量回收，在车载能源系统不变的情况下，最大限度增加续驶里程，突出能源利用优势。

6）良好的安全性：必须具备高压绝缘、保护设备。

7）可靠性好，适应汽车运行的各种恶劣环境。

8）结构简单、维修方便，维护成本低。

三、驱动电机选型

电动汽车经常采用的驱动电机有直流电机、交流异步电机、永磁同步电机和开关磁阻电机。

1. 直流电机

最早应用于电动汽车的是直流电机（见图 3-8），有刷直流电机的主要优点是控制简单、技术成熟，具有交流电机不可比拟的优良控制特性，在早期开发的电动汽车上多采用直流电机。但由于存在电刷和机械换向器，不但限制了电机过载能力与速度的进一步提高，而且如果长时间运行，势必要经常维护和更换电刷和换向器。另外，由于损耗存在于转子上，使得散热困难，限制了电机转矩质量比的进一步提高。鉴于直流电机以上缺陷，目前的电动汽车已基本不采用直流电机。

2. 交流异步电机

交流异步电机是目前工业中应用十分广泛的一类电机（见图 3-9），其特点是定子、转子由硅钢片叠压而成，两端用铝盖封装，定子、转子之间没有相互接触的机械部件，结构简单，运行可靠耐用，维修方便。交流异步电机与同功率的直流电机相比，效率更高，质量减小了 1/2 左右。如果采用矢量控制的控制方式，可以获得与直流电机相媲美的可控性和更宽的调速范围。由于有着效率高、比功率较大、适合于高速运转等优势，交流异步电机是目前大功率电动汽车上应用最广的电机。目前，交流异步电机已经大规模化生产，有着各种类型的成熟产品可以选择。但在高速运转的情况下电机的转子发热严重，工作时要保证电机冷却，同时交流异步电机的驱动、控制系统很复杂，电机本体的成本也偏高，相比较于永磁同步电机和开关磁阻电机而言，交流异步电机的效率和功率密度偏低，对于提高电动汽车的最大续驶里程不利。特斯拉 Model X、Model S 均采用交流异步电机。

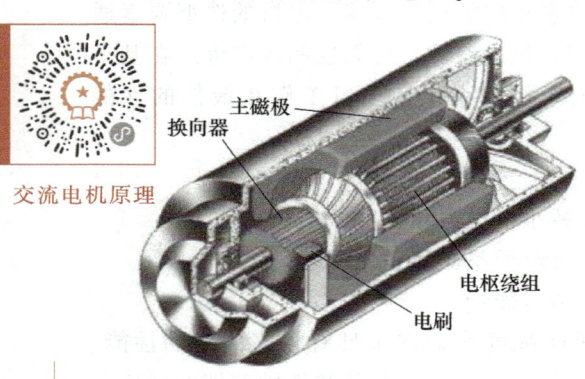

图 3-8 直流电机的结构

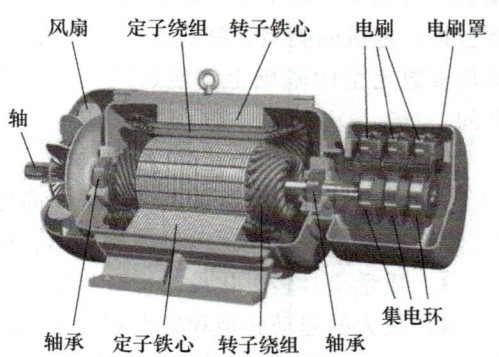

图 3-9 交流异步电机的结构

交流电机原理

3. 永磁同步电机

永磁式电机根据定子绕组的电流波形的不同可分为两种类型：一种是无刷直流电机，它具有矩形脉冲波电流；另一种是永磁同步电机，它具有正弦波电流。这两种电机在结构和工作原理上大体相同，转子都是永磁体，减少了励磁所带来的损耗，定子上安装有绕组，通过交流电来产生转矩，因此冷却相对容易。由于这类电机不需要安装电刷和机械换向结构，工作时不会产生换向火花，运行安全可靠，维修方便，能量利用率较高。永磁同步电机的结构如图 3-10 所示。

永磁式电机的控制系统相比于交流异步电机的控制系统来说更加简单。但是由于受到永磁材料工艺的限制，使得永磁式电机的功率范围较小，一般最大功率只有几十千瓦，这是永磁式电机最大的缺点。同时，转子上的永磁材料在高温、振动和过电流的条件下，会产生磁性衰退的现象，因此在相对复杂的工

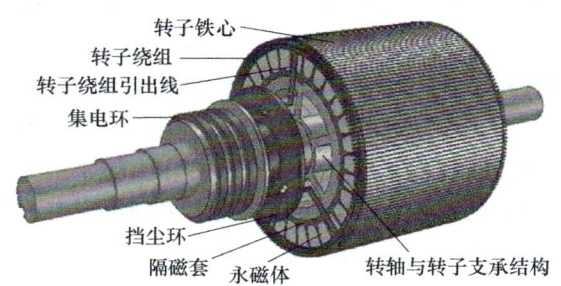

图 3-10 永磁同步电机的结构

作条件下，永磁式电机容易发生损坏；而且永磁材料价格较高，因此整个电机及其控制系统成本较高。目前，永磁同步电机应用较广泛，如用于起亚 K5 混动、荣威 E50、腾势、北汽 EU260 等车型。

4. 开关磁阻电机

开关磁阻电机作为一种新型电机，相比其他类型的驱动电机而言，开关磁阻电机的结构最为简单（见图 3-11），定子、转子均为普通硅钢片叠压而成的双凸极结构，转子上没有绕组，定子装有简单的集中绕组，具有结构简单坚固、可靠性高、质量小、成本低、效率高、温升低、易于维修等诸多优点。而且它具有直流调速系统可

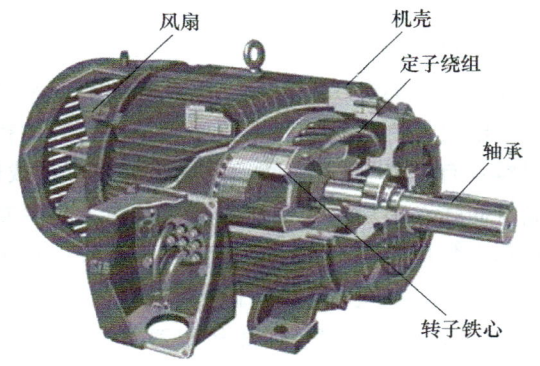

图 3-11 开关磁阻电机的结构

控性好的优良特性，同时适用于恶劣环境，非常适合作为电动汽车的驱动电机使用。

不同驱动电机的技术特性比较见表 3-2。目前，从现已成熟的电机技术来看，开关磁阻电机在各技术特性方面更符合电动汽车的使用需要，但尚未得到普及。

表 3-2 不同驱动电机的技术特性比较

电机类型	直流电机	交流异步电机	永磁同步电机	开关磁阻电机
转速范围(r/min)	4000~6000	12000~20000	4000~10000	>15000
功率密度	低	中	高	较高
质量	大	中	小	小
体积	大	中	小	小
可靠性	差	好	一般	好
结构坚固性	差	好	好	好
控制器成本	低	高	高	一般

四、变速传动系统的选型

变速传动系统是电动汽车驱动子系统的一个重要部分，它指的是驱动电机转轴和车轮之间的机械连接部分。

对于传统汽车来说，变速器是必要的部件，设计时主要考虑采用什么类型的变速器。但对于电动汽车则不同，由于驱动电机的转矩和转速完全可以由电子控制器进行全范围的控制，因此变速系统的设计就可以有多种不同的选择。既可用传统的齿轮变速器变速，还可以用电子驱动器控制电机直接变速。究竟采用哪种方案，主要还应依据电动汽车的动力性和经济性，也涉及电机和控制器的设计。

由于驱动电机转矩大，在小型、中型电动货车和乘用车上取消了变速器，减速机构只有减速器；在大型电动货车和客车上仍采用变速器，但结构大大简化，变速器档位数多简化为2档或3档，电机和变速器之间可配有离合器，也可以没有离合器。

为了提高电动汽车的传动效率，人们开发了电动汽车专用的电机和变速传动一体化的两速或三速自动传动桥。先进的两速电机/多速传动桥将变速齿轮组与高速异步电机完全结合为一体，并且直接安装在电动汽车驱动轮的驱动轴上，构成质量小、体积小、效率高、结构紧凑和成本低廉的传动系统。

五、电机控制器

电机控制器即电机调速控制装置，是为电动汽车的变速和方向变换等设置的，其作用是控制电机的电压或电流，完成对电机驱动转矩和旋转方向的控制。

电机控制器是控制电机驱动整车行驶的控制单元，属于电动汽车核心零部件。电机控制器具有CAN通信功能、过电流保护、过载保护、欠电压保护、过电压保护、缺相保护、能量回馈、限功率、高压互锁、故障上报等功能。电机控制器的控制技术目前比较成熟，它具有集成度高、功率密度高、寿命长、输出稳定等特点。

目前，电机控制器日趋集成化，集成形式包括：单主驱动控制器、三合一控制器（集成EHPS控制器+ACM控制器+DC/DC）、五合一控制器（集成EHPS控制器+ACM控制器+DC/DC+PDU+双源EPS控制器）、乘用车控制器（集成主驱+DC/DC）。其中，EHPS（Electro-Hydraulic Power Steering）的含义为电控液压助力转向；ACM（Auxiliary Control Module）的含义为辅助控制模块；PDU（Power Distribution Unit）的含义为高压配电单元；EPS（Electrical Power Steering）的含义为电控助力转向。

由于电机控制器不断集成，其结构功能也日趋复杂。电动汽车由于运行工况复杂，环境多变，因此在电机控制器设计过程中要充分考虑其热设计。

第四节　电动汽车电源系统的设计

一、电动汽车电源系统概述

电源系统是由电池组和电池管理系统组成的储能系统，用于为汽车行驶、控制及车载娱乐等系统提供能量。根据能量密度、功率密度不同，电池组中的单体电池有功率型和能量型两种类型。汽车类型不同，电源系统中的电池类型需求不同。纯电动汽车所需的能量全部来源于电池，所以纯电动汽车应采用能量型电池。而混合动力汽车、燃料电池汽车等的能量主要来自于内燃机、燃料电池等，蓄电池只用于满足瞬时功率波动的需求，起到削峰平谷的作用，因此这些车辆的电池一般采用功率型电池。

目前，单体蓄电池的电压一般小于 4V，而汽车驱动电机的工作电压一般大于 100V，且需求的功率和能量比较大。采用多节电池串并联的方式是常用的解决方案。国内通常采用方形大容量电池，一般采用串联形式即可满足要求。如特斯拉采用圆柱形电池以提高电源系统的布置，优化系统能源。但圆柱形电池的容量较低，通常采用串并联结构，设计所需求的电池系统。常见的电池组串并联结构类型如图 3-12 所示：先并联再串联、先串联再并联。

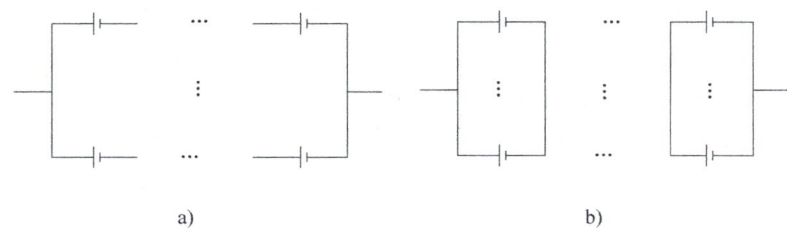

图 3-12　电池组串并联结构类型
a）先串联再并联　b）先并联再串联

因电动汽车驱动采用高压系统，而控制系统采用低压系统，通常该类汽车装配两个电池系统：由铅酸蓄电池组成的低压系统和高压电池组系统。也有采用高压电池组通过 DC/DC 转换方式输出所需要的高压电、低压电的设计模式。该结构的电池管理系统硬件系统较复杂。

由于制造工艺等原因，即使同一批量的蓄电池其电解液浓度和性能也会有所差异，这影响了系统的寿命和可靠性，因此，在安装电池组之前，要求对各个蓄电池进行认真的检测并记录，尽可能把性能接近的蓄电池组合成同一组，并采用电池管理系统的 SOH（State of Health）模块进行管理和诊断。

能源管理系统的主要功能是在汽车行驶中进行能源分配，协调各功能部分工作的能量管理，提升系统的能效。能源管理系统与电力驱动主模块的中央控制单元配合控制发电回馈，使电动汽车在降速制动和下坡滑行时进行能量回收，从而有效地利用能源，提高电动汽车的续驶能力。

此时，需要电池管理系统及时地将电池的参数反馈给能源管理系统，以确定合适的能量回馈方式与驱动工作方式。电池管理系统组成示意图如图 3-13 所示，其主要功能是监控电池状态，通过优化控制等，使电池处于最优的工作状态和存储状态，从而提升电池的寿命和可靠性。该系统对电池的温度、内阻、端电压、当前电池剩余电量、放电时间、放电电流或放电深度等状态参数进行检测与均衡控制，并按电池对环境温度的要求进行调温控制，通过限流控制避免电池过充、放电，对有关参数进行显示和报警，其信号流向辅助模块的驾驶室显示操纵台，以便驾驶人随时掌握并配合其操作，按需要及时对电池充电并进行维护保养。

电源系统 1~2

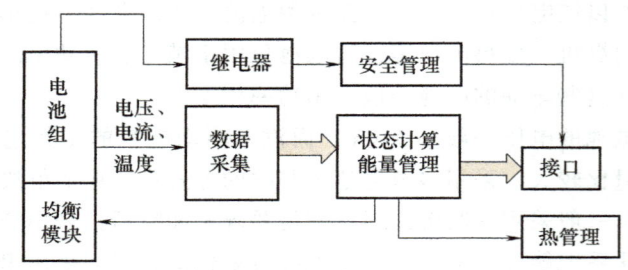

图 3-13 电池管理系统组成示意图

充电装置是把电网供电制式转换为对电池充电要求的制式，即把交流电转换为相应电压的直流电，并按要求控制其充电电流。充电器开始时为恒流充电阶段。当电池电压上升到一定值时，充电器进入恒压充电阶段，输出电压维持在相应值，充电器进入恒压充电阶段后，电流逐渐减小。当充电电流减小到一定值时，充电器进入涓流充电阶段。还有的采用脉冲式电流进行快速充电。常见的充电装置有接触式装置和非接触式装置两种类型。非接触式充电装置采用电感耦合的方式，将交流电输送到电池进行充电，具有安全可靠等优点，是近年的研究热点。但这种方式的充电效率低于接触式，且在整车上需增加交直流转换及控制装置，增大了汽车的质量和成本。

为适应电动汽车市场化的需求，我国在 2011 年发布了电动汽车充电接口及通信协议，包含 GB/T 20234.1—2011《电动汽车传导充电用连接装置　第 1 部分：通用要求》、GB/T 20234.2—2011《电动汽车传导充电用连接装置　第 2 部分：交流充电接口》、GB/T 20234.3—2011《电动汽车传导充电用连接装置　第 3 部分：直流充电接口》、GB/T 27930—2011《电动汽车非车载传导式充电机与电池管理系统之间的通信协议》四项标准，并于 2015 年进行了修订。进行总体设计时，需参考这四项标准进行充电接口的设计。

二、动力电池的性能需求

电动汽车作为汽车的一种，需满足高寒、高温、高湿等恶劣环境下的行驶需求，且容易出现碰撞、落水等交通事故。为适应这种情况，动力电池需满足如下需求：

1) 动力电池的能量密度和功率密度要高，体积、质量要小，这样电动汽车才具有一次充电后的续驶里程长且加速、爬坡等动力性能好等优点。

2) 动力电池的循环寿命要长且成本低，因为使用成本对动力电池的使用经济性有很大影响，直接关系到电动汽车的应用成本。

3) 动力电池的安全性要好，动力电池作为高能量密度储能载体，本身就存在很多安全隐患，在电池使用过程中出现的充放电热失控、碰撞、挤压、跌落等状况可能会导致电池内部短路，出现爆炸、燃烧等现象，为此电池的检验标准要非常严格。

4) 动力电池的工作环境适应性要强，车辆的使用不可能局限于某个地域，应适应多场合、不同环境，要保证动力电池在不同温度、湿度下都能正常工作。

5) 动力电池的环保性能要好，不存在二次污染，且回收性能好，能够被再次利用。

6）动力电池要维修方便、保养费用低，燃料易存储和输送。

三、动力电池的选型

电动汽车在道路上行驶时消耗的能量全部来源于动力电池，电池参数匹配前首先必须选择其电池类型。

目前已商业化的电池主要有铅酸蓄电池、金属氢化物镍蓄电池、锂离子蓄电池等，正在研发的电池有新一代锂离子蓄电池、锌空气蓄电池、硫锂蓄电池等，正在研究的电池还有锂空气蓄电池、铝空气蓄电池等。这些电池的标称能量密度、价格及在车上的续驶里程如图3-14所示。不同类型的动力电池都有其自身的性能特点，针对不同车型选择与之匹配的动力电池，充分发挥电池性能将对电动汽车整车性能的提高有很大帮助。

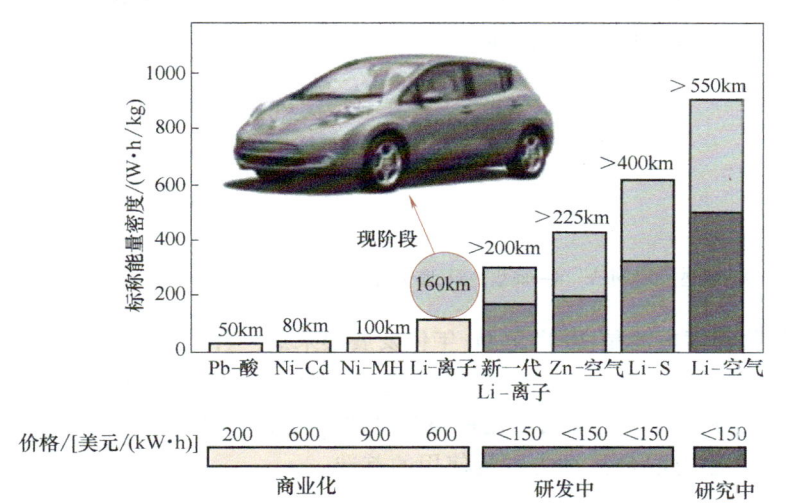

图 3-14 动力电池发展趋势

1. 铅酸蓄电池

铅酸蓄电池主要分为两大类：注水式铅酸蓄电池（Flooded Lead-acid Battery, FLAB）和阀控式铅酸蓄电池（Valve Regulated Lead-acid Battery, VRLAB）。

铅酸蓄电池主要由正极板、负极板、隔板、电解液、安全阀、外壳等组成，其结构如图3-15所示。极板是铅酸蓄电池的核心部件，正极板上的活性物质是二氧化铅，负极板上的活性物质为海绵状纯铅。隔板隔离正、负极板，防止短路；吸收电解液，促进电解离子扩散。电解液由蒸馏水和纯硫酸按一定比例混合而成，参与电化学反应。

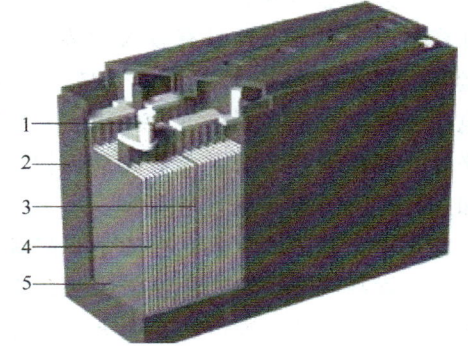

图 3-15 铅酸蓄电池的结构
1—端子 2—外壳 3—隔板
4—正极板 5—负极板

2. 金属氢化物镍蓄电池

金属氢化物镍蓄电池有方形和圆柱形两种外

形，主要由正极板、负极板、隔板、电解液等组成，其结构如图 3-16 所示。正极板上的活性物质是氢氧化镍，负极上的活性物质是储氢合金，氢氧化钾作为电解质，在正、负极之间有隔板，共同组成单体金属氢化物镍蓄电池。

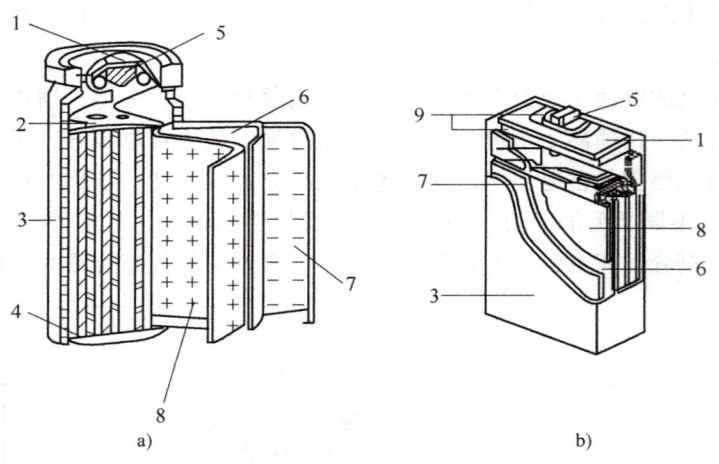

图 3-16　金属氢化物镍蓄电池的结构

a）圆柱形　b）方形

1—顶盖　2—隔垫　3—外壳　4—底垫　5—安全阀　6—隔板　7—负极板　8—正极板　9—绝缘板

金属氢化物镍蓄电池是 20 世纪 90 年代发展起来的一种新型碱性蓄电池，具有比能量高、功率高、可循环充放电、安全可靠等优点，由于不存在重金属污染问题，被称为"绿色电池"。许多公司都把金属氢化物镍蓄电池作为混合动力电动汽车（油-电混合）和燃料电池汽车（电-电混合）动力电池使用的首选。

3. 锂离子蓄电池

锂离子蓄电池主要由正极、负极、隔板、电解液和安全阀等组成，其外形主要有方形和圆柱形两种，圆柱形锂离子蓄电池的结构如图 3-17 所示。

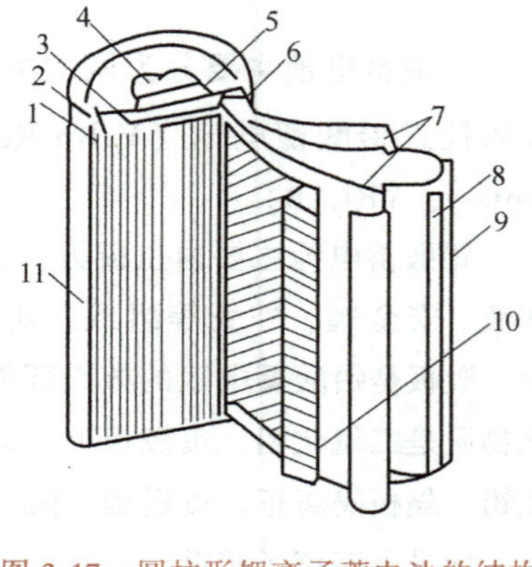

与其他电池相比，锂离子蓄电池应用于电动汽车，在容量、功率方面均具有较大优势，具有电压高、比能量高、充放电寿命长、无记忆效应、无污染、快速充电、自放电率低、安全可靠等优点。依据电池正极材料来分，锂离子蓄电池主要有磷酸铁锂、锰酸锂、钴酸锂和三元材料（镍锰钴）等类型。

当前锂离子蓄电池存在的主要问题是快速放电性能差、成本高以及过充、放电保护等。在过充或滥用的情况下，锂离子蓄电池可能发生火灾或爆炸。为了安全及保障电池使用寿命，锂离子蓄电池往往采用较小的电流充电，这样带来的问题是充电时间长，不利于在电动汽车上的推广。为确保锂离子蓄电池的安全性，必须使用

图 3-17　圆柱形锂离子蓄电池的结构

1—绝缘片　2—密封圈　3—安全阀　4—正极端子　5—防爆阀　6—正极引线　7—隔板　8—负极　9—负极引线　10—正极　11—外壳

电池管理系统,这样就会增加电池的成本和体积。

不同类型动力电池的技术特性比较见表3-3。

表3-3 不同类型动力电池的技术特性比较

电池种类	功率密度/(W/kg)	能量密度/(W·h/kg)	循环寿命(次)	记忆特性	污染特性
铅酸蓄电池	200~300	35~40	400~500	无	有
金属氢化物镍蓄电池	150~300	60~80	600~1200	无	无
锂离子蓄电池	250~450	90~150	800~2000	无	无

四、动力电池参数的确定

1. 动力电池额定电压

现代汽车设计需要更好的空间利用率,特别是对于电动汽车而言。在相同的功率要求下,电池组的放电电压越大则放电电流越小,因此相关的电器元件可以设计得更加小巧,以满足空间布置需求。表3-4给出了目前各种新能源汽车车型电压等级方面的数据统计结果。

表3-4 新能源汽车电压等级数据统计 (单位:V)

车型	电压等级
传统燃油轿车起动系统	12
传统轿车ISG系统	36
ISG混合动力系统	144
混合动力轿车或电动轿车	288~350
混合动力客车或电动客车	359~650

2. 动力电池额定容量

动力电池组工作电压确定后,其容量与其最大充放电电流、总能量成正比,即容量越大,其允许的最大充放电电流就越大、能放出或存储的电能就越多。容量选得过小,动力电池组就无法满足动力系统的功率需求,或是其工作电流过大,超过允许值导致电池组工作状态恶化,使用寿命降低,同时也无法满足动力系统对能量的需求,或是导致动力电池组过充电、过放电,这更是不允许的。容量选得过大,车辆总质量增加,导致车辆动力性和经济性下降,且成本也会增加。对于特定的容量和工作电压,动力电池组的充、放电功率会随着电池组的荷电状态(State of Charge,SOC)的变化而变化,SOC下降时,最大充电功率增大,而最大放电功率则减小。SOC在50%附近时,动力电池组的最大充、放电功率有一个平衡点(即同时具有比较好的充、放电功率)。

电动汽车的一次充电续驶里程是由行驶的电能消耗量,即电耗和电池容量决定的。假设每千瓦时电能可以行驶1km,当要求一次充电后需要续驶200km时,就需要200kW·h的电池容量。因为电池容量与电池质量基本上是成比例的,如果搭载大容量电池,则汽车的整备质量也会增加造成电耗恶化。如果电耗增加 5% 就必须多装载 5% 的电池，也就是说，应该一边控制容量变化和整备质量变化以及伴随而来的电耗变化，一边进行电池容量的合理设定，如图 3-18 所示。

3. 动力电池连接数量

单体电池的工作电压较低，一般不会直接并联供电，故电池组连接可分为串联和串联后并联的混联两种方式。动力电池连接数量根据电动汽车驱动电机的最大电压和最大电流确定的，一般原则是使串联后电池组的输出电压与电机最大电压接近，以匹配功率驱动元件的性能。

电池组串联数量为动力电池额定电压除以单体电池电压后的圆整数值，电池组并联数量为动力电池额定容量除以单体电容量后的圆整数值，电池组单体电池数量则为电池组串联数量与并联数量的乘积。

五、电池管理系统

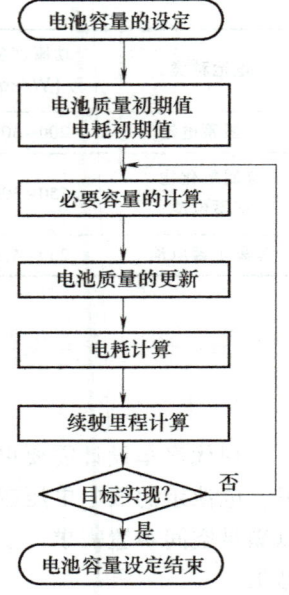

图 3-18 动力电池容量的设定过程

电池管理系统（Battery Management System，BMS），是电动汽车电源系统的重要组成部分。它一方面检测收集并初步计算电池实时状态参数，并根据检测值与允许值的比较关系控制供电回路的通断；另一方面，将采集的关键数据上报给整车控制器，并接收控制器的指令，与车辆上的其他系统协调工作。不同的电池类型，对管理系统的要求往往并不一样。

一般而言，电动汽车电池管理系统要实现以下几个功能：

（1）准确估测动力电池组的荷电状态（SOC） 保证 SOC 维持在合理的范围内，防止由于过充电或过放电对电池造成损伤，从而随时预测电动汽车储能电池还剩余多少能量或者储能电池的荷电状态。

（2）动态监测动力电池组的工作状态 在电池充放电过程中，实时采集电动汽车动力电池组中的每块电池的端电压和温度、充放电电流及电池包总电压，防止电池发生过充电或过放电现象。同时能够及时给出电池状况，保持整组电池运行的可靠性和高效性。

（3）单体电池间、电池组间的均衡 使电池组中各个电池都达到均衡一致的状态。电池均衡一般分为主动均衡和被动均衡。目前已投入市场的 BMS，大多采用的是被动均衡。

电池管理系统的性能优劣对于动力电池功率输出和使用寿命至关重要，必须进行合理设计。在进行电池管理系统设计时，前期要根据整车的设计要求明确 BMS 的功能，然后确定其拓扑结构，接下来开展软硬件设计，在完成以上基本工作之后要进行 BMS 单元测试及动力电池组整体测试。在进行软硬件设计之前，单体电池的充放电、容量、电阻等特性都需要进行测试，以便更好地进行保护电路设计、算法设计等。

进行硬件设计时要结合软件算法的需求，在电路板开发及元器件设计上要注意耐压绝缘、电磁兼容和通风散热等。一般的软件设计功能包括电压检测、温度采集、电流检测、绝缘监测、SOC 估算、CAN 通信、放电均衡功能、系统自检功能、系统检测功能、充电管理、热管理等。相关硬件设计则对软件设计的功能提供支持，比如电流检测模块用来采集电池组充放电过程中的充放电电流。

第五节　电动汽车的布置

电动汽车的总布置设计工作是一项系统工程，需要协调车身、动力系统、电池、内外饰及造型等相关部门同时进行。

一、电动汽车的布置步骤

电动汽车的总体布置在很多方面可以参考传统汽车的布置原则。采用的驱动系统方案不一样，则布置情况及复杂程度也会不一样。总的来说，电动汽车布置方面的灵活性较大，与传统汽车不一样，只有少部分需要刚性的机构零部件连接，相当多的部分则通过柔性的导线连接。

电动汽车的主要布置步骤如下：

（1）**调查研究**　选定设计目标，对消费群体进行调查研究，对产品进行可行性分析，并制定产品设计工作的方针和原则。

（2）**总体方案设计**　根据选定的目标及对开发目标制定的工作方针、设计原则等提出整车设计构想，也就是概念设计。

（3）**绘制总布置草图**　确定整车主要尺寸，合理布置电动汽车电机、电池和控制系统的位置，通过仿真分析确定整车质量及性能参数。

（4）**绘制车身布置图**　根据汽车尺寸，绘制不同外形、不同色彩的车身外形图，制作油泥模型。

（5）**编写设计任务书**　编写设计任务书后进行评审，设计人员按照设计任务书的要求对各部件进行选型，并提供三维数模。

（6）**汽车总布置设计**　通过与各子系统部件工程师反复对各阶段布置方案进行讨论，逐步对整车进行初步总布置、细化总布置，直至总布置冻结。

（7）**总成设计**　在初步总布置方案确定后，各子系统部件工程师开始对各自负责的部件进行修改和细化设计，总布置工程师在细化布置时对所有新部件进行总布置校核和人机工程校核等校核工作。

（8）**试制、试验和定型**　总布置冻结后，按项目要求生产各部件样件，试制车间对试制件进行试制车装配，实验室对试制车进行全方位的试验，包括各路况试验、耐久可靠性试验等，将试制和试验中暴露的问题逐一解决，并修改完善设计最终达到设计定型、数据冻结，此后便可以开始小批量生产和量产。

二、前舱的布置

电动汽车把一些关键部件放在前舱，主要有电机、电机控制器、减速器、电动真空泵、电动空调等。电动汽车典型的前舱布置如图 3-19 所示。

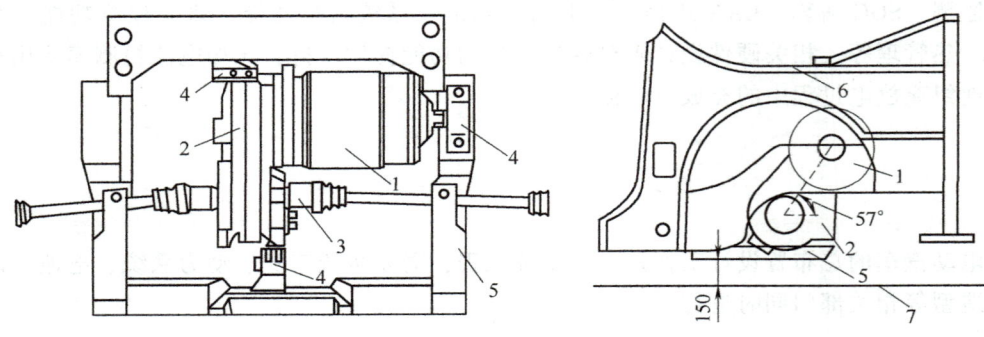

图 3-19 电动汽车典型前舱布置

1—电机 2—减速器 3—传动轴 4—电机悬置 5—副车架 6—前舱 7—地面线

电动汽车前舱的布置原则主要有以下三点:

1) 在保证该车型机舱边界不变的前提下,将传统的发动机及传动轴替换为动力系统和驱动控制系统。

2) 机舱主要变更零件为驱动电机控制器、主驱动电机、减速器、直流转换器及高压电气分配盒。

3) 满足法规、功能、空间及美观性的要求,同时使整体布置紧凑、美观、间隙合理、空气流动性好且装配维修性好。

电动汽车的机舱布置完成后需要进行 DMU 校核,其 DMU 校核要求见表 3-5。

表 3-5 电动汽车前舱 DMU 校核要求

项 目	要求值/mm
电机到左纵梁间隙	>15
电机到右纵梁间隙	>15
电机到机罩上部间隙	>80
电机到托架下部间隙	>25
电机到转向机下部间隙	>25
电机到前围后部间隙	>30
电机到冷却模块前部间隙	>30
动力总成离地间隙	>120

三、驱动电机的布置

电动汽车驱动电机的布置形式多样,比较灵活,主要分为电机中央驱动、电动轮驱动和轮毂电机驱动 3 种形式。

1. 电机中央驱动

电机中央驱动形式共有以下 3 种:

1) 直接借用传统内燃机汽车的驱动方案,由发动机前置前驱发展而来。它由电机、离合器、变速器和差速器组成,用电机替代了发动机,通过离合器对电机动力与驱动轮进行连接或动力切断，变速器提供不同的传动比以满足转速和转矩的需求，差速器实现转弯时两车轮以不同车速行驶。

2）由电机、固定速比减速器和差速器组成。在这种驱动系统中，利用电机在大范围转速变化中具有恒功率的特性，采用固定速比减速器，由于没有离合器和变速器，因此可以减小机械传动装置的体积和质量。

3）与前轮驱动、横向前置发动机的燃油汽车的布置形式相似（见图3-20），它将电机、固定速比减速器和差速器集成为一个整体，两根半轴连接两个驱动车轮。

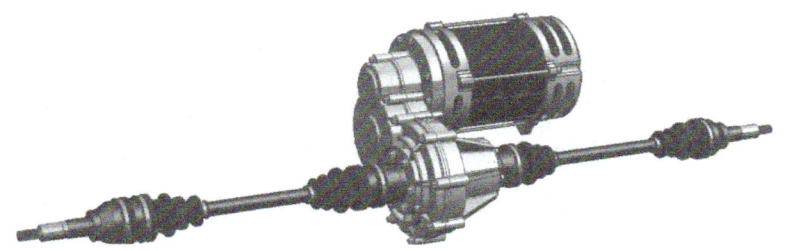

电驱动1~2

图3-20　单电机中央驱动结构

2. 电动轮驱动

电机电动轮驱动形式，即使用两个牵引电机代替机械差速器（见图3-21），两个电机分别驱动各自车轮，每个电机的转速可以独立调节与控制，实现电子差速控制，省掉了机械差速器。

3. 轮毂电机驱动

轮毂电机驱动形式共有以下2种：

1）电机和固定速比的行星齿轮减速器安装在车轮里面，如图3-22a所示，没有传动轴和差速器，从而简化了传动系统。但是这种方式需要两个或四个电机，其控制电路也比较

图3-21　双电机电动轮驱动结构

复杂，这种驱动方式在重型电动汽车上有较广泛的应用。

2）采用低速外转子电机直接驱动车轮（见图3-22b），舍弃电机与驱动轮之间的机械传动装置，电机转速控制等同于轮速控制。

大部分主机厂的电动车型多为利用现有平台进行扩展衍生，考虑到平台车的车身结构，一般采用电机中央驱动形式。

四、动力电池的布置

动力电池是电动汽车安全性的最关键部件，因此，动力电池的安全性将影响电动汽车的安全性。根据整车结构合理布置动力电池，提高动力电池系统的安全性尤其重要。

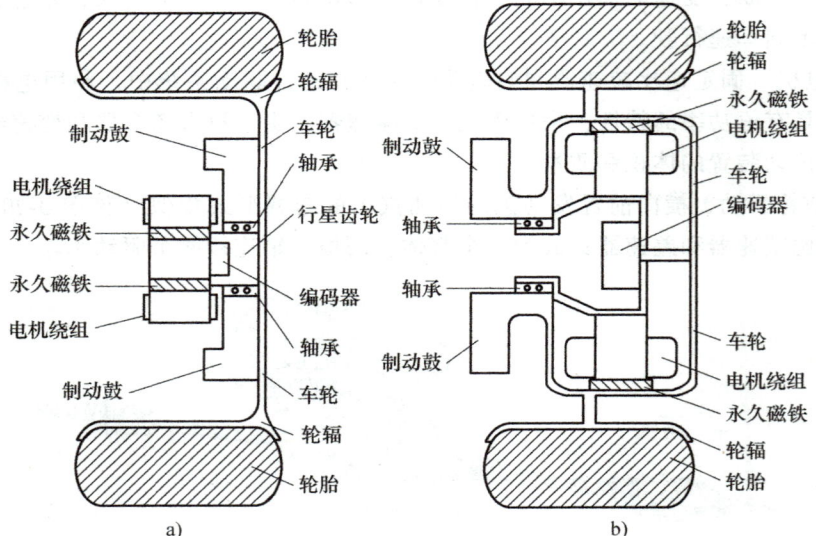

图 3-22 轮毂电机驱动形式

轮毂电机

动力电池的布置应考虑以下几个因素:

(1) **安全性**　动力电池高压充放电存在由不合理的设计和操作等因素导致燃烧和爆炸的可能,均会对人体产生危害。因此动力电池的布置应以安全性为前提。

(2) **空间性**　动力电池的体积和质量一般都比较大,因此车内需要有足够的空间来布置动力电池。

(3) **前后轴荷分配合理性**　由于动力电池质量较大,动力电池布置后将改变整车质心位置,影响整车性能。因此动力电池布置应尽量不改变原车质心位置。

(4) **散热性**　动力电池工作时会产生热量,动力电池的温度升高将影响其性能,甚至引起燃烧和爆炸。动力电池的布置位置应有利于动力电池的散热。

(5) **拆装方便性**　动力电池的布置应满足电动汽车的实用性,方便其维护和更换。

电动汽车的动力电池布置主要有两种形式:集中式布置和分布式布置。集中式布置可减少动力电池的连接导线和导线的漏电概率,但是车身结构和尺寸很难将所有电池都布置在一起。分布式布置可以根据电动汽车结构和尺寸,将动力电池分成若干份布置在汽车的多个位置。分布式布置不利于动力电池的检修,导线变长将使漏电概率增加,降低整车的安全性。

目前,动力电池在整车中的布置位置主要有:行李舱、座椅下、前舱+行李舱、地板下。例如,图 3-23 所示为动力电池在地板下的布置。

可将动力电池布置在后面行李舱内,电机前置前轮驱动。这种布置形式可以实现更宽大的乘坐空间,损失的是行李舱空间。也可以将动力电池前置,电机后置后轮驱动,这有利于前后轴荷分配均匀,汽车操纵稳定性、行驶平顺性都较好。

动力电池布置在后排座椅的后下部,电机前置前轮驱动。前轮驱动使整车结构紧凑,有利于其他总成系统的安排,在转向和加速时的行驶稳定性较好。但在上坡时前轮附着力

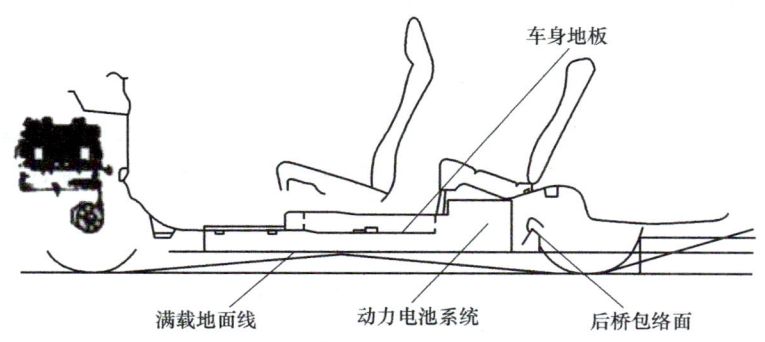

图 3-23 动力电池在地板下的布置

较小,容易打滑;前轮既是转向轮又是驱动轮,结构复杂,车辆维修不便。另外,动力电池占据了后排座椅的空间。

动力电池布置在前舱以及行李舱内,电机前置前轮驱动。在这种布置形式下,前后轴荷分配合理,可以保证车厢有宽大的乘坐空间,离地间隙较大,汽车操纵稳定性、行驶平顺性都较好。

动力电池布置在底盘中部和座椅的地板下面,电机前置前轮驱动。在这种布置形式下,动力电池横向分散,可以保证车厢有宽大的乘坐空间,行李舱也有宽大的装载空间。

以上 4 种布置各有优缺点,其对比见表 3-6。

表 3-6 动力电池 4 种布置形式的对比

布置形式	重心匹配	碰撞安全	离地间隙	存储能量	拆装性能	推荐指数
动力电池布置在后面行李舱内	☆	☆	☆☆☆	☆☆	☆	☆
动力电池布置在后排座椅的后下部	☆☆☆	☆☆☆☆☆	☆	☆☆☆	☆	☆☆☆
动力电池布置在前舱以及行李舱内	☆☆	☆	☆☆☆	☆☆	☆	☆☆
动力电池布置在底盘中部和座椅的地板下面	☆☆☆☆	☆☆☆☆	☆	☆☆☆☆	☆☆☆☆	☆☆☆☆

注:☆越多,代表该项指标越好。

如果电动汽车采用轮毂电机直接驱动驱动轮,动力电池可以布置在车身底部,或者布置在行李舱内。这种布置结构简洁,更加节省空间。

五、充电口的布置

充电机由于体积比较大,而且有一定发热量,对空间需求较大,同时需要进行强制冷却,因此可以考虑布置在行李舱或者前舱。如果布置在前舱,可以借助前舱风扇自然冷却;如果布置在行李舱,那么就需要设计专用的排风管道,用于充电机的强行制冷。

充电口的布置形式也比较多,目前主流的布置主要有以下几种:

1) 快慢充电口均布置在燃油汽车的加油口位置(见图3-24a)。这种布置最大的优点是可以利用原加油口,而不需要新设计开孔,避免增加成本。但是这种布置时充电机须布置在行李舱,并且需要设计专用的风道对其进行冷却,这有可能会影响行李舱容积。

2) 快慢充电口分开布置在燃油汽车的加油口位置,车身两侧各一个。这种布置虽然也可以使充电机布置在机舱,但由于前翼子板是外观钣金件,在该处开孔设计充电口的成本较前格栅要高得多，并且充电口处的高压电缆走向比较困难。

3）布置在前舱盖前端位置（见图3-24b）。如果慢充电接口在前格栅，充电机可以布置在前舱，这样充电机就可以利用前舱的风扇进行自然冷却，而不需要单独为充电机设计冷却风道，并且由于前格栅是塑料件，因此在前格栅上开孔设计充电口的成本也比较低。

由于充电机一般布置在充电口附近，因此选择充电口位置时还要综合考虑充电机的布置和高压电缆的走向。

a) b)

图3-24 充电口的布置

a）加油口位置 b）前舱盖前端位置

在消费电子领域，无线充电技术对大众而言，已不再是一件新鲜事。在汽车领域，宝马550e、荣威Marvel X等乘用车也开始支持无线充电功能。汽车无线充电方式如图3-25所示。该充电方式需要在停车地面和车身底部分别放置电磁转换发射器、磁电转换接收器，增加了汽车的整车整备质量及硬件电气的复杂程度，汽车的成本也会升高。

a) b)

图3-25 汽车无线充电方式

与手机无线充电相比，汽车无线充电具有以下特殊性：①功率等级较高，由于电动汽车电池容量大，充电时间要求尽量短，因此需要充电系统有几千瓦乃至几十千瓦的功率；②汽车无线充电的间距是由汽车离地间隙决定的，根据SAE轻型车无线输电的标准中，距离等级分为10~15cm、14~21cm、17~25cm，这与手机无线充电也大为不同，与此同时，充电线圈的大小也要尽量匹配汽车，尽可能轻；③由于有线充电效率极高，因此无线充电就务必要达到有线充电至少85%的效率，才具有商业化的意义；④对于汽车来说，这套系统需要驾驶人遥控操作，此外该充电系统的开启与信息传导也是必需的——车端电池的需求充电电流、安全状态等信息要传回到地面端。

第六节　电动汽车的参数匹配

电动汽车传动系参数匹配是一个较为复杂的优化问题。电动汽车不同的传动系布置形式、参数的匹配以及整车的控制是影响车辆动力性和经济性的重要因素。

在进行电动汽车的整车参数匹配时，首先要以运行工况为基础，根据动力性能指标和部件自身的技术发展水平初步确定电驱动系统的部件性能要求，再根据部件的性能对汽车的动力性能进行校核，从理论上初步评价该方案是否符合设计要求和目标，然后对初步确定的部件性能进行修正，重复以上过程，直到达到设计目标。在上述工作的基础上再展开动力参数匹配优化设计，从而完成整车系统参数匹配过程。

参数匹配过程大致可分为初步设计、性能校核以及动力参数匹配与优化三个阶段，如图 3-26 所示。

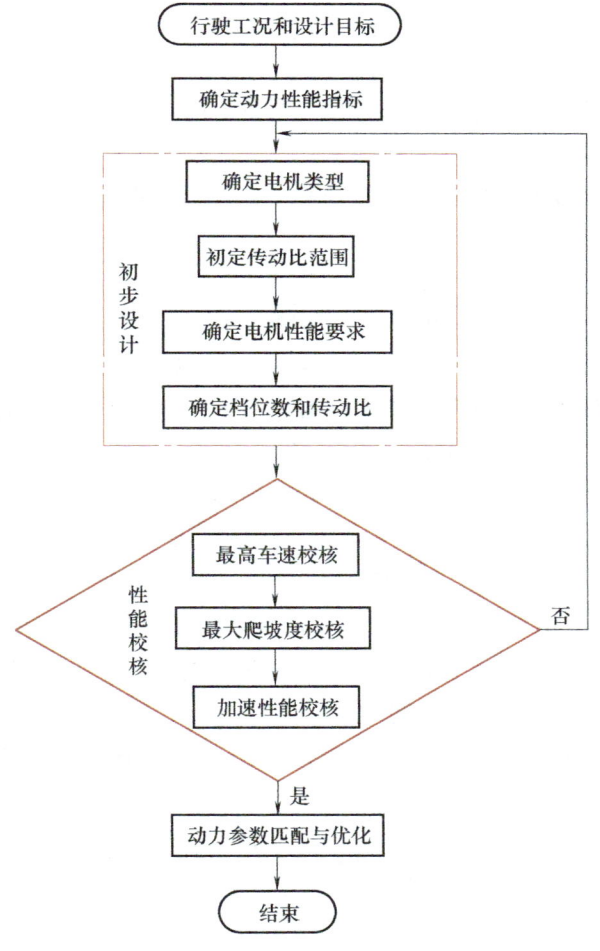

图 3-26　电动汽车参数匹配过程

一、初步设计

初步设计首先确定电机类型,然后根据电机的特点确定变速器(或减速器)的传动比范围,进而确定变速器档位数和传动比,最后得到驱动电机和变速器(或减速器)的基本参数。

1. 电机参数

电机的功率包括额定功率和最大功率。电机的功率选得越大,则电动汽车的后备功率越多,加速和爬坡性能越好,但同时电机的体积和质量也会迅速增加,而且会使电机不能经常在峰值功率附近工作,从而会出现大马拉小车的现象,使电机的效率下降。因此电机的功率不能选得太大,应当依照汽车的最高车速、爬坡度和加速性能来确定电机的功率。

(1) 根据汽车最高车速确定电机的功率 设计中常常以先保证汽车预期的最高车速来初步选择电机应有的功率。已知电动汽车期望的最高车速,选择电机功率应大体上大于或等于汽车以最高车速行驶时的阻力消耗的功率之和。电动汽车以最高车速行驶消耗的功率为

$$\sum_{u_{\max}} P = \frac{Mgf}{3600}u_{\max} + \frac{C_D A}{76140}u_{\max}^3$$

式中,M 为整车整备质量(kg);f 为滚动阻力系数;C_D 为迎风阻力系数;A 为迎风面积(m^2);$u_{\max}$ 为最高车速(km/h)。

(2) 根据汽车爬坡度确定电机的额定功率 电动汽车在某一车速爬上一定坡度时消耗的功率为

$$\sum_{i} P = \frac{Mgf}{3600}u_a + \frac{C_D A}{76140}u_a^3 + \frac{Mgi}{3600}u_a$$

式中,u_a 为电动汽车行驶车速(km/h);i 为坡度;其他符号的意义同前。

(3) 根据汽车加速性能确定电机功率 电动汽车在水平面上加速行驶消耗的功率为

$$\sum_{a} P = \frac{Mgf}{3600}u_a + \frac{C_D A}{76140}u_a^3 + \frac{\delta M}{3600}\frac{du}{dt}u_a$$

$$\delta = 1 + \frac{1}{M}\frac{\sum I_w}{R^2} + \frac{1}{M}\frac{I_f i_g^2 i_0^2 \eta_t}{R^2}$$

式中,δ 为汽车旋转质量换算系数;I_w 为车轮的转动惯量(kg·m^2);I_f 为飞轮的转动惯量(kg·m^2);R 为车轮的半径(m);i_g 为变速器传动比;i_0 为主减速器传动比;η_t 为机械传动系统效率;其他符号的意义同前。

电动汽车的电机功率应当同时满足汽车对最高车速、加速度及爬坡度的要求。因此电动汽车电机的额定功率为

$$P_{er} = \frac{\max\{\sum_{u} P, \sum_{i} P, \sum_{a} P\}}{\eta_t}$$

电动汽车电机的最大功率为

$$P_{emax} = \lambda P_{er}$$

式中，λ 为电机过载系数。

2. 传动系参数

当电机输出特性一定时，传动系的传动比如何选择依赖于整车的动力性指标要求，即电动汽车传动比的选择应该满足汽车最高期望车速、最大爬坡度以及对加速时间的要求。

（1）传动系速比的上限 传动系速比的上限由电机最高转速和最高车速确定，即

$$\sum i \leqslant \frac{0.377 n_{max} R}{u_{max}}$$

$$\sum i = i_0 i_g$$

式中，R 为车轮半径（m）；i_0 为主减速器传动比；i_g 为变速器传动比。

（2）传动系速比的下限 传动系速比的下限由下述两种方法算出的传动系速比的最大值确定。

由电机最高转速对应的最大输出转矩和最高车速对应的行驶阻力确定传动系速比的下限为

$$\sum i \geqslant \frac{F_{umax} R}{\eta_t T_{umax}}$$

式中，F_{umax} 为最高车速对应的行驶阻力（N）；η_t 为机械传动系统效率；T_{umax} 为电机最高转速对应的输出转矩（N·m）。

由电机的最大输出转矩和最大爬坡度对应的行驶阻力确定传动系速比下限为

$$\sum i \geqslant \frac{F_{imax} R}{\eta_t T_{max}}$$

式中，F_{imax} 为最大爬坡度对应的行驶阻力（N）；T_{max} 为电机最大输出转矩（N·m）。

二、性能校核

性能校核主要是根据动力性能指标要求对初步设计方案进行性能校核，常用校核项目包括最高车速、最大爬坡度和最大加速度等。如果校核不合格，则需要返回初步设计，重新改进电机和变速器的参数。如果校核合格，则根据动力系统的动力分配策略进行动力系统的参数匹配优化。在这个阶段，往往要建立整车和各部件的仿真模型，应用系统仿真的方法来细致、精确地评价动力系统的参数匹配效果。系统性能仿真以行驶工况作为输入，可以得到系统的基本性能和各部件的基本运行状态，从而对电动汽车的各种指标参数进行预估和评价，把握和洞察整车及部件的各类动态行为。

系统仿真分析常见的方法是借助于 Advisor、MATLAB/Simulink、Cruise（见图 3-27）等仿真软件平台，针对车辆的整体设计要求与部件信息，搭建整车及部件的仿真模型，并编制相应的程序和输出数据文件，通过仿真研究的方法来确定各个部件参数对整车性能的影响，从而进行各个总成参数的设计与匹配。

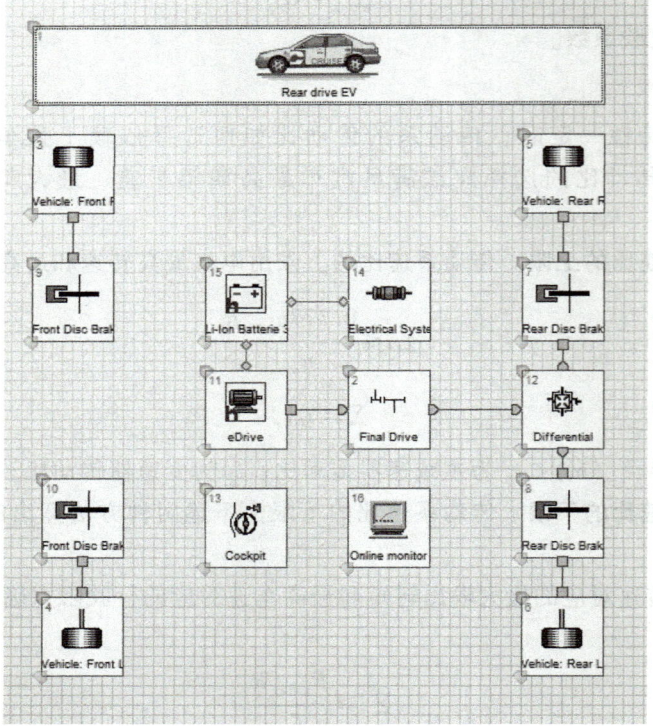

图 3-27　电动汽车 Cruise 软件仿真模型

三、动力参数匹配优化

电动汽车动力驱动系统的参数匹配是一个比较复杂的优化问题，只有在建立精确完整的仿真模型基础上，经过反复地寻优计算才能达到最佳的效果。动力驱动系统的不同构型方式、参数匹配以及整车控制策略，是影响车辆动力性和经济性的三个重要因素，三者关联度很大，相互影响，同时优化难度很大，且针对不同构型方式采取不同的整车控制策略及参数匹配，整车的性能往往差异显著。因此，完成整车动力驱动系统的参数匹配，有必要对三者进行解耦。

动力系统参数匹配的思路：首先针对某种给定的驱动系统构型，选择一种基本的能量分配策略；然后在已知整车参数、目标工况以及基本能量分配策略的条件下，以满足车辆动力性为前提，经济性最优为目标，进行整车及动力驱动系统的参数匹配；最后改变构型方式，完成每种构型下的参数匹配。这样，就完成了构型方式、参数配置以及整车控制策略三者间的解耦。

电动汽车的动力系统匹配，实质是一个约束非线性优化问题。其数学模型的一般描述为

$$\min z = f(\boldsymbol{X})$$
$$\text{s. t. } g_i(\boldsymbol{X}) \leqslant 0, \quad i = 1, 2, \cdots, n$$

式中，$\boldsymbol{X}$ 为问题设计变量，即整车及部件的参数，由 $\boldsymbol{X} = (X_1, X_2, \cdots, X_n)^T$ 确定；$f(\boldsymbol{X})$

则是模型的目标函数,用于表征整车的经济性;$g_i(X)$ 是系统的约束条件,取决于整车的动力性指标、整车与部件的约束条件以及目标工况的要求。X^* 为可行解,即满足经济性最优时的能量消耗 $f(X)$。图 3-28 所示为电动汽车参数匹配优化示意图。

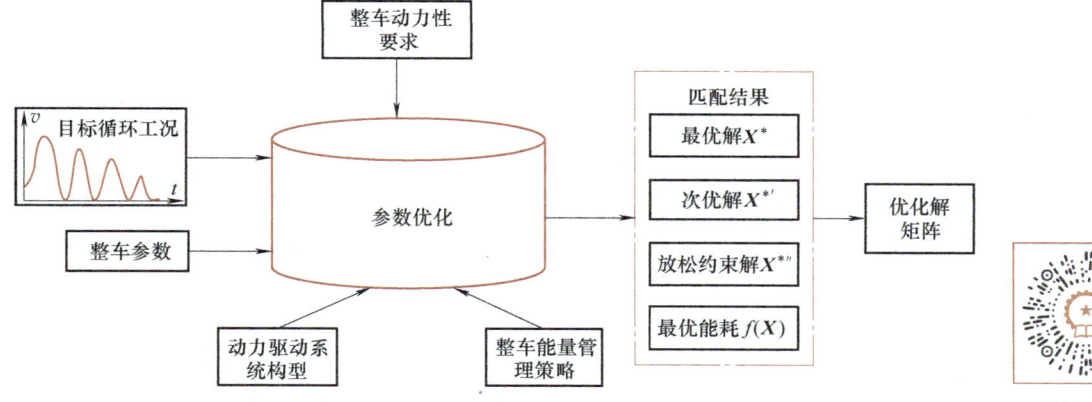

图 3-28 电动汽车参数匹配优化示意图

在图 3-28 中,系统的输入部分是目标循环工况、整车参数以及整车动力性要求。根据动力驱动系统构型以及整车能量管理策略,可以对整车参数进行求解,得到最优解。

考虑到实际当中,很多情况不能达到实际边界条件,同时出于降低成本的考虑,可以适当地降低参数要求,修正约束条件,即实现相应的次优解和放松约束解,最后得到一个不同工况下的优化解矩阵,用于分析车辆系统参数变化对最终能量消耗的影响,从而实现整车及动力驱动系统参数匹配的全过程。

根据前面的介绍,动力驱动系统的构型方式多种多样,驱动系统的参数匹配有动力源参数匹配和动力传动系统参数匹配。

动力源(主要包括燃料电池系统、蓄电池组和超级电容器等)参数的匹配,涉及动力源之间的混合方式以及混合比问题。动力源的不同结构主要是为了实现整车经济性最优和制造成本最低。动力源参数优化主要考虑的因素包括燃料电池的额定功率、蓄电池组的容量、蓄电池组的串联模块以及蓄电池组的初始 SOC。

对不同构型的电动汽车进行动力源参数匹配的思路如下:

1)针对每种构型,分别确定一种基本的能量分配策略。

2)针对每种构型,在特定的能量分配策略下,根据不同额定功率的燃料电池系统,选择与之匹配的蓄电池组串联模块数的最优组合。此时,重点考虑的不是整车的经济性,而是整车动力学、部件约束条件、动力源之间的功率分配关系、蓄电池组功率谱/电流谱的设计等因素,即考虑的是部件安全性、寿命与成本。

3)在选定每种构型下,不同额定功率燃料电池与蓄电池组的最优组合后,比较该构型多种组合之间的整车的经济性能。通过仿真试验,确定最佳构成混合比。

动力传动参数匹配主要考虑的因素包括驱动电机的额定功率与最大功率、电机的最大转矩、电机的最高转速、变速器速比、主减速器速比以及直流总线电压等。

除此以外,结构方面的优化设计,包括采用单电机还是多电机驱动、固定速比传动还

是可变速比传动、主 DC/DC 的性能、主 DC/DC 位置的影响等。在设计过程中，传动比的设计、直流总线电压以及动力源之间的混合设计，应根据不同的设计需求进行相应的参数匹配。同时，设计中应尽可能降低参数要求，以降低成本。

思 考 题

1. 目前我国电动汽车主要有哪几种开发模式？
2. 典型的电动汽车整车开发有哪些主要内容？
3. 请画图说明电动汽车系统的主要组成。
4. 请比较轮毂电机驱动系统和轮边电机驱动系统的结构差异。
5. 电动汽车常用的驱动电机和动力电池有哪些类型？
6. 请阐述电动汽车的主要布置步骤。
7. 请说明电动汽车参数的匹配过程。

第四章　离合器设计

离合器 1~2

第一节　概　述

对于以内燃机为动力的汽车，离合器处于机械传动系的首端，用来切断和实现对传动系的动力传递，以保证汽车起步时将发动机与传动系平顺地接合，确保汽车平稳起步；在换档时将发动机与传动系分离，减少变速器中换档齿轮之间的冲击；在工作中受到较大的动载荷时，能限制传动系所承受的最大转矩，以防止传动系各零部件因过载而损坏；有效地降低传动系中的振动和噪声。

目前，各种汽车广泛采用的摩擦离合器是一种依靠主、从动部分之间的摩擦来传递动力且能分离的装置。它主要包括主动部分、从动部分、压紧机构和操纵机构四部分。主、从动部分和压紧机构是保证离合器处于接合状态并能传递动力的基本结构，操纵机构是使离合器主、从动部分分离的装置。

离合器的设计要求：

1) 既能可靠地传递发动机的最大转矩，又能防止传动系过载。
2) 接合时要完全、平顺、柔和，保证汽车起步时没有抖动和冲击。
3) 分离时要迅速、彻底。
4) 工作性能稳定，即作用在摩擦片上的总压力不应因摩擦表面的磨损而有明显变化，摩擦系数在离合器工作过程中变化要尽可能小。
5) 从动部分转动惯量要小，以减轻换档时变速器齿轮间的冲击，便于换档和减小同步器的磨损。
6) 应能避免和衰减传动系的扭转振动，并具有吸收振动、缓和冲击和降低噪声的能力。
7) 操纵轻便。
8) 具有足够的强度和良好的动平衡，以保证其工作可靠、使用寿命长。
9) 通风散热性良好。
10) 结构应简单、紧凑，质量小，制造工艺性好，拆装、维修、调整方便等。

提高离合器的可靠性和延长其使用寿命，适应发动机的高转速，增加离合器传递转矩的能力和简化操纵已成为离合器的发展趋势。

第二节 离合器的结构形式及选择

汽车离合器的类型主要有摩擦式、电磁式和液力式，其中摩擦式的应用最广泛。这里介绍摩擦离合器的结构形式及选择。

一、从动盘数的选择

1. 单片干式摩擦离合器

如图 4-1 所示，单片干式摩擦离合器的结构简单，轴向尺寸紧凑，散热良好，维修调整方便，从动部分转动惯量小，在使用时能保证分离彻底，采用轴向有弹性的从动盘时也可保证接合平顺。这种结构广泛用于发动机的转矩不大于 1000N·m 的乘用车和商用车，当转矩更大时可采用双片干式摩擦离合器。

2. 双片干式摩擦离合器

双片干式摩擦离合器（见图 4-2）与单片干式摩擦离合器相比，由于摩擦面数增加一倍，因而传递转矩的能力较大；接合更为平顺、柔和；在传递相同转矩的情况下，径向尺寸较小，踏板力较小；中间压盘通风散热性差，容易引起摩擦片过热，加快其磨损甚至烧坏；分离行程较大，不易分离彻底，因此设计时在结构上必须采取相应的措施；轴向尺寸较大，结构复杂；从动部分的转动惯量较大。这种结构一般用在传递转矩较大且径向尺寸受到限制的场合。

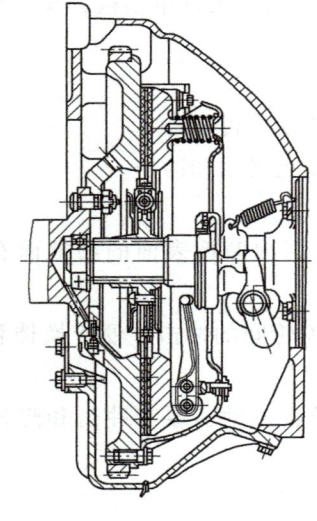

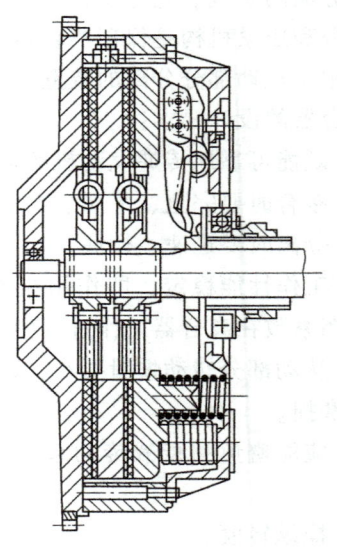

多片式离合器

图 4-1 单片干式摩擦离合器　　　　图 4-2 双片干式摩擦离合器

3. 多片湿式摩擦离合器

多片离合器多为湿式，摩擦面更多，接合更加平顺、柔和；摩擦片浸在油中工作，摩擦表面温度较低，表面磨损小，使用寿命长；但分离行程大，分离不彻底；轴向尺寸和从动部分转动惯量大，主要应用于最大总质量大于 14t 的商用车和行星齿轮变速器换档机构中。

二、压紧弹簧的结构及布置形式的选择

离合器压紧弹簧的结构形式有圆柱螺旋弹簧、矩形断面的圆锥螺旋弹簧和膜片弹簧等，可采用沿圆周布置、中央布置和斜置等布置形式。根据压紧弹簧的结构形式及布置，离合器可分为：

1. 周置弹簧离合器

如图 4-1 所示，周置弹簧离合器的压紧弹簧均采用圆柱螺旋弹簧，并均匀地布置在一个或同心的两个圆周上。周置弹簧离合器结构简单、制造方便，过去广泛应用于各类汽车上。此结构的弹簧压力直接作用于压盘上，为了保证摩擦片上压力均匀，压紧弹簧的数目要随摩擦片直径的增大而增多，而且应当是分离杠杆的倍数。因压紧弹簧直接与压盘接触，易受热回火失效。当发动机最大转速很高时，周置弹簧由于受离心力作用而向外弯曲，使弹簧压紧力显著下降，离合器传递转矩的能力也随之降低。此外，弹簧靠在其定位座上，造成接触部位严重磨损，甚至会出现弹簧断裂现象。

周置弹簧离合器的构造

2. 中央布置弹簧离合器

中央布置弹簧离合器采用一或两个圆柱螺旋弹簧或用一个圆锥螺旋弹簧作为压紧弹簧，并且布置在离合器的中央。由于可选较大的杠杆比，因此可得到足够的压紧力，且有利于减小踏板力，使操纵轻便；压紧弹簧不与压盘直接接触，不会使弹簧受热回火失效；通过调整垫片或螺纹容易实现压盘对压紧力的调整。不过其结构较复杂，轴向尺寸较大，多用于发动机最大转矩大于 500N·m 的商用车上，以减轻其操纵力。

3. 斜置弹簧离合器

斜置弹簧离合器的弹簧压力斜向作用在传力盘上，并通过压杆作用在压盘上。这种结构的显著优点是在摩擦片磨损或分离离合器时，压盘所受的压紧力几乎保持不变。与上述两种离合器相比，它具有工作性能稳定、踏板力较小的突出优点。此结构在最大总质量大于 14t 的商用车上已有采用。

4. 膜片弹簧离合器

作为压紧弹簧的膜片弹簧，是由弹簧钢制成的、具有无底碟形的截锥形薄壁膜片，且自其小端在锥面上开有许多径向切槽，以形成弹性杠杆，而其余未切槽的大端截锥部分则起弹簧作用。膜片弹簧离合器（见图 4-3）与其他形式的离合器相比，具有一系列优点：

1) 膜片弹簧具有较理想的非线性弹性特性（见图 4-11），弹簧压力在摩擦片的允许磨损范围内基本保持不变（从安装时的工作点 B 变化到 A 点），因而离合器工作中能保持传递的转矩大致不变，而圆柱螺旋弹簧，其压力大大下降（从 B 点变化到 A' 点）；离合器分离时，膜片弹簧压力有所下降（从 B 点变化到 C 点），从而降低了踏板力，对于圆柱螺旋弹簧，其压力则大大增加（从 B 点变化到 C' 点）。

2) 膜片弹簧兼起压紧弹簧和分离杠杆的作用，结构简单、紧凑，轴向尺寸小，零件

数目少,质量小。

3)高速旋转时,弹簧压紧力降低很少,性能较稳定;而圆柱螺旋弹簧压紧力则明显下降。

4)膜片弹簧以整个圆周与压盘接触,使压力分布均匀,摩擦片接触良好,磨损均匀。

5)易于实现良好的通风散热,使用寿命长。

6)膜片弹簧中心与离合器中心线重合,平衡性好。

膜片弹簧离合器不仅在乘用车上被大量采用,而且在各种形式的商用车上也被广泛采用。

膜片弹簧离合器按分离时离合器盖总成的分离指处是承受压力或拉力,可分为推式和拉式两种。拉式膜片弹簧离合器(见图4-4)中的膜片弹簧安装方向,与传统的推式结构相反,并将支承点移到了膜片弹簧的大端附近。接合时,膜片弹簧的大端支承在离合器盖上,以中部压紧。与推式结构相比,拉式膜片弹簧离合器具有许多优点:取消了中间支承各零件,并不用支承环(见图4-8a)或只用一个支承环(见图4-8b),使其结构更简单、紧凑,零件数目更少,质量更小;拉式结构的膜片弹簧是以中部与压盘相压,在同样压盘尺寸的条件下可采用直径较大的膜片弹簧,提高了压紧力与传递转矩的能力,且并不增大踏板力,在传递相同的转矩时,可采用尺寸较小的结构;在接合或分离状态下,离合器盖的变形量小,刚度大,分离效率更高;拉式结构的杠杆比大于推式结构的杠杆比,且中间支承少,减少了摩擦损失,传动效率较高,踏板操纵更轻便,拉式结构的踏板力比推式结构的一般可减少25%~30%;无论在接合状态或分离状态,拉式结构的膜片弹簧大端与离合器盖支承始终保持接触,在支承环磨损后不会形成间隙而增大踏板自由行程,不会产生冲击和噪声;使用寿命更长。但是,拉式结构膜片弹簧的分离指是与分离轴承套筒总成嵌装在一起的,需采用专门的分离轴承,结构较复杂,安装拆卸较困难。由于拉式膜片弹簧离合器综合性能优越,目前在各种汽车中的应用日趋广泛。

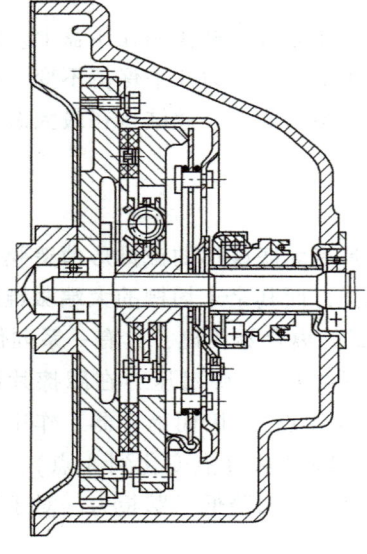

图4-3 膜片弹簧离合器

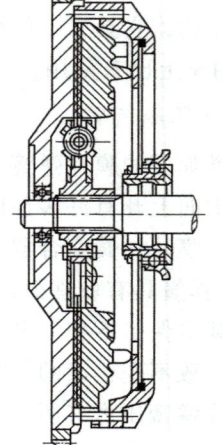

图4-4 拉式膜片弹簧离合器

三、膜片弹簧的支承形式

推式膜片弹簧支承结构按支承环数目不同分为三种。

图 4-5 所示为单支承环形式，在冲压离合器盖上冲出一个环形凸台来代替后支承环（见图 4-5a），使结构简化，或在铆钉前侧以弹性挡环代替前支承环（见图 4-5b），以消除膜片弹簧与支承环之间的轴向间隙。

图 4-6 所示为双支承环形式，其中图 4-6a 所示结构用台肩式铆钉将膜片弹簧、两个支承环与离合器盖定位铆合在一起，结构简单；图 4-6b 所示结构在铆钉上装硬化衬套和刚性挡环，提高了耐磨性，延长了使用寿命，但结构较复杂；图 4-6c 所示结构取消了铆钉，在离合器盖内边缘上伸出许多舌片，将膜片弹簧、两个支承环与离合器盖弯合在一起，使结构紧凑、简化，耐久性良好，应用日益广泛。

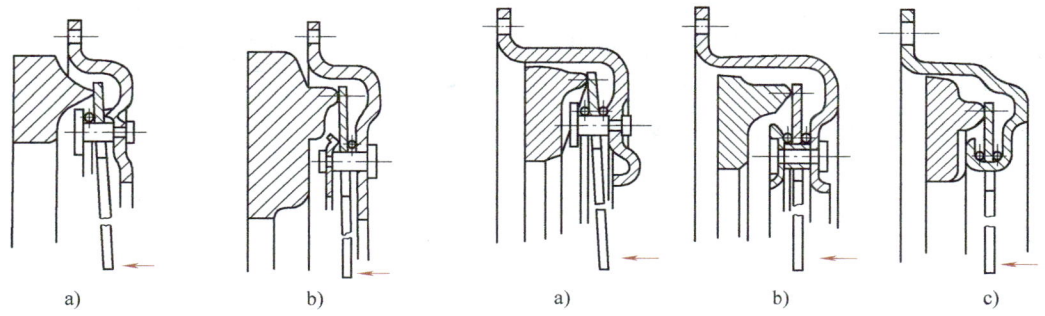

图 4-5 推式膜片弹簧单支承环形式　　图 4-6 推式膜片弹簧双支承环形式

图 4-7 所示为无支承环形式，利用斜头铆钉的头部与冲压离合器盖上冲出的环形凸台将膜片弹簧铆合在一起而取消前、后支承环（见图 4-7a）；或在铆钉前侧以弹性挡环代替前支承环，离合器盖上的环形凸台代替后支承环（见图 4-7b），使结构更简化；或取消铆钉，离合器盖内边缘处伸出的许多舌片将膜片弹簧与弹性挡环和离合器盖上的环形凸台弯合在一起（见图 4-7c），这种结构最为简单。

图 4-8 所示为拉式膜片弹簧支承形式。其中，图 4-8a 所示为无支承环形式，将膜片弹簧的大端直接支承在离合器盖冲出的环形凸台上；图 4-8b 所示为单支承环形式，将膜片弹簧大端支承在离合器盖中的支承环上。

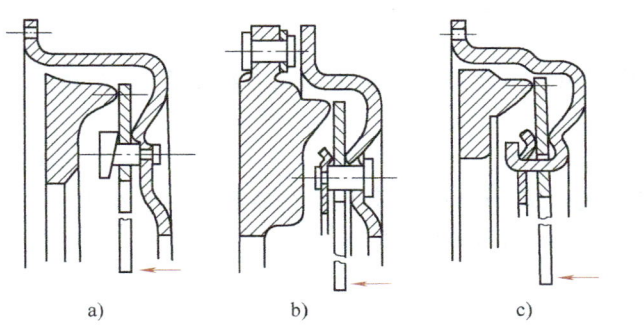 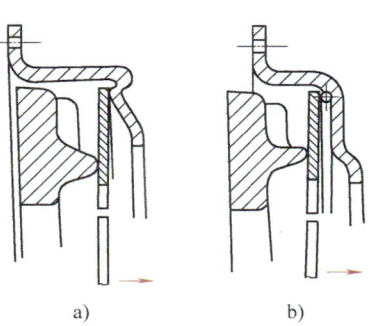

图 4-7 推式膜片弹簧无支承环形式　　图 4-8 拉式膜片弹簧支承形式

四、压盘的驱动方式

压盘的驱动方式主要有凸块为窗孔式、传力销式、键块式和弹性传动片式等多种。前三种的共同缺点是在连接件之间都有间隙,在传动中将产生冲击和噪声,而且在零件相对滑动中有摩擦和磨损,降低了离合器的传动效率。弹性传动片式是近年来广泛采用的驱动方式,沿圆周切向布置的三组或四组薄弹簧钢带传动片两端分别与离合器盖和压盘以铆钉或螺栓连接(见图4-9),传动片的弹性允许其做轴向移动。当发动机驱动时,传动片受拉;当拖动发动机时,传动片受压。弹性传动片驱动方式结构简单,压盘与飞轮对中性能好,使用平衡性好,工作可靠,寿命长;但反向承载能力差,汽车反拖时易折断传动片,故对材料要求较高,一般采用高碳钢。

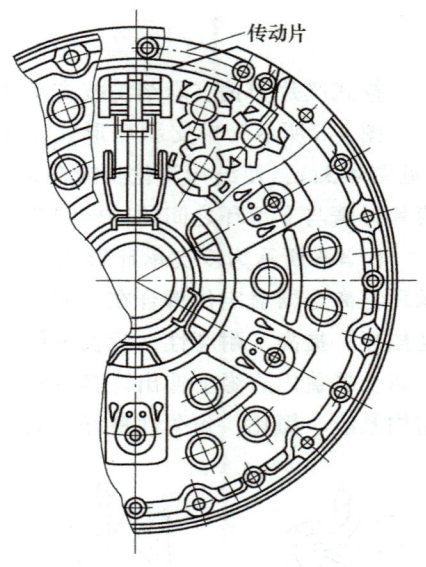

图 4-9 弹性传动片式的驱动方式

第三节 离合器主要参数的选择

摩擦离合器是靠存在于主、从动部分摩擦表面间的摩擦力矩来传递发动机转矩的。

一、离合器传矩能力计算

离合器传递转矩的能力取决于摩擦力矩的大小,与摩擦面的压紧力、摩擦力作用半径、摩擦副材料以及摩擦片工作面数有关,理论公式为

$$T_{c\max} = F_{P1} f R_c Z_c \tag{4-1}$$

式中,$T_{c\max}$ 为离合器的最大摩擦力矩;F_{P1} 为作用在离合器面上总的压紧力;f 为摩擦系数;Z_c 为摩擦工作面数,$Z_c = 2n$(n 为从动片数),对单片离合器,$Z_c = 2$;R_c 为平均摩擦半径,它由摩擦片外径 D 和内径 d 决定,即

$$R_c = \frac{1}{3} \frac{D^3 - d^3}{D^2 - d^2} \quad \text{或} \quad R_c \approx \frac{1}{4}(D+d)$$

为保证离合器能可靠地传递发动机转矩,离合器传递发动机最大转矩 $T_{e\max}$ 与最大摩擦力矩关系如下:

$$T_{c\max} = \beta T_{e\max} \tag{4-2}$$

式中,$T_{e\max}$ 为离合器所传递发动机的最大转矩;β 为离合器的后备系数,一般 $\beta > 1$。

为保证离合器有足够的使用寿命,式(4-1)中摩擦面积(半径)应足够大,以降低单位面积上的压力 p_0。因为

$$F_{P1} = p_0 A$$

式中,p_0 为单位面积上的压力(MPa);A 为摩擦片单面摩擦面积(mm^2)。

综上所述，得到离合器传矩能力计算的基本公式：

$$T_{cmax} = \beta T_{emax} = \frac{\pi \mu Z_c}{12} p_0 D^3 \left(1 - \frac{d^3}{D^3}\right) \tag{4-3}$$

二、离合器后备系数 β 值确定

离合器的后备系数 β 反映了离合器传递发动机最大转矩的可靠程度。β 值选取要合适，不能太大或太小。通常，对于乘用车、微型和轻型汽车，$\beta = 1.20 \sim 1.75$；对于中、重型商用货车，$\beta = 1.50 \sim 2.25$；对于越野车、带拖挂的重型汽车和牵引车，$\beta = 1.8 \sim 4.0$。

离合器的后备系数 β 精确值要待离合器零件设计完毕后才能确定。

三、摩擦片外径 D 和其他尺寸确定

摩擦片外径 D 是离合器的基本尺寸，可按以下经验公式初选：

$$D = k_D \sqrt{T_{emax}} \tag{4-4}$$

式中，k_D 为直径系数。一般来说，对于乘用车，$k_D = 14.5$；对于轻、中型商用货车，单片离合器 $k_D = 16.0 \sim 18.5$，双片离合器 $k_D = 13.5 \sim 15.0$；对于重型商用货车，$k_D = 22.5 \sim 24.0$。

离合器尺寸应符合尺寸系列标准 GB/T 5764—2011《汽车用离合器面片》。表 4-1 给出了离合器摩擦片的尺寸标准。

摩擦片内径 $d = C'D$，C' 为内外径比值。根据设计经验，推荐 $C' = 0.53 \sim 0.7$；一般来说，发动机转速越高，取值越大。

表 4-1 离合器摩擦片尺寸系列和参数

外径 D /mm	内径 d /mm	厚度 /mm	$C' = d/D$	$1 - C'^3$	单面面积 /cm²
160	110	3.2	0.687	0.676	106
180	125	3.5	0.694	0.667	132
200	140	3.5	0.700	0.657	160
225	150	3.5	0.667	0.703	221
250	155	3.5	0.620	0.762	302
280	165	3.5	0.589	0.796	402
300	175	3.5	0.583	0.802	466
325	19	3.5	0.585	0.800	546
350	195	4	0.557	0.827	678
380	205	4	0.540	0.843	729
405	220	4	0.543	0.840	908
430	230	4	0.535	0.847	1037

我国规定了几种摩擦片厚度的规格：3.0mm、3.2mm、3.5mm、3.8mm、4.0mm、4.2mm、4.5mm、4.8mm、5.0mm 和 5.5mm。

四、单位面积压力 p_0 确定

一般来说，摩擦面上的单位面积压力 p_0 的大小反映了摩擦片的使用寿命长短，p_0 值小，寿命长；p_0 值大，寿命短。这样，p_0 值的确定和离合器本身的工作条件、摩擦片直径大小、后备系数以及摩擦片材料及其品质等因素有关。离合器使用频繁、工作条件较为恶劣时（如城市公交汽车和矿用重型货车），p_0 值较小为好；当摩擦片外径较大时，由于散热困难，要适当降低单位面积压力。对选用有机材料的摩擦片，对乘用车，当摩擦片外径 $D \leq 230\text{mm}$ 时，$p_0 = 0.25\text{MPa}$；当摩擦片外径 $D > 230\text{mm}$ 时，$p_0 = \dfrac{1.18}{\sqrt{D}}$（MPa）。对商用货车，当摩擦片外径 $D \leq 230\text{mm}$ 时，$p_0 = 0.2\text{MPa}$；当摩擦片外径 $D = 380 \sim 480\text{mm}$ 时，$p_0 = 0.14\text{MPa}$。商用公共汽车的单片离合器，$p_0 = 0.13\text{MPa}$；多片离合器，$p_0 = 0.10\text{MPa}$。

另外，也可按图 4-10 来选取。

当摩擦片选用不同材料时，p_0 按下列范围选取：

粉末冶金材料，$p_0 = 0.35 \sim 0.60\text{MPa}$；金属陶瓷材料，$p_0 = 0.70 \sim 1.50\text{MPa}$

可根据情况综合以上几种方法进行 p_0 的初选，然后根据发动机的最大转矩 T_{emax} 和初步选择的尺寸参数，用式（4-3）初步核算摩擦片单位面积压力 p_0 是否在材料允许范围内。由于式（4-3）中的参数不一定是最终值，如后备系数 β，因此最终单位面积压力 p_0 的确定要待离合器零件设计完毕后才能确定。

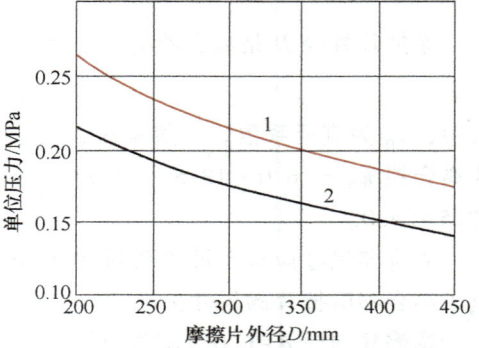

图 4-10　单位面积压力与摩擦片外径的关系

1—适用于乘用汽车　2—适用于商用货车

第四节　离合器主要零件的设计

一、从动盘设计

为减少变速器换档时齿轮间的冲击，从动盘的转动惯量应尽可能小；为保证汽车起步平稳、摩擦面上的压力分布更均匀，从动盘在轴向应有弹性；为避免传动系扭转共振，缓和冲击载荷，从动盘上应装有扭转减振器。

1. 从动片的设计

从动片有三种典型形式：整体式弹性从动片、分开式弹性从动片和组合式弹性从动片。从动片材料与所用的结构形式有关，不带波形弹簧片的从动片（即整体式）一般用高碳钢或弹簧钢片冲压而成，经热处理后达到硬度要求。采用波形弹簧片（即分开式或组合式）时，从动片用低碳钢，波形弹簧片用弹簧钢。

从动片直径对照摩擦片尺寸确定。为减小从动盘转动惯量，从动片一般较薄，通常采

用 1.3~2.0mm 厚的钢板冲压而成,从动片的外沿部分(即波形弹簧片)厚度为 0.65~1.0mm。

2. 从动盘毂的设计

花键毂装在变速器第一轴前端,是离合器承受载荷最大的零件。目前,常采用齿侧定心的矩形花键,花键之间为间隙配合。花键毂一般采用锻钢(如 45 钢、40Cr 钢等),表面和心部硬度为 26~32HRC。花键毂轴向长度不宜过小,一般取 1.0~1.4 倍的花键轴直径。从动盘毂设计参照表 4-2 推荐的标准,或查相应的国标,花键设计参照相应的机械设计手册。

花键破坏的主要形式是表面受力过大而破坏,因此要进行花键的挤压应力校核,应力过大可增加花键毂的轴向长度。

挤压应力 $\sigma_{\text{压}}$ 的计算公式:

$$\sigma_{\text{压}} = \frac{F_P}{nhl} \tag{4-5}$$

式中,F_P 为花键的侧面压力(N),$F_P = \frac{4T_{e\max}}{(D'+d')Z}$,其中 D'、d' 分别为花键的大径、小径(mm),Z 为从动盘毂数;n 为花键的齿数;l 为花键的有效长度(mm);h 为花键的工作高度(mm),$h = \frac{D'-d'}{2}$。

从动盘毂一般都由中碳钢锻造而成,并经调质处理,其许用挤压应力不应超过 20MPa,即

$$\sigma_{\text{压}} \leq [\sigma_{\text{压}}] = 20\text{MPa} \tag{4-6}$$

表 4-2 从动盘毂花键尺寸系列

从动盘外径 D/mm	发动机转矩 T_e/N·m	花键齿数 n	花键大径 D'/mm	花键小径 d'/mm	齿厚 b/mm	有效齿长 l/mm	挤压应力 σ/MPa
160	50	10	23	18	3	20	10
180	70	10	26	21	3	20	11.8
200	110	10	29	23	4	25	11.3
225	150	10	32	26	4	30	11.5
250	200	10	35	28	4	35	10.4
280	280	10	35	32	4	40	12.7
300	310	10	40	32	5	40	10.7
325	380	10	40	32	5	45	11.6
350	480	10	40	32	5	50	13.2
380	600	10	40	32	5	55	15.2
410	720	10	45	36	5	60	13.1

3. 摩擦片

粉末冶金摩擦材料和金属陶瓷摩擦材料的摩擦系数在 0.5 左右。摩擦片和从动盘之间

有两种固接方法：铆接法和粘接法。

二、压盘设计

压盘设计包括传力方式选择及其几何尺寸的确定。

压盘常见的传力方式为凸台式连接方式、键式连接方式、销式连接方式和传动片式连接方式。压盘的结构除与传力方式有关外，还与压紧方式和分离方式有关。

前面已经分析了确定摩擦片内、外径的方法，与摩擦片相接合的压盘的内、外径也就基本确定了下来。因此，压盘的几何尺寸归结为确定它的厚度。确定压盘厚度应考虑：压盘应具有足够的质量，以吸收离合器接合时摩擦产生的热量；压盘应具有足够大的强度，以保证受热时不变形。压盘厚度一般不小于 15mm。

设计压盘时，在初步确定压盘厚度后，校核离合器接合一次时的温升（每次接合大约 3s），它不应超过 8℃。若温升过高，可适当增加压盘的厚度。

离合器温升的校核公式为

$$\tau_0 = \frac{\gamma w_L}{cm_压} \tag{4-7}$$

式中，τ_0 为温升（℃）；w_L 为滑磨功（J），可根据式（4-8）计算；γ 为分配到压盘上的滑磨功所占的百分比，对于单片离合器压盘 $\gamma = 0.50$，对于双片离合器压盘 $\gamma = 0.25$，对于双片离合器中间压盘 $\gamma = 0.50$；c 为压盘的比热容，对铸铁压盘，$c = 544.28$J/(kg·℃)；$m_压$ 为压盘质量（kg）。

$$w_L = 0.5 J_a \omega_0^2 \tag{4-8}$$

式中，J_a 为汽车整车质量转化为相当的转动惯量，$J_a = \frac{m_a r_k^2}{i_0^2 i_g^2}$，其中 m_a 为汽车的总质量（kg）；r_k 为驱动轮的滚动半径（m）；i_0 为主传动比；i_g 为变速器传动比；ω_0 为离合器开始滑磨时的发动机角速度（rad/s）。

压盘通常采用灰铸铁，即 HT200、HT250、HT300，也有少量采用合金压铸铁。其硬度为 170~227HBW。

传力片常用 3~4 组，每组 2~3 片，每片厚度为 0.5~1.0mm，一般由弹簧钢带 65Mn 制成。对传力片要进行拉应力校核。

三、膜片弹簧设计

膜片弹簧离合器在汽车离合器中的应用日益广泛，主要是因为膜片弹簧具有较理想的非线性弹性特性，当膜片弹簧离合器的摩擦片磨损到极限时，膜片弹簧的压紧力仍能维持在正常的工作范围内。膜片弹簧作为膜片弹簧离合器中的关键零件，具有压紧弹簧和分离杠杆的作用，其性能的好坏直接影响到整个离合器的工作性能。并且，离合器的工作压紧力、分离力以及分离离合器时的压盘升程都与膜片弹簧有直接的关系。

膜片弹簧由弹簧钢板冲压而成。其设计思想是先初选一组基本几何参数，然后进行结构设计，最后进行应力校核。

1. 膜片弹簧基本参数选择

（1）**H/h 比值选择** 弹簧内截锥高度 H 与厚度 h 之比 H/h 对膜片弹簧的弹性特性影响极大。为保证离合器的压紧力变化不大和操纵轻便，汽车离合器用膜片弹簧的这一比值一般为 1.5~2.0，其中厚度一般为 2~4mm。

（2）**膜片弹簧工作点位置选择** 膜片弹簧工作点位置如图 4-11 所示。该曲线的拐点 H 对应着膜片弹簧的压平点位置，且 $\lambda_{1H}=(\lambda_{1M}+\lambda_{1N})/2$。$B$ 点为新离合器压紧状态时工作点的位置。一般来说，新离合器在接合状态时，膜片弹簧工作点 B 一般取在凸点 M 和拐点 H 之间，且靠近或在 H 点处，以保证摩擦片在最大磨损极限 $\Delta\lambda$ 范围内的压紧力从 F_{P1B} 到 F_{P1A} 变化不大，B 点的变形量 λ_{1B} 按 $\lambda_{1B}=(0.7\sim 0.85)H$ 选择；当摩擦片磨损 $\Delta\lambda$ 后，到达极限磨损位置，膜片弹簧工作点到 A 点。摩擦片总的最大磨损量 $\Delta\lambda$ 按 $\Delta\lambda=Z_c\Delta S_0$ 计算。式中，Z_c 为摩擦片总的工作面数，对于单片离合器，$Z_c=2$；ΔS_0 为每个摩擦工作面最大允许磨损量，可取 $\Delta S_0=0.5\sim 1\text{mm}$。当分离时，膜片弹簧工作点从 B 变到 C，为最大限度地减小踏板力，C 点应尽量靠近特性曲线的凹点 N 点。膜片弹簧工作点到 D 点，离合器彻底分离。

（3）**R 及 R/r 的确定** 研究表明，比值 R/r 越大，弹簧材料利用率越低，弹簧越硬，弹性特性曲线受直径误差的影响越大，且应力越高。根据结构布置和压紧力的要求，R/r 一般为 1.20~1.35。膜片弹簧各尺寸符号示意图如图 4-12 所示。

膜片弹簧大端半径 R 应满足结构上的要求并和摩擦片的尺寸相适应：大于摩擦片内半径 $d/2$，近于摩擦片外半径 $D/2$，此外，当 H、h 及 H/h 不变时，增加 R 将有利于降低膜片应力。

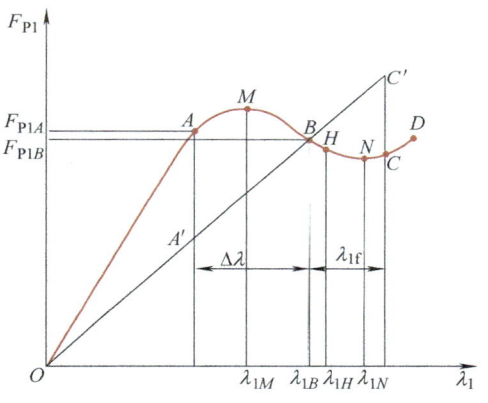

图 4-11 膜片弹簧工作点位置

（4）**膜片弹簧起始圆锥底角 α** 膜片弹簧自由状态下起始圆锥底角 α 与内截锥高度 H 关系密切，$\alpha=\arctan[H/(R-r)]\approx H/(R-r)$，汽车膜片弹簧起始圆锥底角 α 约为 10°。

（5）**膜片弹簧小端半径 r_f 及分离轴承作用半径 r_p** r_f 主要由离合器结构决定，其最小值应大于变速器第一轴的花键大径，以便安装。分离轴承作用半径 r_p 应大于 r_f。

（6）**爪数目 n 和切槽宽度 δ_1、δ_2 及半径 r_e** 汽车膜片弹簧离合器分离爪数目 $n>12$，一般为 18 左右；切槽宽度 $\delta_1\approx 3.5\text{mm}$、$\delta_2\approx 10\text{mm}$，半径 r_e 与 δ_2 有关，一般来说，$r-r_e>\delta_2$。

（7）**支承环平均半径 e 和膜片弹簧与压盘的接触半径 L** e 和 L 的大小将影响膜片弹簧的刚度，一般来说，e 应尽量接近于 r 而略大于 r，L 应接近于 R 而略小于 R。

2. 膜片弹簧设计计算基本公式

膜片弹簧受载后的变形情况如图 4-13 所示。压紧力 F_{P1} 和膜片弹簧大端变形 λ_1 的关系为

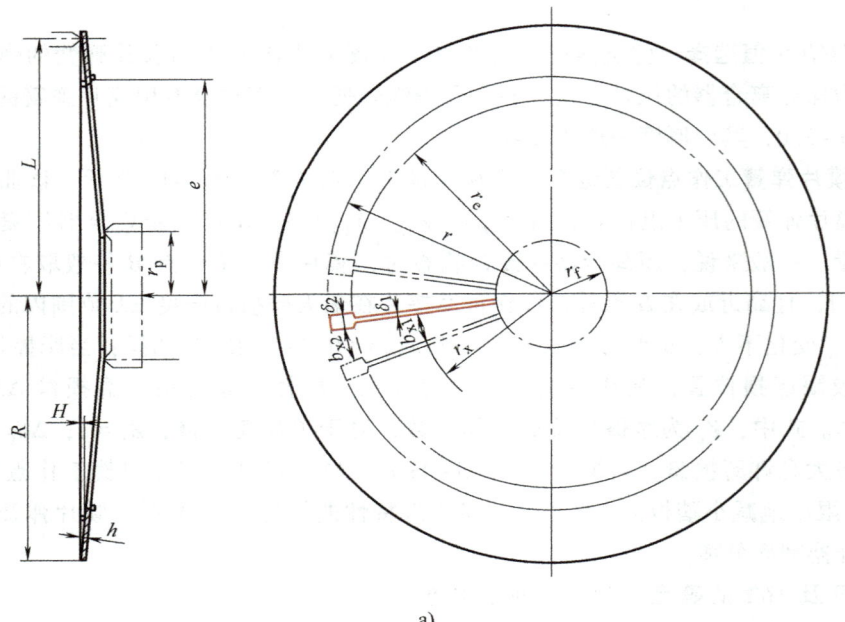

膜片弹簧离合器原理

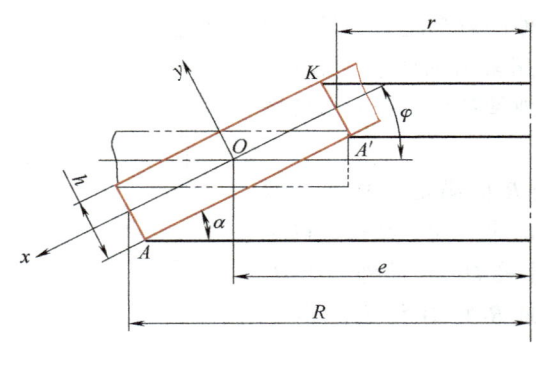

图 4-12 膜片弹簧各尺寸符号示意图

$$F_{P1} = \frac{\pi E h \lambda_1}{6(1-\mu^2)} \frac{\ln\frac{R}{r}}{(L-e)^2}\left[\left(H-\lambda_1\frac{R-r}{L-e}\right)\left(H-\frac{\lambda_1}{2}\frac{R-r}{L-e}\right)+h^2\right] \tag{4-9}$$

式中，F_{P1} 为压紧力（N）；E 为弹性模量，钢材取 $E = 2.1×10^5$ N/mm²；μ 为泊松比，钢材取 $\mu = 0.3$；H 为膜片弹簧自由状态下碟簧部分的内截锥高度；h 为膜片弹簧片厚（mm）；λ_1 为膜片弹簧大端变形（mm）；R 为碟簧部分外半径（mm）；r 为碟簧部分内半径（mm）；L 为膜片弹簧与压盘的接触半径（mm）；e 为支承环平均半径（mm）。各尺寸如图 4-12 所示。

利用式（4-9）可绘出膜片弹簧的 F_{P1}-λ_1 特性曲线。

当膜片弹簧小端分离轴承处作用有外加载荷（分离力）时，则大端变形 λ_1 与 F_{P2} 的

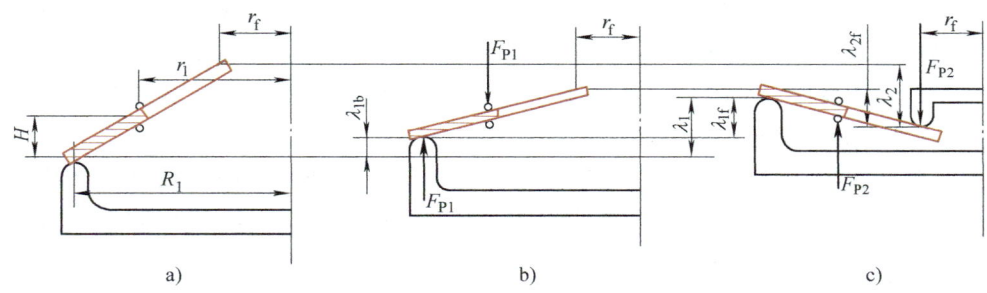

图 4-13 膜片弹簧及其受载后的变形情况

λ_1—大端变形　λ_{1b}—压紧时大端变形　λ_{1f}—分离时大端附加变形　F_{P1}—压紧力

λ_2—小端变形　λ_{2f}—分离时小端附加变形　F_{P2}—分离力

关系为

$$F_{P2}=\frac{\pi Eh\lambda_1}{6(1-\mu^2)}\frac{\ln\frac{R}{r}}{(L-e)(e-r_p)}\left[\left(H-\lambda_1\frac{R-r}{L-e}\right)\left(H-\frac{\lambda_1}{2}\frac{R-r}{L-e}\right)+h^2\right] \quad (4-10)$$

式中，r_p 为分离轴承作用半径 (mm)；其他符号的意义同前。

如图 4-14 所示，在 F_{P2} 的作用下，膜片弹簧小端分离轴承处的变形 λ_2 计算公式为

$$\lambda_2=\lambda_2'+\lambda_2''$$

式中，λ_2' 为在 F_{P2} 的作用下，因弹簧部分的角变形引起的小端变形；λ_2'' 为在 F_{P2} 的作用下，分离爪的附加变形。

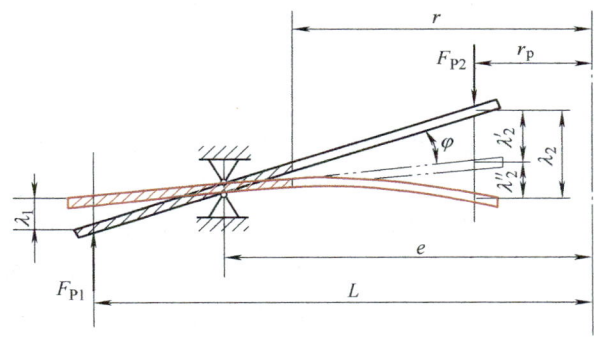

图 4-14 膜片弹簧小端受载时的变形图

可按式 (4-11) 计算：

$$\lambda_2'=\lambda_2\frac{e-r_p}{L-e} \quad (4-11)$$

$$\lambda_2''=\frac{6F_{P2}r_p^2}{\pi Eh^3}\left\{\frac{1}{\beta_1}\left[\frac{1}{2}\left(\frac{r_e^2}{r_p^2}-1\right)-2\left(\frac{r_e}{r_p}-1\right)+\ln\frac{r_e}{r_p}\right]+\frac{1}{\beta_2}\left[\frac{1}{2}\left(\frac{r^2}{r_p^2}-\frac{r_e^2}{r_p^2}\right)-2\left(\frac{r}{r_p}-\frac{r_e}{r_p}\right)+\ln\frac{r_e}{r_p}\right]\right\}$$

$$(4-12)$$

$$\beta_1=1-\frac{\delta_1 n}{\pi(r_f+r)},\quad \beta_2=1-\frac{\delta_2 n}{\pi(r_e+r)}$$

式中，r_p 为分离轴承作用半径（mm）；F_{P2} 为分离轴承的作用力（N）；r_e 为分离爪前端最宽处的半径（mm）；β_1 为分离爪前部的宽度系数；β_2 为分离爪根部的宽度系数；δ_1 为分离爪前部的切槽宽度（mm）；δ_2 为分离爪根部的切槽宽度（mm）；n 为膜片弹簧分离爪的数目；r_f 为膜片弹簧小端内半径（mm）。

膜片弹簧在各种变形情况下，其碟形部分的内半径 K 处（见图 4-12 中分离指根部 K 点处）的应力总大于其他各点，故需求出 K 点的当量应力 $\sigma_{K当}$，对 K 点进行强度校核。

由于 K 点的当量应力随大端变形 λ_1 而变化，当 $\lambda_1 = \lambda_{1\sigma}$ 时，即

$$\lambda_1 = \lambda_{1\sigma} = H\frac{L-e}{R-r} + \frac{h}{2}(L-e)\frac{\ln\frac{R}{r}}{R-r\left(1+\ln\frac{R}{r}\right)} \quad (4-13)$$

此时，$\sigma_{K当}$ 达到极大值。因此，当离合器分离叉大端变形量 $\lambda_{1D} < \lambda_{1\sigma}$ 时，$\sigma_{K当}$ 中的 $\lambda_1 = \lambda_{1D}$；当 $\lambda_{1D} > \lambda_{1\sigma}$ 时，取 $\lambda_1 = \lambda_{1\sigma}$。

膜片弹簧最大应力发生在离合器分离状态时，碟形部分的内半径 K 点处既有切向应力又有弯曲应力，两应力相互垂直，故 K 点处于两向应力状态。根据第三强度理论，K 点的当量应力为

$$\sigma_{K当} = \frac{3}{\pi}\frac{r-r_p}{r}\frac{F_{P2}}{\beta_2 h^2} + \frac{E}{1-\mu^2}\left[\left(\frac{R-r}{r\ln\frac{R}{r}}-1\right)\left(\frac{H}{R-r}-\frac{1}{2}\frac{\lambda_1}{L-e}\right)\frac{\lambda_1}{L-r} + \frac{h}{2r}\frac{\lambda_1}{L-e}\right] \quad (4-14)$$

强度校核时，要求：$\sigma_{K当} < [\sigma]$，否则，重新选择几何参数进行设计，直到应力符合要求。

用式（4-14）对膜片弹簧做强度校核时，根据目前大部分离合器膜片弹簧选用的材料为弹簧钢 60Si2MnA 或 50CrVA，还要考虑到膜片弹簧加工工艺以及材质本身的改进和选用的应力计算公式。上述材料的许用应力 $[\sigma]$ 可取为 1500～1900MPa。

实例：已知某发动机最大转矩 $T_{emax} = 190$N·m（此时转速 $n = 3500$r/min）。该发动机后面装有膜片弹簧离合器，其摩擦片外径 $D = 228$mm，内径 $d = 150$mm。离合器的后备系数初选为 $\beta = 1.3$，用 60Si2MnA 材料。试确定膜片弹簧尺寸。

参考离合器产品尺寸，并结合本车具体的情况，初选膜片弹簧的尺寸参数如下：

$$\frac{H}{h} = 1.54, \quad \frac{R}{r} = 1.257, \quad \alpha = 11°30'', \quad R = 105\text{mm}$$

并确定膜片弹簧所有的尺寸：

$$H = 4.3\text{mm}, \quad h = 2.6\text{mm}, \quad R = 105\text{mm}, \quad r = 83.5\text{mm}, \quad e = 84\text{mm},$$
$$L = 103\text{mm}, \quad r_f = 22.54\text{mm}, \quad r_p = 26\text{mm}, \quad n = 18, \quad \delta_1 = 3.2\text{mm}, \quad \delta_2 = 11\text{mm}$$

（1）**根据式（4-9）画出 F_{P1}-λ_1 特性曲线** 为了简化公式，令

$$\overline{F}_P = F_{P1}\frac{6(1-\mu^2)(L-e)^2}{\pi E h^4}$$

$$\bar{\lambda} = \frac{\lambda_1}{h}$$

因此,式(4-9)变成

$$\bar{F}_P = \bar{\lambda}\ln\frac{R}{r}\left[\left(\frac{H}{h}-\bar{\lambda}\frac{R-r}{L-e}\right)\left(\frac{H}{h}-\frac{\bar{\lambda}}{2}\frac{R-r}{L-e}\right)+1\right]$$

把有关数值代入上述各式,得

$$F_{P1} = 15295\bar{F}_P$$

$$\lambda_1 = 2.6\bar{\lambda}$$

$$\bar{F}_P = 0.852\bar{\lambda}-0.64\bar{\lambda}^2+0.146\bar{\lambda}^3$$

由不同的 $\bar{\lambda}$,计算出 F_P 及 F_{P1} 和 λ_1,结果见表4-3。

表4-3 F_{P1}-λ_1 特性曲线计算参数

$\bar{\lambda}$/mm	0.1	0.2	0.4	0.6	0.8	1.026	1.2	1.4	1.6	1.896	2	2.231
F_P/N	0.0789	0.146	0.248	0.3123	0.3468	0.358	0.351	0.339	0.323	0.309	0.312	0.336
λ_1/mm	0.26	0.52	1.04	1.56	2.08	2.67	3.12	3.64	4.18	4.93	5.2	5.8
F_{P1}/N	1208	2233	3793	4777	5304	5476	5369	5185	4940	4729	4772	5147

画出 F_{P1}-λ_1 特性曲线,如图4-15所示。

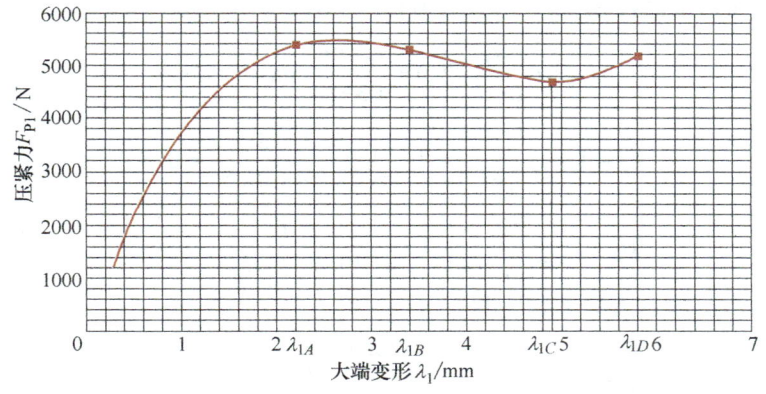

图4-15 F_{P1}-λ_1 特性曲线

(2) 确定膜片弹簧的工作点位置 取离合器接合时膜片弹簧的大端变形 $\lambda_{1B}=0.8H=0.8\times4.3\text{mm}=3.4\text{mm}$,由特性曲线(见图4-15)可查得膜片弹簧的压紧力:

$$F_{P1} = F_{P\Sigma} = 5465\text{N}$$

校核后备系数:

$$\beta = \frac{F_{P\Sigma}\mu R_c Z_c}{T_{emax}} = \frac{5465\times0.25\times94.5\times2}{190000} = 1.36$$

与初选的后备系数 $\beta=1.3$ 相差不大,基本合理。

如果校核数值与初选值相差较大,需要重新修改膜片弹簧的尺寸参数或调整 B 点的位置。

离合器彻底分离时，膜片弹簧大端的变形为

$$\lambda_{1D} = \lambda_{1B} + \Delta f \quad (\Delta f \text{ 即为 } \lambda_{1f})$$

取压盘的行程 $\Delta f = 2.4$mm，故

$$\lambda_{1D} = 3.4\text{mm} + 2.4\text{mm} = 5.8\text{mm}$$

离合器刚开始分离时，压盘的行程 $\Delta f' = 1.5$mm，此时膜片弹簧的大端变形为

$$\lambda_{1C} = \lambda_{1B} + \Delta f' = 3.4\text{mm} + 1.5\text{mm} = 4.9\text{mm}$$

摩擦片磨损后，其最大磨损量取 $\Delta \lambda = 1.2$mm，故

$$\lambda_{1A} = \lambda_{1B} - \Delta \lambda = 3.4\text{mm} - 1.2\text{mm} = 2.2\text{mm}$$

（3）求离合器彻底分离时分离轴承作用的载荷 F_{P2}　由式（4-10），取 $\lambda_1 = \lambda_{1D}$，则

$$F_{P2} = \frac{\pi E h \lambda_{1D}}{6(1-\mu^2)} \cdot \frac{\ln\frac{R}{r}}{(L-e)(e-r_p)} \left[\left(H - \lambda_{1D} \frac{R-r}{L-e} \right) \left(H - \frac{\lambda_{1D}}{2} \frac{R-r}{L-e} \right) + h^2 \right]$$

代入有关数值，得

$$F_{P2} = \frac{\pi \times 2.1 \times 10^5 \times 2.6 \times 5.8 \times \ln\frac{105}{83.5}}{6(1-0.3^2) \times (103-84) \times (84-26)} \times$$

$$\left\{ \left(4.3 - 5.8 \times \frac{105-83.5}{103-84} \right) \left[4.3 - \frac{105-83.5}{2 \times (103-84)} \times 5.8 \right] + 2.6^2 \right\} \text{N} = 1466\text{N}$$

（4）求分离轴承的行程 λ_2　由式（4-11），取 $\lambda_1 = \Delta f$，则

$$\lambda_2' = \Delta f \frac{e - r_p}{L - e} = 2.4 \times \frac{84-26}{103-84}\text{mm} = 7.33\text{mm}$$

$$\beta_1 = 1 - \frac{\delta_1 n}{\pi(r_f + r_e)} = 1 - \frac{3.2 \times 18}{\pi(22.54 + 70.5)} = 0.81$$

$$\beta_2 = 1 - \frac{\delta_2 n}{\pi(r_e + r)} = 1 - \frac{11 \times 18}{\pi(70.5 + 83.5)} = 0.692$$

由式（4-12），代入有关数值，得

$$\lambda_2'' = \frac{6 \times 156 \times 26^2}{\pi \times 2.1 \times 10^5 \times 2.6^3} \left\{ \frac{1}{0.81} \left[\frac{1}{2}\left(\frac{70.5^2}{26^2} - 1\right) - 2\left(\frac{70.5}{26} - 1\right) + \ln\frac{70.5}{26} \right] \times \frac{1}{0.692} \times \right.$$

$$\left. \left[\frac{1}{2}\left(\frac{82.5^2}{26^2} - \frac{70.5^2}{26^2}\right) - 2\left(\frac{83.5}{26} - \frac{70.5}{26}\right) + \ln\frac{83.5}{26} \right] \right\} \text{mm} = 1.8\text{mm}$$

故

$$\lambda_2 = \lambda_2' + \lambda_2'' = 7.33\text{mm} + 1.8\text{mm} = 9.12\text{mm}$$

（5）强度校核　由于膜片弹簧应力最大点（即碟形部分的内半径 K 点）的当量应力 $\sigma_{K\text{当}}$ 随大端变形 λ_1 而变化，当 $\lambda_1 = \lambda_{1\sigma}$ 时，$\sigma_{K\text{当}}$ 达到极大值。

由式（4-13），把有关数值代入，得

$$\lambda_{1\sigma} = \left[4.3 \times \frac{103-84}{105-83.5} + \frac{2.6}{2} \times (103-84) \times \frac{\ln\frac{105}{83.5}}{105-83.5 \times \left(1+\ln\frac{105}{83.5}\right)} \right] \text{mm} = 6.15\text{mm}$$

膜片弹簧大端的最大变形（离合器彻底分离时）$\lambda_{1D} = 5.8\text{mm}$，由于$\lambda_{1D} < \lambda_{1\sigma}$，当$\lambda_1 = \lambda_{1D}$时，$\sigma_{K当}$达到极大值。

由式（4-14），把有关数值代入，得

$$\sigma_{K当} = \left\{ \frac{3}{\pi} \times \frac{83.5-26}{83.5} \times \frac{1466}{2.6^2 \times 0.692} + \frac{2.1\times 10^5}{1-0.3^2} \times \left[\left(\frac{105-83.5}{83.5\ln\frac{105}{83.5}} - 1 \right) \left(\frac{4.3}{105-83.5} - \frac{1}{2} \times \frac{5.8}{103-84} \right) \times \frac{5.2}{103-84} + \frac{2.6}{2\times 83.5} \times \frac{5.8}{103-84} \right] \right\} \text{MPa} = 1673\text{MPa} < [\sigma]$$

上述计算结果满足强度要求。若不满足，可适当修改膜片弹簧的尺寸，重新计算、校核，直至满足强度要求为止。

3. 膜片弹簧有限元分析

式（4-9）的形式简单，便于计算，但是由于它建立在许多假设的基础上，其计算结果与实际情况有一定误差。有限元方法及有限元商用软件的发展与完善，为研究膜片弹簧的力学特性提供了新的思路。

（1）**几何模型简化** 图4-16a所示膜片弹簧含有24个分离指。利用其结构的对称性，可仅分析包含半个分离指的膜片弹簧（对应的圆心角为7.5°），如图4-16b所示。膜片弹簧的结构形状决定了其力学特性，几何简化时，完整保留其原有结构，包括膜片弹簧上的窗孔和窗孔下沿的倒角。在膜片弹簧大端受载过程中，支承环在膜片弹簧的上表面起固定支承作用，压盘向上挤压膜片弹簧的下表面，促使膜片弹簧变形和翻转。由于压盘在这个过程中起作用的仅仅是压盘上缘的圆弧状凸起部分，分析时用一个压盘圆环作为夹具来代替压盘。

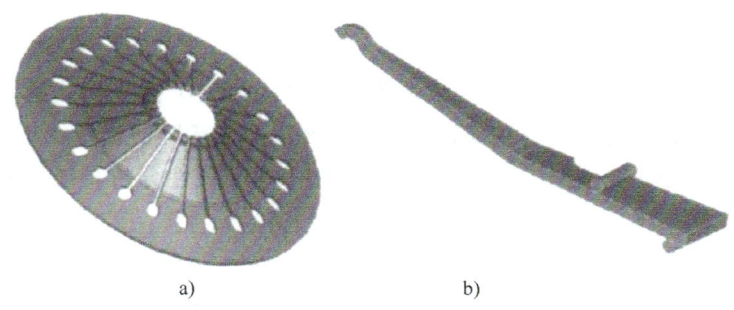

图4-16　膜片弹簧几何模型简化
a）膜片弹簧几何模型　b）简化后的大端受载模型

（2）**有限元模型的建立** 在ANSYS软件中用Solid197（Tet10）单元划分膜片弹簧，用Target1170单元和Contact174单元建立压盘圆环与膜片弹簧下表面、支承环与膜片弹簧上表面的面面接触关系。膜片弹簧支承面摩擦系数与支承面的表面质量和润滑情况有关，对于钢制弹簧对钢支承面的摩擦副可取0.15~0.18，压盘圆环和支承环视为刚性表面，分别通过一个导向性节点来控制其运动。为了更好地模拟膜片弹簧受载变形时绕压盘圆环以及支承环的接触、滚动与滑动情况，对压盘圆环和支承环进行细致且均匀的网格划分。膜片弹簧（半分离指）有限元模型如图 4-17 所示。膜片弹簧与上支承环接触部分的有限元模型如图 4-18 所示，膜片弹簧与压盘圆环的接触部分与之相似。

图 4-17　膜片弹簧（半分离指）有限元模型

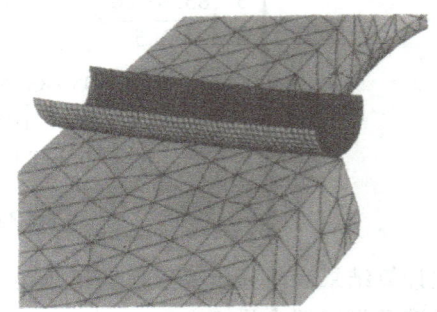
图 4-18　膜片弹簧与上支承环接触部分有限元模型

（3）约束与加载　有限元建模时，在半分离指部分的两侧施加对称约束以真实模拟膜片弹簧受载过程的实际约束情况。在加载和卸载过程中，通过导向性节点使支承环保持静止，控制压盘圆环施加由 0~11mm 随时间呈线性变化的轴向位移，完成有限元模型的约束与载荷的施加（见图 4-19）。

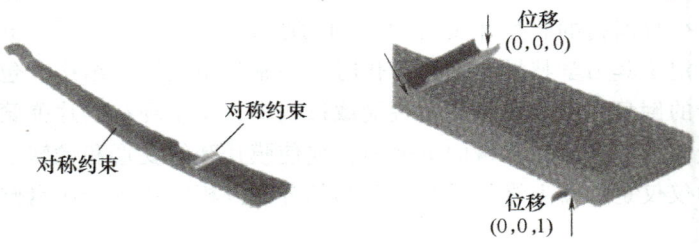
图 4-19　约束与载荷

（4）模型求解　膜片弹簧大端受载过程中，结构经受了大变形，是一个几何非线性问题；随着膜片弹簧的变形，膜片弹簧与压盘圆环以及支承环的接触点不断变化，因此该问题的边界条件也是非线性的，须用 ANSYS 软件中的非线性分析功能求解这个结构非线性问题。

在 ANSYS 软件中定义分析类型为 Large Displacement Static，采用位移加载，设定足够小的位移加载步长，采用牛顿-拉普森方法，对有限元模型进行求解。

（5）结果分析　如图 4-20 所示，采用式（4-9）仅能得到一条载荷-位移曲线，它与加载或卸载的试验结果都有差距。而采用有限元分析则可分别得到膜片弹簧大端加载和卸载时的载荷-位移曲线，与试验结果很接近。可以看出，有限元分析结果要比式（4-9）计算结果更加接近于试验结果。

对比试验和有限元分析得到的各应变片测点的 Von Mises 应力-位移曲线，可以发现两者很接近，这表明有限元分析可以准确得到膜片弹簧受载时的应力特性。图 4-21 给出了其中一个测点的应力-位移曲线对比。

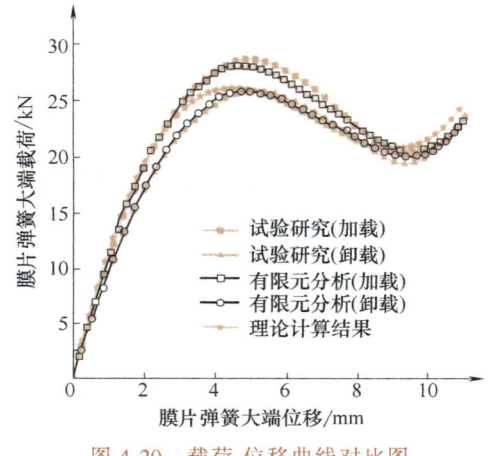
图 4-20 载荷-位移曲线对比图

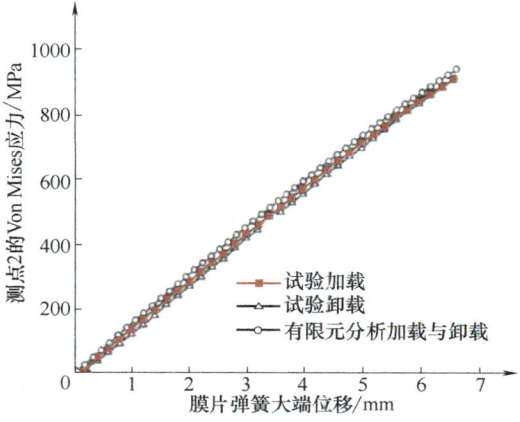
图 4-21 测点 2 的 Von Mises 应力-位移曲线对比

有限元分析可以作为分析设计膜片弹簧的有效方法。

4. 膜片弹簧材料及制造工艺

国内膜片弹簧一般采用 60Si2MnA 或 50CrVA 等优质高精度钢板材料。为了保证其硬度、几何形状、金相组织、载荷特性和表面质量等要求，需进行一系列热处理。为了提高膜片弹簧的承载能力，要对膜片弹簧进行强压处理，即沿其分离状态的工作方向，超过彻底分离点后继续施加过量的位移，使其过分离 3~8 次，以产生一定的塑性变形，从而使膜片弹簧的表面产生与使用状态反方向的残余应力而达到强化的目的。一般来说，经强压处理后，在同样的工作条件下，可提高膜片弹簧的疲劳寿命 5%~30%。另外，对膜片弹簧的凹面或双面进行喷丸处理，即以高速弹丸流喷射到膜片弹簧表面，使表层产生塑性变形，从而形成一定厚度的表面强化层，起到冷作硬化的作用，同样也可提高承载能力和疲劳强度。

为了提高分离指的耐磨性，可对其端部进行高频淬火、喷镀铬合金和镀镉或四氟乙烯。在膜片弹簧与压盘接触圆形处，为了防止由于拉应力的作用而产生裂纹，可对该处进行挤压处理，以消除应力源。膜片弹簧表面不得有毛刺、裂纹、划痕、锈蚀等缺陷。

弹簧部分的硬度一般为 45~50HRC，分离指端部硬度为 55~62HRC，在同一片上同一范围内的硬度差不大于 3 个单位。弹簧部分应为均匀的回火屈氏体和少量的索氏体。单面脱碳层的深度一般不得超过厚度的 3%。膜片弹簧的内、外半径公差一般为 H11 和 h11，厚度偏差为 ±0.025mm，初始底锥角偏差为 ±10′。膜片弹簧上下表面的表面粗糙度为 1.6μm，底面的平面度一般要求小于 0.1mm。膜片弹簧处于接合状态时，其分离指端的相互高度差一般要求小于 0.8mm。

四、膜片弹簧离合器的优化设计

机械优化设计的基本思想是根据机械设计的理论、方法和标准规范等建立反映工程设计问题和符合数学规划要求的数学模型，然后采用数学规划方法和计算机技术自动找出设计问题的最优方案。膜片弹簧离合器的优化设计就是要确定一组最优的设计参数，使其弹性特性满足离合器的使用性能要求，而且弹簧强度也满足设计要求，达到最佳的综合效果。以下先优化膜片弹簧离合器的基本参数，然后分别以强度和摩擦片磨损前后工作压力的稳定性为目标，优化膜片弹簧的设计参数。

1. 以减小结构尺寸为目标的膜片弹簧离合器基本参数的优化

（1）设计变量　离合器的基本参数主要有后备系数 β、单位面积压力 p_0、尺寸参数 D（摩擦片外径）和 d（摩擦片内径）及摩擦片厚度 b。后备系数 β 也取决于离合器的工作压力 F_{P1} 和离合器的主要尺寸参数 D 和 d。p_0 也与 F_{P1}、D 及 d 有关。因此，离合器基本参数的优化设计变量选为

$$X = [F_{P1} \quad D \quad d]^T$$

（2）目标函数　离合器基本参数优化设计追求的目标是在保证离合器性能要求条件下，使其结构尺寸尽可能小，即目标函数为

$$f(x) = \min\left[\frac{\pi}{4}(D^2 - d^2)\right]$$

（3）约束条件

1）最大圆周速度 u_D 不超过 65m/s，u_D 与摩擦片的外径 D（mm）的关系为

$$u_D = \frac{\pi}{60} n_{emax} D \times 10^{-3} \leq 65 \text{m/s}$$

式中，u_D 为摩擦片最大圆周速度（m/s）；n_{emax} 为发动机最高转速（r/min）。

2）摩擦片的内、外径比 C 应在 0.53~0.70 范围内，即 $0.53 \leq C \leq 0.70$。

3）为保证离合器可靠传递转矩，并防止传动系过载，不同车型的 β 值应在一定范围内，β 的范围为 $1.2 \leq \beta \leq 4.0$。

4）为了保证扭转减振器的安装，摩擦片内径 d 比扭转减振器弹簧位置直径 $2R_0$ 大 50mm 左右，即 $d > 2R_0 + 50$mm。

5）单位摩擦面积传递的转矩应小于其许用值，即

$$T_{c0} = \frac{4T_c}{\pi Z(D^2 - d^2)} \leq [T_{c0}]$$

式中，T_{c0} 为单位面积传递的转矩（N·m/mm²）；$[T_{c0}]$ 为其允许值（N·m/mm²），按表 4-4 选取。

表 4-4　单位摩擦面积传递转矩的许用值

离合器摩擦片外径 D/mm	≤210	>210~250	>250~325	>325
$[T_{c0}]/(\times 10^{-2}$N·m/mm²)	0.28	0.30	0.35	0.40

6）为降低离合器滑磨时的热负荷，防止摩擦片损伤，单位面积压力 p_0 对于不同车型，根据所用摩擦材料在一定范围内选取，p_0 的最大范围为 0.1~1.5MPa，即

$$0.1\text{MPa} \leq p_0 \leq 1.5\text{MPa}$$

7）为了减少汽车起步过程中离合器的滑磨，防止摩擦片表面温度过高而发生烧伤，离合器每一次接合的单位摩擦面积滑磨功应小于其许用值，即

$$\omega = \frac{4W}{\pi Z(D^2-d^2)} \leqslant [\omega]$$

式中，ω 为单位面积滑磨功（J/mm^2）；$[\omega]$ 为其许用值（J/mm^2），对于乘用车 $[\omega]=0.40J/mm^2$，对于轻型商用车 $[\omega]=0.33J/mm^2$，对于重型商用车 $[\omega]=0.25J/mm^2$；W 为汽车起步时离合器接合一次所产生的总滑磨功（J），根据下式计算：

$$W = \frac{\pi^2 n_e^2}{1800}\left(\frac{m_a r_r^2}{i_0^2 i_g^2}\right)$$

式中，m_a 为汽车总质量（kg）；r_r 为轮胎滚动半径（m）；i_g 为起步时所用变速器档位的传动比；i_0 为主减速器的传动比；n_e 为发动机转速（r/min），计算时乘用车取 2000r/min，商用车取 1500r/min。

2. 以强度为目标的膜片弹簧优化设计

对基本参数进行优化之后，得出一组理想的基本参数，将其作为膜片弹簧离合器设计的基础。设计膜片弹簧离合器，除考虑可靠传递发动机最大转矩外，还要考虑离合器摩擦片在正常磨损范围内能可靠传递发动机最大转矩，以及尽量减轻踏板力和驾驶人的劳动强度等问题。目前，在使用过程中出现的最大问题是膜片弹簧的应力值高，使用寿命达不到要求。这当然与膜片弹簧的材质、热处理有关，但如何从设计角度合理选择参数，使应力值最小，提高膜片的使用寿命，对于生产使用也十分重要。下面以碟簧部分的内半径 K 处的当量应力最小作为优化设计的目标。

（1）**设计变量** 膜片弹簧的尺寸如图 4-12 所示，H 为碟簧部分内截锥高度，h 为膜片弹簧片厚度，R 为碟簧部分外半径，r 为碟簧部分内半径，λ_1 为大端变形。取 H/h、R/r 及离合器分离时 λ_{1C} 为设计变量，即

$$X = [x_1 \quad x_2 \quad x_3]^T = [H/h \quad R/r \quad \lambda_{1C}]^T$$

（2）**目标函数** 以碟簧部分的内半径 K 处的当量应力最小作为优化设计的目标。
对钢材料，取 $E=2.1\times10^5 MPa$，$\mu=0.3$，则

$$\frac{\pi E}{6(1-\mu^2)} = 12083.05 MPa, \quad \frac{E}{1-\mu^2} = 23076.92 MPa$$

令

$$A = \frac{h^3}{(L-e)(e-r_p)}, \quad B = \frac{r}{h(L-e)}$$

由式（4-10），得

$$F_{P2} = 12083.05 A x_3 \ln x_2 \{[x_1 - B x_3(x_2-1)][x_1 - 0.5 B x_3(x_2-1)]+1\}$$

令

$$T_R = \left[\frac{R-r}{r\ln(R/r)} - 1\right]\left(\frac{H}{R-r} - \frac{1}{2}\frac{\lambda_1}{L-e}\right)\frac{\lambda_1}{L-e} + \frac{h}{2r}\frac{\lambda_1}{L-e}$$

由式（4-14）得

$$\sigma_K = F_{P2} 3\left(1 - \frac{r_p}{r}\right)/(3.14\beta_2 h^2) + 23076.92 T_R$$

故目标函数：

$$f(x_1,x_2,x_3) = F_{P2}3\left(1-\frac{r_p}{r}\right)/(3.14\beta_2 h^2) + 23076.92 T_R$$

（3）约束条件 根据普通轿车的离合器性能要求，可得以下约束条件：

1) 膜片弹簧的弹性变形特性是非线性的，$F_{P1} = f(\lambda_1)$ 的特性曲线随 H/h 值的不同而不同，要求正确选择 H/h 值以获得最佳使用特性。一般汽车膜片弹簧的 H/h 值取 1.5~2.5，即 $1.5 \leq x_1 \leq 2.5$。

2) R/r 值的大小关系到碟片材料的利用及碟形弹簧储存弹性能力的大小。R/r 根据结构布置与压紧力的需要而定，通常 $R/r < 1.5$，取 $1.2 \leq x_2 \leq 1.3$。

3) 膜片弹簧离合器分离时的工作变形量 λ_{1C} 根据离合器的结构确定，在 2.8~5.2mm 之间，即 $2.8 \leq x_3 \leq 5.2$。

4) 根据经验，膜片弹簧小端作用力的取值为 $1500\text{N} \leq F_{P2}(x_1,x_2,x_3) \leq 2000\text{N}$。

5) 膜片弹簧离合器与普通离合器一样，要求摩擦片在允许的磨损量界限内（1.2mm）都能传递发动机最大转矩，因此，$1200\text{N} \leq F_{P2}(x_1,x_2,x_3-1.2) \leq 1800\text{N}$。

6) 膜片弹簧离合器在最大变形时，要求其应力不超过许用值，即

$$\sigma_K(x_1,x_2,x_3+2.4) \leq [\sigma]$$

综上所述，建立了求应力最小值的数学模型。

3. 以摩擦片磨损前后工作压力的稳定性为目标的优化设计

（1）设计变量 取碟簧内截锥高度 H、膜片弹簧片厚度 h、压紧时大端变形 λ_{1B} 为设计变量，则

$$X = \begin{pmatrix} x_1 \\ x_2 \\ x_3 \end{pmatrix} = \begin{pmatrix} H \\ h \\ \lambda_{1B} \end{pmatrix}$$

（2）目标函数 可以把离合器摩擦片磨损前后膜片弹簧压紧力变化的绝对值即 $|F_{P1A} - F_{P1B}|$ 最小作为最优化设计的目标，以保证离合器后备系数 β 值的稳定，由式 (4-9) 可得目标函数的表达式为

$$\min f(X) = \left| \frac{\pi E x_2 (x_3-1.5)}{6(1-u^2)} \frac{\ln\frac{R}{r}}{(L-e)^2} \left\{ \left[x_1 - (x_3-1.5)\frac{R-r}{L-e}\right]\left[x_1 - 0.5(x_3-1.5)\frac{R-r}{L-e}\right] + x_2^2 \right\} - F_{P1B} \right|$$

（3）约束条件

1) 已知摩擦片磨损前压紧力 F_{P1B}，由式 (4-9) 得等式约束条件：

$$h(X) = \frac{\pi E x_2 x_3}{6(1-u^2)} \frac{\ln\frac{R}{r}}{(L-e)^2}\left[\left(x_1 - x_3\frac{R-r}{L-e}\right)\left(x_1 - \frac{x_3}{2}\frac{R-r}{L-e}\right) + x_2^2\right] - F_{P1B} = 0$$

2) 由式 (4-14) 决定的强度条件，得不等式约束条件：

$$g_1(X) = \sigma_{K当} - [\sigma] \leq 0$$

3) 膜片弹簧起始圆锥底角 $\tan\alpha = \dfrac{H}{R-r}$，汽车膜片弹簧起始圆锥底角 α 在 9°~11°间，

可得约束条件：

$$g_2(\boldsymbol{X}) = (R-r)\tan 9° - x_1 \leq 0$$
$$g_3(\boldsymbol{X}) = x_1 - (R-r)\tan 11° \leq 0$$

4）弹簧的 H/h 对膜片弹簧的载荷-变形特性有显著影响，常用比值为 $H/h = 1.5 \sim 2.5$，得约束条件：

$$g_4(\boldsymbol{X}) = 1.5x_2 - x_1 \leq 0$$
$$g_5(\boldsymbol{X}) = x_1 - 2.5x_2 \leq 0$$

5）由 $\lambda_{1B} = (0.65 \sim 0.8)H$ 可得约束条件：

$$g_6(\boldsymbol{X}) = 0.65x_1 - x_3 \leq 0$$
$$g_7(\boldsymbol{X}) = x_3 - 0.8x_1 \leq 0$$

6）特性曲线的工作点 D 点应尽量靠近载荷的最小点 C 点，以便减小分离载荷，使操纵方便，可得约束条件：

$$g_8(\boldsymbol{X}) = \lambda_{1D} - \lambda_{1C} - \varepsilon = (x_3+2) - \frac{R_1-r_1}{R-r}\left(x_1 \pm \sqrt{\frac{x_1^2}{3} - \frac{2x_2^2}{3}}\right) - 0.2 \leq 0$$

以上先优化膜片弹簧离合器的基本参数，然后分别以强度和摩擦片磨损前后工作压力的稳定性为目标优化膜片弹簧的设计参数。膜片弹簧优化设计的目标函数还可以是：在分离行程中，驾驶人作用在分离轴承上的分离操纵力的平均值为最小；在摩擦片磨损极限范围内，弹簧压紧力变化的绝对值的平均值为最小；选择以上两个目标函数为双目标函数。

建立了优化设计的数学模型后，可以编程或使用计算工具（如 MATLAB 优化工具箱）求解。

第五节　离合器操纵机构的设计

离合器操纵机构是离合器系统的重要组成部分，是驾驶人借以使离合器分离、接合的一套装置，它起始于离合器踏板，终止于离合器分离轴承。

一、离合器操纵机构的基本要求

1）操纵机械要尽可能地简单，操纵轻便，踏板力小，以减轻驾驶人的劳动强度。对于乘用车，踏板力为 80~120N，对于商用车，踏板力不超过 150N。

2）结构紧凑，效率高，踏板行程要适中，一般应在 80~150mm 的范围内。

上述两项要求往往是相互制约的，设计时，要在满足踏板行程要求的前提下来确定踏板力，因为踏板行程往往受到车的空间、周边条件的限制和人体工程学的要求。若踏板力超过通常推荐允许值，则应采取相应措施（如加大传动比、采用助力装置等）。

3）在操纵机构中应有调整自由行程的装置，以便在摩擦片磨损后调整和恢复分离轴承与分离杠杆的间隙。

4）踏板行程应有限位装置，以防止操纵机构的零件因过大载荷而损坏。

5）踏板回位要快捷，防止离合器在接合时回位滞后。

6) 要具有足够的刚度。
7) 发动机振动及车架、驾驶室的变形不会影响其正常工作。

二、操纵机构结构形式选择

离合器操纵机构主要有机械式、液压式、气压式和自动操纵机构等四种形式。对于中型以上的商用车，机械式和液压式的操纵机构有时带有助力器。

机械式操纵机构有杆系传动机构和绳索式传动机构两种形式。杆系机构结构简单，工作可靠，广泛应用于各种形式汽车中，但其质量大，传动效率低，发动机振动及车架、驾驶室的变形会影响其正常工作，远距离操纵时，布置较困难。绳索式传动机构结构简单，成本较低，不占用发动机舱内的有效空间，便于采用吊挂式踏板，有利于车内密封；但受自身工作曲率要求，布置上要求较高，且传动效率随使用时间增长会逐渐变低，使用寿命较短。机械式操纵机构一般应用在发动机排量在1.6L以下、离合器从动盘直径在200mm以下的乘用车中。

液压式操纵机构是目前最广泛的一种操纵形式，其摩擦阻力小，传递效率高，随动性好。车身、车架变形时，不影响操纵机构的正常工作，占用空间位置小，便于布置，可采用吊挂式离合器踏板，便于室内密封，改善驾驶人的工作条件。此外，液压式操纵机构的结构较为简单，离合器主缸、工作缸的结构也不复杂，容易实现离合器的自动调节，可应用于各种形式的汽车中。

三、离合器操纵机构的设计计算

为了满足对离合器踏板行程和踏板力的要求，根据已设计确定的离合器操纵机构形式和离合器的特性参数及技术要求，进行离合器操纵机构的设计计算，正确地选择操纵机构的总传动比 i_Σ。图 4-22 所示为机械式和液压式离合器操纵机构简图。

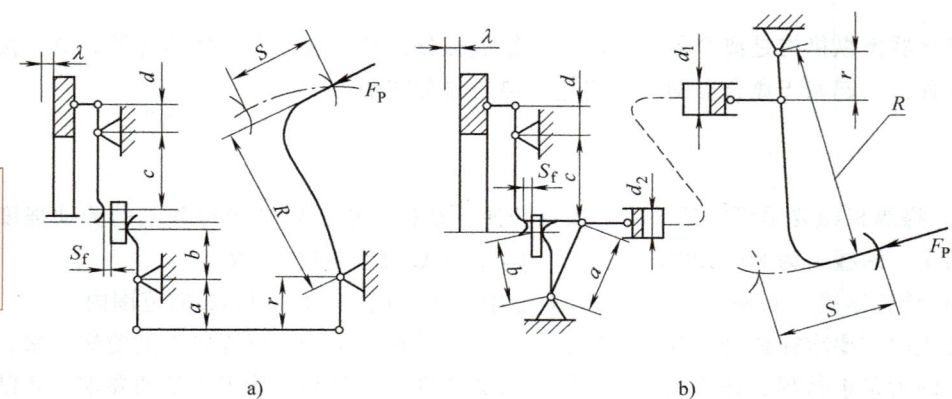

离合器操纵机构 1~2

图 4-22 机械式和液压式离合器操纵机构简图

对于机械式操纵机构：

$$i_\Sigma = i_1 i_2 i_3 \tag{4-15}$$

对于液压式操纵机构：

$$i_\Sigma = i_1 i_2 i_3 (d_2^2/d_1^2) \tag{4-16}$$

式中，$i_1 = R/r$；$i_2 = a/b$；$i_3 = c/d$。R、r、a、b、c、d、d_1、d_2 如图 4-22 所示。

离合器踏板总行程

$$S = S_0 + S_g \tag{4-17}$$

式中，S_0 为踏板自由行程，机械式操纵机构的 $S_0 = S_f i_1 i_2$，液压式操纵机构的 $S_0 = S_f i_1 i_2 (d_2^2/d_1^2)$，$S_f$ 为分离轴承自由行程，常接触分离轴承的 $S_f = 0$，非常接触分离轴承，对于单从动盘 $S_f = 1.5 \sim 2.5\text{mm}$，对于双从动盘 $S_f = 3 \sim 4\text{mm}$；S_g 为踏板工作行程，$S_g = \lambda i_\Sigma$，λ 为压盘行程。离合器踏板自由行程 S_0 除计入分离轴承的自由行程外，还应考虑机构中所需的其他间隙行程，如离合拉索变形量和液压主缸活塞顶部间隙等。

离合器分离时的踏板力

$$F_P = \frac{F}{i_\Sigma \eta} + F_S - F_E \tag{4-18}$$

式中，F 为离合器分离时压紧弹簧对压盘的总压力（N）；η 为传动效率，机械式 $\eta = 0.8 \sim 0.85$，液压式 $\eta = 0.8 \sim 0.9$；F_S 为克服回位弹簧拉力所需的踏板力（N）；F_E 为助力器作用的踏板力（N）。

电磁离合器的工作原理

思 考 题

1. 设计离合器时应满足哪些基本要求？
2. 离合器有哪些结构形式？它们各有什么优缺点？
3. 离合器的主要参数有哪些？这些参数如何选取？
4. 膜片弹簧的弹性特性是怎样的？影响弹性特性的主要因素是什么？如何确定工作点位置？
5. 离合器操纵机构的基本要求有哪些？

第五章　变速器设计

变速器 1~2

第一节　概　　述

变速器的功用是根据汽车在不同的行驶条件下提出的要求,改变发动机的转矩和转速,使汽车具有合适的牵引力和速度,并同时保持发动机在最有利的工况范围内工作。目前汽车所采用的变速器多种多样,有机械式变速器(MT)、自动变速器(AT)、无级自动变速器(CVT)、机械式自动变速器(AMT)以及双离合器自动变速器(DCT)等。其中机械式变速器结构简单,制造容易,成本低,维修方便,仍具有很强的生命力。本章主要介绍机械式变速器的设计。

变速器的设计要求:

1)保证汽车具有高的动力性和经济性指标。根据汽车的总质量、发动机性能、汽车的使用要求,合理地选择变速器的档数及传动比。

2)有空档和倒档。为了保证汽车倒车以及使发动机与传动系分离,应具有倒档和空档。

3)工作可靠。变速器在工作时不应有自动跳档、乱档、同时挂上两个档和换档冲击等现象发生。

4)操纵迅速、轻便。为了减轻驾驶人的劳动强度,提高行驶安全性,要求换档迅速、轻便、手感好。

5)传动效率高。可采用提高零件的制造及装配质量,设置和使用直接档,使用适当的润滑油等措施提高变速器的传动效率。

6)应有输出功率的可能,以便于改装车用。

7)质量和体积小。影响这个指标的主要参数是变速器的中心距。要达到这个目标就要选择合理的设计参数,提高齿轮精度,选用大容量的轴承,采用优质钢材和先进的工艺手段等。

8)噪声小。通过采用斜齿轮传动,合理选择齿轮参数,提高齿轮的支承刚性和提高制造精度等措施减小噪声。

第二节　变速器结构方案的确定

变速器的结构方案必须满足使用性能、制造工艺性、维修方便性、标准化、系列化及通用化的要求。变速器由传动机构和操纵机构组成。

在确定变速器传动机构结构方案时，应从布置形式、齿轮形式、换档的结构形式、轴承的形式、壳体、润滑、密封等各方面综合考虑，全面评价，以期得到合理的最佳方案。

一、传动机构的布置形式

变速器传动机构根据轴的形式不同分为固定轴式和旋转轴式（常采用行星齿轮传动）两类。固定轴式变速器中两轴式和中间轴式应用十分广泛，两轴式变速器多用于发动机前置前轮驱动的汽车上，中间轴式变速器多用于发动机前置后轮驱动的汽车上。

两轴式变速器具有结构简单、整体尺寸小、布置方便、中间档位传动效率高和噪声小等特点。因两轴式变速器无直接档，所以在高档工作时齿轮和轴承均承载，工作噪声大且易损坏。受结构尺寸限制，两轴式变速器的一档传动比不可能设计得太大。图 5-1 所示为常见发动机前置前轮驱动乘用车两轴式变速器传动方案。其特点是：变速器输出轴与主减速器主动齿轮做成一体，发动机纵置时，主减速器采用弧齿锥齿轮或准双曲面齿轮，如图 5-1a、b 所示；发动机横置时，主减速器采用斜齿圆柱齿轮，如图 5-1c、d 所示。

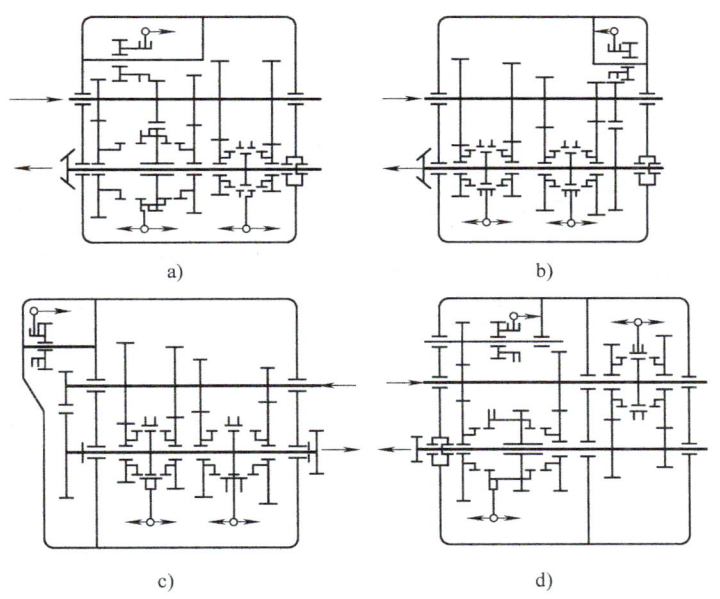

图 5-1　发动机前置前轮驱动乘用车的两轴式变速器

图 5-2、图 5-3 所示分别为中间轴式四、五档变速器传动方案。其共同特点是：变速器第一轴和第二轴轴线在同一直线上，经啮合套将它们连接得到直接档。使用直接档，变速器的齿轮和轴承及中间轴均不承载，发动机转矩经变速器第一轴、第二轴直接输出，这样变速器传动效率高，可达 90% 以上，噪声小，齿轮和轴承的磨损减少。由于直接档的

利用率要高于其他档位，从而提高了变速器的使用寿命。在其他前进档位工作时，变速器传递的动力需要经过设置在第一轴、中间轴和第二轴上的两对齿轮传递，因此在变速器中间轴与第二轴之间的距离（中心距）不大的条件下，一档有较大的传动比；高档的齿轮采用常啮合齿轮传动，低档（一档）的齿轮可以采用或不采用常啮合齿轮传动；多数传动方案中除一档以外其他档位的换档机构，均采用同步器或啮合套换档，少数传动方案的一档也采用同步器或啮合套换档，各档同步器或啮合套多数情况下装在第二轴上。

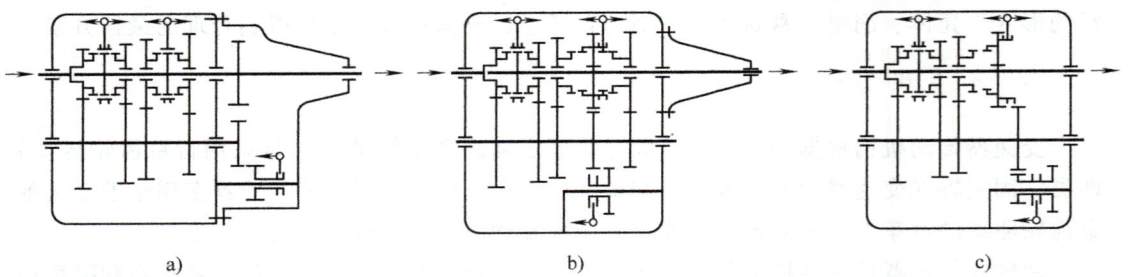

图 5-2 中间轴式四档变速器传动方案

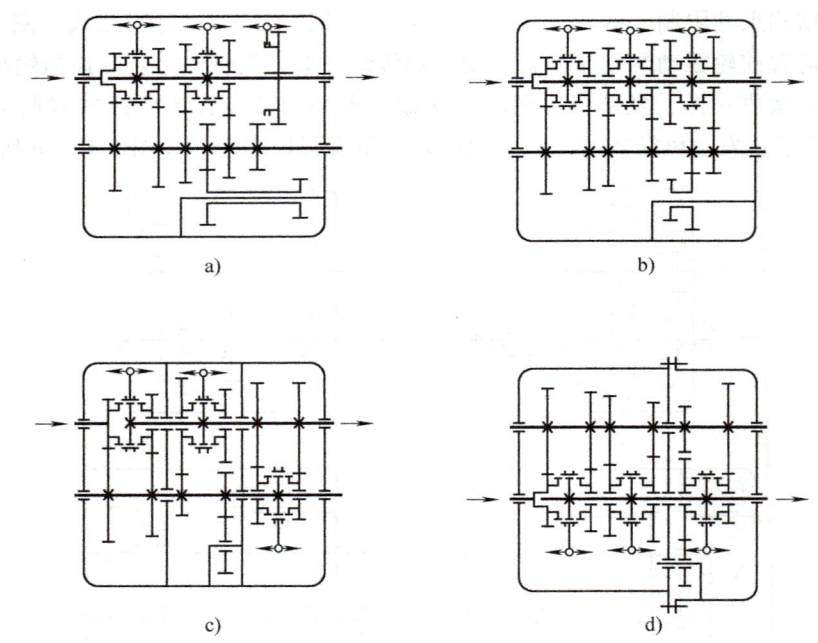

图 5-3 中间轴式五档变速器传动方案

在直接档以外的其他档位工作时，中间轴式变速器的传动效率略有降低。在档数相同的情况下，各种中间轴式变速器主要在常啮合齿轮对数、换档方式和倒档传动方案上有差别。总质量较大的商用汽车普遍采用中间轴式变速器，而乘用车尤其是总质量较小的乘用车多采用两轴式变速器。在设计时采用哪种方案，要视汽车的总体设计而言。

二、倒档轴的布置

图 5-4 所示为常见的倒档轴布置方式。在图 5-4a 中，中间轴上有一个倒档齿轮和一档

齿轮，中间轴上的倒档齿轮与倒档轴上的双联齿轮中一个齿轮相啮合，双联齿轮上的另一个齿轮与第二轴倒档齿轮相啮合。在图 5-4b 中，把中间轴的一档齿轮与第倒档齿轮做成一个宽齿轮，可同时与第二轴一档齿轮和倒档轴的惰轮相啮合，因而轴向长度可以缩短。在图 5-4c 中，倒档轴惰轮是单个齿轮，它既与中间轴倒档齿轮相啮合，同时又与第二轴倒档齿轮啮合，结构简单，零件少。但与前两种方案相比较，其少经过一对齿轮传动，相比之下传动比要稍小一些。

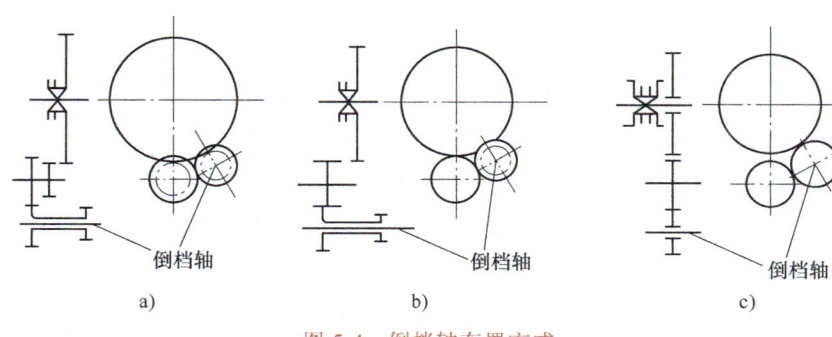

图 5-4　倒档轴布置方式

三、齿轮形式

变速器常用齿轮有斜齿和直齿圆柱齿轮。斜齿圆柱齿轮虽然制造稍复杂，工作时产生轴向力，但其重合系数高，运转平稳，传递噪声小，使用寿命长，因而在变速器中得到广泛使用。直齿圆柱齿轮由于啮合性差，重合系数小，强度低，噪声大，仅在一些变速器的一档和倒档中使用。

四、换档的结构形式

变速器换档结构形式有直齿滑动齿轮、啮合套和同步器三种。

直齿滑动齿轮换档，由于换档时两齿轮的角速度不等，会在轮齿端部产生冲击，并伴有噪声，使齿轮端部磨损加剧，同时影响到汽车乘坐舒适性。虽然可采用两脚离合器换档减小冲击，但两脚离合器换档能量损失大，要求驾驶人技术熟练，因此，尽管这种换档结构简单，但除一档、倒档外很少采用。

啮合套换档可使齿轮均采用斜齿轮并处于常啮合状态，由于齿轮不参与换档，齿轮不会过早损坏；但啮合套换档不能实现同步换档，因此不能消除换档冲击，仍要求驾驶人技术熟练。此外，因增设了啮合套和常啮合齿轮，使变速器旋转部分的总转动惯量增大，这种换档方法目前只在某些要求不高的档位及总质量大的商用汽车变速器上使用。这是因为这种汽车变速器档位间公比较小，换档结构连接件之间的角速度差小，所以采用啮合套换档，不仅能获得较强的换档手感，而且与同步器换档比较还有结构简单、制造容易、能够降低制造成本及减小变速器长度等优点。

同步器换档能保证迅速、无冲击、无噪声，与操作技术熟练程度无关，提高了汽车的加速性、经济性和安全性，也有利于实现操纵自动化。同上述两种换档形式相比，虽然存在结构复杂、制造精度高、轴向尺寸大、同步环使用寿命短等缺点，但仍得到广泛使用。

五、防止自动脱档的措施

自动脱档是变速器的主要故障之一。为解决这个问题,除在操纵机构中采用锁止机构外,在换档部件结构上采取的比较有效措施有以下几种:

1) 将两接合齿的啮合位置错开(见图 5-5a),这样在啮合时,使接合齿端部超过被接合齿 1~3mm。使用中接触部分挤压和磨损,因而在接合齿端部形成凸肩,以阻止接合齿自动脱开。

2) 将啮合套齿座上前齿圈的齿厚切薄(切下 0.3~0.6mm),这样换档后啮合套的后端面被后齿圈的前端面顶住,从而减少自动脱档(见图 5-5b)。

3) 将接合齿的工作面加工成斜面,形成倒锥角(一般倾斜 2°~3°),使接合齿面产生阻止自动脱档的轴向力(见图 5-5c)。这种结构方案比较有效,采用较多。

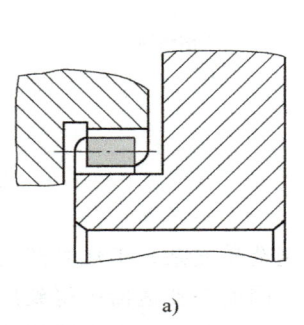 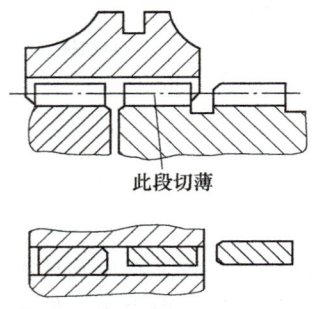 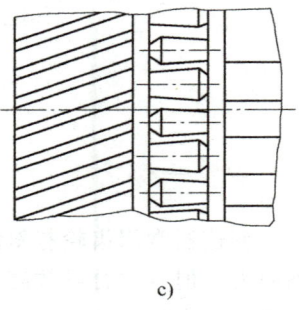

a)　　　　　　　　　　　　b)　　　　　　　　　　　　c)

图 5-5　防止自动脱档的措施

六、轴承的形式

变速器轴承多采用向心球轴承、向心圆柱滚子轴承、滚针轴承等滚动轴承。轴承的形式通常根据结构选定后,再验算其寿命。

过去在变速器轴的支承中使用最广泛的是滚珠轴承,近年来随着材料、工艺、设备的进步,要求变速器总成具有更大的容量、更好的性能、更长的使用寿命,而滚珠轴承已不能满足这样高的要求,为此开发了能够承受轴向力的滚子轴承代替滚珠轴承,或者采用圆锥滚子轴承。

能承受轴向力的圆锥滚子轴承在与滚珠轴承相同尺寸的情况下,其容量大,寿命长,尺寸系列与滚珠轴承相同,可以互相代换。它结构简单,装配、维修方便,同时还能提高轴和齿轮的支承刚度,降低齿轮的噪声。采用圆锥滚子轴承的变速器,其壳体一般都设计成前后剖分式或沿轴线所在平面水平剖分式。圆锥滚子轴承的装配和调整比较复杂,要求高,但随着检测设备的技术进步,解决了装配中调整困难的问题,也为圆锥滚子轴承的使用带来更为广阔的前景。

固定式中间轴与塔齿轮间用滚针轴承,第二轴常啮合齿轮与第二轴之间也采用滚针轴承,也有用滑动轴承和钢件直接接触的。三轴式变速器的第一轴与第二轴之间常用短圆柱滚子轴承或滚针轴承或散滚针,此类轴承只承受径向力。变速器第一轴、第二轴的后部轴承，以及中间轴前、后轴承，按直径系列一般选用中系列球轴承或滚子轴承。轴承的直径根据变速器中心距确定，并要保证壳体后壁两轴承孔之间的距离不小于6~20mm。

七、润滑与密封

润滑方式有压力式和飞溅式两种方式。压力式是用油泵通过油道将润滑油以一定的压力和流量送到需要润滑的位置；而飞溅式是靠齿轮在润滑油中的搅动使润滑油飞溅起来润滑需要润滑的位置。飞溅润滑需要在零件的设计上采取一些措施保证润滑油的合理循环。变速器多采用飞溅式润滑方式。

润滑油油量要适当，应确保各部位的轴承、齿轮的润滑。润滑油少润滑不好，润滑油太多会因搅油损失太大反而引起变速器发热，传动效率降低。润滑油量的多少需要靠多次的试验确定。

变速器的第一轴、第二轴的密封一般采取油封密封方法，倒档轴因其不旋转，所以采用O形圈密封。变速器各接合平面的密封采用平面密封，用纸垫、纸垫加密封胶或密封胶进行密封。对于壳体上的螺纹通孔，在设计上要选择涂胶螺栓以防止润滑油沿螺纹渗出。

第三节　变速器主要参数的选择

一、中心距

中心距是变速器的主要参数，它标志着变速器转矩容量的大小，对变速器的体积、质量、使用寿命和成本都有很大的影响。中心距一般可按式（5-1）进行初选，待计算完齿轮强度、轴承寿命、轴的刚度和同步器性能等，以及布置完总布置草图以后，才能最后确定。

$$A = K\sqrt[3]{T_{1\max}} \tag{5-1}$$

式中，A 为变速器中心距（mm）；$T_{1\max}$ 为一档时变速器输出的转矩（N·m），$T_{1\max} = T_{e\max}i_{g1}\eta$；$T_{e\max}$ 为发动机的最大输出转矩（N·m）；i_{g1} 为变速器一档传动比；η 为变速器传动效率，取0.96；K 为中心距系数，与车型和使用情况有关，对于乘用车，$K = 8.9~9.3$，对于商用车，$K = 8.6~9.6$，当汽车总质量较小，路面条件较好时可取下限，否则应取上限。

中心距的确定还应满足产品系列化的要求。

二、齿轮参数

1. 模数

模数的大小代表齿根承载能力的大小，为了保证轮齿具有一定的齿根弯曲强度，要选择大一点的模数；但从保证齿轮工作的平稳运转和减小噪声的角度考虑，应选较小的模数和较多的齿数。为了解决这一对矛盾，汽车变速器一般是不同的档位选择不同的模数。

但从齿轮的工艺、成本等方面考虑，模数的种类不宜取得太多。

对于低档（一、二档和倒档）齿轮，其使用工况是大负荷、低转速，轮齿的主要损坏形式是齿根的弯曲疲劳，而模数与齿根的弯曲强度成正比，设计中应选取较大的模数。

对于高档（五、六档）齿轮，其使用工况主要是低负荷、高转速，里程利用率可达70%以上，接触疲劳是其主要的损坏形式，在设计中就采取较小的模数、较多的齿数，可以提高其工作平稳性，降低运转噪声。

中间几个档的使用工况介于低档和高档之间，因此所选择的模数也应介于两者之间。

另外，模数的选择应符合国家标准 GB/T 1357—2008 中规定的标准化模数系列。

2. 压力角 α

国家规定的齿轮标准压力角为 20°，因为 20°的压力角能兼顾强度和噪声等方面的要求，因此在汽车变速器中齿轮普遍采用的压力角为 20°。压力角增大，则根圆齿厚及分度圆处渐开线曲率半径都增大，使抗弯强度和接触强度都提高，并且不根切的最小齿数也减少。压力角增大的缺点有：转矩相同时，齿面载荷增大，重合度减小，轮齿刚度增大，噪声随之增大。商用货车要求齿轮强度高，往往选用较大的压力角，有采用 22.5°和 25°压力角的；而乘用车为提高其重合度，降低噪声，常选用 17.5°或更小一点的压力角。对同一变速器，往往低档齿轮用大压力角，高档齿轮用小压力角。

啮合套和同步器的接合齿压力角有 20°、25°和 30°，普遍采用 30°的压力角。

3. 螺旋角 β

螺旋角是表征斜齿轮的主要参数。确定螺旋角的大小，必须综合考虑它对啮合性能、齿轮强度的影响和轴向力的平衡等方面因素。

螺旋角增大，齿轮的重合度也随之增大，运行平稳，噪声降低；但螺旋角过大，不仅传动效率降低，而且由于轴向力过大使轴承工作条件恶化。螺旋角增大，齿根强度与齿面强度随之增大，但与直齿轮相比，螺旋角大于 30°时，其齿根弯曲强度反而下降，齿面接触强度仍继续上升，因此对于商用汽车的变速器齿轮螺旋角一般不宜超过 30°，而且低档齿轮的螺旋角通常比高档齿轮的螺旋角要小一些，以减小轴向力。对于乘用汽车变速器齿轮，由于发动机转速高，齿面接触强度与噪声是突出的矛盾，因此有的螺旋角大于 30°，甚至达到 35°、36°。

由于螺旋角的存在，工作时齿轮上产生一定的轴向力，三轴式变速器设计时应力求中间轴上常啮合齿轮和其他常用档齿轮的轴向力趋于平衡，因此中间轴斜齿轮螺旋角的方向应为右旋，这样可以使中间轴的轴承所承受的轴向力尽可能小，使变速器更加可靠耐用。但这样会使螺旋角的种类太多，给生产带来不便，因此一般相同模数的齿轮尽量取同样的螺旋角。第一、二轴上斜齿轮螺旋角的方向应为左旋，目的是使第一、二轴上的轴向力通过轴承、轴承盖，最后由壳体承受。

根据图 5-6 可知，欲使中间轴两斜齿轮上轴向力平衡的条件是轴向力 $F_{a1}=F_{a2}$，而 $F_{a1}=F_{n1}\tan\beta_1$，$F_{a2}=F_{n2}\tan\beta_2$，由于中间轴传递的转矩 $T=F_{n1}r_1=F_{n2}r_2$，故平衡的条件是

$$\frac{\tan\beta_1}{\tan\beta_2}=\frac{r_1}{r_2} \tag{5-2}$$

式中，β_1、β_2 为中间轴两工作齿轮的螺旋角；r_1、r_2 为中间轴两工作齿轮的分度圆半径。

螺旋角要根据已定的中心距通过反复试凑齿数和选择不同的变位系数来确定。

斜齿轮螺旋角可在下面提供的范围内选取：

1) 乘用车变速器：中间轴式变速器为 22°~34°；两轴式变速器为 20°~25°。

2) 商用货车变速器：18°~26°。

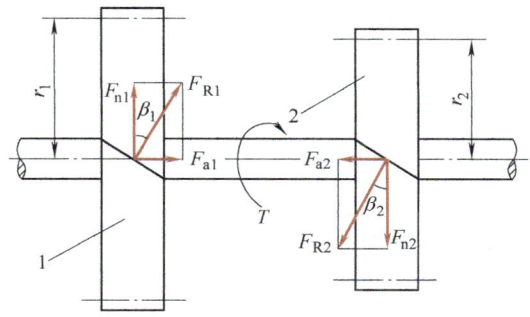

图 5-6 中间轴轴向力的平衡
1、2—斜齿轮

4. 齿宽 b

齿宽对齿轮的承载能力有直接的影响，齿宽大，承载能力高，但齿宽过大，齿轮受载后由于轮齿和轴的变形，以及轮齿的加工误差，反而使载荷沿齿向分配不均匀，造成齿轮的承载能力降低，因此在轮齿强度足够的条件下不要追求过大的齿宽。

齿宽可参考下式初选，通过计算后再调整。

直齿轮 $\qquad b = (4.5 \sim 7.5)m$

斜齿轮 $\qquad b = (6.5 \sim 8.0)m_n$

式中，m 为模数；m_n 为法向模数。

根据第一轴常啮合齿轮的使用工况，为提高传动平稳性和使用寿命应选择较宽的齿宽。对于模数相同的各档齿轮，低档的齿轮齿宽取得稍大。

5. 齿数的选择

在初选中心距、齿轮模数和螺旋角以后，可根据预先确定的变速器档数、传动比和传动方案来分配各档齿轮的齿数和 z_h。

直齿轮 $\qquad z_h = 2A/m$

斜齿轮 $\qquad z_h = 2A\cos\beta/m_n$

式中，A 为中心距（mm）；β 为螺旋角。

齿数和 z_h 在计算后取整数，然后进行大、小齿轮齿数的分配。在分配齿数时不但要满足车型当前对传动比的要求，同时要考虑变速器系列化设计中最大和最小传动比的变化范围。

（1）确定中间轴一档齿轮的最小齿数 为了取得较大的一档传动比，中间轴一档齿轮的齿数应尽量取得少些，但不能小于最小齿数，否则轮齿会产生根切，影响齿根强度。

直齿轮 $\qquad z_{min} = 12 \sim 17$

斜齿轮 $\qquad z_{min} = (12 \sim 17)/\cos^3\beta$

（2）确定第一轴齿轮的最小齿数 第一轴齿轮最小齿数的确定，应根据所选择的第二轴前轴承的规格，保证有足够的轮毂厚度，轮毂的最小厚度应根据齿轮的强度和渗碳层深度选取。

（3）第二轴超速档齿轮最小齿数的确定 在考虑直接档变速器的同时，还应考虑变型为超速档的可能性，其最小齿数的确定方法与第一轴齿轮相同。

（4）齿数选择最好选成互为质数的齿数　为使齿面磨损均匀，各档齿轮的齿数比尽可能不选整数。

6. 齿轮变位系数的选择

齿轮的变位是齿轮设计中一个非常重要的环节。采用变位齿轮，除了为了避免齿轮产生根切和配凑中心距以外，还影响齿轮的强度、使用平稳性、耐磨损能力、抗胶合能力及齿轮的啮合噪声。

变位齿轮有正变位和负变位之分。正变位齿轮是通过加大刀具与工件的中心距加工出来的，正变位齿轮使齿轮根部加强。对齿数少的齿轮采用正变位可消除根切现象。负变位齿轮则反之。

变位齿轮传动又分高度变位传动与角度变位传动。高度变位传动是变位齿轮传动中的一种特殊情况，即由一个正变位齿轮和一个负变位齿轮啮合，其变位量相等，而符号相反，变位量之和等于零，因而中心距不变。当实际中心距等于已定中心距时，有时从一对齿轮的等强度或等寿命等方面考虑，小齿轮采取正变位，大齿轮采用负变位。角度变位的一对齿轮是由一对变位齿轮，或者由一个变位齿轮和一个非变位齿轮组成的。它的特征是中心距发生了变化，其变位量之和不等于零，角度变位可以获得良好的啮合性能和提高传动质量，因此应用得非常广泛。

一般来说齿轮的正变位对齿根强度、齿面强度和抗胶合能力都有相当大的提高，但一个变位系数值不能同时满足各方面的要求，要根据不同的重点选择不同的变位系数。但增大变位量，会使重合度下降。由于负变位将使齿轮承载能力降低，因此只有在需要保持某一给定中心距时才采用。选择负变位系数时要注意根切，选择正变位系数时要注意齿顶变尖，一般齿顶宽不得小于 $(0.4\sim0.5)m_n$，总质量较小的汽车取上限。

7. 齿顶高

标准齿轮的齿顶高为 $h_a^* m_n$，当 $h_a^* = 1.0$，这种齿通常称之为"正常齿"，这是相对于 $h_a^* > 1.0$ 的"长齿"和 $h_a^* < 1.0$ 的"短齿"而言。$h_a^* = 1.0$ 只是基于经验的一个折中值。按照各种齿轮的使用条件或要求，适当地改变 h_a^* 的值，可得到性能更好的齿轮。近年来"长齿制"齿轮用得较多，因为它能使重合度增大，齿轮的振动和噪声减小，齿面强度有所提高。但使用"长齿"增加了根切的危险，同时齿顶也容易变尖，因此正变位的范围受到了限制。

为了提高重合度，许多公司在齿制上都有自己的办法。有的对理论齿顶圆直径进行修正，计算值经四舍五入后保留一位小数，然后再加上 0.6mm，作为实际加工的齿顶圆直径。有的是将计算的齿顶圆直径圆整到小数点后一位，作为实际齿顶圆的公称值，再给齿顶圆直径加了两个较大的正偏差值 $^{+0.8}_{+0.6}$ 或 $^{+1.1}_{+0.7}$，使实际齿顶高加大。随着齿顶高的增加，为了保证足够的齿顶间隙，有的公司把齿顶隙系数由标准的 0.25 增加到 0.35，有的是在齿高上相应增加 0.4 mm。

8. 齿形修整

为了减小由轮齿的变形和误差引起的啮合初期的冲击和改善润滑状态，把原来的渐开线齿形加以修整,称为齿形修整。齿形修整的方法很多,一般汽车变速器齿轮上用得较多的是齿顶修缘。通过齿顶修缘可以减少轮齿进入啮合初期时的冲击,使齿轮啮合平稳,改善齿根应力状况,减小噪声。但修缘量过大会导致重合度有所减小,因此一般修缘高度不大于0.3mm。为了保证重合度,也可增加相应的齿高。

9. 齿轮副的侧隙

齿轮副侧隙用于补偿热膨胀及减小制造误差造成的运动干涉和容纳润滑油膜。采用改变齿厚的方法可以获得不同的侧隙,最小侧隙的确定应根据相啮合运动副的温度、速度、润滑和安装等条件,然后确定对应的齿厚上极限偏差。齿轮副侧隙是由一对齿轮的齿厚上极限偏差和齿厚公差予以保证的。齿厚上、下极限偏差可以根据齿轮精度等级和模数从国家标准中查出,也可以根据需要而定。

第四节 同步器的设计

由于同步器可避免换档时接合齿端部的冲击磨损,实现迅速无噪声换档,有利于减轻驾驶人的劳动强度,也降低了对换档时的技术要求。几乎所有变速器的常用档,甚至所有的前进档都装有同步器总成。

同步器分为惯性式、常压式和增力式三种。常压式同步器虽然结构简单,但不能保证被啮合件在同步状态下换档,故很少使用,目前应用最广泛的是惯性式同步器。

一、惯性式同步器

惯性式同步器的种类很多,按结构可以分为锁销式、锁环式、多锥式和惯性增力式等。尽管它们的结构不同,但都具有摩擦元件、锁止元件和弹性元件。摩擦元件是同步器的主要元件,变速器换档过程中,输入部分和输出部分的转速差靠摩擦元件之间的摩擦,使两者同步,即输入与输出转速达到一致。锁止元件的作用是在变速器输入、输出部分未达到完全同步前,阻止换档部件的运动,从而保证了变速器换档时的平稳和无冲击。弹性元件的作用主要是使有关零件保持在某一位置。

1. 锁销式同步器

图 5-7 所示锁销式同步器的摩擦元件是同步环 2 和齿轮 3 上的凸肩部分,分别在它们的内圈和外圈设计有相互接触的锥形摩擦面。锁止元件位于滑动齿套 1 的圆盘部分孔中做出的锥形肩角和装在上述孔中,在中部位置处有相同角度的斜面锁销 4。锁销与同步环 2 刚性连接。弹性元件是位于滑动齿套 1 圆盘部分径向孔中的弹簧 7。在空档位置,钢球 5 在弹簧压力作用下处在定位销 6 的凹槽中,使之保持滑动齿套与同步环之间没有相对移动。滑动齿套与同步环之间为弹性连接。

锁销式同步器的优点是零件数量少,摩擦锥面平均半径较大,使转矩容量增加。这种同步器轴向尺寸长是它的缺点。锁销式同步器多用在轻型、中型商用货车上。

2. 锁环式同步器

如图 5-8 所示,锁环式同步器的结构特点是同步器的摩擦元件是位于锁环 1 或 4 和齿

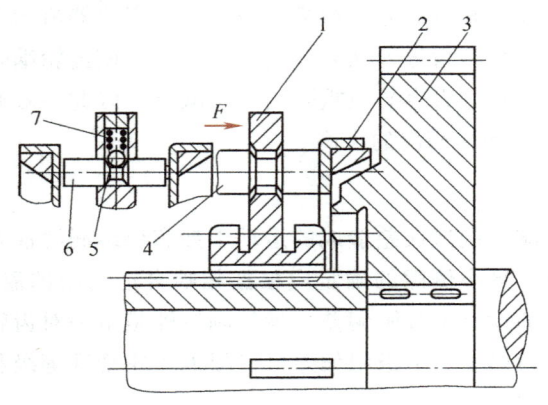
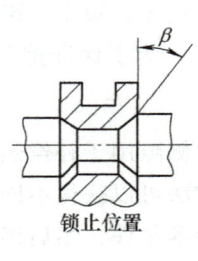

锁止位置

图 5-7 锁销式同步器

1—滑动齿套 2—同步环 3—齿轮 4—锁销 5—钢球 6—定位销 7—弹簧

轮 5 或 8 凸肩部分的锥形斜面上。锁止元件是做在锁环 1 或 4 上的齿和做在啮合套 7 上齿的端部，且端部均为斜面称为锁止面。弹性元件是位于啮合套座两侧的弹簧圈。弹簧圈将置于啮合套座花键上中部呈起伏状的滑块压向啮合套。在不换档的中间位置，滑块凸起部分嵌入啮合套中部的内环槽中，使同步器用来换档的零件保持在中间位置上。滑块两端伸入锁环缺口内，而缺口的尺寸要比滑块宽一个结合齿。

锁环式同步器有工作可靠、零件耐用的优点。这种同步器的轴向尺寸较小，使用范围日趋广泛，在乘用车和轻、中、重型商用汽车上都有使用。

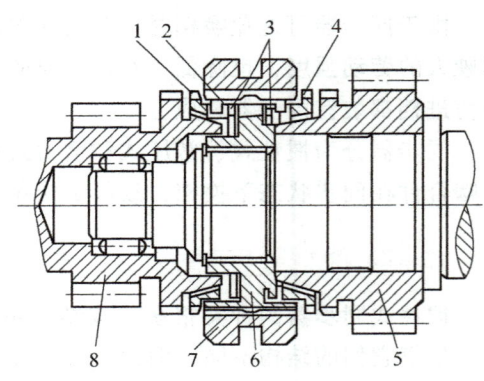

图 5-8 锁环式同步器

1、4—锁环（同步锥环） 2—滑块 3—弹簧圈
5、8—齿轮 6—啮合套座 7—啮合套

3. 多锥式同步器

多锥式同步器（见图 5-9）在原有的两个摩擦锥面之间插入两个辅助同步锥，使摩擦面积成倍增加，同步转矩也相应增加，因而具有较大的转矩容量和低的热负荷，这不但改善了同步效能，增加了可靠性，而且可使换档力大为减小，若保持换档力不变，则可缩短同步时间。多锥式同步器多用于重型商用货车的主、副变速器以及分动器中。

4. 惯性增力式同步器

惯性增力式同步器（见图 5-10）能可靠地保证只在同步状态下实现换档。只要啮合套和换档齿轮之间存在转速差，弹簧片的支承力就阻止同步环直径缩小，从而也就阻止了啮合套移动。只有在转速差为零时，弹簧片卸除载荷，于是对同步环直径的缩小失去阻力，这时才能够实现换档。

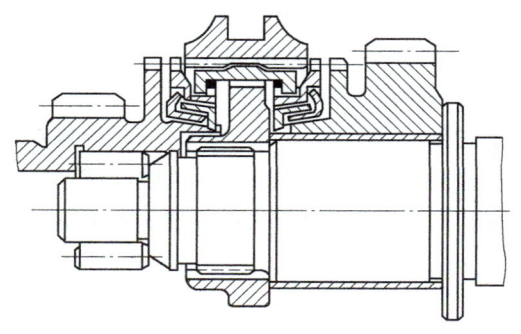

图 5-9 多锥式同步器

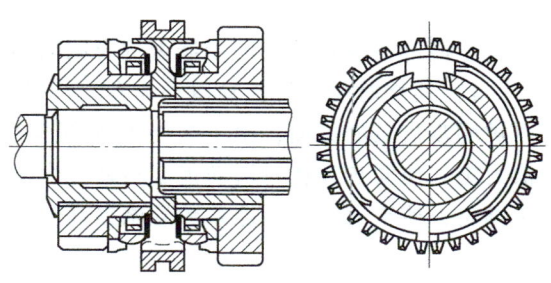

图 5-10 惯性增力式同步器

该同步器的特点是同步环产生的摩擦力矩由于同步环内部弹簧片的作用而得到成倍增长，增长的程度随两啮合件的转速差变化，转速差越大，增力作用就越强，因此换档轻便、迅速。完成换档后，同步环处于啮合套的凹槽中，被可靠地固定住，故在挂档位置，无须采用自锁装置。此同步器还具有结构简单、工作可靠、轴向尺寸短等优点。

二、同步器的工作原理

同步器的工作原理是使工作表面产生摩擦力矩，以克服被啮合零件的惯性力矩，使其在最短时间内达到同步。

换档时首先要挂入空档，在进入空档的瞬间，理论上变速器的输入端、输出端转速都有所变化，但实际上输出端连接整车，具有相当大的转动惯量，因此假定输出端的转速在换档瞬时不变，而输入端则靠摩擦的作用来达到与输出端同步。根据这一假设可画出计算简图，如图 5-11 所示，并由动量矩定理列出方程：

$$J_r \frac{d\omega_r}{dt} - T_m = 0 \qquad (5-3)$$

式中，J_r 为同步器输入端零件（离合器从动盘、第一轴、中间轴及其齿轮以及与中间轴齿轮相啮合的第二轴齿轮）的转动惯量；ω_r 为同步器输入端零件的角速度；t 为同步时间；T_m 为同步器的摩擦力矩。在这个方程中没有考虑输入端零件的搅油损失和轴承等的摩擦力矩。

换档时当作用在变速杆上的力一定时，可算出同步器的摩擦力矩

$$T_m = \frac{FfR}{\sin\alpha} \qquad (5-4)$$

式中，F 为变速杆的轴向力；f 为工作锥面间的摩擦系数；α 为锥面角；R 为工作锥面平均半径。

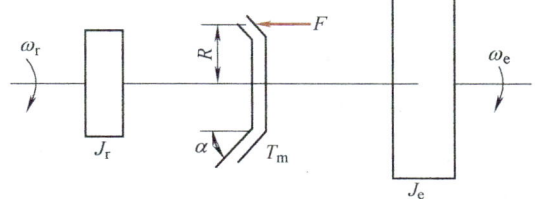

图 5-11 同步器计算简图

设输入端与输出端的角速度差为 $\Delta\omega$，经过时间 t 同步，则同步时的摩擦力矩方程为

$$\frac{FfR}{\sin\alpha} = J_r \frac{\Delta\omega}{t} \qquad (5-5)$$

这个方程是同步器计算的基本方程。说明了当同步器结构参数一定时，即 f 不变，α、R 一定，换档力 F 越大，换档时间 t 就越短，反之换档力小，换档时间延长。

下面以滑块式惯性同步器为例说明同步器的工作过程（见图 5-12）。

1）换档时变速杆拨动滑动齿套，滑动齿套通过滑块推动同步环，使同步环的锥面压向被同步齿轮的锥面，由于换档力 F 的作用和转速差的存在，两锥面一经接触便产生摩擦力矩，使同步环相对滑动齿套转动一个角度。同时同步环锥面上的螺旋槽将锥面的油迅速排出，使锥面间的摩擦系数急剧提高。

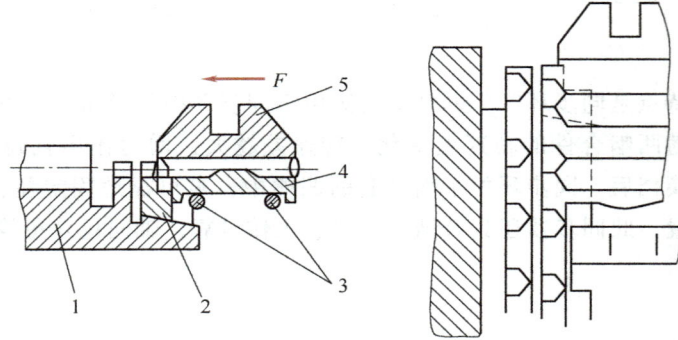

图 5-12 滑块同步器工作原理

1—待同步齿轮 2—同步环 3—弹簧 4—滑块 5—啮合套

2）当换档力 F 继续增加时，滑动齿套克服压紧滑块的弹簧力继续移动，由于同步环已相对滑动齿套转动了一个角度，使滑动齿套的齿端锁止角正好在同步环锁止角上。在换档力 F 的作用下，啮合套向前推进，在锁止面上受到法向反力 F_N 和摩擦力 fF_N 的联合作用。由于 fF_N 的存在使锁止面的总反力向后偏斜一个摩擦角 ρ，成为 F_N'（见图 5-13）。

当达到同步，啮合套继续向前推进时，由锁止面所产生的切向力

$$F_t = F\tan(\beta-\rho) \quad (5-6)$$

式中，β 为锁止角；ρ 为摩擦角。

相应的拨环力矩

$$T_t = F_t R_S = F\tan(\beta-\rho)R_S \quad (5-7)$$

式中，R_S 为锁止倒角分度圆半径。

拨环力矩使同步环反转脱离滑

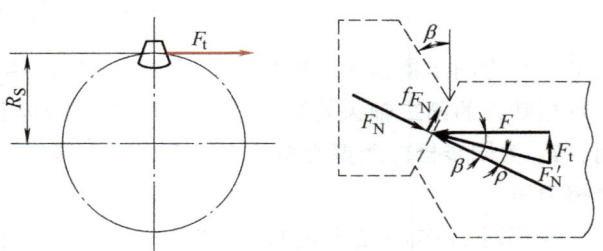

图 5-13 锁止面上的受力分析

动齿套锁止角，但作用在同步环上的惯性力矩阻止同步环反转。因此，设计上要保证只有在同步后才能换档的锁止条件是

$$T_m \geqslant T_t \quad (5-8)$$

将式（5-4）和式（5-7）代入式（5-8），得

$$\frac{FfR}{\sin\alpha} \geqslant FR_S\tan(\beta-\rho) \quad (5-9)$$

于是锁止条件为

$$\frac{fR}{\sin\alpha} \geq \tan(\beta-\rho) \tag{5-10}$$

式（5-10）是用来确定满足锁止条件所需要的锁止角度。锁止角度的选择必须使最小的摩擦力矩能克服最大的拨环力矩。

3）当换档力 F 不断增大，锥面上的摩擦力矩不断增加，当摩擦力矩等于输入端的惯性力矩时，输入端、输出端达到同步，$\Delta\omega=0$，摩擦力矩消失，但此时换档力 F 仍起作用，因而 F_t 也起作用，在拨环力矩 T_t 的作用下，将同步环连同输入端的零件反转一个角度，使锁止面脱开，滑动齿套即可自由地通过同步环与齿轮的接合齿啮合。如果此时滑动齿套的倒角与齿轮接合齿倒角接触，则在齿轮接合齿倒角处再次产生切向力，使齿轮移至一边，让啮合套通过，完成换档。

三、主要参数的确定

1. 锥面半锥角和摩擦系数

摩擦力矩随锥面半锥角 α（见图 5-11）的减小而增大，为增大同步器容量，α 应取小值，但 α 太小，摩擦锥面将产生自锁现象，避免自锁的条件为 $\tan\alpha \geq f$。为了避免由于锥面粗糙度控制不严时产生黏着和咬住的倾向，因此推荐 $\alpha=6.5°\sim7.5°$。

锥面的摩擦系数一般为 $0.08\sim0.12$，计算时取 $\mu=0.1$，它主要取决于摩擦材料、表面粗糙度、润滑油的种类和油温等因素。

2. 排油槽

在换档过程中，摩擦锥面的摩擦系数大，同步时间短，换档省力；摩擦系数小则情况相反，甚至会失去同步作用。因此，在同步环锥面上设计有排油槽，使同步器在工作中将摩擦锥面的油迅速排出，以提高表面的摩擦系数。一般常见的排油槽是由破坏油膜的细牙螺纹槽及与螺纹槽垂直（沿轴向）的矩形槽组成的。试验证明，螺纹槽的齿顶宽对摩擦系数影响很大，随着齿顶宽的增加，摩擦系数降低，换档费力。图 5-14 中给出了螺纹槽部分的尺寸，图 5-14a 所示结构适用于轻、中型汽车，图 5-14b 所示结构适用于重型汽车。通常轴向排油槽为 $6\sim12$ 个，槽宽为 $3\sim4$mm。

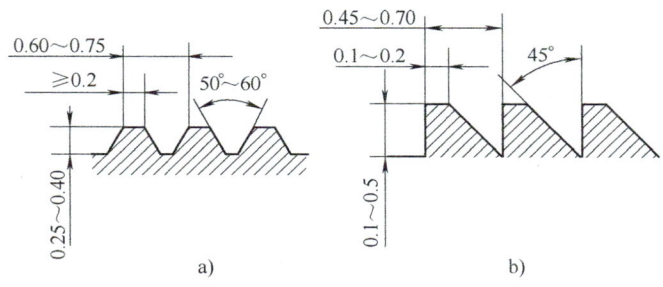

图 5-14 同步环螺纹形式
a) 梯形槽　b) 锯齿形槽

3. 锥面平均半径和锥面工作长度

锥面平均半径由结构布置确定，在结构允许的情况下，应取尽可能大的锥面半径。锥

面工作长度 b 与摩擦材料、表面压力、表面形状等因素有关。在已有的同步器结构中，它与锥面半径 R 之间的关系大致在以下范围：锁销式 $R/b = 5 \sim 7$；锁齿式 $R/b = 2.5 \sim 4$，可供设计时参考。

4. 锁止角

在确定了 R、R_S、α 和 f 后，根据式（5-10）可以求出锁止角。通常锁止角 $\beta = 26° \sim 42°$，但有的轻型车为了换档省力，采用 $\beta = 45°$，这样可以产生较大的拨环力矩。

5. 同步时间和换档力

由式（5-5）可知，同步时间 t 和换档力 F 是一对矛盾。设计时同步时间可根据车型按下述范围选取：对于乘用车变速器高档取 $0.15 \sim 0.3s$，低档取 $0.5 \sim 0.8s$；对于商用货车变速器高档取 $0.3 \sim 0.8s$，低档取 $1 \sim 1.5s$。为了换档轻便，换档力 F 不能过大，应根据车型的不同而加以控制。

四、同步器设计中的几个问题

1. 接近尺寸

接近尺寸 z（见图 5-15）是指滑块 2 的侧边抵住同步环 3 缺口的侧边、滑动齿套 1 相对于滑块刚开始轴向移动时，滑动齿套齿与同步环接合齿倒角之间的轴向距离。

接近尺寸 z 应大于 $0.2mm$，以保证同步环的摩擦锥面首先接触。

2. 分度尺寸

分度尺寸 a（见图 5-15）是指滑块侧边与同步环缺口侧边接触时，滑动齿套齿与同步环接合齿中心线间的距离。分度尺寸 a 等于接合齿的 $1/4$ 周节。

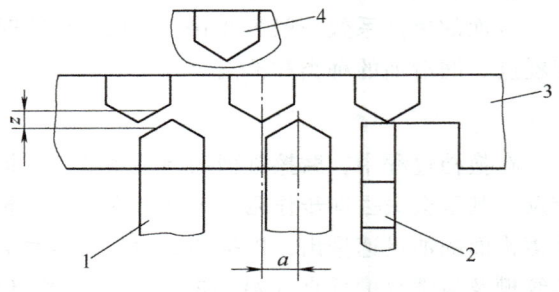

图 5-15　同步器的接近尺寸和分度尺寸
1—滑动齿套　2—滑块　3—同步环　4—同步环接合齿

接近尺寸和分度尺寸是保证同步器处于正确锁止位置的尺寸。

3. 同步器预行程

同步器预行程是指图 5-16 中的 δ_1 尺寸，δ_1 必须小于 δ_2，如果 $\delta_1 > \delta_2$，则造成换档时摩擦锥面尚未接触，而滑动齿套齿端已与同步环齿端锁止面顶住，即接近尺寸 $z<0$，此时同步环还是浮动的，无法产生同步摩擦力矩，使同步器不起作用，一般 $\delta_1 \approx 0.5mm$。

4. 同步器后备行程

考虑到同步环正常磨损后，仍能继续使用，在同步环端面和同步锥环端面之间应有一定的间隙 δ_3。通常 $\delta_3 \geq 1.5mm$。

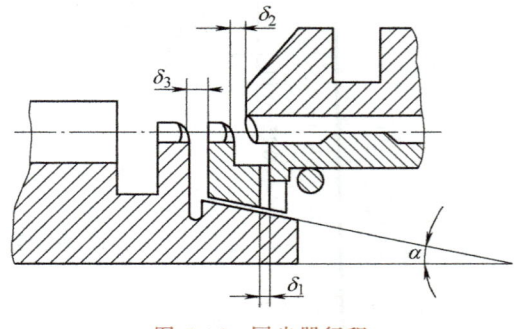

图 5-16　同步器行程

五、同步器主要零件的材料

1. 同步器锥环（锥盘）和滑动齿套

同步器锥环（锥盘）和滑动齿套的材料与齿轮材料相同，为低碳合金钢，如20CrMnTi、20Cr等，并通过渗碳淬火以获得较高的表面硬度和耐磨性。

2. 同步环

同步器的性能要求同步环表面具有一定的摩擦系数和较高的耐磨性，因此大多数同步环采用铜合金材料，如锰黄铜、铅黄铜等。但由于铜合金材料成本高，而真正参与摩擦的只是零件的表层，因此，近十年来出现了双金属同步环和钢-钼配合的摩擦副，即在钢质或球墨铸铁同步环锥面喷镀一层钼，厚度为0.6~0.8mm，其摩擦系数在钢-铜合金摩擦副的范围内，耐磨性和强度都有一定的提高。

3. 固定齿座

中、重型汽车同步器因固定齿座大多采用低碳合金钢，与齿轮的材料和热处理工艺相同。而轻型车和乘用车同步器的固定齿座形状复杂，精度要求高，因此大多采用粉末冶金工艺材料，密度大于 $7.0g/cm^3$。

第五节　变速器操纵机构的设计

变速器操作机构的设计主要应从以下几方面考虑：

1）变速器在任何情况下，只允许挂一个档，变速器的互锁机构能可靠地保证实现这一要求。图 5-17 所示为两种常见的互锁机构，图 5-17a 所示为互锁销式，图 5-17b 所示为互锁板式。

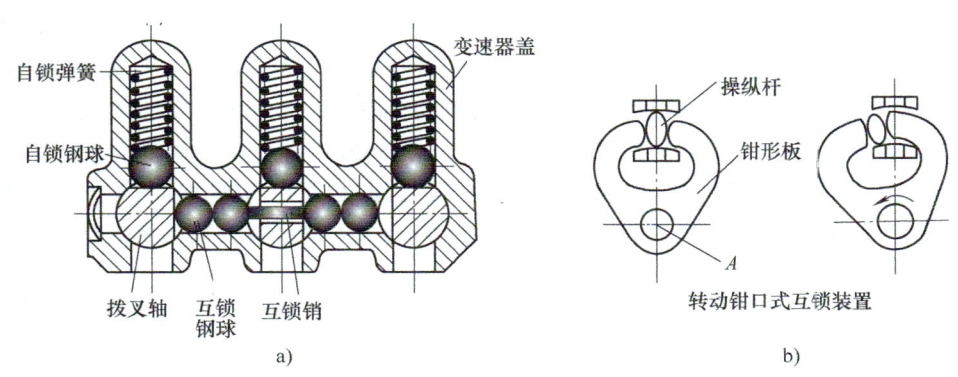

图 5-17　两种常见的互锁机构
a）互锁销式　b）互锁板式

2）换入档位的拨叉应能保持在所指定的位置，不能自动脱档。为此变速器操纵机构中设计有自锁机构（见图 5-17a），自锁机构主要由自锁弹簧和自锁钢球组成。弹簧的力将钢球压在拨叉轴的槽里，只有给拨叉轴施加一定轴向力时，拨叉轴才能克服弹簧力产生运动。

3）为了防止驾驶人在换档操作过程中误挂入倒档，必须在挂倒档时给驾驶人以明显的手感提示，以与其他前进档相区别。图5-18所示为一种典型的倒档阻尼装置。

4）汽车在倒车时必须有倒车灯和蜂鸣器，以提醒周围的人们注意，因此在设计中必须考虑装倒车指示开关。

5）对于平头可翻驾驶室的汽车，发动机维修后可在车下起动，因此为了安全，必须保证只有变速器在空档时才能起动发动机，故在设计中要留有装空档开关的位置。

6）变换档过程中，拨叉受到很大的力，因此在拨叉的设计中要充分考虑它的强度和刚度。

7）变速器在结构尺寸布置完成后，应对操纵机构的有关零件进行运动校核，以避免运动中出现干涉或其他问题。

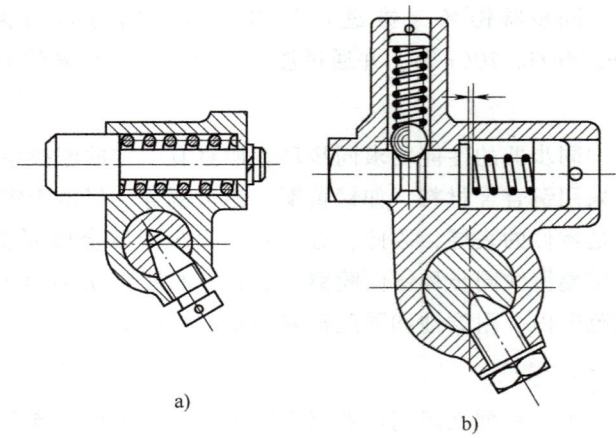

图5-18 倒档阻尼装置
a）弹簧式 b）钢球弹簧组合式

某些乘用车、客车、短头或平头驾驶室载货汽车，由于整车布置的原因，变速器距驾驶人座椅较远，因此需要采用远距离操纵变速器的方案。

下面以平头可翻驾驶室的变速器远距离操纵为例，介绍设计中应考虑的问题。

1. 结构分类

（1）伸缩变速拉杆式 伸缩变速拉杆式操纵机构（见图5-19）是由两层或两层以上的轴管套在一起，外层的套管1和内部的轴管2由一套锁止机构连在一起，保证换档动作的实现。当驾驶室翻转时，安装在驾驶室地板上的变速杆3随着驾驶室一起绕驾驶室翻转点转动，套管与轴管的锁止机构被打开，使套管与轴管脱开、拉长，保证驾驶室的翻转。

（2）单杆操纵式 单杆操纵式操纵机构（见图5-20）将变速杆通过支座固定在车架或发动机上，由于变速杆等零件不随驾驶室翻转，因此必须在驾驶室地板上开一大孔，以保证驾驶室翻转过程中，窗口不与变速杆发生干涉。为了保证驾驶室的密封性，窗口处的密封结构比较复杂，零件数量也多。

为了避免汽车行驶中车架与变速器振动不一致使变速杆掉档，变速杆支座最好固定在发动机上。

（3）双杆操纵式 双杆操纵式操纵机构（见图5-21）是把变速杆的运动经过一套机构将选档和换档动作分解成两套杆件的推、拉运动，分别操纵变速器。

这种结构虽然零件数目多，制造成本较高，但拉杆上只受推力和拉力，动作准确，因此力和行程效率较高，手感好。

2. 远距离操作系统须满足的条件

1）保证变速器能准确地换档。

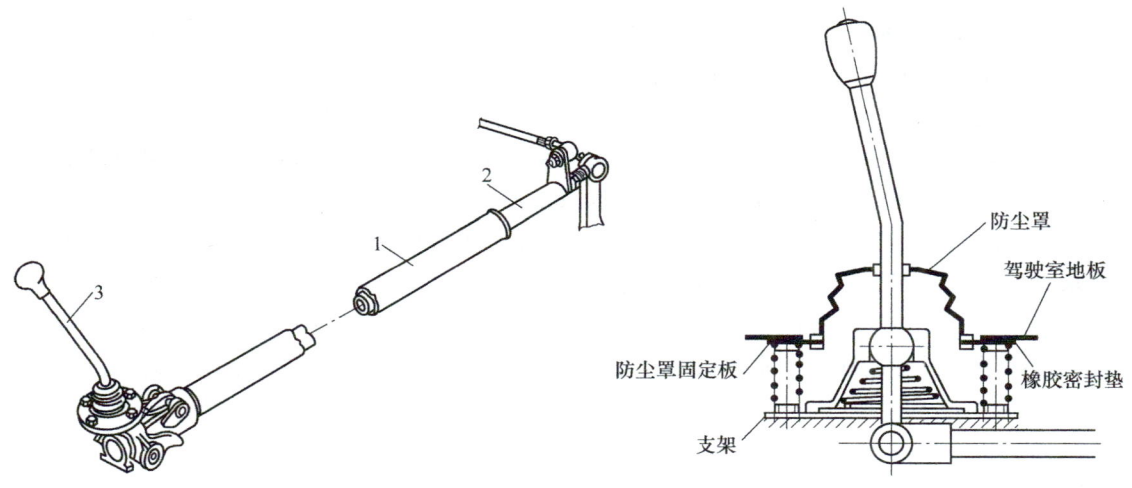

图 5-19　伸缩变速拉杆式操纵机构
1—套管　2—轴管　3—变速杆

图 5-20　单杆操纵式操纵机构

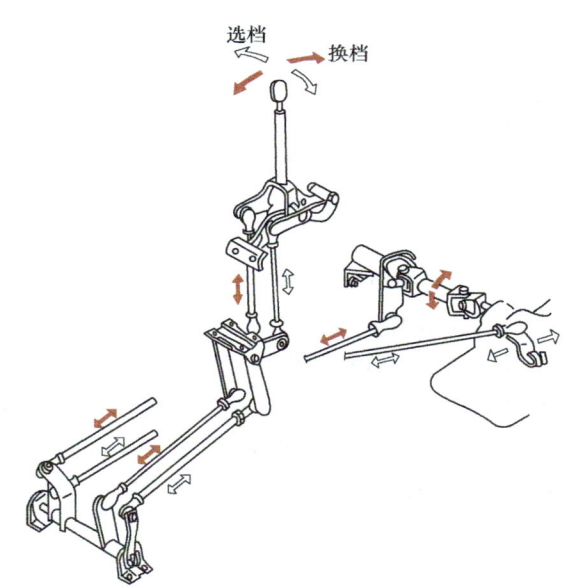

图 5-21　双杆操纵式操纵机构

2）操纵应轻便。

3）手感好，以适当的力平稳地操作。

4）有足够的强度。

5）系统刚性好。

3. 设计时应注意的事项

1）尽量采用直的变速拉杆，使拉杆刚性好，换档效率高，行程损失小；各零件的刚性要好，受力时变形小，以获得良好的手感。

2)尽可能减小换档机构质量，使换档轻便。

3)选择适当的传动比。传动比的选择应从换档力和换档行程两方面综合考虑。一般在轻、中型汽车上，换档传动比在5.5~7.0之间，选档传动比在3.5~5.0之间。

4)布置合理。系统布置时尽量使操纵杆件运动时无干涉；若有干涉，即使干涉量再小，也必须有消除干涉的环节。对于可翻驾驶室，应校核驾驶室翻转过程中操纵系统的运动。必须保证驾驶室的顺利翻转，避免操纵系统零件的损坏。

5)变速杆的布置应从人体工程学考虑，确保各种驾驶人都能舒适地进行换档，主要要求如下：向前不能碰仪表板或其他零件；驾驶人操作最远的档位时，肩膀不应离开靠背；驾驶人操作最近的档位时，手不能碰到座椅或腿；要保证变速杆运动时不与驾驶室地板孔边缘干涉；变速杆的弯曲形状要考虑密封罩寿命的影响；密封罩应能防尘防水。

第六节 变速器壳体的设计

变速器壳体是变速器上的一个关键零部件，它将变速器中的齿轮、轴、轴承及拨叉等有关零件组装成一个整体，并保持相互之间的正确位置，按照一定的传动关系协调地传递动力。壳体具有大体积、大质量的特征。为了保证变速器工作可靠、耐久，变速器壳体设计应满足以下要求：

1)在减小质量的情况下，有足够的刚度和强度。

2)保证齿轮、轴、拨叉、拨叉轴等主要零件之间精确的相对位置，并有良好的铸造和机械加工工艺性。

3)良好的散热和安装性能。

4)隔离和吸收变速器噪声。

变速器壳体

变速器的壳体主要为整体式和剖分式。整体式壳体是指所有齿轮和轴装在壳体中，换档机构装在变速器上盖里。这种结构的壳体一般用于商用汽车上。其优点是变速器前后轴承孔的同心度容易保证，装配、检查方便，壳体用铸铁或铸铝制造。剖分式壳体又分为前后剖分式和左右剖分式，剖分式壳体为了保证两半壳轴承孔的同心度和接合面的密封性，加工精度要求高。这种壳体最大的优点是结构紧凑、体积小、质量小，非常适合乘用车和轻型商用车。

一、壳体外形尺寸的确定

壳体外形尺寸要保证变速器各档齿轮的旋转运动和操纵机构的拨叉做直线运动，同时要满足刚度和轻量化的要求。

轿车变速器壳体轴向尺寸为变速器中心距的3.0~3.4倍；货车变速器壳体的轴向尺寸与档位有关，如五档变速器轴向尺寸为中心距的2.7~3.0倍，六档变速器轴向尺寸为中心距的3.2~3.5倍。当变速器常啮合齿轮的对数及同步器较多时，式(5-1)中心距系数K应取上限，为了检测方便，中心距最好圆整为整数。变速器壳体的横向尺寸，根据齿轮直径以及倒档齿轮和换档操纵机构的布置初步确定。

为了确保壳体与运动件在任何情况下不发生干涉，应综合考虑各零件的制造公差、受力变形和磨损等影响因素,需留出足够的间隙。一般壳体侧面的内壁与转动齿轮齿顶的间隙为 5~8mm,齿轮齿顶到变速器底部的间隙不小于 15mm,避免润滑油的液压阻力增加,产生噪声和变速器过热现象。

二、壳体的具体设计

1. 壁厚和加强筋

壳体壁厚要均匀,过渡缓慢。一般铸铁壳体壁厚为 5~6mm,铸铝壳体采用高压铸造,其壁厚为 3.5~4mm。铸件壁厚随铸件尺寸的增大而相应增大。为了加强壳体的局部刚度,防止局部地方产生过大变形,在基本壁面采用较薄壁厚的同时,须增加局部受力区域的壁厚。如轴承座部位壁厚一般取 5.5~7.5mm,在为满足加工装配需要设计的一些凹槽处应适当加厚以保证该部位的强度。大块平面的壳体不利于吸收齿轮的振动和噪声,要尽量避免,可采用图 5-22 所示的梯级形状壳壁设计。

壳体的刚度和强度主要取决于加强筋的数目、高度及分布情况。加强筋的宽度等于壁厚的 50%~75%;高度不低于壁厚,但不超过 5 倍壁厚,过高会引起局部区域的应力及增加铸造上的困难。采用压铸铝合金壳体时,可以设计一些三角形的交叉筋条,来增加壳体刚度,也能降低变速器总成的噪声。横向和纵向加强筋会在交叉处形成很厚的截面,为了避免厚截面产生,可在厚截面处放一个恰当尺寸的芯销,相当于在筋的横纵交叉处增加了一个预铸孔来保证壁厚。加强筋的间距一般为壁厚的 5 倍左右。加强筋的方向及起模斜度设计一般要与加强筋周围结构,如侧面凸台及

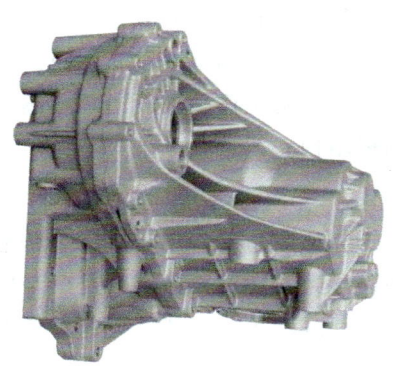

图 5-22 梯级形状的壳壁

接合面螺栓角度的方向一致,否则增加了抽芯部位,模具的复杂性会随之增加,甚至会出现无法脱模的现象。

2. 接合面设计

壳体接合面的设计及壳体螺栓的布置对变速器的密封至关重要。为了获得较好的密封性能,要充分考虑包括平面度及粗糙度要求、法兰面宽度等在内的接合面平面特性。不同密封胶要求的接合面平面参数也不同,如采用厌氧胶密封,要求接合面表面粗糙度 Ra 为 $1.6\mu m$,平面度≤0.05mm;若采用硅胶密封,接合面需采用网纹结构。一般重要接合面表面粗糙度值 Ra 应不大于 $3.2\mu m$,接触表面粗糙度值越小,则接触刚度越好。

接合面螺栓的布置设计重点考虑螺栓的间距、螺栓凸台设计、拐角处的螺栓布置等。一般螺栓间距大于 5~10 倍的螺栓直径;为保证接合面良好的密封性能,理想情况下应将压力线(即相邻两螺栓点的连线)与接合面的中线重合,即螺栓凸台对称于壳体的壁部布置,若螺栓凸台不能对称于壳体的壁部布置,从尽量减小热节来考虑,如设减轻孔槽降低材料消耗,如图 5-23 所示。为了保证密封性,法兰宽度最小为 5mm,螺栓周围接合面

法兰宽度最小为 3mm，在空间允许的情况下一般取最小值的 1.5~1.8 倍。合理选择连接螺钉的直径和数量，保证接合面的预紧力。

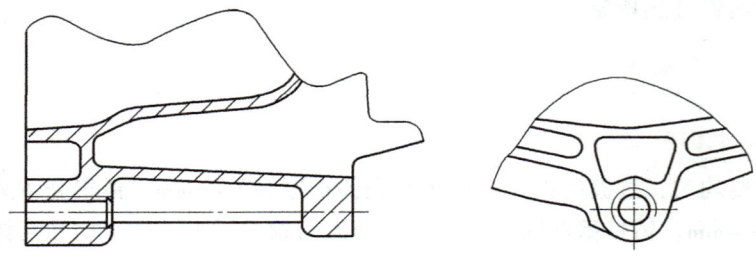

图 5-23　螺栓凸台减轻孔槽

3. 轴承座设计

轴承座和轴承座隔板的刚度对轴承的使用寿命、噪声和工作可靠性有很大影响。如果轴承座隔板的刚度不足，在斜齿轮轴向力的作用下，轴承座隔板向外或向内歪斜，会破坏轴承的正常工作，因此轴承座隔板的刚度需用加强筋来加强，一般将加强筋布置成三角形网格结构。

4. 圆角

壳体圆角的作用是有助于铸造时金属的流动，减少涡流或湍流，避免零件产生应力集中而导致开裂。壳体上凡是壁与壁的连接，不论锐角、直角或钝角，凹槽和盲孔的根部都应设计成圆角。壳体任何部位都不能采用锐角过渡，因为锐角会增加应力集中，型砂在尖角处容易出现掉砂现象，金属冷却时收缩，在尖角处容易产生裂纹和缩孔。设计过渡圆角 R 时，在不与周围零件干涉的情况下，应该尽量大些。一般取 $1/2$ 壁厚 $\leq R \leq$ 壁厚。如果内部增加圆角，为了确保壁厚一致，外部也需圆角过渡。

三、基于计算机辅助分析的壳体性能评估

壳体铸造模具制造周期长，制造费用昂贵，为避免后期设计更改和模具修改，在设计阶段，可采用计算机辅助分析的方法对壳体性能进行全面评估，其中包括传递转矩性能评估、振动噪声性能评估、接合面密封性能评估等，对自动变速器壳体还要进行油道压降特性评估。

变速器传递转矩时，齿轮啮合产生的切向力、径向力和轴向力全部经由轴承传递到壳体上，如果壳体强度不足，会导致壳体产生裂纹甚至断裂。一般选取传动比大的低档和倒档，基于有限元分析对壳体传递转矩时的强度进行分析。由于承载齿轮啮合产生的变速器啸叫噪声会经由变速器壳体传递到乘员舱内，影响驾乘体验，因此，需计算壳体模态、壳体轴承处的动刚度和壳体辐射噪声等，来评估变速器壳体的振动噪声性能。为了评估接合面设计是否满足密封要求，一般要对装配工况和各档位静扭工况下的接合面密封性能进行计算分析。计算接合面是否存在压力不连续的小区域以及接合面小范围内的最大错移量及接合面间隙，以检查接合面的设计是否满足密封性能要求。

第七节　自动变速器

手动变速器汽车由于频繁换档操作，易使驾驶人疲劳，影响行驶安全，且不同的驾驶人技术水平对车辆的燃油经济性、动力性、乘坐舒适性造成极大差异，因此自动变速是人们长期追求的目标，是汽车向高级发展的重要标志。自动变速器种类很多，主要有液力自动变速器（AT）、电控机械式自动变速器（AMT）、无级自动变速器（CVT）和双离合器自动变速器（DCT）。

一、液力自动变速器（AT）

AT 的结构复杂，不同型号变速器的局部结构各不相同，使得自动变速器的结构多样；但基本都由液力变矩器、行星齿轮变速器和液压操纵机构及控制系统组成。AT 通过传感器将汽车的运行工况转化为电信号，并通过自动变速器的电控单元对电信号进行处理，然后输出控制指令给相应的电磁阀，实现变速器的自动换档操作。AT 的换档方式较简单、直接，电信号转换为液压信号后直接控制接合元件换档，换档过程平稳。图 5-24 所示为液力自动变速器控制原理。

采用 AT 可取消离合器踏板和变速杆，大大简化驾驶人的操作。由于它设置了一个自动换档区范围的选档手柄，因此在一般情况下，都不需要任何换档操纵动作。驾驶人只需控制好加速踏板即可控制车速，必要时也可用制动踏板予以配合。由于驾驶操作简单，降低了劳动强度，因此可以使驾驶人集中精力观察路况，掌握运行方向和速度，从而提高运行安全性。AT 能把发动机的转速控制在一定范围内，避免急剧变速，有利于减弱发动机的噪声和振动，同时由于减少了换档次数和换档过程平稳，因而可提高汽车行驶的平稳性，提高乘坐舒适性。另外，采用液力传动和自动换档技术，可以把发动机的转速限制在污染较小的范围内，因而可以减少对空气的污染。

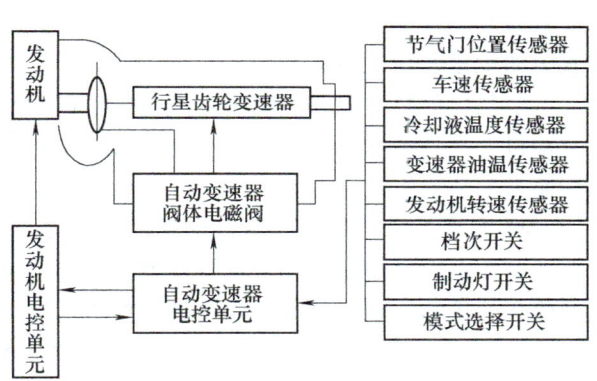

图 5-24　液力自动变速器控制原理

液力自动变速器也存在一些缺点：结构复杂，制造精度要求高，成本较高；液力变矩器的传动效率比机械传动低；燃油消耗比机械式变速器高。但如果液力自动变速器与发动机匹配较好，或采用液力变速器闭锁等措施，也可以使燃料消耗与机械式变速器持平，甚至更少。

二、电控机械式自动变速器（AMT）

AMT 在传统定轴式变速器和干式离合器基础上进行改造，即在总体传动结构不变的情况下通过加装电控系统、传感器和相应执行机构，将选换档、离合器及发动机节气门的操纵控制自动化。其工作原理如图 5-25 所示。

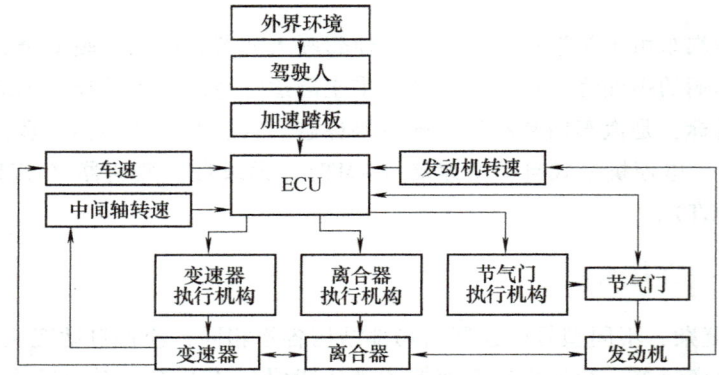

自动变速器
1~2

图 5-25　电控机械式自动变速器的工作原理

电控机械式自动变速器可根据当前汽车运行状态、路面状况及驾驶人意图等进行自动换档控制。驾驶人通过加速踏板和选择器（包括选档范围、换档规律、巡航控制等）向电控单元（ECU）表达意图，发动机转速、输入轴转速、车速、档位、节气门开度等传感器实时监测发动机工况和车辆的运行状况，并将相应的电信号输入 ECU，ECU 按存储在其中的设定程序模拟熟练驾驶人的驾驶规律（最佳换档规律、离合器最佳接合规律、发动机节气门的自适应调节规律等），对节气门开度、离合器接合及换档进行控制，以实现发动机、离合器和变速器最佳匹配，从而获得优良的行驶性能、平稳的起步性能和迅速换档能力。

AMT 实现了变速器换档的自动控制，变速杆的动作和离合器的接合与分离由气动、液动或电动执行机构完成，使选换档操作方便，减轻了驾驶人的劳动强度。通过 ECU 进行最优化的换档控制，使汽车能在最理想的换档点及时换档，并可避免手动换档操作不当所造成的换档冲击。因此，AMT 可使汽车的动力性和平顺性等有所提高。采用传统的齿轮变速器传动，传动效率优于液力变速器，机械传动机构的维修也较简单。AMT 在齿轮变速器基础上实现了换档操作自动化，具有生产继承性好、投入费用低、效率高、制造简单、操纵方便等优点，已成为自动变速器研究开发的热点。但 AMT 通过微机控制实现自动换档，增设了相关的传感器、ECU 及换档执行机构，其成本较机械式变速器高，结构较复杂，维修难度也相应有所提高。

三、无级自动变速器（CVT）

无级自动变速是理想的传动方式之一，在汽车上已应用的 CVT 分为传动带型与牵引驱动型两种，它们都是应用摩擦力传递动力。目前实际应用的有金属带（推块）式、复合带式、摆销链式及锥盘滚轮式 CVT。其中，金属带式 CVT 开发最早，应用最广。金属带式无级自动变速传动是迄今为止应用最为成功的车辆无级变速传动。大量实践表明，装有金属带式无级自动变速器汽车的经济性、动力性及排放比装有液力自动变速器和手动机械式变速器的汽车更佳。因此，金属带式 CVT 自 1987 年首次装车以来，已得到了较为广泛的应用。如图 5-26 所示，带式 CVT 系统主要包括主动轮组、从动轮组、传动带和液压泵等基本部件。

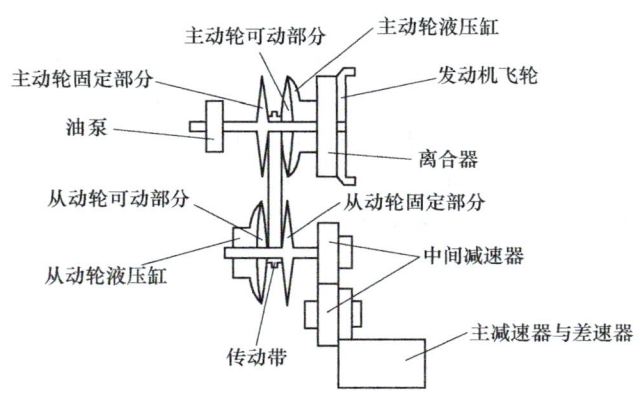

CVT 工作原理 1~3

图 5-26 带式无级变速器基本结构

主动轮组和从动轮组都由可动盘和固定盘组成，与液压缸靠近的一侧带轮可以在轴上滑动，另一侧则固定。可动盘与固定盘都是楔形面结构，楔形面形成 V 形槽与 V 形传动带啮合。发动机输出的动力首先传递到主动轮，然后通过 V 形传动带传递到从动轮，最后经减速器、差速器传递给车轮驱动汽车。当主动轮轴向夹紧力增加时，主动轮可动部分向主动轮固定部分靠近，主动带轮间距减小，因带轮的 V 形楔面作用，传动带沿带轮径向向外滑移，作用半径增大。在变速过程中，由于传动带长度一定，从动轮可动部分受传动带力的作用，背离从动轮固定部分向外移动，锥轮间距将增大，从动轮的作用半径减小，从而使无级变速传动比减小。若主动带轮轴向夹紧力减小，则有相反的作用过程，导致无级变速传动比增加。传动带无级变速传动通过调整作用在主、从动轮的轴向夹紧力，改变传动带在主、从动轮上的作用半径，进而实现无级调速。

与 MT 和 AT 采用分级齿轮调速出现的阶梯性变化不同，CVT 可实现连续变化，而且调速响应迅速、平稳，故更能适应各种路况要求，具有优良的动力性能。由于 CVT 能按照车辆行驶工况的变化要求及时调整传动比，可与发动机负载实现最佳匹配，使发动机始终处于最佳工作状态，发挥最大效能，且无换档的冲击和功率损耗，获得最佳的燃油经济性；此外，与 AT 相比，CVT 还具有结构简单紧凑、成本低、维修方便、效率高（90%）、工作可靠等优点。

四、双离合器自动变速器（DCT）

DCT 基于平行轴式 MT 发展而来，继承了 MT 传动效率高、结构紧凑、质量小、价格低的优点，同时实现了无动力中断的档位转换，这不仅保证了车辆的加速性，避免了因换档引起的急剧加减速情况，也极大地改善了车辆运行的舒适性。DCT 应用非常广泛，既可以用在公共汽车、货车等大中型汽车上，也可用于普通家庭乘用车、高档商务乘用车、运动型车辆上。

典型的双离合器自动变速器主要由多片湿式双离合器、三轴式齿轮变速器、自动换档机构、电子控制液压控制系统组成。图 5-27 所示为一个六档双离合器自动变速器的结构布置图。变速器输入轴 1 为一个实心轴，与离合器 C1 相连；变速器输入轴 2 是套在变速器输入轴 1 外面的一个空心轴，与离合器 C2 相连；两个输入轴是同心的。输入轴 1 上的齿轮分别和一档、三档、五档齿轮相啮合；输入轴 2 上的齿轮分别和二档、四档、六档齿轮相啮合；倒档齿轮通过倒档轴齿轮和输入轴 1 的齿轮啮合。即一、三、五、倒档与离合器 C1 连接在一起，而二、四、六档连接在离合器 C2 上。一、二、三、四档的动力由变速器输出轴 1 输出，五、六、倒档的动力由变速器输出轴 2 输出，变速器输出轴 1、2 左边的小圆柱齿轮与差速器壳上的主减速器从动齿轮相啮合，将动力传给差速器。整个变速器结构十分紧凑。另外，还有 4 个同步器，由液压或电动换档机构控制进行档位的切换，所有档位均为同步器挂档。

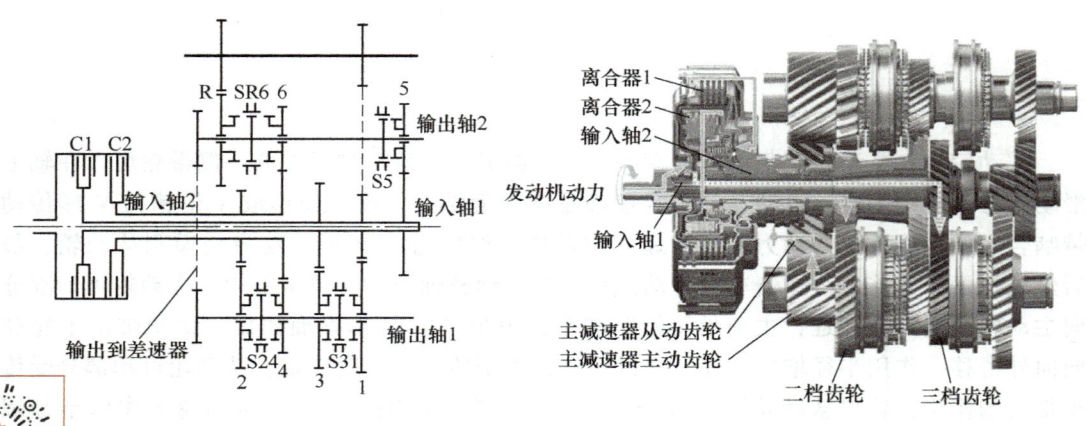

图 5-27 双离合器自动变速器的结构布置图

DCT 车辆处于停车状态时，离合器 C1、C2 都分离，不传递动力。当车辆起步时，自动换档机构将档位切换为一档，然后离合器 C1 接合，车辆开始起步运行，控制过程与 AMT 类似。此时离合器 C2 处于分离状态，不传递动力。当车辆加速接近二档的换档点时，由 ECU 控制自动换档机构将档位提前换入二档。当达到二档换档点时离合器 C1 分离，同时离合器 C2 开始接合，两个离合器交替切换，直到离合器 C1 完全分离，离合器 C2 完全接合，整个换档过程结束。车辆进入二档运行后，车辆自动变速器电控单元可以根据相关传感器信号判断车辆当前运行状态，进而确定车辆即将进入运行的档位是升档还是降档，而一档和三档均连接在离合器 C1 上，因为该离合器处于分离状态，不传递动力，故可以指令自动换档机构十分方便地预先换入即将进入工作的档位，当车辆运行达到换档点时，只需要将正在工作的离合器 C2 分离，同时将另一个离合器 C1 接合，配合好两个离合器的切换时序，整个换档动作全部完成。车辆继续运行时，其他档位的切换过程也都类似。

按照中间轴个数及其布置方式，DCT 可分为单中间轴 DCT 和双中间轴 DCT，双中间轴 DCT 的轴向尺寸更为紧凑，应用范围最广。按照采用的离合器形式，DCT 通常分为湿式多片双离合器和干式双离合器两种结构形式。

思 考 题

1. 变速器中心距 A 大小对变速器有何影响？其确定的依据是什么？
2. 什么是齿轮的螺旋角？中间轴式变速器各轴上齿轮的螺旋角方向如何确定？
3. 变速器操作机构设计时要考虑哪些因素？
4. 简述变速器壳体的设计要求。其外形尺寸如何确定？壳体性能评估包括哪些内容？
5. 简述双离合器自动变速器的结构和工作原理。

MT、AMT、AT、CVT、DCT 变速器的区别

第六章　万向节与传动轴设计

第一节　概　　述

万向传动装置主要由万向节、传动轴管及伸缩花键等组成，主要安装在轴线不重合或轴线夹角发生变化的两轴之间，用于传递动力。

1. 万向传动机构在汽车上的主要应用

1）安装在发动机前置后轮驱动汽车上，将动力由变速器传递给驱动桥。如果变速器与驱动桥的距离过大，需采用两段或三段传动轴连接，并在连接处增加中间支承，以方便底盘布置，提高传动轴的临界转速。

2）用于全轮驱动汽车上，如越野汽车。此时万向传动机构安装在变速器与分动器或分动器与驱动桥之间，以便于动力传递到汽车的每一个驱动桥或驱动轮。

3）用在独立悬架汽车或前轮驱动汽车上，安装在主减速器和驱动轮之间，实现驱动力传递到驱动轮。

另外，万向传动机构也广泛用于汽车转向系的转向操纵机构中，便于转向盘和转向器的布置。

2. 万向传动机构的设计要求

在不同的使用场所，万向传动装置所连接的两轴的角度和连接点的距离都可能发生变化，因此设计时必须满足以下基本要求：

1）所连接两轴夹角及相对位置在一定范围内发生变化时，能可靠稳定地传递动力。

2）所连接的两轴尽可能等速运转，因万向节夹角而产生的附加载荷、振动和噪声应在允许的范围内，在许用车速范围内不能产生共振现象。

3）传动效率高，使用寿命长，结构简单，制造方便，维修容易。

第二节　万向节结构方案选型

万向节按其输入轴、输出轴沿旋转方向是否有明显的变形，分为刚性万向节和挠性万向节。前者靠零件的铰链式连接传递动力，后者靠弹性连接实现动力传递及缓冲减振。刚性万向节又可分为非等速万向节（普通十字轴万向节）、准等速万向节和等速万向节。

此外，若按照产品的结构和工艺特点分类，万向节可以分为枢轴型万向节和球型万向节两个系列。前者是指在万向节的主、从动元件之间通过枢轴（轴颈）和销孔传递转矩的万向节（其典型代表是普通十字轴万向节），后者是指在主、从动元件之间通过钢球和滚道传递动力的万向节（其典型代表是球叉式万向节和球笼式万向节）。

一、十字轴万向节

十字轴万向节结构简单，强度高，耐久性好，传动效率高，生产成本低，是汽车上用得最多的万向节之一。它允许相连两轴的最大夹角在15°~20°范围内，但随着所连接的两轴夹角的增大，其寿命急剧降低，例如，当夹角由4°增至16°时，十字轴万向节滚针轴承寿命约下降至原来的1/4。

图6-1所示为汽车上常用的普通十字轴万向节。万向节叉1通过联轴器与动力输入轴或输出轴相连，万向节叉5通过焊接方式与传动轴相连。两万向节叉通过十字轴7连接在一起。它们不同轴转动时，十字轴的四个轴颈会分别在两个万向节叉孔内发生旋转摆动。为减少这种摆动造成的摩擦损失，提高传动效率，在十字轴轴颈和万向节叉孔之间装有滚针6和套筒3组成的滚针轴承；为了防止轴承在离心力的作用下从万向节叉中脱出，采用卡环2将套筒3固定在万向节叉上；为了减少摩擦，十字轴做成中空的，并设计油路通向轴颈，润滑油从注油嘴8注入十字轴内腔；为了避免润滑油流出及灰尘进入轴承，在十字轴的轴颈上装有油封4。

为了提高密封性能，现有的十字轴万向节多采用橡胶密封圈，当油腔内的润滑油压力大于允许值时，多余的润滑油就从橡胶油封内圈表面与十字轴轴颈接触处溢出。常见的橡胶密封圈有双刃口复合油封和多刃口油封两种类型，如图6-2所示。图6-2a所示为双刃口复合油封，该油封反装的刃口用作径向密封，另一刃口用作端面密封。当向十字轴内腔注入润滑油时，陈油、磨损产物及多余的润滑油便从橡胶油封内圈表面与十字轴轴颈接触处溢出，不需安装安全阀，防尘、防水效果良好。图6-2b所示为乘用车上采用的多刃口油

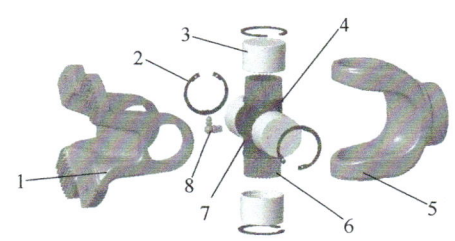

图6-1 普通十字轴万向节
1、5—万向节叉 2—卡环 3—套筒 4—油封
6—滚针 7—十字轴 8—注油嘴

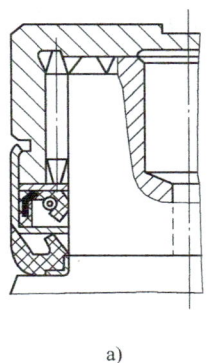 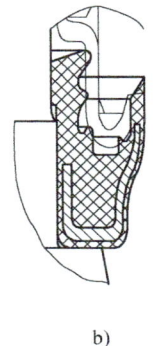

a)　　　　　　　b)

图6-2 滚针轴承油封
a) 双刃口复合油封 b) 多刃口油封

封，安装在无润滑油流通系统且一次润滑的万向节上。

二、准等速万向节

1. 双联式万向节

根据双十字轴万向节实现等速传递的原理，将双十字轴万向传动装置的第一个从动叉与第二个主动叉固连，取消传动轴，就形成了双联式万向节（见图 6-3）。该万向节通过分度机构使两万向节叉的工作夹角近似相等，实现了两万向节连接的轴的工作转速趋于相等的功能。图 6-3a、b 所示分别为其结构图和原理图，原理图中省略了分度机构。

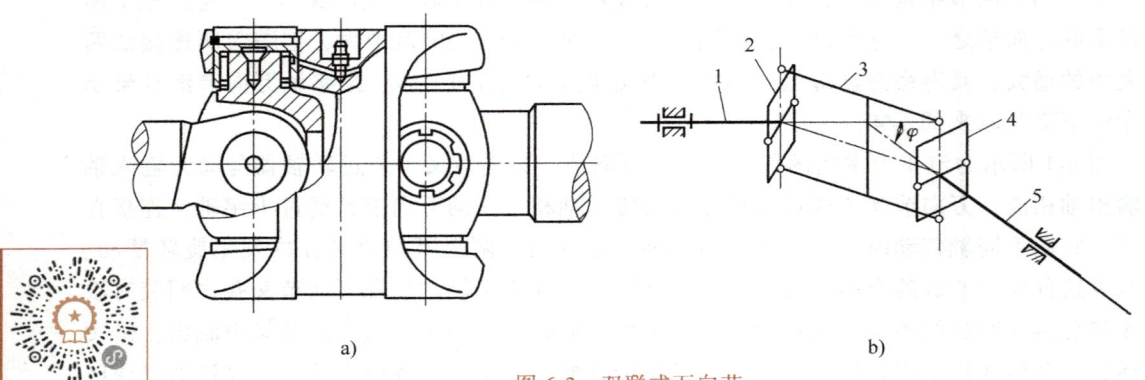

图 6-3 双联式万向节
1—主动轴 2—主动叉 3—双联叉 4—从动叉 5—从动轴

双联式万向节

双联式万向节的改进型为取消了分度机构的偏心十字轴双联式万向节。这种万向节的结构和原理图分别如图 6-4a、b 所示，万向节主销中心偏离万向节中心一定距离以获得较大夹角范围的近似等速传动。

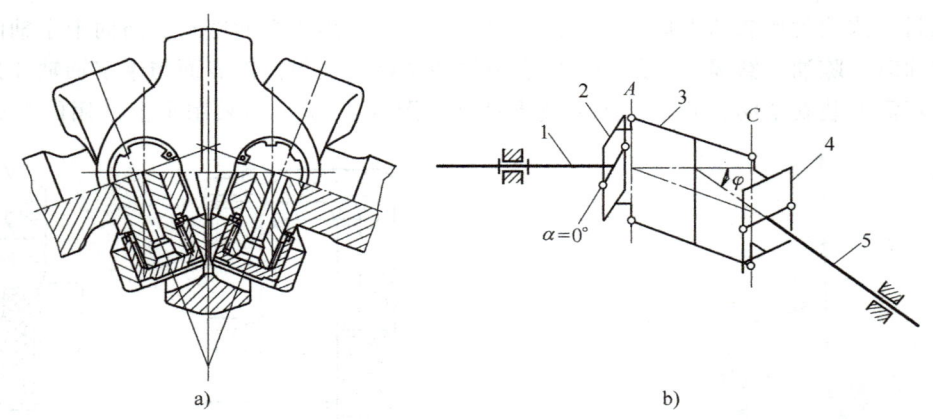

图 6-4 偏心十字轴双联式万向节
a）结构图 b）原理图
1—主动轴 2—主动叉 3—双联叉 4—从动叉 5—从动轴

双联式万向节的主要优点是允许两轴间的夹角较大（一般为 50°，偏心十字轴双联式万向节可达 60°），轴承密封性好，效率高，工作可靠，制造方便。其缺点是结构较复杂，外形尺寸较大，零件数目较多，且受到滚针轴承的挤压应力限制，传递的转矩受到一定的限制。

2. 三销式准等速万向节

三销式准等速万向节（见图6-5）是由双联式万向节演变而来的，它由法国的罗柏特·鲍夏（Robert Boucha）于1949年发明，曾用于低速的商用车辆。这种万向节能在工作夹角达到40°时仍保持近似匀速特性，可以满足越野车转向驱动桥对万向等速传动的要求。我国东风汽车集团有限公司于20世纪60年代引进该产品，成功用于越野车的转向驱动桥，使用效果良好。这种万向节由四个主要零件构成：两个相同的万向节叉1和两个相同的偏心十字轴2。每个十字轴有三个枢轴（即轴颈）和一个由轴颈改制的管状销孔，三个轴颈被分别嵌入万向节叉的两个销孔和另一个十字轴的管状销孔中，在轴颈和销孔之间，装有标准的滚针轴承，故该万向节具有与胡克万向节相同的承载能力和耐久性。

三销式准等速万向节的最大工作夹角为45°。

由于万向节叉的两个销孔偏离旋转轴线，在旋转过程中两十字轴中心将沿其长轴轴线，自动发生往复轴向滑动，在大转角和高速运行时，会损坏万向节的平稳运转，因此这种万向节适用于短时全轮驱动的越野车。

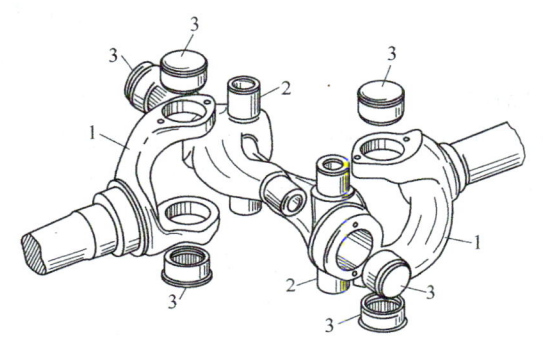

图6-5　三销式准等速万向节
1—万向节叉　2—偏心十字轴
3—轴承及轴承盖组件

3. 凸块式万向节

从机构运动学的观点来看，凸块式万向节实质上也是一种双联式万向节。它是一种榫槽滑块式等速万向节（见图6-6），由两个万向节叉F、F′以及两个滑块T、M，共四个零件组成，零件安装位置互锁，两个滑块弧形沟槽使两个万向节叉F和F′的摆动中心相对万向节中心的偏置距离总保持相等（见图6-7），因此具有匀速传动的特性。

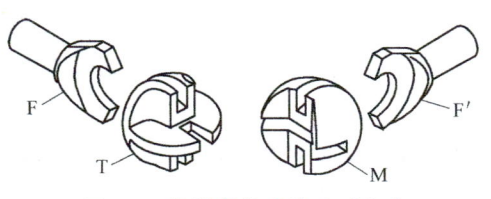

图6-6　榫槽滑块式等速万向节

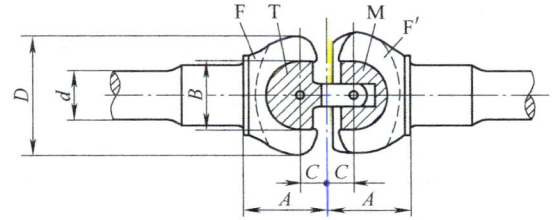

图6-7　凸块式万向节的匀速特性

凸块式万向节零件较少，结构简单，便于安装到整体的转向驱动桥中，可以通过调整垫片方便地进行轴向定位调整，榫舌、沟槽的接触面大，运动中能够获得良好的润滑，最大工作夹角为32°，能基本满足汽车转向的要求。由于凸块式万向节运动副是滑动摩擦，高速转动时必须考虑发热、散热的问题，且万向节本身没有自定中心功能，需要特制的支承壳体。在自定中心的球式万向节产品大量投放市场之前,凸块式万向节曾广泛用于前轮驱动乘用车和越野车的转向驱动桥。

三、等速万向节

1. 球叉式万向节

球叉式万向节是在球笼式万向节技术成熟之前广泛应用的一种等速万向节,按钢球滚道形状不同可分为圆弧槽和直槽两种形式。

圆弧槽滚道型的球叉式万向节(见图6-8a)由两个万向节球叉、四个传力钢球和一个定心钢球组成。两万向节球叉上的圆弧槽中心线是以 O_1 和 O_2 为圆心,半径相等的圆,O_1 和 O_2 到万向节中心 O 的距离相等。当万向节两轴绕定心钢球中心 O 转动任何角度时,传力钢球中心始终在滚道中心两圆的交点上,从而保证输出轴与输入轴等速转动。这种万向节结构较简单,可以在夹角不大于33°的条件下正常工作。由于在单向传动中四个钢球只有两个传递动力,钢球和滚道的接触压力较大,磨损较快。此外,这种万向节只有在传力钢球与滚道之间具有一定的预紧力时,才能保证等角速传动。预紧力的大小根据传力钢球尺寸的大小来确定。在使用中,随着磨损的增加,预紧力逐渐减小以至消失。没有预紧力后,两万向节球叉之间会发生轴向窜动,破坏等速性,严重时会造成钢球脱落。

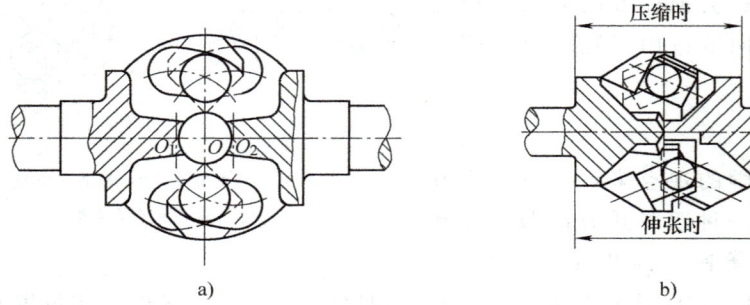

图 6-8 球叉式万向节
a) 圆弧槽滚道型 b) 直槽滚道型

直槽滚道型球叉式万向节(见图6-8b)的两万向节球叉间的槽中装有四个钢球,两个万向节球叉上的直槽与轴的中心线倾斜相同的角度,彼此对称,这便保证了四个钢球的中心处于两轴夹角的平分面上。这种万向节加工比较容易,允许的轴间夹角不超过20°,在两万向节球叉间允许有一定量的轴间滑动。

圆弧槽型球叉式万向节作为转向驱动桥的传力构件时,万向节旋转轴线应与车桥的轴线相重合,以避免万向节发生摆动现象。万向节转角接近最大值时,放置传力钢球的主、从动叉的交叉槽趋于平行位置,导致钢球无法约束而自动散开,破坏万向节的装配关系。为避免这种现象,要求两万向节球叉的最大夹角大于车轮的最大转角,且万向节中心应位于转向主销轴线上。此外,至少使传力钢球与定心钢球的间隙不小于5mm,以保证在万向节处于最大转角时各传力钢球与定心钢球之间不接触;各钢球与万向节轴头需均匀地预紧在一起,使得万向节任意方向旋转时均能通过两个传力钢球来传递转矩。

因球叉式万向节存在传力钢球小、钢球磨损易脱落等问题，在球笼式万向节广泛应用之后，逐渐退出汽车市场，目前只在农业机械中有所应用。

2. 球笼式万向节

球笼式万向节是球叉式万向节的改进形式，它具有 Rzeppa 型和 Birfield 型两种结构。Rzeppa 型球笼式万向节（见图 6-9）是带分度杆的，球形壳 1 的内表面和星形套 3 的球表面上各有沿圆周均匀分布的六条同心的圆弧滚道，在它们之间装有六个传力钢球 2，这些钢球由球笼 4 保持在同一平面内。当万向节两轴之间的夹角变化时，通过比例合适的分度杆 6 拨动导向盘 5，并带动球笼 4 使六个钢球处于轴间夹角的平分面上。与球叉式万向节相比，这种万向节采用内部自定心结构，不会发生钢球脱落，且在正、反转工作时，全部（六个）钢球都传力，承受载荷小，磨损小，寿命长。其杠杆式分度机构，若正确设计三球销的中心距，可以做到工作角在 0°~40° 之间，使传力钢球的运动平面处于两轴的角平分面上，因此这种万向节具有良好的匀速性能。但分度机构是一个薄弱环节，所采用的内部自定心结构是精密部件，加工精度要求很高。

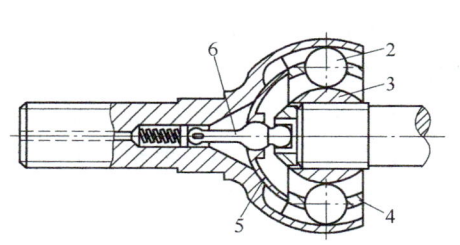
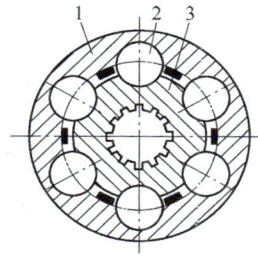

图 6-9 Rzeppa 型球笼式万向节

1—球形壳 2—钢球 3—星形套 4—球笼 5—导向盘 6—分度杆

Birfield 型球笼式万向节（见图 6-10）又称伯菲尔德型角接触等速万向节，是对 Rzeppa 型球笼式万向节的改进。其球形壳和星形套的滚道不同心，两圆心 A、B 关于万向节中心 O 对称，内外两轨道成子午交叉，将钢球固定在正确位置，因此取消了分度杆。此外，其滚道的横截面也由单圆弧（见图 6-11a）改为双圆弧（见图 6-11b）或椭圆弧。单圆弧

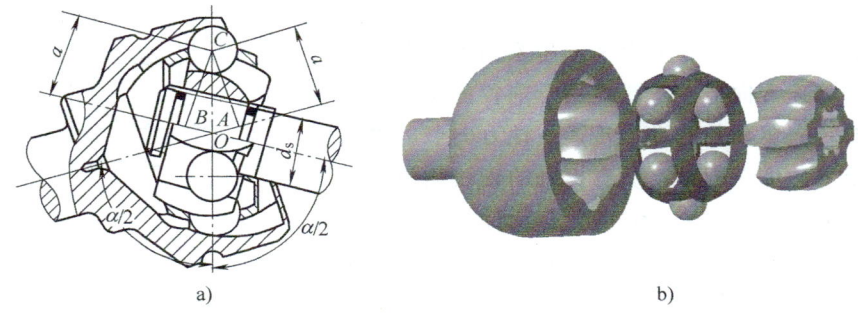

图 6-10 Birfield 型球笼式万向节

a) 结构尺寸示意图　b) 三维模型图

O—万向节中心　A—外滚道中心　B—内滚道中心　C—钢球中心　α—两轴夹角

滚道受载荷时，与钢球的接触区在滚道边沿，易形成应力集中，滚道边沿易损坏。改进后的截面形状，接触区离滚道边沿较远，改善了滚道边沿易损坏的缺点，提高了万向节的承载能力。

Birfield 型球笼式万向节允许的最大工作夹角可达 42°。由于传递转矩时

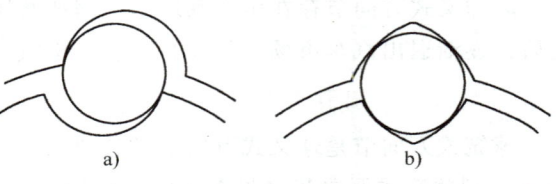

图 6-11 滚道的横截面
a) 单圆弧　b) 双圆弧

六个钢球均同时参加工作，其承载能力和耐冲击能力强，效率高，结构紧凑，安装方便；但要求滚道的制造精度高，成本较高。

3. 伸缩型球笼式万向节

对发动机前置后轮驱动的汽车，伴随车轮跳动，传动轴的长度也发生变化，万向传动装置应具备长度伸缩功能。常见的解决方案是采取花键轴和花键套连接，利用两者的相对滑动来补偿长度的变化。这种结构的花键齿在工作中所受正压力很大，造成滑动阻力很大，对发动机前置前轮驱动的汽车，转向驱动轮跳动时这种阻力形成的冲击载荷会严重影响乘员的乘坐舒适性。伸缩型球笼式万向节是解决这一问题的理想方案。它是一种直槽滚道型球笼式万向节，兼具万向等速传动和伸缩功能。

伸缩型球笼式万向节（见图 6-12）通过钢球滚动实现伸缩功能，摩擦阻力很小。其保持架内球面中心 B 和外球面中心 A 分别位于万向节中心 O（或钢球中心平面）的两侧且距离相等，两轴相交成一定夹角时，该万向节仍具有等速万向传动的功能。保持架外球面与筒形壳内表面的配合，不是球面与球面的配合，而是外球面与内圆柱面的配合，两者允许发生轴向滑动，因此可实现伸缩功能。

Birfield 型球笼式万向节和伸缩型球笼式万向节广泛应用在具有独立悬架的转向驱动桥中，在靠近转向轮一侧采用 Birfield 型球笼式万向节，靠近差速器一侧则采用伸缩型球笼式万向节，以补偿由于前轮跳动及载荷变化而引起的轮距变化。

4. 三枢轴万向节

三枢轴万向节是一种兼有枢轴型系列和球型系列结构特点的等速万向节，广泛应用于前置前驱乘用车中，实现对转向驱动轮的动力传递。该万向节的输入元件是一个等角度三枢轴，所有枢轴的轴线均位于垂直于输入轴的同一平面内。它的输出元件是一个叉形元件，三个等距离圆柱形导轨平行于输出轴形成叉形。三个球形滚柱分别安装在三个枢轴上，使得枢轴轴线与轨道轴线相交。三枢轴万向节的三维结构如图 6-13 所示。

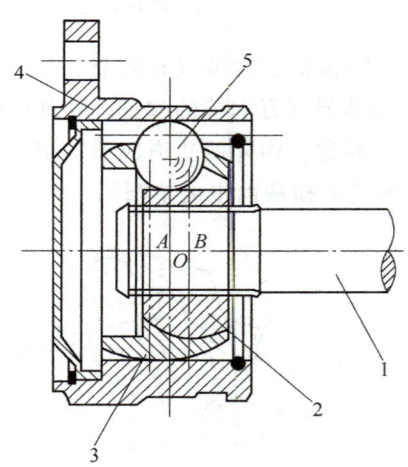

图 6-12 伸缩型球笼式万向节
1—主动轴　2—星形套　3—球笼
4—筒形外壳　5—钢球

汽车直行时，万向节工作夹角 $\alpha = 0°$，主、从动轴轴线重合为一直线，三叉臂平面垂

直于圆筒中心线。三叉臂中心也与圆筒中心线重合，嵌在直槽滚道中的三球销至三叉臂中心的距离也相等，从而也迫使三叉臂中心必须与圆筒中心线重合，这就是三枢轴万向节的自定中心功能。当万向节夹角 α≠0° 时，三叉臂平

图 6-13 三枢轴万向节的三维结构

面相对于圆筒倾斜 α 角。在此过程中，三球销一方面分别在各自的直槽滚道中沿（圆筒）轴向滑动，并伴随着在各自的枢轴上发生径向滑动，其结果是各球销至中心的距离不再相等。因为三叉臂是按等角度（120°）分布的，球销至中心的距离不等，则相邻球销的间距也必然不相等。可是圆筒上的三直槽滚道也是按等弧距（120°）加工的，而球销又始终嵌在这些滚道中，这样就发生了矛盾，势必产生运动干涉。因此三叉臂中心不能继续保持在与中心线重合的位置，需要另外寻找一个能够满足上述协调关系的位置。事实上，这样的位置是存在的。经分析、计算推导出三叉臂中心的偏心距

$$\lambda = \frac{R}{2}\left(\frac{1}{\cos\alpha}-1\right)$$

式中，R 为滚道中心线至圆筒中心线的距离（mm）；$α$ 为主、从动轴之间的夹角。

万向节传动时，三叉臂中心以 $λ$ 为半径绕圆筒中心旋转，三枢轴万向节属于非定轴转动系统。三球销的实际速度应等于球销绕中心的相对速度与中心绕圆筒轴线的牵连速度之和，速度合成的结果是球销绕轴线匀速圆周运动，因此三枢轴万向节属于等速万向节。表面上万向节的传力平面（三叉臂）固定垂直于主动轴，并不是两轴的角平分面，违背了等速传动的一般原则，但是由于偏心距 $λ$ 和由此产生的旋转运动，使输入轴成为运动中的轴线。对此动轴线而言，它有无限个顺势角平分面。

四、挠性万向节

挠性万向节依靠其中弹性元件的弹性变形来保证在相交两轴间传动时不发生干涉。

挠性万向节其弹性元件可以是橡胶盘、橡胶金属套筒、铰接块、六角环形橡胶圈等多种形状，能够减少传动系的扭转振动、动载荷和噪声，且结构简单，使用中不需润滑，一般用于两轴间夹角较小（一般为 3°~5°）和轴向位移很小的万向传动场合，即常用来连接固定在车架上的两个部件（如重型汽车中发动机与变速器或越野汽车中变速器与分动器）之间，以消除制造安装误差和车架变形对传动的影响。

为了保证高速转动时传动轴总成有良好的动平衡，挠性万向节所连接的两轴端部常设专门机构保证对正中心。图 6-14a 所示为具有球面对中机构的环形挠性万向节。这种结构中装有无需润滑的球形滑动对中轴承，若能正确选择配合轴承，可使其内部在装配后保持适当的预紧力。为保证万向节工作寿命，设法使轴向位移引起的轴向力、侧向位移引起的侧向力和万向节工作角引起的力矩尽可能小，使挠性万向节主要传递工作转矩。有的结构允许有一定的轴向变形（见图 6-14b），这种轴向变形量满足使用要求时，可省去伸缩花键。

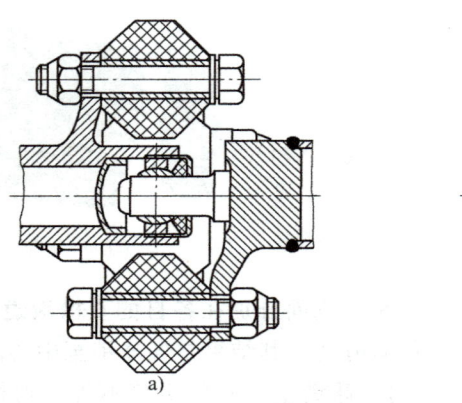
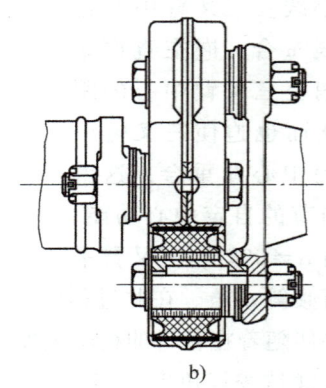

图 6-14　环形挠性万向节

a）具有球面对中机构　b）具有轴向变形

第三节　万向节的传动特性和受力分析

一、十字轴单万向节传动

十字轴万向节的结构简图如图 6-15 所示，其中 1 为主动叉轴，2 为从动叉轴，两叉轴互相垂直。令从动叉轴 2 工作时绕十字轴横臂转动 α 角，两轴中心线所在平面称为轴平面，如图 6-16 所示。若主动叉轴 1 自轴平面起绕轴 1 转动 φ_1 角，从动叉轴 2 则相应转动 φ_2 角，根据机械原理，两者存在如下转角关系：

$$\tan\varphi_1 = \tan\varphi_2 \cos\alpha \tag{6-1}$$

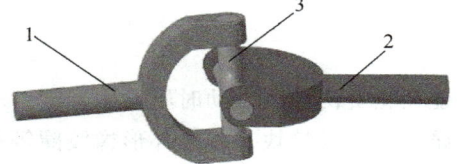

图 6-15　十字轴万向节的结构简图

1—主动叉轴　2—从动叉轴　3—十字轴

图 6-16　十字轴万向节工作简图

若主动叉轴 1 转角 $\varphi_1 > 90°$，则令 $\varphi_1' = \varphi_1 - 90°$，$\varphi_2' = \varphi_2 - 90°$，式（6-1）变为

$$\tan(90°+\varphi_1') = \tan(90°+\varphi_2')\cos\alpha$$

式中，φ_1 为主动叉轴 1 平面自垂直位置起转过的角度；φ_2 为从动叉 2 平面自轴平面起转过的角度；α 为万向节的工作夹角。

由三角数学运算可得出如下关系：

$$\tan\varphi_2' = \tan\varphi_1' \cos\alpha \tag{6-2}$$

式（6-1）和式（6-2）是由于计算转角的初始条件不同而出现不同的表达形式，实质内容不变。故将式（6-1）、式（6-2）所表达的转角关系式进行统一，得出如下表达式：

$$\tan(\text{共面叉 }\varphi_i) = \tan(\text{垂直叉 }\varphi_j)\cos\alpha \tag{6-3}$$

式中，共面叉指叉平面与轴平面重合的万向节叉；垂直叉指叉平面垂直轴平面的万向节叉。

式（6-1）两边对时间求导：

$$\frac{1}{\cos^2\varphi_1}\frac{\mathrm{d}\varphi_1}{\mathrm{d}t} = \frac{\cos\alpha}{\cos^2\varphi_2}\frac{\mathrm{d}\varphi_2}{\mathrm{d}t}$$

令 $\omega_1 = \dfrac{\mathrm{d}\varphi_1}{\mathrm{d}t}$，$\omega_2 = \dfrac{\mathrm{d}\varphi_2}{\mathrm{d}t}$，得

$$\omega_2 = \omega_1\frac{\cos^2\varphi_2}{\cos^2\varphi_1}\frac{1}{\cos\alpha} \tag{6-4}$$

由数学三角公式及式（6-1）得

$$\cos^2\varphi_2 = \frac{1}{1+\tan^2\varphi_2} = \frac{1}{1+\dfrac{\tan^2\varphi_1}{\cos^2\alpha}} = \frac{\cos^2\alpha}{\cos^2\alpha+\tan^2\varphi_1} = \frac{\cos^2\alpha\cos^2\varphi_1}{1-\sin^2\alpha\cos^2\varphi_1}$$

代入式（6-4），得出两叉轴角速度存在如下关系：

$$\omega_2 = \omega_1\frac{\cos\alpha}{1-\sin^2\alpha\cos^2\varphi_1} \tag{6-5}$$

工程中常用两叉轴间的转角差 $\Delta\varphi = \varphi_2 - \varphi_1$ 作为衡量万向节匀速性能的评价指标。单万向节的最大转角差出现在 $\varphi = \dfrac{\pi}{4}$ 处，其计算公式为

$$\Delta\varphi_{\max} = \frac{\alpha^2}{4}$$

设 T_1、T_2 分别是轴1、轴2的转矩，忽略万向节的内摩擦损耗，则有 $T_1\omega_1 = T_2\omega_2$，代入式（6-5），得

$$T_2 = T_1\frac{1-\sin^2\alpha\cos^2\varphi_1}{\cos\alpha} \tag{6-6}$$

轴1的转矩 T_1 经过十字轴万向节传到轴2变成转矩 T_2，方向发生突变。根据矢量合成原理可以推知，此刻在十字轴上除了受到主转矩 T_1 作用外，必然还受到另外一个不同方向的转矩矢量 T' 的作用。外加矢量 T' 是因为主转矩 T_1 方向发生突变而衍生的，也为二次力矩。由十字轴万向节的结构（见图6-15、图6-16）可知，能够与十字轴发生相互作用的物体就只有主动叉1和从动叉2。它们与十字轴轴颈铰链连接，因此施加于十字轴上的力矩为：①分别沿轴1、轴2方向的转矩 T_1、T_2；②通过中心 O 点分别垂直于万向节叉1、万向节叉2平面的力矩矢量 T_1' 或者 T_2'。后者正是所要研究的二次力矩 T' 的两个分量。T' 之所以要分解为这两个方向上的投影分量，是因为万向节叉1和万向节叉2只有在这两个方向才能够接受由十字轴传回来的反作用力矩 $-T_1'$ 和 $-T_2'$。根据相关参考文献可知，万向节在传动过程中，这两个二次力矩分量的表达式为

$$T_1' = T_1\sin\varphi\tan\alpha \tag{6-7}$$

$$T'_2 = T_1 \sin\alpha\cos\varphi\sqrt{1+\sin^2\varphi\tan^2\alpha} \tag{6-8}$$

式中，T'_1、T'_2 分别为万向节叉 1、万向节叉 2 作用于十字轴上的二次力矩分量；T_1、T_2 分别为轴 1、轴 2 上的主转矩；φ 为万向节在某时刻的转角；α 为万向节的工作夹角。

当 $\varphi=0°$，$T'_1=0$，$T'_2=T_1\sin\alpha$（见图 6-17a）；$\varphi=90°$ 时，$T'_1=T_1\tan\alpha$（见图 6-17b）。

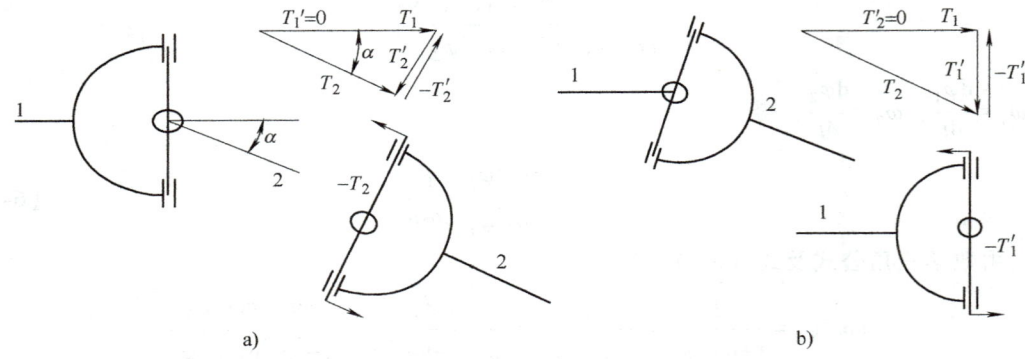

图 6-17 十字轴万向节力矩平衡图

a) $\varphi_1=0°$，$180°$ b) $\varphi_1=90°$，$270°$

当 $\varphi=0°\sim90°$ 时，$T'_1=T_1\sin\varphi\tan\alpha$，$T'_2=T_1\sin\varphi\cos\varphi\sqrt{1+\sin^2\varphi\tan^2\alpha}$（见图 6-18）。

二、双万向节传动

为解决十字轴万向节的输出转速、转矩的波动，罗伯特·胡克于 1683 年提出采用另一个十字轴万向节的波动来抵消的思路，最终形成了双万向节传动机构。

双万向节传动实现等速传递的要求为：

1) 与传动轴相连的两个万向节叉布置在同一平面内。

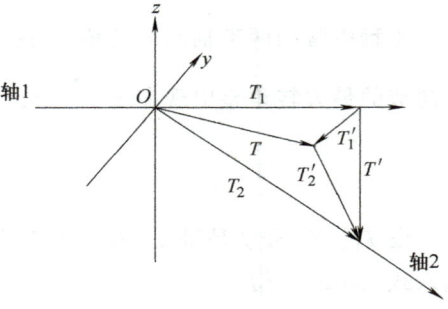

图 6-18 $\varphi=0°\sim90°$ 时力矩平衡图

2) 两万向节与传动轴的夹角相等。

在图 6-19 所示的双万向节传动中，第一万向节夹角为 α_1，第二万向节夹角为 α_2，设轴 1 转角为 φ_1，中间轴转角为 φ_0，第二轴转角为 φ_2，由式（6-3）可以得出如下关系：

$$\tan\varphi_1 = \tan\varphi_0\cos\alpha_1$$
$$\tan\varphi_2 = \tan\varphi_0\cos\alpha_2$$

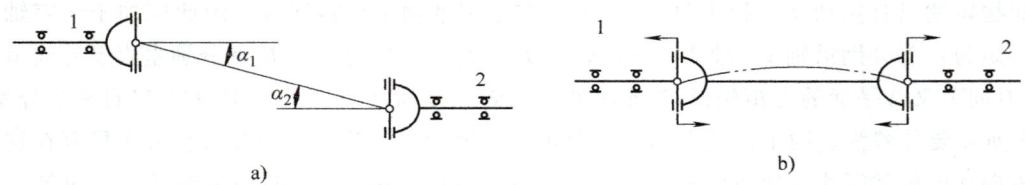

图 6-19 双万向节传动 "Z" 形布置

当 $\alpha_1=\alpha_2$ 时，$\varphi_1=\varphi_2$，即轴 1 为匀速转动时，轴 2 输出也是匀速转动。但应注意：此

时中间轴两端的万向节叉必须共面,否则两者在运转中的波动性不仅不能抵消,反而可能会进一步加大,因此,工艺上常在万向节叉和传动轴表面刻有安装时用以对准的标记。

双万向节传动的布置方案有两种。图 6-19 所示为"Z"形布置,即轴 1 平行于轴 2,中间轴与它们倾斜相交,三轴呈现"Z"字形。图 6-20 所示为"W"形布置,即轴 1 不平行于轴 2,中间轴等角度的与它们相交。万向节传动时,中间轴两端万向节叉所承受二次力矩的反作用力矩,使中间轴产生如图中双点画线所示的弯曲变形。

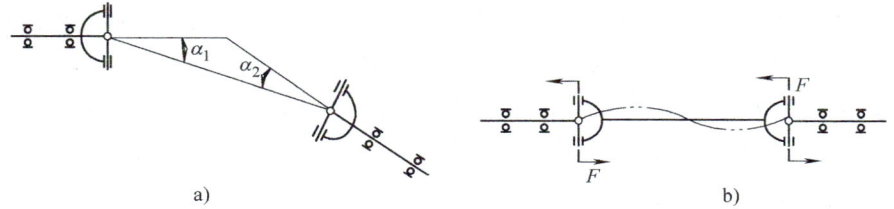

图 6-20 双万向节传动"W"形布置

三、多万向节传动

当有三个十字轴万向节、两根中间传动轴时,设输入轴 A、中间传动轴 B 和 C、输出轴 D 的轴线位于同一平面内,中间传动轴 B 和 C 两端的万向节叉各自互成 90°,传动轴两端的万向节叉布置在同一平面内(见图 6-21),设各轴的对应转角分别为 φ_1、φ_2、φ_3、φ_4,各万向节的工作夹角顺序为 α_1、α_2、α_3,如图 6-21 所示。输出轴与输入轴等角速度旋转的条件由式(6-3)推导出:

$$\tan\varphi_1 = \tan\varphi_2 \cos\alpha_1$$
$$\tan\varphi_2 = \tan\varphi_3 \cos\alpha_2$$
$$\tan\varphi_4 = \tan\varphi_3 \cos\alpha_3$$

整理之后,得

$$\frac{\tan\varphi_4}{\tan\varphi_1} = \frac{\cos\alpha_3}{\cos\alpha_1 \cos\alpha_2}$$

为保证 $\varphi_1 = \varphi_4$,三个十字轴万向节的夹角必须满足如下关系式:

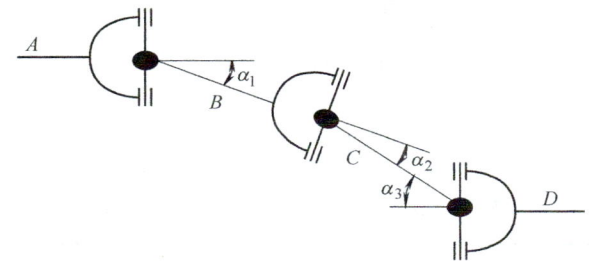

图 6-21 多万向节传动示意图

$$\cos\alpha_3 = \cos\alpha_1 \cos\alpha_2$$

由于汽车实际行驶过程中,在夹角 α_1 不变的条件下,α_2、α_3 可能改变,要保持万向节始终等角速度传动不太现实。实际工程中,常通过限制转角差的大小来保证实际设计的合理性。

由于各万向节叉之间的相位关系不是共面就是垂直,而单万向节的最大转角差 $\Delta\varphi_{max}$ 出现在 $\varphi = \pi/4$ 处,各万向节在一个象限范围内的平均速度相等,因此当第一万向节 $\varphi = \pi/4$ 时其他万向节也都近似处于相应的点。令各万向节的最大转角差分别为 $\Delta\varphi_1$、$\Delta\varphi_2$、$\Delta\varphi_3$,于是组合传动的最大转角差等于各单万向节最大转角差的代数和,即

$$\Delta\varphi_{emax} = \varphi_4 - \varphi_1 = \Delta\varphi_1 \pm \Delta\varphi_2 \pm \Delta\varphi_3 = \frac{\alpha_1^2}{4} \pm \frac{\alpha_2^2}{4} \pm \frac{\alpha_3^2}{4} \tag{6-9}$$

令
$$\Delta\varphi_e = \frac{\alpha_e^2}{4}$$

式中，α_e 为组合传动等效的单万向节的工作夹角。于是可得

$$\alpha_e = \sqrt{|\alpha_1^2 \pm \alpha_2^2 \pm \alpha_3^2 \pm \cdots|} \tag{6-10}$$

式中，正、负号按以下规定选择：若第一万向节的主动叉在轴平面取正号，则其余万向节的主动叉在轴平面也取正号，若在垂直位置则取负号。

万向节传动输出轴与输入轴的转角差会引起动力总成支承和悬架弹性元件的振动，还能引起与输出轴相连齿轮的冲击和噪声及驾驶室内的谐振噪声。因此，在设计多万向节传动时，希望其当量夹角 α_e 尽可能小，一般要求空载和满载两种工况下的 α_e 均不大于 3°，同时，对多万向节传动输出轴的角加速度幅值 $\alpha_e^2 \omega^2$ 加以限制：要求乘用车 $\alpha_e^2 \omega^2 \leq 350 \text{rad/s}^2$，商用车 $\alpha_e^2 \omega^2 \leq 600 \text{rad/s}^2$。

第四节 万向节的设计计算

一、万向传动轴计算载荷

万向传动轴因布置位置不同，计算载荷是不同的。计算载荷的计算方法主要有三种，见表 6-1。

表 6-1 万向传动轴计算载荷

计算方法	用于变速器与驱动桥之间	用于转向驱动桥中
按发动机最大转矩和一档传动比来确定	$T_{se1} = \dfrac{k_d T_{emax} k i_1 i_f \eta}{n}$	$T_{se2} = \dfrac{k_d T_{emax} k i_1 i_f i_0 \eta}{2n}$
按驱动轮打滑来确定	$T_{ss1} = \dfrac{G_2 m_2' \varphi r_r}{i_0 i_m \eta_m}$	$T_{ss2} = \dfrac{G_1 m_1' \varphi r_r}{2 i_m \eta_m}$
按日常平均使用转矩来确定	$T_{sf1} = \dfrac{F_1 r_r}{i_0 i_m \eta_m n}$	$T_{sf2} = \dfrac{F_1 r_r}{2 i_m \eta_m n}$

表 6-1 中所列各式中，T_{emax} 为发动机最大转矩（N·m）；n 为计算驱动桥数，取法见表 6-2；i_1 为变速器一档传动比；η 为发动机到万向传动轴之间的传动效率；k 为液力变矩器变矩系数，$k = (k_0 - 1)/2 + 1$，k_0 为最大变矩系数；G_2 为满载状态下一个驱动桥上的静载荷（N）；m_2' 为汽车最大加速度时的后轴负荷转移系数，对于乘用车，$m_2' = 1.2 \sim 1.4$，对于商用车，$m_2' = 1.1 \sim 1.2$；φ 为轮胎与路面间的附着系数，对于安装一般轮胎的公路用汽车，在良好的混凝土或沥青路面上，φ 可取 0.85，对于安装防侧滑轮胎的乘用车，φ 可取 1.25，对于越野车，φ 值变化较大，一般取 1；r_r 为车轮滚动半径（m）；i_0 为主减速器传动比；i_m 为主减速器从动齿轮到车轮之间的传动比；η_m 为主减速器主动齿轮到车轮之间的传动效率；G_1 为满载状态下转向驱动桥上的静载荷（N）；m_1' 为汽车最大加速度时的前轴负荷转移系数，对于乘用车，$m_1' = 0.80 \sim 0.85$，对于商用车，$m_1' = 0.75 \sim 0.90$；F_1 为汽车日常行驶平均牵引力（N）；i_f 为分动器传动比，取法见表 6-2；k_d 为快速抬起离合

器踏板时离合器所产生的动载系数,对于液力自动变速器,$k_d=1$,对于具有手动操纵的机械式变速器的高性能赛车,$k_d=3$,对于性能系数 $f_i=0$ 的汽车(一般商用车、矿用汽车和越野车),$k_d=1$,对于 $f_i>0$ 的汽车,$k_d=2$ 或由经验选定。性能系数 f_i 的计算公式为

$$f_i = \begin{cases} \dfrac{1}{100}\left(16-0.195\dfrac{m_a g}{T_{emax}}\right) & 0.195\dfrac{m_a g}{T_{emax}} \leqslant 16 \\ 0 & 0.195\dfrac{m_a g}{T_{emax}} > 16 \end{cases}$$

式中,m_a 为汽车满载质量(kg)(若有挂车,则要加上挂车质量)。

表 6-2　n 与 i_t 的选取

车型(驱动形式)	高档传动比 i_{fg} 与低档传动比 i_{fd} 关系	i_t	n
4×4	$i_{fg} > i_{fd}/2$	i_{fg}	1
	$i_{fg} < i_{fd}/2$	i_{fd}	2
6×6	$i_{fg}/2 > i_{fd}/3$	i_{fg}	2
	$i_{fg}/2 < i_{fd}/3$	i_{fd}	3

对万向传动轴进行静强度计算时,计算载荷 T_s 取 T_{se1} 和 T_{ss1} 中的最小值,或取 T_{se2} 和 T_{ss2} 中的最小值,即 $T_s = \min[T_{se1}, T_{ss1}]$ 或 $T_s = \min[T_{se2}, T_{ss2}]$,安全系数一般取 2.5~3.0。当对万向传动轴进行疲劳寿命计算时,计算载荷 T_s 取 T_{sf1} 和 T_{sf2}。

二、十字轴万向节设计与校核

十字轴万向节的损坏形式主要是十字轴轴颈和滚针轴承的磨损以及十字轴轴颈和滚针轴承工作表面的压痕和剥落。

设计十字轴万向节,按照如下原则校核设计和选型:①按轴颈强度计算轴颈直径;②查询《机械设计手册》,分析标准十字轴万向节的参考尺寸列表,选择确定轴颈直径和万向节外径;③按许用接触应力验算接触疲劳强度。其中轴颈直径 d 和万向节外径 D 是万向节标准产品的基本参数。

设作用于十字轴轴颈中点的作用力为 F(见图 6-22),则

$$F = \frac{T_1}{2r\cos\alpha} \quad (6-11)$$

式中,T_1 为万向节的计算转矩(N·mm);r 为合力 F 到十字轴中心的距离(mm);α 为主、从动叉的最大夹角。

十字轴轴颈根部的弯曲应力

$$\sigma_w = \frac{32 d_1 F s}{\pi(d_1^4 - d_2^4)} \leqslant [\sigma_w] \quad (6-12)$$

式中,d_1 为十字轴轴颈直径(mm);d_2 为油道

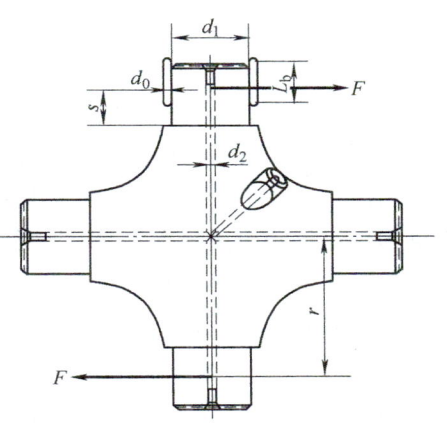

图 6-22　十字轴受力简图

孔直径（mm）；s 为合力 F 到轴颈根部的距离（mm）；许用弯曲应力 $[\sigma_w] = 250 \sim 350\text{MPa}$。

十字轴轴颈的切应力

$$\tau = \frac{4F}{\pi(d_1^2 - d_2^2)} \tag{6-13}$$

许用切应力 $[\tau]$ 应不大于 120MPa。

滚针轴承的接触应力

$$\sigma_j = 272\sqrt{\left(\frac{1}{d_1} + \frac{1}{d_0}\right)\frac{F_n}{L_b}} \tag{6-14}$$

十字轴万向节的不等速原理

式中，d_0 为滚针直径（mm）；L_b 为滚针工作长度（mm）；F_n 为在力 F 作用下一个滚针所受的最大载荷（N）。

其中

$$F_n = \frac{4.6F}{iZ} \tag{6-15}$$

式中，i 为滚针列数；Z 为每列中滚针数。

当滚针和十字轴轴颈表面硬度在 58HRC 以上时，许用接触应力 $[\sigma_j] = 3000 \sim 3200\text{MPa}$。

十字轴轴颈上的平均单位压力

$$p = \frac{F}{2d_1 L_b} \tag{6-16}$$

p 的许用值，对于滚针轴承为 40MPa，对于钢套为 15MPa。

滚针轴承中的滚针直径一般不小于 1.6mm，且直径一致性良好，以免压碎或加重载荷在滚针间分配的不均匀性。直径误差一般控制在 0.003mm 以内。滚针轴承径向间隙过大时，承受载荷的滚针数减少，有出现滚针卡住的可能性；而间隙过小时，有可能出现受热卡住或因污垢阻滞卡住，合适的间隙为 0.009~0.095mm，滚针轴承的周向总间隙以 0.08~0.30mm 为宜。滚针的长度一般不超过轴颈的长度，使其既有较高的承载能力，又不致因滚针过长发生歪斜而造成应力集中。滚针在轴向的间隙一般不应超过 0.4mm。

三、球笼式万向节设计

球笼式万向节的失效形式主要是钢球与滚道表面的接触疲劳点蚀。在特殊情况下，如热处理不当、润滑不良或温度过高等，也会造成过快磨损而损坏。由于星形套滚道接触点的纵向曲率半径小于外壳滚道的纵向曲率半径，星形套滚道的接触椭圆小于外壳滚道的接触椭圆，星形套的接触应力大于外壳滚道的接触应力。设计时，主要考虑星形套的接触应力，并以此确定万向节的承载能力。不过，由于影响接触应力的因素较多，计算较复杂，目前还没有统一的计算方法。

1. Rzeppa 型球笼式万向节设计

假定 Rzeppa 型球笼式万向节的 6 个传力钢球均匀受载，则钢球直径可按照式（6-17）计算：

$$d = \sqrt[3]{\frac{T_1}{2.1 \times 10^4}} \tag{6-17}$$

式中，d 为传力钢球直径（mm）；$T_1 = \min[T_{se}, T_{ss}]$ 为万向节的计算力矩（N·mm）。

计算所得直径经圆整后，按国家标准选择确定。钢球直径确定后，其他零件的结构尺寸（见图 6-23）按如下关系确定：

1) 钢球中心分布圆半径　　　$R = 1.71d$
2) 星形套宽度　　　　　　　$B = 1.8d$
3) 球笼宽度　　　　　　　　$B_1 = 1.8d$
4) 星形套滚道底径　　　　　$D_1 = 2.5d$
5) 万向节外径　　　　　　　$D = 4.9d$
6) 球笼厚度　　　　　　　　$b = 0.185d$
7) 球笼槽（孔）宽度　　　　$b_1 = d$
8) 球笼槽（孔）长度　　　　$L = (1.33 \sim 1.8)d$（普通型取下限，长型取上限）
9) 滚道中心偏置距　　　　　$h = 0.18d$
10) 轴颈直径　　　　　　　　$d' \geq 1.4d$
11) 星形套花键外径　　　　　$D_2 \geq 1.55d$
12) 球形壳外滚道长度　　　　$L_1 = 2.4d$
13) 中心偏移角　　　　　　　$\delta \geq 6°$

球笼式万向节
零件加工

2. Berfield 型球笼式万向节设计

对 Berfield 型球笼式万向节，以星形套连接轴直径 d_s（mm）（见图 6-10），作为万向节的基本尺寸，其经验公式为

$$d_s = \sqrt[3]{\frac{T_1 S_r}{87.2}} \tag{6-18}$$

式中，T_1 为万向节的计算转矩（N·mm）；S_r 为振动影响系数，无振动的理想传动取 1.0，有轻微振动的取 1.2~1.5，有中等振动取 1.7~2.0，振动很严重的取 2.7~3.6。

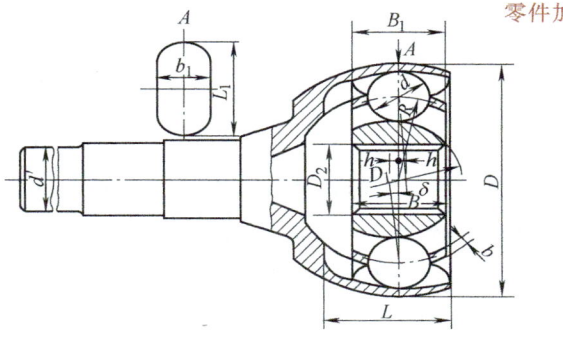

图 6-23　球笼式万向节的基本尺寸

Berfield 型球笼式万向节的其他尺寸，可以根据基本参数 d_s，查表 6-3 选定。

表 6-3　Birfield 型球笼式万向节的系列数据

轴颈直径		in	0.750	0.875	0.937	1.000	1.125	1.250	1.500	1.750	2.000	2.250	2.500	3.000
		mm	19.1	22.2	23.8	25.4	28.6	31.8	38.1	44.5	50.8	57.2	63.5	76.2
钢球直径		in	9/16	21/32	0.7087	3/4	27/32	15/16	9/8	21/16	3/2	27/16	15/8	9/4
		mm	14.288	16.669	18.000	19.050	21.431	23.812	28.575	33.338	38.100	42.862	47.625	57.150
星形套	最大直径	mm	22.42/ 22.35	26.67/ 26.59	26.67/ 26.59	30.48/ 30.35	33.15/ 33.02	37.16/ 37.08	46.10/ 45.97	53.34/ 53.24	60.45/ 60.33	66.70/ 66.57	74.37/ 74.24	
	最小直径	mm	20.22/ 20.09	24.67/ 24.56	24.69/ 24.56	25.53/ 25.40	30.61/ 30.48	33.35/ 33.22	41.28/ 41.15	48.08/ 47.96	54.10/ 53.98	59.66/ 59.54	66.55/ 66.42	

（续）

星形套	槽距	mm	22.75/45.5	22.75/45.5	22.75/45.5	20/40	20/40	13/26	10.5/21	9/18	8/16	7.25/14.5	6.5/13
	花键齿数		19	23	23	23	25	18	18	18	18	18	18
球形壳外径		mm	70	81	88	92	103	115	137	160	182	204	227	272

球笼式万向节工作环境恶劣，要经受高温、低温的侵袭以及老化和泥土、砂、灰尘的影响，还要受油质的浸泡、腐蚀与冲击，长时间高强度、满负荷、高转速工作，因而设计的时候应满足如下要求：

1）选用优质材料，采用特种工艺，确保各零件性能和密封性能。
2）有足够的安全系数、强度、刚度和可靠性。
3）润滑良好，要求使用能够耐高温、低温、高气压、低挥发，不易变质的润滑油脂。
4）使用过程不能有噪声。

因此，钟形壳选用结构钢 Cf53（德国材料标准，我国标准为 50 钢），以提高耐磨性、抗扭强度；球形壳和星形套采用 15NiMo 材料制造，并经渗碳、淬火、回火处理；钢球选择滚动轴承用钢珠，材料一般为 GCr15。

四、挠性万向节设计与校核

挠性万向节采用耐低温和耐油的橡胶合成材料制造，其拉伸强度不应低于 15MPa。挠性万向节弹性元件的拉应力

$$\sigma_L = \frac{T_{max}}{iRS} \tag{6-19}$$

$$S = (R_1 - R_2 - d_0)b \tag{6-20}$$

式中，T_{max} 为静强度计算用转矩（N·mm）；i 为单个万向节叉上的螺栓数目；R 为橡胶盘的平均半径（mm）；S 为拉断面积（mm²）；R_1、R_2 为橡胶盘的外半径及内半径（mm）；b 为橡胶盘的厚度（mm）；d_0 为螺栓孔的直径（mm）；许用拉应力 $[\sigma_L]$ 不应大于 15MPa。

挤压应力

$$\sigma_j = \frac{T_{max}}{iRbd_0} \tag{6-21}$$

许用挤压应力一般取 $[\sigma_j] = 8$MPa。

有橡胶带织物夹层制成的万向节橡胶盘，其最大圆周速度不应大于 15m/s。

第五节　传动轴与辅助支承的结构分析与设计

一、传动轴设计

在商用车中广泛应用的中央传动轴布置，一般采用花键轴和花键套连接，利用两者之

间的轴向滑动,实现传动轴在车轮跳动时长度自如伸缩变化。图 6-24 所示为花键处剖开的结构形式。图中 1 是带外花键的万向节叉,2 是带内花键的一部分传动轴,3 是添加润滑脂的注油嘴。

承受转矩的花键,在轴向滑动时产生的轴向力

$$F_a = f\frac{T_2}{r} \qquad (6\text{-}22)$$

式中,T_2 为花键所承受的转矩(N·mm);r 为滑动花键齿工作面的中(半)径(mm);f 为摩擦系数。

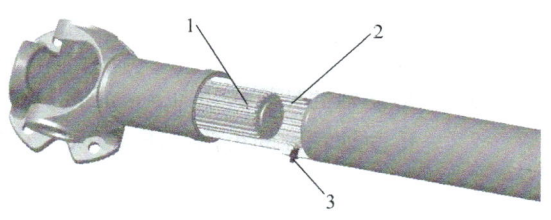

图 6-24 中央传动轴结构
1—万向节叉　2—传动轴　3—注油嘴

为了减小轴向滑动阻力,一般对花键齿进行磷化处理或喷涂尼龙层,或者在花键槽中放入滚针、滚柱或滚珠等滚动元件,以滚动摩擦代替滑动摩擦,从而提高效率,减小冲击;但这种结构比较复杂,成本高。传动轴上的滑动花键应有润滑和防尘措施,花键齿间隙不宜过大,且应按对应标记装配,以免装错而增大十字轴万向节传动的不均匀性。

中央传动轴的轴管,通常用板厚为 1.5~3.0mm 的低碳钢板卷制的电焊钢管,制成管径较大(50~100mm)的空心钢管,以提高抗扭强度和弯曲刚度,适用于高速旋转的传动机构。

设计传动轴的支承长度和断面尺寸时,应确保具有足够的抗扭强度,且共振临界转速不在工作转速范围之内。临界转速是指传动轴的工作转速接近其弯曲振动的固有频率时,出现共振、旋转轴失去稳定性的最低转速,一般计算公式为

$$n_k = 1.2 \times 10^8 \frac{\sqrt{D_c^2 + d_c^2}}{L_c^2} \qquad (6\text{-}23)$$

式中,n_k 为传动轴的临界转速(r/min);L_c 为传动轴的支承长度(mm),即两端万向节中心的距离;d_c 和 D_c 分别为轴管的内、外径(mm)。由于传动轴动平衡的误差、伸缩花键连接的间隙以及支承的非刚性等,传动轴的实际临界转速要低于式(6-23)所计算的数值,因此应选取一定的安全系数 K,取安全系数 $K = \dfrac{n_k}{n_{max}} = 1.2 \sim 2.0$,其中下限用于精确动平衡、高精度的伸缩花键和万向节间隙较小时,n_{max} 为传动轴的最高转速(r/min)。

由式(6-23)可知,在相同的情况下,空心轴管的临界转速高于实心轴,而且可节约材料,减轻重量。此外,当传动轴长度超过 1.5m 时,为了提高 n_k 方便整车总布置,常将传动轴分成 2~3 段,并设置中间支承。

传动轴轴管断面尺寸除满足临界转速的要求以外,轴管的扭转应力 τ_c(MPa)应满足

$$\tau_c = \frac{16 D_c T_1}{\pi (D_c^4 - d_c^4)} \leqslant [\tau_c] \qquad (6\text{-}24)$$

式中,T_1 为传动轴的计算转矩(N·mm);$[\tau_c]$ 为许用扭转应力,$[\tau_c] = 300$MPa;其余

符号的意义同前。

对于传动轴上的花键轴,通常根据内径计算扭转应力。根据材料的许用应力,选取安全系数 $K=2.0\sim3.0$,并按式(6-25)进行结构校核。

$$\tau_h = \frac{16T_1}{\pi d_h^3} \tag{6-25}$$

式中,T_1 为传动轴的计算转矩(N·mm);d_h 为花键轴的花键小径(mm)。

传动轴花键的齿侧挤压应力 σ_y(MPa)计算公式为

$$\sigma_y = \frac{T_1 K'}{\left(\dfrac{D_h+d_h}{4}\right)\left(\dfrac{D_h-d_h}{2}\right)L_h n_0} \leqslant [\sigma_y] \tag{6-26}$$

传动轴动平衡
1~3

式中,T_1 为传动轴的计算转矩(N·mm);K' 为花键齿载荷分布的不均匀系数,$K'=1.3\sim1.4$;D_h 和 d_h 分别为花键的大径和小径(mm);L_h 为花键的有效工作长度(mm);n_0 为花键齿数。当齿面硬度大于 35HRC 时,许用挤压应力 $[\sigma_y]=25\sim50$MPa。对于非滑动花键,许用挤压应力 $[\sigma_y]=50\sim100$MPa。

传动轴总成的不平衡是传动系产生弯曲振动的激励源,高速旋转时,将产生明显的振动和噪声。万向节中十字轴的轴向窜动、传动轴滑动花键的间隙、传动轴两端连接处的定心精度、高速旋转时传动轴的弹性变形、传动轴上点焊平衡片时的热影响因素等,都能改变传动轴总成的不平衡度。提高滑动花键的耐磨性和万向节花键的配合精度,缩短传动轴长度并增加其弯曲刚度,都能降低传动轴的不平衡度。因此,传动轴总成应进行动平衡检验。其允许的不平衡度根据车型要求不同,对于乘用车,最高转速在 3000~6000r/min 时不大于 350g·mm;对于商用车,最高转速在 1000~4000r/min 时不大于 1000g·mm。另外,传动轴总成的径向全跳动不大于 0.8mm。

当前传动轴总成设计的技术规范完整,地方标准 DB41/T 730—2012 不但规定了传动轴的类型,还对其焊接加工、装配技术要求等进行了详尽地说明;同时也对传动轴径向跳动量、转动阻力矩、安全、试验等进行了详尽地阐述。设计者可参照标准进行传动轴总成的设计。

二、辅助支承装置设计

传动轴过长或者分段时需加中间支承,如图 6-25 所示。中间支承通常安装在车架横梁或车身底架上,以补偿传动轴轴向和周向的安装误差以及车辆行驶过程中由于发动机振动或车架等变形所引起的位移。中间支承有橡胶弹性中间支承、摆臂式中间支承、蜂窝软垫式中间支承和双列圆锥滚子轴承式中间支承等。蜂窝软垫式中间支承能适应安装误差和行驶中出现的位移,吸收振动,减小噪声,其结构简单,效果显著,应用较广泛。橡胶弹性中间支承不能传递轴向力,主要承受径向力。这些径向力主要是由传动轴动不平衡和万向节上的附加弯矩引起,其大小按照一定的规律变化,传动轴的动不平衡引起的径向力每周变化一次,万向节上附加弯矩引起的径向力每周变化两次,当这些激振力的频率与橡胶弹性中间支承悬置质量的固有频率重合时便会发生共振,设计时应尽量避免。

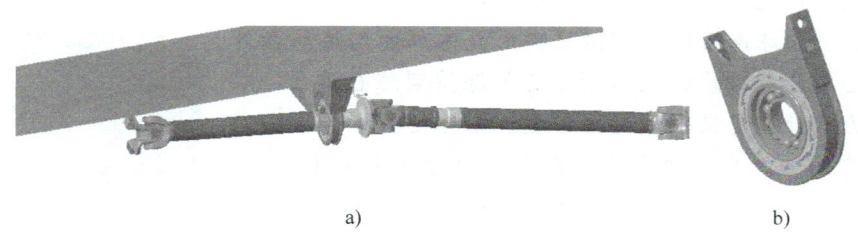

图 6-25 三万向节万向传动装置
a) 三万向节装置总布置 b) 中间支承

中间支承的固有频率

$$f_0 = \frac{1}{2\pi}\sqrt{\frac{C_R}{m}} = \frac{1}{2\pi}\sqrt{\frac{C_R g}{G}} \tag{6-27}$$

式中，f_0 为固有频率（Hz）；C_R 为中间支承橡胶件径向刚度（N/mm）；m 为中间支承悬置质量（kg），它等于传动轴落在中间支承上的那一部分质量与中间支承轴承及其轴承座质量之和；G 为与中间支承悬置质量 m 对应的重力（N）；g 为重力加速度（m/s²）。

合理选择其弹性元件的径向刚度 C_R，使固有频率 f_0 对应的临界转速 $n = 60 f_0$（r/min）尽可能低于传动轴的常用转速范围，以避免共振。当固有频率依照上述数据确定时，由于传动轴动不平衡引起的共振转速为 1000~2000r/min，而由于万向节上的附加弯矩引起的共振转速为 500~1000r/min。可见，要完全避免中间支承的共振是不可能的，设计时要使临界转速尽可能地低于传动轴的常用转速范围。

第六节 球笼式万向节的运动分析

计算机辅助设计软件一般具有机构仿真分析模块，可实现机构的受力状态、运动状态的仿真模拟，分析结果可导入到有限元分析模块，进行结构校核和优化。这使得设计者可以很方便地进行仿真分析和优化设计，极大地提高了设计效率。本节基于 PTC 公司的 Creo 软件，以球笼式万向节为例，介绍万向传动机构运动仿真。

一、仿真模型创建

为便于创建仿真模型，先做如下假设：将零部件视为刚体，各零部件间均为理想约束且不考虑相互间的摩擦力；不考虑万向节运动过程中的碰撞和振动；各零部件的尺寸设计不考虑表面精度、加工误差及配合间隙，尺寸大小按理想情况计算；不考虑实际驱动时内部润滑剂的作用。

仿真模型创建过程分为两部分：装配环境创建和连接约束创建。装配环境创建为在 Creo/parametic 软件中创建新的装配模型，即定义两条有一定夹角的中心线和两中心线的交点，作为输入轴和输出轴的中心线和万向节中心。连接约束创建主要采用圆柱约束、槽连接、平面约束、球连接完成该万向节的装配。具体为：采用圆柱约束，分别约束输入轴的轴线和钟形壳输出端的轴线与两条中心线重合；采用圆柱约束、平面约束完成输入轴与星形套之间的花键连接的定义，约束零件轴线重合以及相应平面重合；采用球连接的方式定义钟形壳内球面与星形套外球面的球心重合及钟形壳内球面球心与保持架球心重合；采用槽连接方式分别定义钢球与星形套、钢球与钟形壳、钢球与保持架之间的约束，使钢球中心在钟形壳外滚道中心线、星形套内滚道中心线、保持架钢球槽的中心线上。添加完约束的球笼式万向节模型如图 6-26 所示。

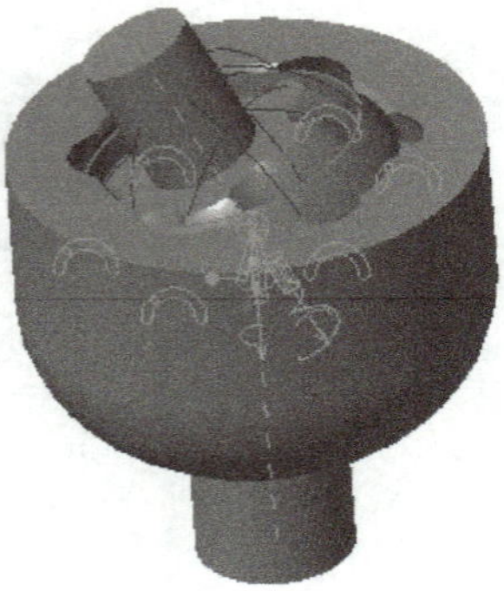

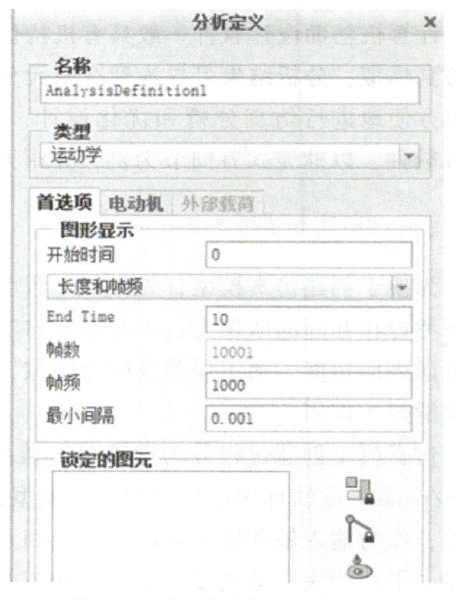

图 6-26　添加完约束的球笼式万向节模型

二、创建运动仿真

1. 添加动力源

Creo 中提供伺服电动机、驱动电动机、力、力矩等，可用于机构的动力源。伺服电动机可采用时间函数、表格等方式编辑定义输出的转速、转角等随时间变化的规律，是进行机构分析的常用动力源。本仿真在输入轴上添加一转速为常数 "100deg/sec" 的伺服电动机，伺服电动机定义如图 6-27 所示。

2. 仿真条件设置

Creo 机构分析提供的仿真分析类型有位置分析、运动学分析、动力学分析、力平衡分析等。为便于模拟真实情况，在动力学仿真时，一般需考虑重力影响，需添加重力加速度。本仿真只考虑运动学关系，定义帧频和仿真时间，如图 6-28 所示。单击"运行"按钮即可开始仿真。考虑到计算机运算速度的限制，仿真时只定义了一个钢球的约束，此时仿真模型如图 6-29 所示。为便于分析，采用测量定义模块定义输出轴的转速、钢球相对于导轨的位置。

图 6-27　伺服电动机定义

图 6-28　设置运动学仿真参数

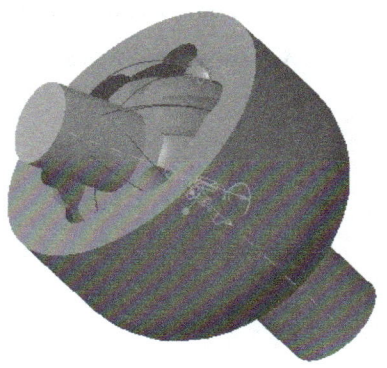

图 6-29　添加电动机后的仿真模型

三、结果分析

1. 输出轴转速

输出轴的转速如图 6-30 所示,输出轴的转动是有规律的变化,转速的最大变化量

$$\Delta v = (100.015 - 99.988)°/s = 0.027°/s$$

转速变化率

$$\varepsilon = \frac{0.027}{99.988} \times 100\% = 0.027\%$$

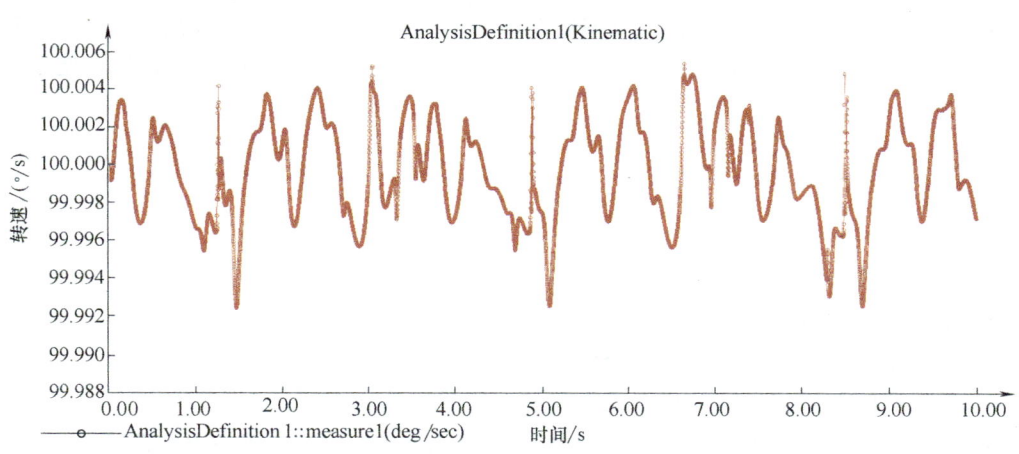

图 6-30　输出轴的转速

输出轴的转速变化不大,万向节运动稳定,验证了万向节等速的特性。转速变化的原因是钢球与星形套和钟形壳之间不是刚性连接,在万向节转动时,钢球与星形套和钟形壳之间产生碰撞,影响了钢球传递运动,导致钟形壳转速输出的变化。

2. 钢球位移

在本次运动仿真试验中,钢球的运动轨迹如图 6-31 所示。由图 6-31 可知,在万向节转动一周的过程中,钢球往返运动一次,运动的距离

$$L = (52.3348 - 38.2667) \times 2 \text{mm} = 28.1362 \text{mm}$$

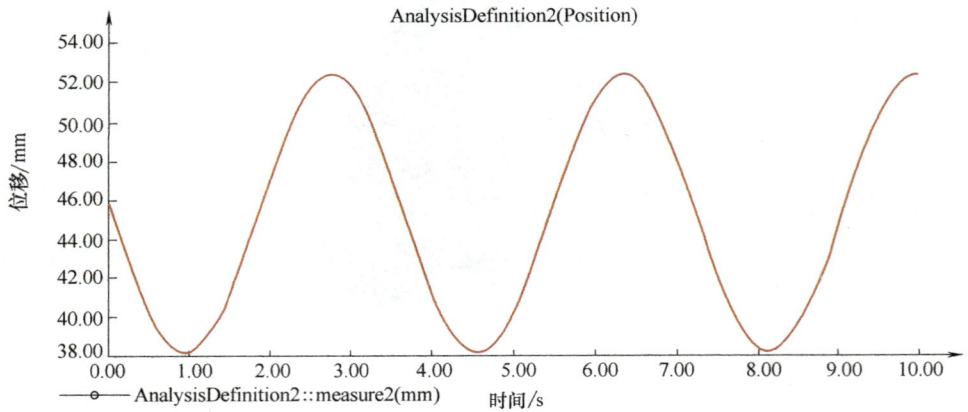

图 6-31 钢球的运动轨迹

该模型的星形套内滚道的轴向长度为 32.4mm，在此万向节夹角的情况下，钢球滚动路线占滚道长度比

$$\eta = \frac{14.0681}{32.4} \times 100\% = 43.4\%$$

钢球连接着钟形壳和星形套，传递来自星形套的动力给钟形壳。当星形套和钟形壳有轴间夹角时，由于星形套和钟形壳的偏心，在万向节转动的过程中，钢球不仅绕着星形套球心转动，还绕着自身球心自转，故钢球在滚道中移动距离的长短直接决定了万向节的磨损情况，也决定了万向节的使用寿命。仿真分析可以很清晰地得到这一数据，便于产品改进。

思 考 题

1. 什么是传动轴临界转速？提高传动轴临界转速的方法有哪些？
2. 分析双万向节传动的附加弯矩及传动轴的弯曲变形。
3. 双十字轴万向节等速传动的条件有哪些？
4. 等速万向节最常见的结构形式有哪些？简要说明各自特点。
5. 传动轴总成的不平衡有哪些影响因素？如何降低传动轴总成的不平衡度？
6. 简述采用计算机辅助设计软件进行万向传动机构运动仿真的方法。

第七章 驱动桥设计

第一节 概　　述

驱动桥处于汽车传动系的末端，基本功用是增大由传动轴或直接由变速器传来的转矩，并将动力分配给左、右驱动车轮，并使左、右驱动车轮具有汽车行驶运动学所要求的差速器功能，同时驱动桥还要承受作用于路面和车架或车身之间的垂向力、纵向力和横向力。

驱动桥主要由主减速器总成、差速器总成、半轴和桥壳总成等零部件组成。

驱动桥的设计要求：
1）主减速器传动比应使汽车具有最佳的动力性和燃油经济性。
2）保证车辆有必要的离地间隙，提高汽车通过性。
3）工作平稳，性能可靠，噪声较小。
4）传动效率高。
5）在强度和刚度条件满足的情况下，尽可能使质量较小，以改善汽车平顺性。
6）结构简单，与悬架等系统协调较好，制造容易，维修方便。

第二节　驱动桥的选型

在选择驱动桥的结构形式时，应从所设计汽车的类型、生产条件出发，并和汽车的其他部件尤其是与悬架的结构形式及特性相适应，以保证整个汽车预期使用性能的实现。常见的驱动桥结构形式如图7-1所示。

当驱动车轮采用非独立悬架时，配以非断开式驱动桥；当驱动车轮采用独立悬架时，则配以断开式驱动桥。

非断开式驱动桥的整个驱动桥通过弹性悬架与车架连接，由于半轴套管与主减速器壳是刚性连接的，因而两侧的半轴与驱动轮不可能在横向平面内做相对运动，驱动桥壳是一根连接车轮的刚性梁，如图7-2所示。非断开式驱动桥结构简单，造价低廉，工作可靠，

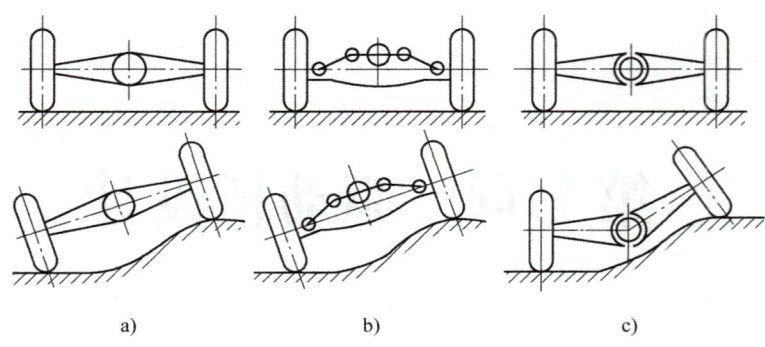

图 7-1 驱动桥的结构形式

a) 普通的非断开驱动桥 b) 带有摆动半轴的非断开式驱动桥 c) 断开式驱动桥

广泛地用在各种商用车和乘用车上。其桥壳经悬架的弹性元件、导向装置或推杆等与车架或车厢相连。

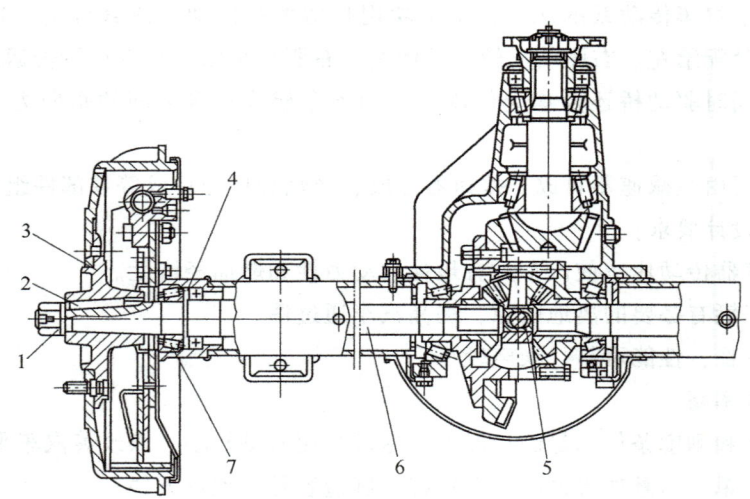

图 7-2 非断开式驱动桥

1—锁紧螺母 2—键 3—轮毂 4—桥壳 5—差速装置 6—半轴 7—轴承

断开式驱动桥的两侧驱动轮分别用弹性元件与车架相连，没有一个连接左、右驱动车轮的刚性整体外壳或梁，桥壳是分段的，并且彼此之间可以做相对运动。一般将主减速器壳固定在车架或车身上，左、右驱动车轮的半轴分为两段并用万向节连接，半轴套管与主减速器壳采用铰链式连接，如图 7-3 所示。

断开式驱动桥结构较复杂，成本高，但利于改善汽车的操纵稳定性、平顺性和通过性，适用于对行驶平顺性要求较高的乘用车及对通过性要求较高的越野汽车。

断开式驱动桥在安装时，要考虑独立悬架与车架或车厢的连接，即导向装置等的布置，几种常用的布置形式如图 7-4 所示。

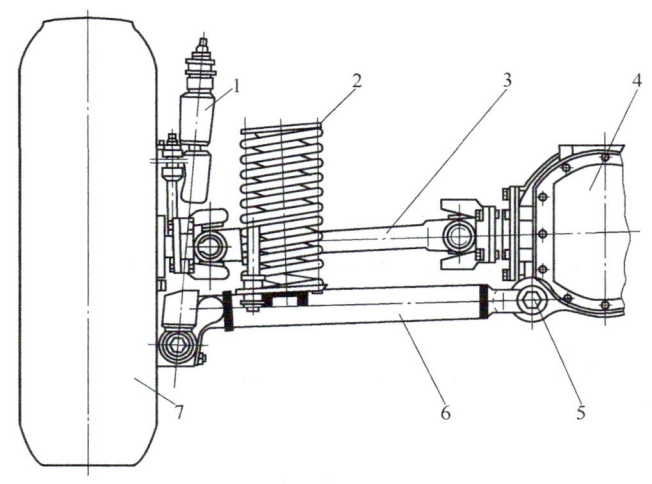

图 7-3 断开式驱动桥

1—减振器　2—悬架弹簧　3—车轮传动万向轴　4—主减速器　5—摆臂轴　6—悬架摆臂　7—车轮

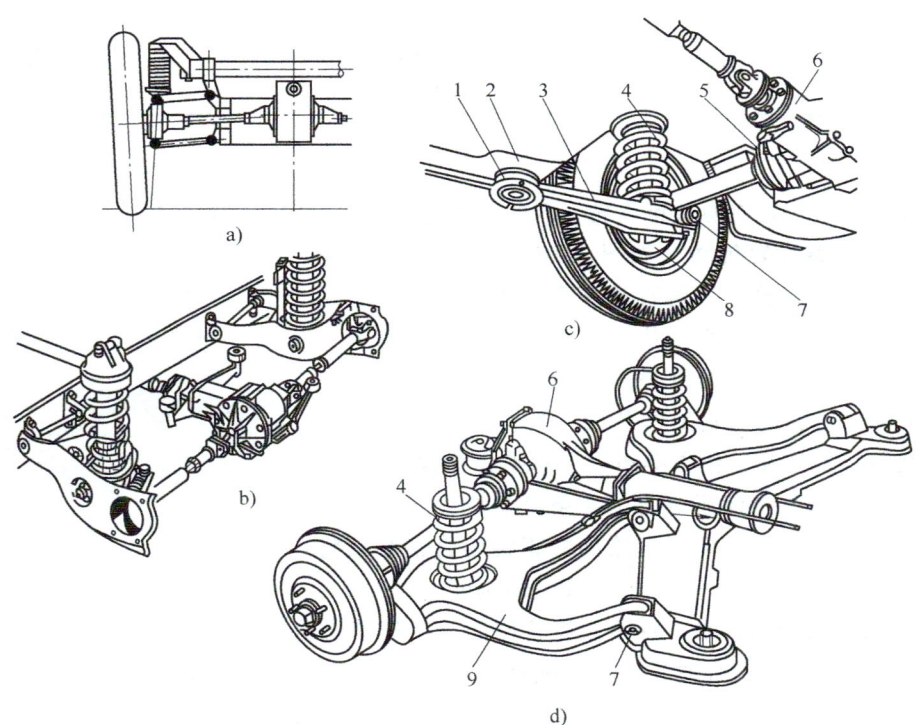

图 7-4 断开式驱动桥常用布置形式

a) 双横臂式导向装置与断开式驱动桥　b)、c) 单纵臂式导向装置与断开式驱动桥
d) 单斜臂式导向装置与断开式驱动桥

1—橡胶垫　2—车厢地板　3—纵向推力杆　4—螺旋弹簧　5—右段驱动桥壳（与主减速器壳铰接）
6—主减速器　7—弹性铰链　8—制动底板　9—悬架摆臂

第三节 主减速器的设计

一、主减速器结构形式的选择

1. 主减速器的结构形式

为满足不同的车型及其使用要求,主减速器有不同的结构类型,其分类及结构特点见表 7-1。

表 7-1 主减速器的分类及其结构特点

分类方法	结构类型		结构特点
按参加传动的齿轮副分	单级主减速器		一级减速
	双级主减速器		两级减速
按主减速器传动比的档数分	单速主减速器		单传动比
	双速主减速器		有两个传动比供选择
按齿轮副结构形式分	圆柱齿轮式		圆柱齿轮
	锥齿轮式	螺旋锥齿轮式	锥齿轮
		双曲面齿轮式	双曲面齿轮
	蜗轮蜗杆式		蜗轮蜗杆

2. 主减速器的齿轮形式

主减速器的齿轮有螺旋锥齿轮、双曲面齿轮、圆柱齿轮和蜗轮蜗杆等形式。

(1) **螺旋锥齿轮传动** 如图 7-5 所示,螺旋锥齿轮传动的主、从动齿轮轴线垂直相交于一点,齿轮并不同时在全长上啮合,而是逐渐从一端连续平稳地转向另一端。另外,由于轮齿端面重叠的影响,至少有两对以上的轮齿同时啮合,因此它工作平稳,能承受较大的负荷,制造也简单;但是在工作中噪声大,对啮合精度很敏感,齿轮副锥顶稍有不吻合便会使工作条件急剧变坏,并伴随磨损和噪声增大。为保证齿轮副的正常啮合,必须将支承轴承预紧,提高支承刚度,增大壳体刚度。

图 7-5 螺旋锥齿轮传动

(2) **双曲面齿轮传动** 双曲面齿轮传动主、从动齿轮的轴线相互垂直而不相交,主动齿轮轴线相对从动齿轮轴线在空间偏移一个距离 e,此距离称为偏移距,如图 7-6 所示。

在图 7-6 中,由大齿轮的锥顶向齿面看,并使小齿轮处于右侧,如果小齿轮在大齿轮中心线的上方则为上偏移,反之为下偏移。

双曲面主动齿轮轴布置在从动齿轮中心上方,便于实现多轴驱动桥的贯通,增大万向传动轴的离地高度;布置在从动齿轮中心下方可降低万向传动轴的离地高度,有利于降低乘用车车身高度,并减小车身地板中部凸起通道的高度。

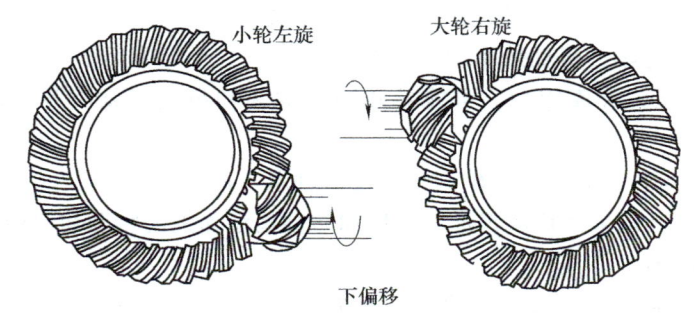

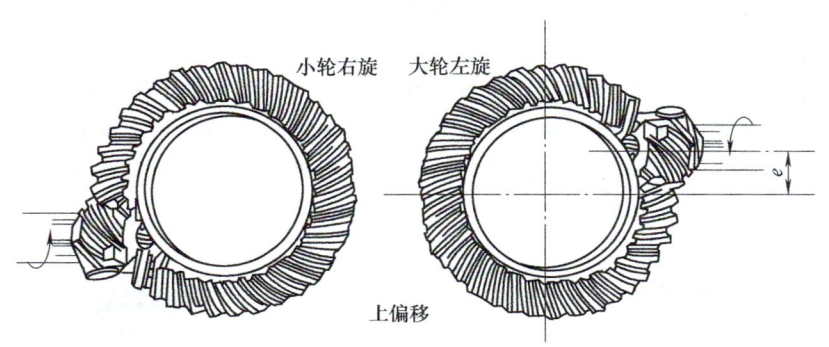

主减速器

图 7-6 双曲面齿轮偏移

双曲面齿轮传动与螺旋锥齿轮传动的比较见表 7-2。

表 7-2 双曲面齿轮传动与螺旋锥齿轮传动的比较

传动类型	双曲面齿轮传动	螺旋锥齿轮传动
运转平稳性	优	良
抗弯强度	提高 30%	较低
接触强度	高	较低
抗胶合能力	较弱	强
滑动速度	大	小
效率	约 96%	约 99%
对安装误差的敏感性	取决于支承刚度和刀盘直径	取决于支承刚度和刀盘直径
轴承负荷	小齿轮的轴向力大	小齿轮的轴向力小
润滑油	有多种添加剂的特种润滑油	普通润滑油

由于双曲面齿轮具有一系列的优点，因而它比螺旋锥齿轮应用更广泛。一般情况下，当主传动比大于 4.5 而轮廓尺寸又有限时，采用双曲面齿轮传动更加合理。这是因为如果保持主动齿轮轴径不变，则双曲面从动齿轮直径比螺旋锥齿轮小。当传动比小于 2 时，双曲面主动齿轮相对螺旋锥齿轮主动齿轮显得过大，占据过多的空间，这时可选用螺旋锥齿轮，因为后者具有较大的差速器可利用空间。对于中等传动比，即传动比在 2~4.5 之间，两种齿轮传动均可采用。

双曲面齿轮传动也存在如下缺点：

1）沿齿长的纵向滑动会使摩擦损失增加，降低传动效率。双曲面齿轮副的传动效率约为96%，螺旋锥齿轮副的传动效率约为99%。

2）齿面间大的压力和摩擦力，可能导致油膜破坏和齿面烧结咬死，即抗胶合能力较低。

3）双曲面主动齿轮具有较大的轴向力，使其轴承负荷增大。

双曲面齿轮传动必须采用可改善油膜强度和防刮伤添加剂的特种润滑油，螺旋锥齿轮传动用普通的润滑油即可。

（3）圆柱齿轮传动 圆柱齿轮传动（见图7-7）一般采用斜齿轮，广泛应用于发动机横向前置且前轮驱动的乘用车驱动桥、双级主减速器贯通式驱动桥以及轮边减速器中。

（4）蜗杆传动 蜗杆传动（见图7-8）与锥齿轮传动相比有如下优点：在轮廓尺寸和结构质量较小的情况下，可得到较大的传动比（可大于7）；在任何转速下使用均能工作得非常平稳且无噪声；便于汽车的总布置及贯通式多桥驱动的布置；能传递大的载荷，使用寿命长；结构简单，拆装方便，调整容易。但是由于蜗轮齿圈要求用高质量的锡青铜制作，故成本较高；另外，传动效率较低。

图7-7 圆柱齿轮传动

图7-8 蜗杆传动

蜗杆传动主要用于生产批量不大的重型多桥驱动汽车和装有高转速发动机的大客车。

3. 主减速器的减速形式

根据减速形式特点的不同，主减速器的减速形式可分为单级减速、双级减速、单双级贯通减速、单级贯通减速配以轮边减速等。影响主减速器减速形式的因素主要有汽车类型、使用条件、汽车离地间隙、驱动桥数以及主减速器传动比等。

（1）单级主减速器 单级主减速器（见图7-9）具有结构简单、质量小、尺寸紧凑、制造成本低等优点，因而广泛应用于主传动比 $i_0 \leq 7$ 的汽车上。例如，乘用车（一般 $i_0 = 3 \sim 4.5$）、总质量较小的商用车都采用单级主减速器。单级主减速器多采用一对锥齿轮或双曲面齿轮传动，也有采用一对圆柱齿轮传动或蜗杆传动的。

（2）双级主减速器 双级主减速器主要有四种结构方案：第一级为锥齿轮，第二级为圆柱齿

图7-9 单级主减速器

轮；第一级为锥齿轮，第二级为行星齿轮；第一级为行星齿轮，第二级为锥齿轮；第一级为圆柱齿轮，第二级为锥齿轮。

双级主减速器与单级主减速器相比，在同等离地间隙时可得到大的传动比，i_0一般为 7.6~12。通常圆柱齿轮副和锥齿轮副传动比比值 i_{02}/i_{01} 在 1.4~2.0 之间，趋于采用较大比值，i_{01} 的选择范围为 1.73~2.27。双级主减速器结构复杂，尺寸、质量均较大，成本较高。它主要应用于中、重型商用车和越野车。

第一级减速齿轮为锥齿轮，第二级减速齿轮为圆柱齿轮的双级主减速器结构如图 7-10 所示。

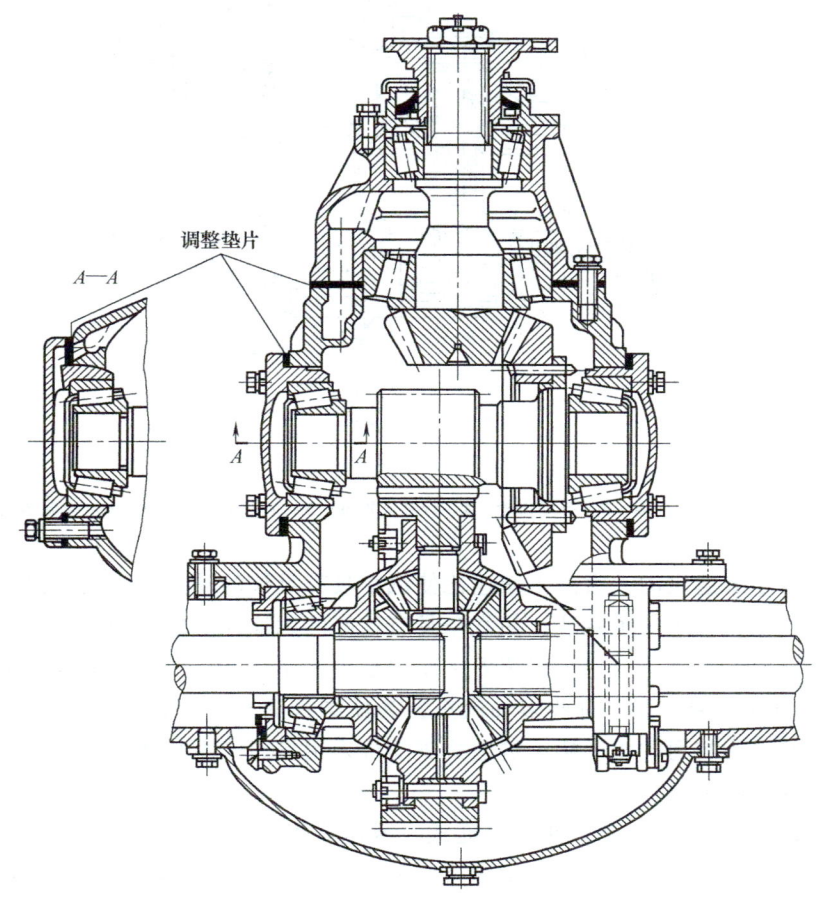

图 7-10 双级主减速器

（3）双速主减速器 为充分提高汽车的动力性和经济性，有些汽车装用具有两档传动比的主减速器，即双速主减速器。

双速主减速器具有两种主减速比，由两级齿轮减速构成。第一级减速采用一对螺旋锥齿轮或双曲面齿轮，第二级减速为行星齿轮或圆柱齿轮。图 7-11 所示为锥齿轮-行星齿轮式双速主减速器。图 7-12 所示为锥齿轮-圆柱齿轮式双速主减速器。

双速主减速器的高、低档传动比，是根据汽车的使用条件、发动机功率以及变速器各

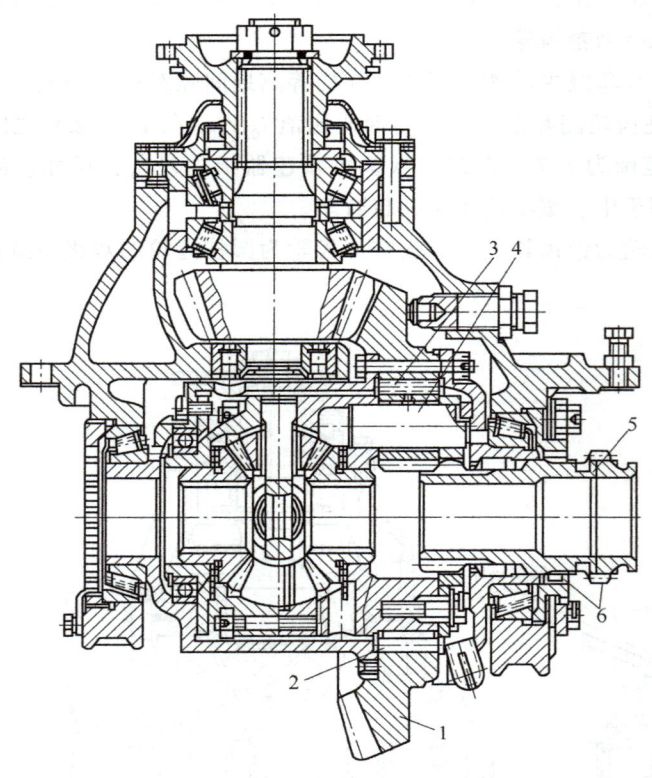

图 7-11 锥齿轮-行星齿轮式双速主减速器

1—从动锥齿轮 2—齿圈 3—行星齿轮 4—行星齿轮轴 5—换档用接合齿轮 6—挂低档用接合齿

档传动比的大小来选定的。大的主减速比使汽车具有足够的动力性，用于汽车在满载时或在困难道路上行驶；小的主减速比使汽车具有较好的燃油经济性，用于汽车在空载、半载时或在良好路面上行驶。双速主减速器主要用于单桥驱动且总质量较大的商用车。

（4）贯通式主减速器 有些多轴汽车，为使结构简化、部件通用性好以及便于形成系列产品，常采用贯通式驱动桥。贯通式驱动桥采用贯通式主减速器，根据其减速形式可分为单级和双级两种。

1) 单级贯通式主减速器。单级贯通式主减速器传动系结构简单，主减速器的质量及体积较小，中后桥的大部分零件（尤其是桥壳、主轴等）可以互换，一般用于轻型多桥驱动的汽车上。

根据齿轮减速形式的不同，单级贯通式主减速器又可分为双曲面齿轮式和蜗杆式两种。双曲面齿轮式单级贯通式主减速器如图 7-13 所示，其主减速比最大为 5 左右，用于轻型汽车的贯通式驱动桥。当用于大型汽车时，要通过增设轮边减速器或加大分动器传动比等措施来增加减速比。

蜗杆式单级贯通式主减速器如图 7-14 所示，在结构和质量较小的情况下，可得到较大的主减速比，具有工作噪声较小、便于汽车总布置等优点，适用于各种吨位多桥驱动的汽车的贯通式驱动桥。

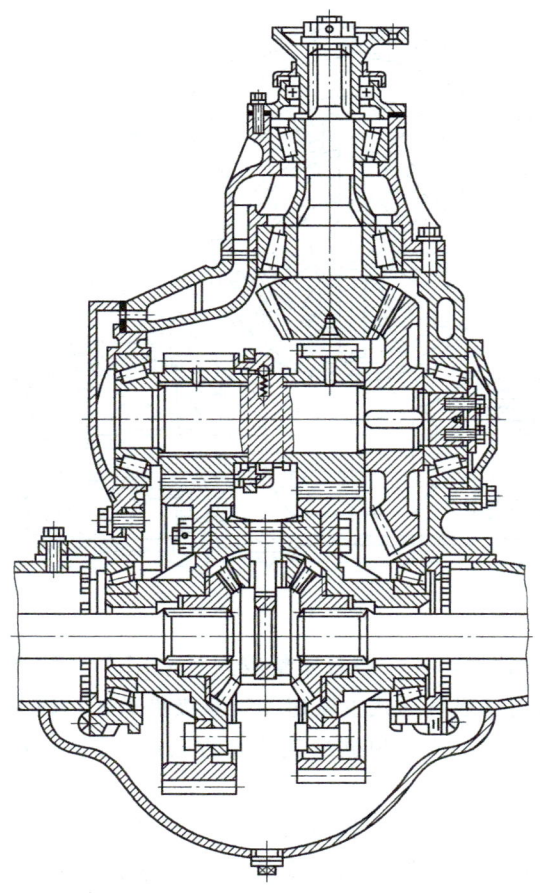

图 7-12 锥齿轮-圆柱齿轮式双速主减速器

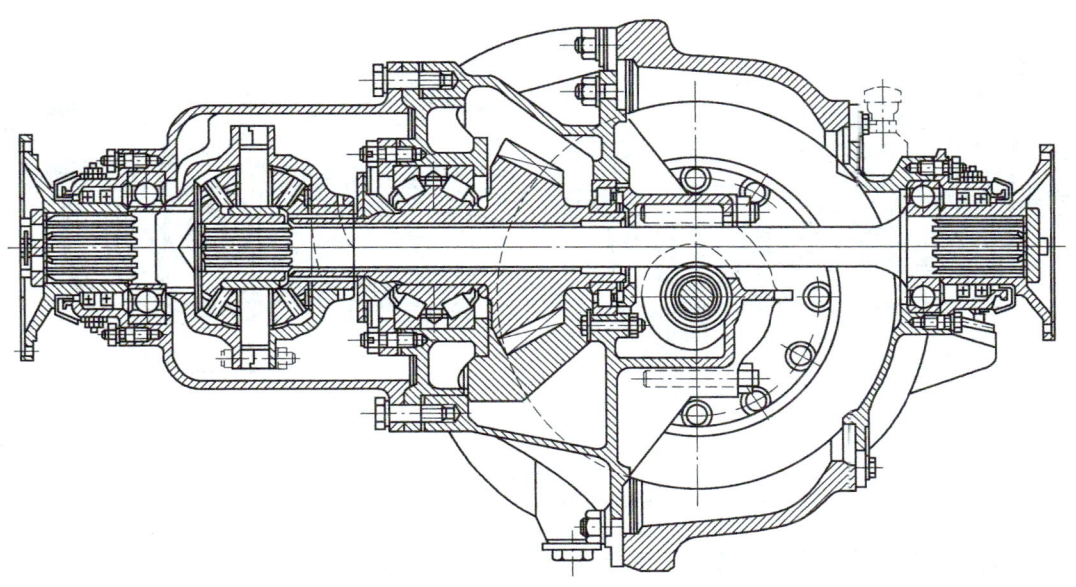

图 7-13 双曲面齿轮式单级贯通式主减速器

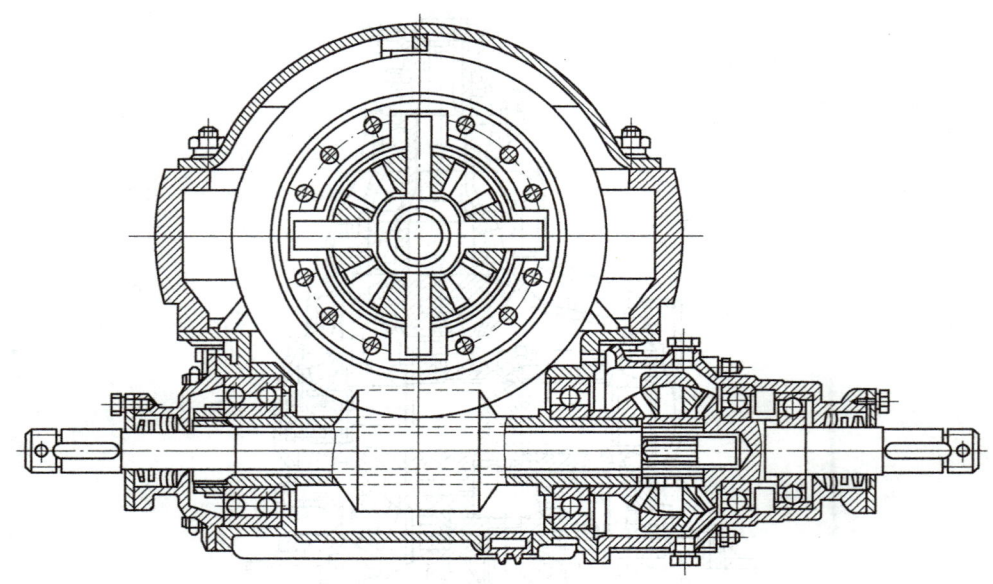

图 7-14 蜗杆式单级贯通式主减速器

2) 双级贯通式主减速器。在一些总质量较大且采用多桥驱动的重型汽车上,由于其主减速比较大,一般采用双级贯通式主减速器。双级贯通式主减速器由一对圆柱齿轮和一对螺旋锥齿轮或双曲面齿轮组成,根据齿轮组合方式的不同分为锥齿轮-圆柱齿轮式和圆柱齿轮-锥齿轮式两种结构形式。

锥齿轮-圆柱齿轮式双级贯通式主减速器可以获得较大的主传动比,但其高度尺寸大,主动锥齿轮工艺性差,从动锥齿轮支承刚度差,拆装也不方便。圆柱齿轮-锥齿轮式双级贯通式主减速器如图 7-15 所示,其结构紧凑,高度尺寸小,便于贯通轴的布置,有利于降低车厢地板及整车质心高度。

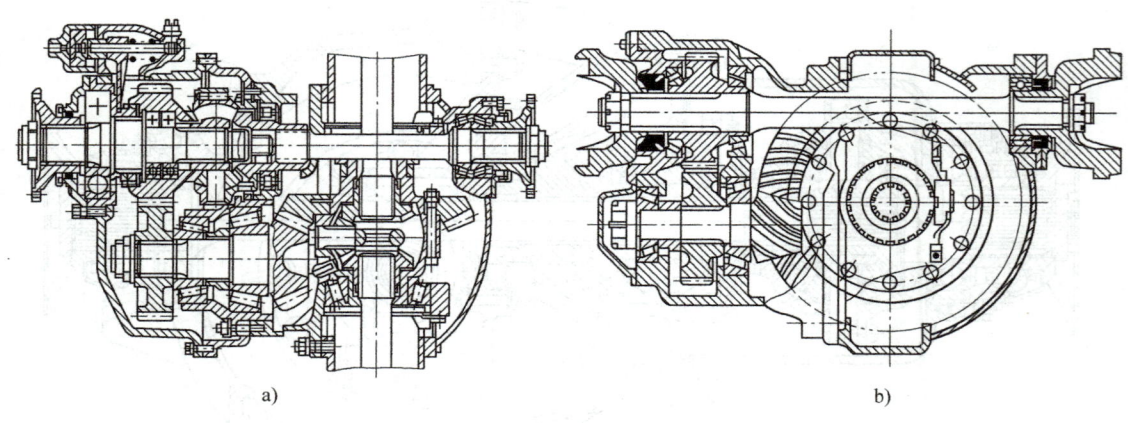

a) b)

图 7-15 圆柱齿轮-锥齿轮式双级贯通式主减速器
a) 带轴间差速器的结构 b) 不带轴间差速器的结构

(5) 主减速器附轮边减速器 对于某些重型汽车、越野车或大型客车,为了得到更大的牵引力,势必要增加驱动桥主减速器的主传动比,但这造成主减速器外形尺寸的增大和汽车离地间隙的减小。为了解决这一矛盾，通常采用轮边减速器，把双级主减速器的第二级减速齿轮机构制成两套，布置在两侧驱动车轮内，称为轮边减速器。

主减速器附轮边减速器适用于主减速比 $i_0>12$ 的重型汽车、大型公共汽车。汽车上的轮边减速器多采用行星齿轮式或外啮合圆柱齿轮式。行星齿轮式轮边减速器可在较小的轮廓条件下获得较大的传动比，在汽车上应用较广，如图 7-16 所示。

轮边减速器也有采用圆柱齿轮式的，其主动齿轮布置在从动齿轮的垂直上方或下方，如图 7-17 所示。主动齿轮布置在从动齿轮的垂直上方时，可获得较大的离地间隙，用于越野车。主动齿轮布置在从动齿轮的垂直下方时，获得较小的车厢地板高度，用于公共汽车和无轨电车等。

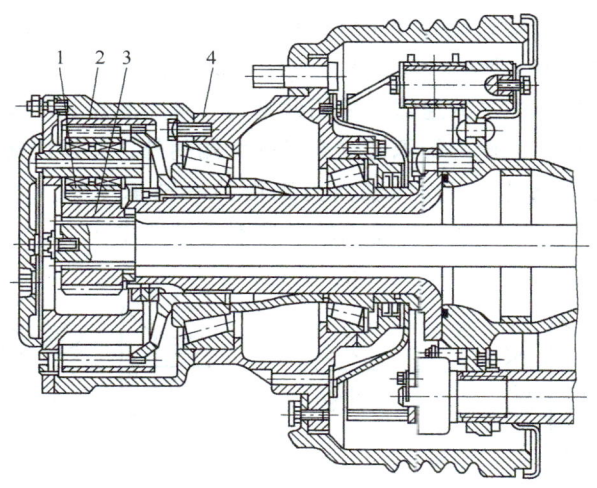

图 7-16　行星齿轮式轮边减速器

1—行星齿轮　2—齿圈　3—太阳轮　4—轮毂

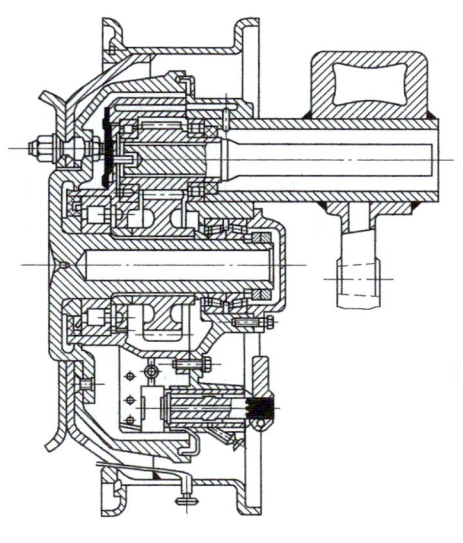
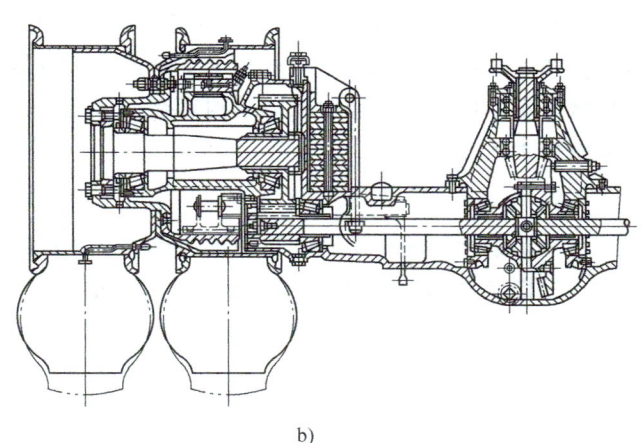

图 7-17　主、从动齿轮的布置

a）主动齿轮在从动齿轮垂直上方　b）主动齿轮在从动齿轮垂直下方

二、主减速器主、从动锥齿轮的支承方案

要使主减速器工作良好，必须保证主、从动锥齿轮的良好啮合。齿轮的啮合状况，除与齿轮的加工质量、齿轮的装配调整以及轴承、主减速器壳体的刚度有关外，还与齿轮的支承形式有关。

1. 主动锥齿轮的支承

主动锥齿轮的支承形式有悬臂式和跨置式两种。

悬臂式支承的齿轮以其轮齿大端一侧的轴颈悬臂式支承于一对轴承的外侧,如图 7-18a 所示。该支承形式结构简单,布置方便,成本较低,但支承刚度较差,在传递力矩较小的主减速器上采用此结构。减小悬臂长度 a 和增加两支承的距离 b,可以改善支承刚度,因此两轴承圆锥滚子的大端朝外,使作用在齿轮上离开锥顶的轴向力由靠近齿轮的轴承承受,而反向轴向力则由另一轴承承受。一般 $b>2.5a$,b 要大于齿轮节圆直径的 70%,另外靠近齿轮的轴径应不小于尺寸 a。

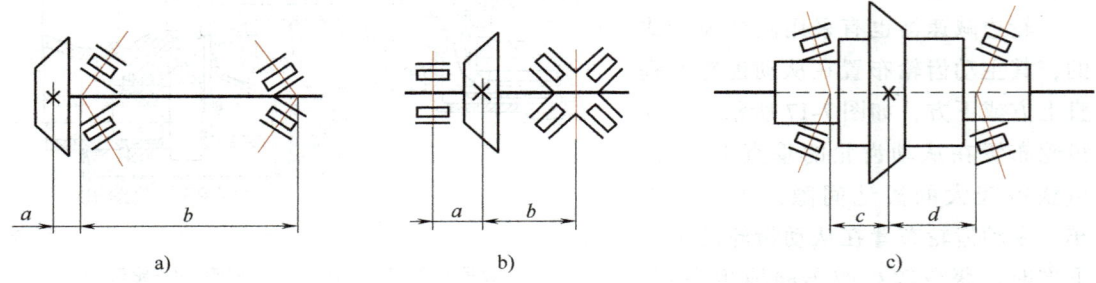

图 7-18 主动锥齿轮悬臂式支承形式

a) 悬臂式支承 b) 跨置式支承 c) 从动锥齿轮的支承

跨置式支承,其齿轮前后两端的轴颈均以轴承支承,如图 7-18b 所示。该支承形式增加了支承刚度,减小了轴承负荷,改善了齿轮啮合条件。此外,由于齿轮大端轴颈上的两个相对安装的圆锥滚子轴承之间的距离很小,可以缩短主动齿轮轴的长度,使布置更紧凑,并可减小传动轴夹角,有利于整车布置。但是该布置必须在主减速器壳体中安装导向轴承支座,使主减速器的壳体结构复杂,加工成本增加。在需要传递大转矩情况下,最好采用跨置式支承。

2. 从动锥齿轮的支承

从动锥齿轮的支承刚度与轴承的形式、支承间的距离及载荷在支承之间的分配比例有关(见图 7-18c)。从动锥齿轮多采用圆锥滚子轴承支承。为了增加支承刚度,两轴承的圆锥滚子大端应向内,以减小 $c+d$ 的尺寸。

三、主减速器齿轮主要参数的选择

汽车主减速器锥齿轮的切齿方法主要有格里森(Gleason)切齿法和奥利康(Oerlikon)切齿法。在此仅介绍格里森齿制锥齿轮的参数选择和设计计算方法。

1. 主减速比 i_0 的确定

主减速比对主减速器的结构形式、轮廓尺寸、质量大小以及当变速器处于最高档位时汽车的动力性和燃油经济性都有直接影响,主减速比 i_0 在汽车总体设计时确定。

2. 驱动桥的离地间隙

驱动桥的离地间隙可参照表 7-3 确定。

表 7-3 驱动桥的离地间隙参考值

车型		离地间隙/mm
乘用车	微型	120~190
	普通型	
	中级	120~230
	高级	130~160
普通货车	微型、轻型	190~220
	中型	210~275
	重型	230~345
越野汽车	微型、轻型	220~280
	中型、重型	280~400
客车	轻型	180~220
	中型、大型	210~290

3. 主减速器齿轮计算载荷的确定

通常是将发动机最大转矩配以传动系最低档传动比时和驱动车轮打滑时这两种情况下，作用于主减速器从动齿轮上的转矩（T_{je}、$T_{j\varphi}$）的较小者，作为在强度计算中用以验算主减速器从动齿轮最大应力的计算载荷，即

$$T_{je} = T_{emax} i_0 i_{gI} K_0 \eta_T / n \tag{7-1}$$

$$T_{j\varphi} = \frac{G_2 m_2' \varphi r_r}{\eta_{LB} i_{LB}} \tag{7-2}$$

式中，T_{emax} 为发动机最大转矩（N·m）；i_0 为主减速器传动比；i_{gI} 为变速器最低档传动比；η_T 为传动系的效率；K_0 为超载系数，对于一般货车、矿用车和越野车及液力传动的各类汽车取 1；n 为该车的驱动桥数目；G_2 为汽车后桥静负载（N）；m_2' 为汽车最大加速度时的后轴负荷转移系数，对于乘用车，$m_2' = 1.2 \sim 1.4$，对于商用车，$m_2' = 1.1 \sim 1.2$；φ 为路面的附着系数，对于安装一般轮胎的公路用汽车取 0.85，对越野车取 1.0，对于安装专门的防滑宽轮胎的乘用车取 1.25；r_r 为车轮的滚动半径（m）；η_{LB}、i_{LB} 分别为由所计算的主减速器从动齿轮到驱动轮之间的传动效率和减速比（如轮边减速器）。

由式（7-1）、式（7-2）求得的计算载荷是最大转矩而不是正常持续转矩，不能用它作为疲劳损坏的依据。对于公路车辆来说，正常持续转矩根据平均牵引力的值来确定，即主减速器从动齿轮的平均计算转矩 T_{jm} 为

$$T_{jm} = \frac{(G_e + G_T) r_r}{i_{LB} \eta_{LB} n}(f_r + f_H + f_P) \tag{7-3}$$

式中，G_e 为汽车总重量（kN）；G_T 为所牵引的挂车满载总重量（kN），但仅用于牵引车；f_r 为道路滚动阻力系数，计算时轿车取 0.010~0.015，货车取 0.015~0.020，越野车取 0.020~0.035；f_H 为汽车正常使用时的平均爬坡能力系数，通常轿车取 0.08，货车和城市公共汽车取 0.05~0.09，长途公共汽车取 0.06~010，越野车取 0.09~0.30；f_P 为汽车或汽车列车的性能系数

$$f_P = \frac{1}{100}\left[16 - \frac{0.195(G_e + G_T)}{T_{emax}}\right] \quad (7\text{-}4)$$

当 $\dfrac{0.195(G_e + G_T)}{T_{emax}} > 16$ 时，取 $f_P = 0$。

当计算主减速器主动齿轮时，应将式（7-1）、式（7-2）和式（7-3）分别除以该对齿轮的主减速比及传动效率，则有

$$T_{je1} = \frac{T_{je}}{i_0 \eta_G} \quad (7\text{-}5)$$

$$T_{j\varphi 1} = \frac{T_{j\varphi}}{i_0 \eta_G} \quad (7\text{-}6)$$

$$T_{jm1} = \frac{T_{jm}}{i_0 \eta_G} \quad (7\text{-}7)$$

式中，i_0 为主传动比；η_G 为主、从动锥齿轮间的传动效率，计算时对于弧齿锥齿轮副，η_G 取95%，对于双曲面齿轮副，当 $i_0 > 6$ 时，η_G 取85%，当 $i_0 \leq 6$ 时，η_G 取90%。

4. 锥齿轮主要参数的选择

主减速器锥齿轮的主要参数有主、从动锥齿轮齿数 z_1 和 z_2，从动锥齿轮大端分度圆直径 D_2 和端面模数 m_t，主、从动锥齿轮齿面宽 b_1 和 b_2，双曲面齿轮副的偏移距 e，中点螺旋角 β，螺旋方向，法向压力角 α 等。

（1）**主、从动锥齿轮齿数 z_1 和 z_2**　选择主、从动锥齿轮齿数时应考虑如下因素：

1）为了磨合均匀，z_1、z_2 之间应避免有公约数。

2）为了得到理想的齿面重合度和高的轮齿弯曲强度，主、从动齿轮齿数和应不小于40。

3）为了啮合平稳、噪声小和具有高的疲劳强度，对于乘用车，z_1 一般不小于9；对于商用车，z_1 一般不小于6。

4）当主传动比 i_0 较大时，尽量使 z_1 取得小些，以便得到合适的离地间隙。

5）对于不同的主传动比，z_1 和 z_2 应有适宜的搭配。

（2）**从动锥齿轮大端分度圆直径 D_2 和端面模数 m_t**　对于单级主减速器，D_2 对驱动桥壳尺寸有影响，D_2 大将影响桥壳的离地间隙；D_2 小则影响跨置式主动齿轮的前支承座的安装空间和差速器的安装。

D_2 可根据经验公式初选

$$D_2 = K_{D_2} \sqrt[3]{T_c} \quad (7\text{-}8)$$

式中，D_2 为从动锥齿轮大端分度圆直径（mm）；K_{D_2} 为直径系数，一般为 13.0~15.3；T_c 为从动锥齿轮的计算转矩（N·m），$T_c = \min[T_{je}, T_{j\varphi}]$。

m_t 计算公式为

$$m_t = D_2 / z_2 \quad (7\text{-}9)$$

式中，m_t 为齿轮端面模数。

同时，m_t 还应满足

$$m_\mathrm{t}=K_\mathrm{m}\sqrt[3]{T_\mathrm{c}} \qquad (7\text{-}10)$$

式中，K_m 为模数系数，取 $0.3 \sim 0.4$。

（3）主、从动锥齿轮齿面宽 b_1 和 b_2 过宽的锥齿轮齿面并不能增大齿轮的强度和寿命，反而会导致因锥齿轮轮齿小端齿沟变窄引起的切削刀头顶面宽过窄及刀尖圆角过小。这样，不但减小了齿根圆半径，加大了应力集中，还降低了刀具的使用寿命。此外，在安装时有位置偏差或由于制造、热处理变形等原因，使齿轮工作时载荷集中于轮齿小端，会引起轮齿小端过早损坏和产生疲劳损伤。另外，齿面过宽也会引起装配空间的减小；而齿面过窄，轮齿表面的耐磨性会降低。

从动锥齿轮齿面宽 b_2 推荐不大于其节锥距 A_2 的 30%，即 $b_2 \leqslant 0.3A_2$，而且 b_2 应满足 $b_2 \leqslant 10m_\mathrm{t}$，一般也推荐 $b_2 = 0.155D_2$。对于螺旋锥齿轮，b_1 一般比 b_2 大 10%。

（4）双曲面齿轮副偏移距 e 双曲面齿轮副偏移距 e 过大将使齿面纵向滑动过大，从而引起齿面早期磨损和擦伤；e 过小，则不能发挥双曲面齿轮传动的特点。在汽车主减速器中，一般对于乘用车和总质量不大的商用车，$e \leqslant 0.2D_2$，且 $e \leqslant 0.4A_2$；对于总质量较大的商用车，$e \leqslant (0.10 \sim 0.12)D_2$，且 $e \leqslant 0.4A_2$。另外，主传动比越大，则 e 也应越大，但应保证齿轮不发生根切。

（5）中点螺旋角 β 螺旋角沿齿宽是变化的，轮齿大端的螺旋角最大，轮齿小端的螺旋角最小。弧齿锥齿轮副的中点螺旋角是相等的，双曲面齿轮副的中点螺旋角是不相等的。

选择 β 时，应考虑它对齿面重合度 ε_F、轮齿强度和轴向力大小的影响。β 越大，则 ε_F 也越大，同时啮合的齿数越多，传动就越平稳，噪声越低，而且轮齿的强度越高。一般 ε_F 应不小于 1.25，在 $1.5 \sim 2.0$ 时效果最好。但是 β 过大，齿轮上所受的轴向力也会过大。

汽车主减速器弧齿锥齿轮螺旋角或双曲面齿轮副的平均螺旋角一般为 $35° \sim 40°$。乘用车选用较大的 β 值以保证较大的 ε_F，使运转平稳，噪声低；商用车选用较小的 β 值以防止轴向力过大，通常取 $35°$。

（6）螺旋方向 从锥齿轮锥顶看，齿形从中心线上半部向左倾斜为左旋，向右倾斜为右旋。主、从动锥齿轮的螺旋方向是相反的。螺旋方向与锥齿轮的旋转方向影响其所受轴向力的方向。当变速器挂前进档时，应使主动齿轮的轴向力离开锥顶方向，这样可使主、从动齿轮有分离趋势，防止轮齿卡死而损坏。

（7）法向压力角 α 法向压力角大一些可以增加轮齿强度，减少齿轮不发生根切的最少齿数。但对于小尺寸的齿轮，压力角大易使齿顶变尖及刀尖宽度过小，并使齿轮端面重合度下降。因此，对于轻负荷工作的齿轮一般采用小压力角，可使齿轮运转平稳，噪声低。对于弧齿锥齿轮，乘用车的 α 一般选用 $14°30'$ 或 $16°$；商用车的 α 为 $20°$；总质量较大的商用车 α 为 $22°30'$。对于双曲面齿轮，大齿轮轮齿两侧压力角是相同的，但小齿轮轮齿两侧的压力角是不等的，选取平均压力角时，乘用车为 $19°$ 或 $20°$，商用车为 $20°$ 或 $22°30'$。

5. 主减速器螺旋锥齿轮强度计算

"格里森制"锥齿轮与双曲面齿轮的强度计算，通常进行以下三种。

(1) 单位齿长上的圆周力

$$p = \frac{F}{b_2} \quad (7\text{-}11)$$

式中，p 为单位齿长上的圆周力（N/mm）；b_2 为从动齿轮的齿面宽（mm）；F 为作用在齿轮上的圆周力，按发动机最大转矩 T_{emax} 和最大附着力矩 $G_2\varphi r_r$ 两种载荷工况进行计算。

按发动机最大转矩计算时

$$p = \frac{2T_{emax}i_g\eta_T \times 10^3}{D_1 b_2} \quad (7\text{-}12)$$

$$D_1 = m_t z_1 \quad (7\text{-}13)$$

式中，T_{emax} 为发动机最大转矩（N·m）；i_g 为变速器传动比，常取一档进行计算；D_1 为主减速器主动齿轮分度圆直径（mm）；m_t 为主减速器主从动齿轮端面模数；z_1 为主减速器主动齿轮齿数；其他符号的意义同前。

按最大附着力矩计算时

$$p = \frac{2G_2 m_2'\varphi r_r \times 10^3}{D_2 b_2} \quad (7\text{-}14)$$

$$D_2 = m_t z_2 \quad (7\text{-}15)$$

式中，G_2 为驱动桥后桥静载荷（kN）；m_2' 为汽车最大加速度时的后轴负荷转移系数；φ 为路面附着系数，按表 7-4 选取；r_r 为车轮滚动半径（mm）；D_2 为从动齿轮分度圆直径（mm）；z_2 为从动齿轮齿数。

p 常用估算主减速器齿轮的表面耐磨性。许用单位齿长上的圆周力 $[p]$ 见表 7-4。在现代汽车设计中，由于材质及加工工艺等制造质量的提高，计算所得的 p 值有时高出表 7-4 中数据达 20%~25%。

表 7-4 许用单位齿长上的圆周力 $[p]$　　　　　　　　　　（单位：N/mm）

汽车类别	按发动机最大转矩计算时			按最大附着力矩计算时	轮胎与地面的附着系数 φ
	一档	二档	直接档		
乘用车	893	536	321	893	0.85
货车	1429	—	250	1429	0.85
客车	982	—	214	—	0.85
牵引车	536	—	250	—	0.65

可通过提升加工工艺提高齿轮表面耐磨性，因此对主、从动齿轮采用渗碳处理，渗碳层深 1.1~1.5mm，并保证表面硬度 58~63HRC，心部硬度 33~48HRC。

(2) **轮齿的强度**　　汽车主减速器螺旋锥齿轮与双曲面齿轮轮齿的计算弯曲应力 σ_w（MPa）为

$$\sigma_w = \frac{2 \times 10^3 T_j K_0 K_s K_m}{K_v bz m_t^2 J} \quad (7\text{-}16)$$

式中，T_j 为齿轮的计算转矩（N·m），从动齿轮按 T_{je}、$T_{j\varphi}$ 中的较小者和 T_{jm} 计算；K_0 为超载系数，一般取 1；K_s 为尺寸系数，反映材料质量的不均匀性，与齿轮尺寸及热处理等有关，当端面模数 $m_t \geq 1.6\text{mm}$ 时，$K_s = \sqrt[4]{\dfrac{m_t}{25.4}}$，当 $m_t < 1.6\text{mm}$ 时，$K_s = 0.5$；K_m 为载荷分配系数，当两齿轮均用跨置式支承时 $K_m = 1.0 \sim 1.1$，当一个齿轮用跨置式支承时 $K_m = 1.10 \sim 1.25$，支承刚度大时取小值；K_v 为质量系数，当轮齿接触良好、周节及径向圆跳动精度高时，可取 $K_v = 1$；b 为齿面宽（mm），取齿轮副中较小值（一般为从动齿轮齿面宽）；z 为计算齿轮的齿数；m_t 为端面模数；J 为计算弯曲应力用的综合系数，根据双曲面齿轮的大、小齿轮齿数选取，如图 7-19 所示。

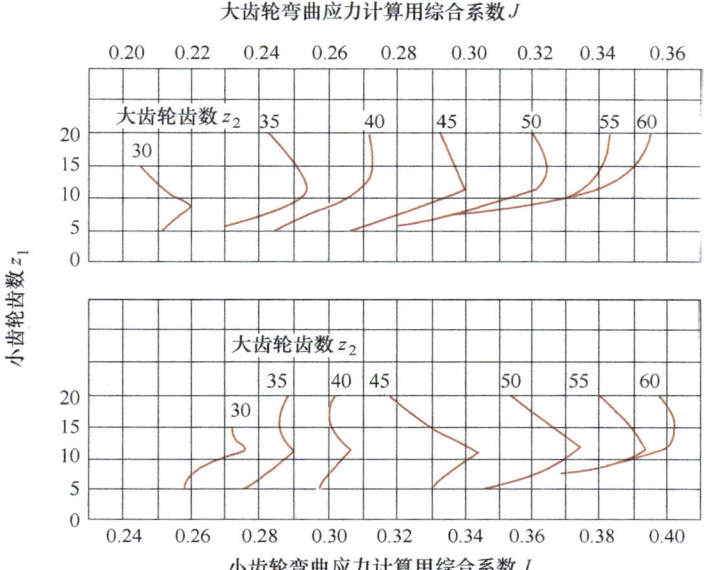

图 7-19　弯曲应力计算用综合系数 J
（用于平均压力角为 22°30′ 的双曲面齿轮）

汽车主减速器齿轮的损坏形式主要是疲劳损坏，而疲劳寿命主要与日常行驶转矩即平均计算转矩 T_{jm} 有关，T_{je} 或 $T_{j\varphi}$ 只能用来检验最大应力，不能作为疲劳寿命的计算依据。

（3）**轮齿的接触疲劳强度**　锥齿轮与双曲面齿轮齿面的计算接触应力 σ_j（MPa）为

$$\sigma_j = \dfrac{C_p}{D_1}\sqrt{\dfrac{2T_{1\max}K_0K_sK_mK_f \times 10^3}{K_v b J}}\sqrt{\dfrac{T_1}{T_{1\max}}} = \dfrac{C_p}{D_1}\sqrt{\dfrac{2T_z K_0 K_s K_m K_f \times 10^3}{K_v b J}} \tag{7-17}$$

式中，T_1、$T_{1\max}$ 分别为主动齿轮的工作转矩（N·m）和最大转矩（N·m）；T_z 为主动齿轮计算转矩（N·m）；C_p 为材料的弹性系数，对于钢制齿轮副取 $232.6\text{N}^{1/2}/\text{mm}$；$D_1$ 为主减速器主动齿轮分度圆直径（mm）；K_0、K_v、K_m、K_s 见式（7-16）的说明，$K_0 = 1$，$K_v = 1$，$K_m = 1.1$，$K_s = 1$（它考虑了齿轮尺寸对其淬透性的影响，在缺乏经验的情况下可取 1）；b 为齿面宽（mm），取齿轮副中的较小值（一般为从动齿轮齿面宽）；J 为计算接触应力用的综合系数，如图 7-20 所示。

上述按 $\min[T_{je}, T_{j\varphi}]$ 计算的最大接触应力不应超过 2800MPa，按 T_{jm} 计算的疲劳接触应力不应超过 1750MPa。主、从动齿轮的齿面接触应力是相同的。

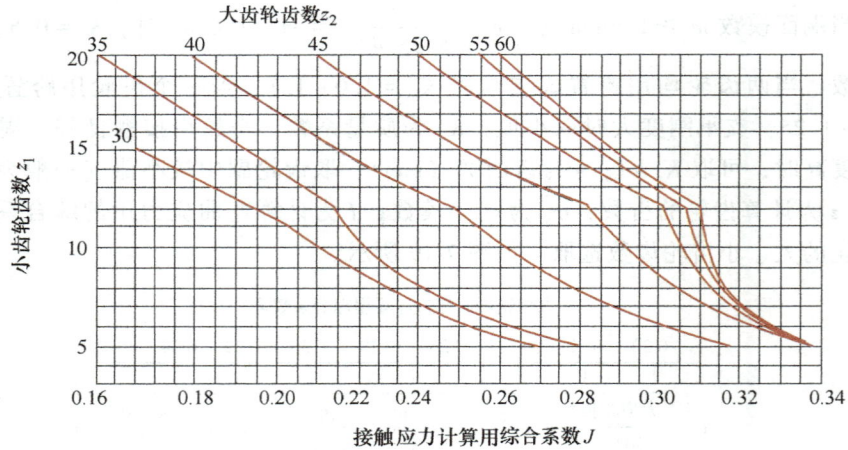

图 7-20 计算接触应力用的综合系数 J
（用于平均压力角为 22°30′的双曲面齿轮）

6. 锥齿轮的材料及热处理

驱动桥锥齿轮的工作条件非常恶劣，与传动系其他齿轮相比，具有载荷大、作用时间长、变化多、有冲击等特点，它是传动系中的薄弱环节。其损坏形式主要有齿根弯曲折断、齿面疲劳点蚀（剥落）、磨损和擦伤。据此对驱动桥齿轮的材料及热处理应满足如下要求：

1) 具有高的弯曲疲劳强度和表面接触疲劳强度，齿面具有高的硬度以保证有高的耐磨性。

2) 轮齿心部应有适当的韧性以适应冲击载荷，避免在冲击载荷下齿根折断。

3) 铸造性能、切削加工性能及热处理性能良好，热处理后变形小或变形规律容易控制。

4) 选择合金材料时，尽量少用含镍（Ni）、铬（Cr）元素的材料，而选用含锰（Mn）、钒（V）、硼（B）、钛（Ti）、钼（Mo）、硅（Si）等元素的合金钢。

汽车主减速器和差速器锥齿轮与双曲面齿轮，一般采用渗碳合金钢，主要有 20CrMnTi、20MnVB、20MnTiB、22CrNiMo 和 16SiMn2WMoV 等。渗碳合金钢经渗碳、淬火后回火，轮齿表面硬度高达 58~64HRC，而心部硬度较低。当端面模数 m_t>8mm 时，心部硬度为 29~45HRC；当 m_t≤8mm 时，心部硬度为 32~45HRC。对于渗碳层深度有如下规定：当端面模数 m_t≤5mm 时为 0.9~1.3mm；当 5mm<m_t≤8mm 时为 1.0~1.4mm，当 m_t>8mm 为 1.2~1.6mm。

第四节　差速器的设计

汽车在行驶过程中，左、右车轮在同一时间内所滚过的路程往往是不相等的。如果驱动桥的左、右车轮都固定在同一刚性轴上，两轮角速度相等，则不论转弯行驶或直线行驶，均会引起车轮在路面上的滑移或滑转，一方面会加剧轮胎磨损，增加功率和燃料消耗，另一方面会使转向沉重，通过性和操纵稳定性变坏。因此，为了使两侧驱动轮能以不同角速度旋转，以保证其纯滚动状态，就必须将两侧车轮的驱动轴断开（称为半轴），而由主减速器从动齿轮通过一个差速齿轮系统——差速器来分别驱动两侧半轴和驱动轮，也就是在驱动桥的左、右车轮间装轮间差速器。

在多桥驱动的汽车上，为使各驱动桥能以不同的角速度旋转，以消除各驱动桥上驱动轮的滑转现象，有的汽车在两驱动桥之间还常装有轴间差速器。

一、差速器结构形式的选择

一般应根据汽车的类型及使用条件来选择差速器的结构形式。差速器的结构形式主要有普通对称式行星锥齿轮差速器和防滑差速器。

对于在公路上和市区行驶的汽车来说，由于路面较好，各驱动车轮与路面的附着系数变化小，因此大多采用结构简单、工作平稳、制造方便、性能可靠的普通对称式行星锥齿轮差速器作为轮间差速器；对于经常行驶在泥泞、松软土路或无路地区的越野车来说，为了防止因某一侧驱动车轮滑转而陷车，可采用防滑差速器。防滑差速器又分为强制锁止式和自锁式，自锁式差速器又有多种结构形式，如高摩擦式、自由轮式以及变传动比式。

下面重点介绍汽车上广泛采用的对称式行星锥齿轮差速器、摩擦片式差速器和强制锁止式差速器。

1. 对称式行星锥齿轮差速器

如图 7-21 所示，普通对称式行星锥齿轮差速器由差速器壳、半轴齿轮、行星齿轮（商用汽车一般采用 4 个行星齿轮，乘用车多采用 2 个行星齿轮）、行星齿轮轴（装有 4 个行星齿轮的差速器采用十字轴）和齿轮垫片等组成。

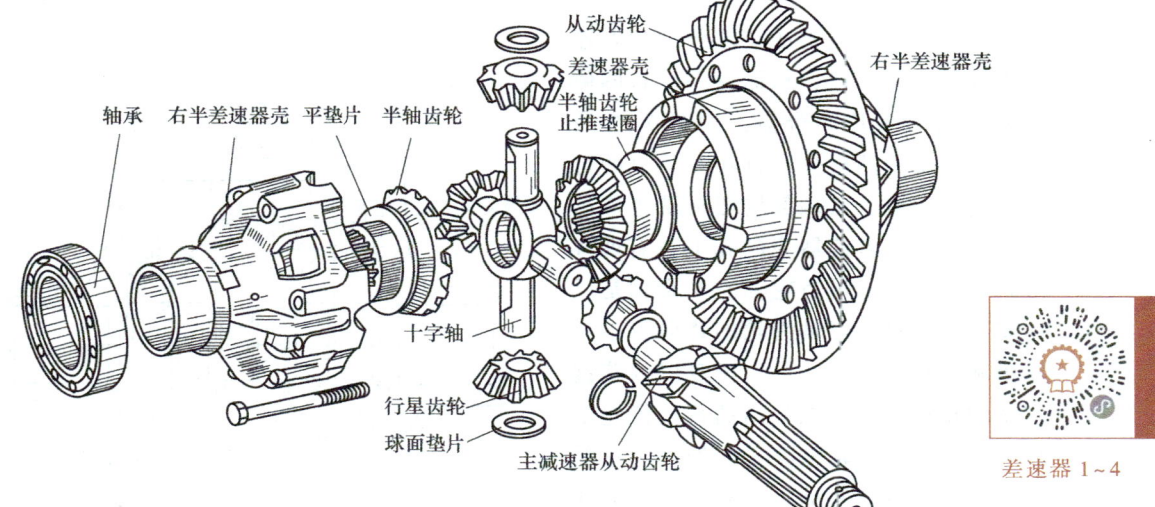

图 7-21 对称式行星锥齿轮差速器

对称式行星锥齿轮差速器具有结构简单、工作平稳、制造方便和使用可靠等优点，因此，在乘用车和商用车上使用最为广泛。有些越野车也采用了这种结构，但增加了防滑措施。例如，增加摩擦元件以增大其内摩擦系数，或加装可操纵的、能强制锁住差速器的装置——差速锁等。

由于差速器壳装在主减速器从动齿轮上，故在确定主减速器从动齿轮尺寸时，应考虑差速器的安装。差速器壳的轮廓尺寸也受到从动齿轮及主动齿轮导向轴支座的限制。

差速器工作性能常以锁紧系数 k 来表征，定义为差速器的内摩擦力矩与差速器壳接受的转矩之比，即

$$k = T_r / T_o \tag{7-18}$$

式中，T_r 为差速器的内摩擦力矩；T_o 为差速器壳的驱动转矩。

差速器分配给左、右两侧的输出转矩之比为

$$k_b = T_2 / T_1 \tag{7-19}$$

式中，T_1、T_2 分别为差速器分配给左、右两侧的输出转矩。由差速器整体的平衡方程 $T_1 + T_2 = T_o$，$T_2 - T_1 = T_r$ 可以推知

$$T_1 = 0.5 T_o (1-k), \quad T_2 = 0.5 T_o (1+k) \tag{7-20}$$

$$k_b = \frac{1+k}{1-k}, \quad k = \frac{k_b - 1}{k_b + 1} \tag{7-21}$$

差速器原理

普通锥齿轮差速器的锁紧系数一般为 0.05~0.15，两半轴的转矩比 $k_b = 1.11$ ~ 1.35，说明左、右半轴的转矩差别不大。可以认为差速器分配给两侧的输出转矩基本相等，即两侧驱动车轮的驱动力大致相等，该性能能够满足汽车在良好路面上的行驶要求。但当一侧车轮在坏路面上滑转时，即使另一侧车轮在硬路面上，也会因差速器转矩平均分配特性导致不能产生足够大的驱动力。

2. 摩擦片式差速器

为了增加差速器的内摩擦力矩，在左、右压盘和差速器壳之间分别装有两组摩擦片，它们交错地通过键槽或花键分别与差速器壳或压盘相连接，从而在左、右两侧形成了两个多片离合器，如图 7-22 所示。十字轴由两根分离且相互垂直的行星齿轮轴组成，其端部均切制成凸 V 形斜面，相应的差速器壳的孔上也有凹 V 形斜面。两根行星齿轮轴的 V 形面是反向安装的。每个半轴齿轮的背面有推力压盘和多片离合器，推力压盘以内花键与半轴相连接，两根分离的行星齿轮轴相互间可以沿半轴轴线方向做一定量的相对移动。汽车驱动行驶时，差速器通过孔的 V 形斜面施加于行星齿轮轴的切向力使该轴沿斜面滑动并带动行星齿轮压向半轴齿轮的背面，再通过压盘将该

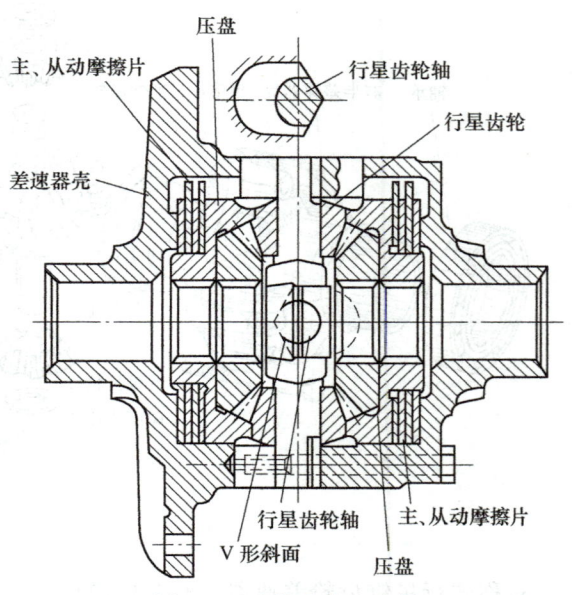

图 7-22 摩擦片式差速器

侧的多片离合器压紧。当左、右半轴转速不等时，主、从动摩擦片产生相对滑动，从而产生摩擦力矩。此摩擦力矩 T_r 与驱动轮转矩 T_o 成正比，可表示为

$$T_r = \frac{T_o r_f}{r_d} fz\tan\beta \tag{7-22}$$

式中，r_f 为摩擦片平均半径；z 为摩擦片的数目；r_d 为 V 形斜面中点至半轴中心线距离；β 为 V 形面的半角；f 为滑动摩擦系数。

摩擦片式差速器的锁紧系数 k 可达 0.6，转矩比 k_b 可达 4。这种差速器结构简单，工作平稳，可明显提高汽车的通过性。

3. 强制锁止式差速器

强制锁止式差速器是在普通差速器上加一差速锁。需要时，由驾驶人操纵差速锁，使差速器不起差速作用，相当于把两根半轴连成一体。如图 7-23 所示，该强制锁止式差速器由牙嵌离合器及其操纵装置构成差速锁，其结构简单，易于制造，但操纵不便。

当汽车在良好路面上行驶时，不需要锁止差速器，相当于普通行星锥齿轮差速器；当汽车通过不良路面时，通过差速锁锁止差速器。

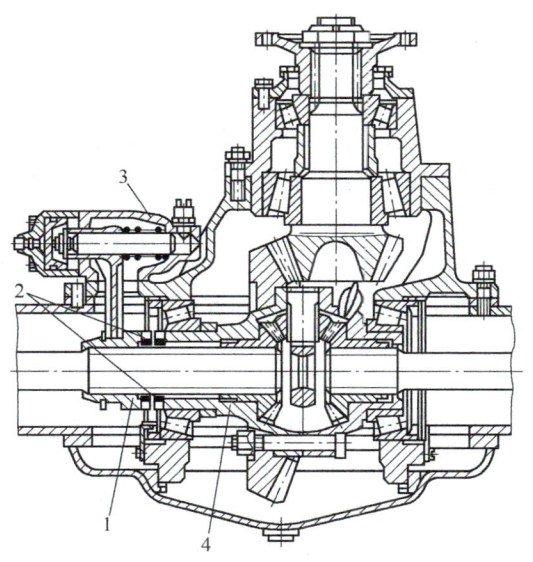

图 7-23 啮合套式强制锁止式差速器
1—啮合套 2—啮合齿 3—操纵机构 4—差速器左壳

二、普通锥齿轮差速器齿轮设计

1. 差速器齿轮主要参数的选择

（1）行星齿轮数目的选择 行星齿轮数目需根据承载情况来选择，在承载不大的情况下可取 2 个，反之应取 4 个。

（2）行星齿轮球面半径的选择 行星锥齿轮差速器的尺寸通常取决于行星齿轮背面的球面半径 R_B（mm），差速器锥齿轮节锥距的大小在一定程度上表征了差速器的强度。

球面半径可根据经验公式来确定

$$R_B = K_B \sqrt[3]{T_j} \tag{7-23}$$

式中，K_B 为行星齿轮球面半径系数，$K_B = 2.52 \sim 2.99$，对于有 4 个行星齿轮的取小值，对于有 2 个行星齿轮的取大值；T_j 为计算转矩（N·m），取从动齿轮 T_{je2}、T_{jo2} 中的较小者。

R_B 确定后，可预选其节锥距

$$A_0 = (0.98 \sim 0.99) R_B \tag{7-24}$$

（3）行星齿轮与半轴齿轮齿数的选择 为了使齿轮有较高的强度，取较大的模数，但尺寸会增大，于是要求行星齿轮的齿数尽量少，但一般不应少于 10。半轴齿轮的齿数

在 14~25 之间选取。半轴齿轮与行星齿轮的齿数比在 1.5~2。

在任何行星锥齿轮式差速器中，左、右两半轴齿轮的齿数 z_{2L}、z_{2R} 之和必须能被行星齿轮的数目 n 所整除，否则将不能安装，即应满足

$$\frac{z_{2L}+z_{2R}}{n}=整数 \tag{7-25}$$

（4）差速器锥齿轮模数及半轴齿轮分度圆直径的初步确定 行星齿轮和半轴齿轮的节锥角

$$\gamma_1 = \arctan\frac{z_1}{z_2}, \quad \gamma_2 = \arctan\frac{z_2}{z_1}$$

式中，z_1、z_2 分别为行星齿轮和半轴齿轮齿数。

差速器锥齿轮的节锥距公式为

$$A_0 = \frac{d_1}{2\sin\gamma_1} = \frac{d_2}{2\sin\gamma_2} \tag{7-26}$$

根据下式初步求出锥齿轮的大端模数

$$m = \frac{2A_0}{z_1}\sin\gamma_1 = \frac{2A_0}{z_2}\sin\gamma_2 \tag{7-27}$$

计算出模数后，分度圆直径即可由下式求得

$$d_1 = z_1 m, \quad d_2 = z_2 m \tag{7-28}$$

（5）压力角 汽车差速器齿轮大都选用 22°30′ 的压力角，齿高系数为 0.8，最少齿数可减至 10，并且在小齿轮（行星齿轮）齿顶不变尖的条件下还可由切向修正加大半轴齿轮齿厚，从而使行星齿轮与半轴齿轮趋于等强度。由于这种齿形的最少齿数比压力角为 20° 的少，故可用较大的模数以提高齿轮的强度。某些重型汽车和矿用汽车的差速器也可采用 25° 的压力角。

（6）行星齿轮安装孔直径及其深度的确定 行星齿轮安装孔直径 ϕ 与行星齿轮轴公称直径相同，而行星齿轮安装孔的深度 L 就是行星齿轮在其轴上的支承长度，如图 7-24 所示。

$$L = 1.1\phi, \quad L\phi = 1.1\phi^2 = \frac{10^3 T_0}{[\sigma_c]nl}, \quad \phi = \sqrt{\frac{10^3 T_0}{[\sigma_c]nl}} \tag{7-29}$$

式中，T_0 为差速器传递的转矩（N·m）；n 为行星齿轮数；l 为行星齿轮支承面中点到锥顶的距离（mm），$l \approx 0.5d_2'$；d_2' 为半轴齿轮齿面宽中点处的直径（mm），$d_2' \approx 0.8d_2$；$[\sigma_c]$ 为支承面的许用挤压应力（MPa）。

2. 差速器齿轮的强度计算

差速器齿轮的尺寸受结构限制，而且承受的载荷较大，不过它仅在左、右驱动轮有转速差时，行星齿轮和半轴齿轮之间才有啮合传动的相对运动。因此，对于差速器齿轮，主要进行弯曲强度计算。

汽车差速器齿轮的弯曲应力 σ_w（MPa）为

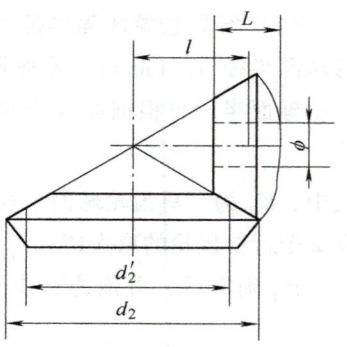

图 7-24 差速器行星齿轮安装孔直径 ϕ 及其深度 L

$$\sigma_w = \frac{2\times 10^3 TK_0 K_s K_m}{K_v b z_2 m_t^2 J} \tag{7-30}$$

式中

$$T = \frac{T_j \times 0.6}{n} \tag{7-31}$$

式中，T 为半轴齿轮计算转矩（N·m）；T_j 为计算转矩（N·m），对于从动齿轮按 T_{je}、$T_{j\varphi}$ 两者中的较小者和 T_{jm} 计算，对于主动齿轮还需将上述计算转矩换算到主动齿轮上；n 为差速器行星齿轮数目；z_2 为半轴齿轮齿数；m_t 为端面模数（mm）；J 为计算汽车差速器齿轮弯曲应力用的综合系数，如图7-25所示；其余参数参见式（7-16）的说明。

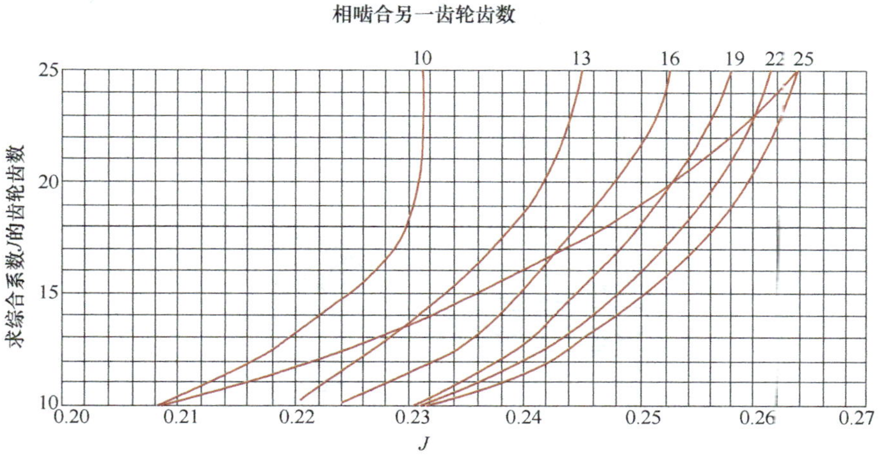

图7-25　计算弯曲应力用综合系数 J

（用于平均压力角为22°30′，齿面为局部接触的汽车差速器用的锥齿轮）

按式（7-30）以 T_{jm} 计算所得的汽车差速器齿轮的弯曲应力应不大于210MPa；按 T_{je}、$T_{j\varphi}$ 两者中的较小者进行计算时，弯曲应力应不大于980MPa。

第五节　半轴的设计

半轴用来将差速器半轴齿轮的输出转矩传到驱动轮或轮边减速器上。半轴一般是实心的，一端用花键槽与半轴齿轮相连，另一端圆盘与轮毂用螺栓连接，如图7-26所示。

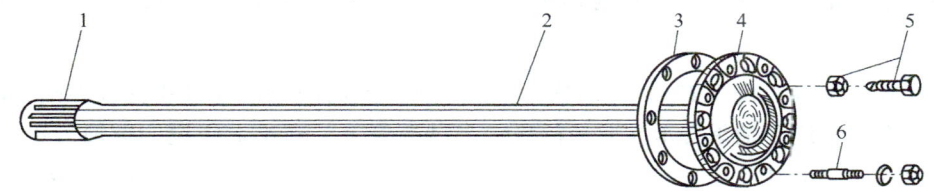

图7-26　半轴的组成

1—花键　2—杆部　3—垫圈　4—凸缘　5—半轴起拔螺栓　6—半轴紧固螺栓

从差速器传出来的转矩经过半轴（或再经过轮边减速器）、轮毂，最后传给车轮，因此半轴是传动系中传递转矩的一个重要零件。

一、半轴的结构形式

半轴根据其车轮端支承方式的不同，可分为半浮式、3/4 浮式和全浮式三种形式，如图 7-27 所示。所谓"浮"，是指半轴不承受弯曲载荷仅承受扭转载荷。

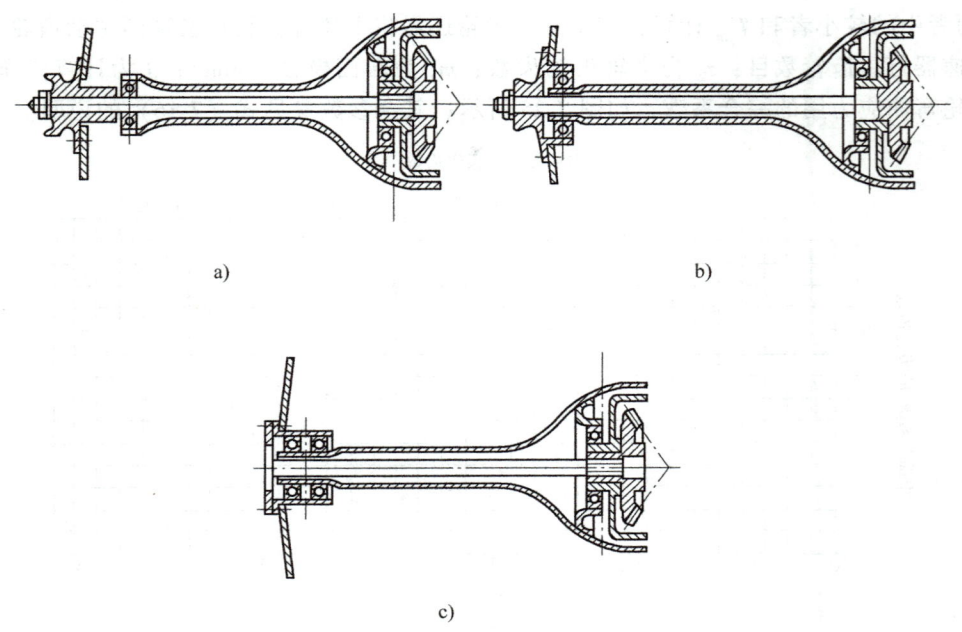

图 7-27　半轴的结构形式
a）半浮式　b）3/4 浮式　c）全浮式

半浮式半轴（见图 7-27a）的结构特点是半轴外端支承轴承位于半轴套管外端的内孔，车轮装在半轴上。半浮式半轴除传递转矩外，其外端还承受由路面对车轮的反力所引起的全部力和力矩。半浮式半轴结构简单，所受载荷较大，一般只用于乘用车和总质量较小的商用车上。

3/4 浮式半轴（见图 7-27b）的结构特点是半轴外端仅有一个轴承并装在驱动桥壳半轴套管的端部，直接支承车轮轮毂，而半轴则以其端部凸缘与轮毂用螺钉连接。该形式半轴受载情况和半浮式相似，只是载荷有所减小，一般只用于乘用车和总质量较小的商用车上。

全浮式半轴（见图 7-27c）的结构特点是半轴外端的凸缘用螺钉和轮毂连接，而轮毂又借用两个圆锥滚子轴承支承在驱动桥壳的半轴套管上。理论上来说，半轴只承受转矩，作用于驱动轮上的其他反力和弯矩全由桥壳来承受。但由于桥壳变形、轮毂和差速器半轴齿轮不同心、半轴法兰平面相对其轴线不垂直等因素，会引起半轴的弯曲变形，由此引起的弯曲应力一般为 5~70MPa。全浮式半轴主要用于总质量较大的商用车上。

二、半轴的设计计算

1. 全浮式半轴的设计计算

全浮式半轴只受转矩作用，其计算转矩

$$T_\varphi = F_{x2} r_r \tag{7-32}$$

后桥纵向力 F_{x2} 根据其传递的转矩和与路面作用反力，有两种计算方式，取较小值。

纵向力 F_{x2} 按从发动机传递来的转矩计算，即

$$F_{x2} = \xi T_{emax} i_{TL} \eta_T / r_r \tag{7-33}$$

式中，ξ 为差速器的转矩分配系数，对于普通锥齿轮差速器 $\xi = 0.6$；T_{emax} 为发动机最大转矩；i_{TL} 为传动系最低档传动比，即为变速器一档传动比、副变速器或分动器低档传动比与主减速比的乘积；η_T 为汽车传动系效率，计算时可取为 0.9；r_r 为轮胎的滚动半径。

纵向力 F_{x2} 按最大附着力计算，即

$$F'_{x2} = \frac{m' G_2}{2} \varphi \tag{7-34}$$

式中，m' 为汽车加速和减速时的质量转移系数，对于后驱动桥可取 $m' = 1.2 \sim 1.4$；G_2 为汽车后桥静负荷；φ 为附着系数，计算时可取 0.8。

取纵向力 F_{x2} 和 F'_{x2} 中较小的一个，按式（7-32）计算，可求得转矩为 T_φ。

半轴的扭转切应力

$$\tau = \frac{16 T_\varphi}{\pi d^3} \tag{7-35}$$

式中，τ 为半轴扭转切应力；d 为半轴半径。

半轴的相对扭转角

$$\theta = \frac{T_\varphi l}{E I_p} \frac{180}{\pi} \tag{7-36}$$

式中，θ 为相对扭转角；l 为半轴长度；E 为材料的剪切弹性模量；I_p 为半轴断面极惯性矩，$I_p = \pi d^4 / 32$。

半轴的扭转切应力为 500~700MPa，扭转角宜为 (6°~15°)/m。

2. 半浮式半轴的设计计算

半浮式半轴设计计算需考虑如下三种载荷工况：

1) 纵向力 F_{x2} 最大和侧向力 F_{y2} 为 0。此时垂向力 $F_{z2} = m'_2 G_2 / 2$，纵向力最大值 $F_{x2} = F_{z2} \varphi = m'_2 G_2 \varphi / 2$，计算时可取 $m'_2 = 1.2$，$\varphi = 0.8$。

半轴弯曲应力 σ 和半轴的扭转应力 τ 为

$$\begin{cases} \sigma = \dfrac{32a\sqrt{F_{x2}^2 + F_{z2}^2}}{\pi d^3} \\ \tau = \dfrac{16 F_{x2}}{\pi d^3} \end{cases} \tag{7-37}$$

式中，a 为轮毂支承轴承到车轮中心平面的距离，如图 7-27 所示。

合成应力

$$\sigma_n = \sqrt{\sigma^2 + 4\tau^2} \qquad (7\text{-}38)$$

2）侧向力 F_{y2} 最大和纵向力 $F_{x2}=0$。此时意味着汽车发生侧滑。外轮上的垂向反力 F_{z2o} 和内轮上的垂向反力 F_{z2i} 分别为

$$\begin{cases} F_{z2o} = G_2\left(0.5 + \dfrac{h_g}{B_2}\varphi_1\right) \\ F_{z2i} = G_2 - F_{z2o} \end{cases} \qquad (7\text{-}39)$$

式中，h_g 为汽车质心高度；B_2 为轮距；φ_1 为侧滑附着系数，计算时可取 $\varphi_1=1.0$。

外轮上的侧向力 F_{y2o} 和内轮上的侧向力 F_{y2i} 分别为

$$\begin{cases} F_{y2o} = F_{z2o}\varphi_1 \\ F_{y2i} = F_{z2i}\varphi_1 \end{cases} \qquad (7\text{-}40)$$

内、外轮上总的侧向力 $F_{y2}=G_2\varphi_1$。

这样，外轮半轴的弯曲应力 σ_o 和内轮半轴的弯曲应力 σ_i 分别为

$$\begin{cases} \sigma_o = \dfrac{32(F_{y2o}r_r - F_{z2o}a)}{\pi d^3} \\ \sigma_i = \dfrac{32(F_{y2i}r_r + F_{z2i}a)}{\pi d^3} \end{cases} \qquad (7\text{-}41)$$

3）汽车通过不平路面，垂向力 F_{z2} 最大，纵向力 $F_{x2}=0$，侧向力 $F_{y2}=0$。此时最大垂向力

$$F_{z2} = \dfrac{1}{2}kG_2 \qquad (7\text{-}42)$$

式中，k 为动载系数，对于乘用车，$k=1.75$，对于货车，$k=2.0$，对于越野车，$k=2.5$。

半轴弯曲应力 σ 为

$$\sigma = \dfrac{32F_{z2}a}{\pi d^3} = \dfrac{16kG_2 a}{\pi d^3} \qquad (7\text{-}43)$$

半浮式半轴的需用合成应力为 600~750MPa。

3. 3/4 浮式半轴的设计计算

3/4 浮式半轴计算和半浮式半轴类似，只是半轴的危险断面不同，其危险断面位于半轴与轮毂相配表面的内端。

三、半轴的结构设计

对半轴进行结构设计时，应注意如下几点：

1）全浮式半轴的杆部直径可按下式初步选取

$$d = K\sqrt[3]{T_\varphi} \qquad (7\text{-}44)$$

式中，d 为半轴杆部直径（mm）；K 为直径系数，取 0.205~0.218。

2）半轴的杆部直径应小于或等于半轴花键的底部直径，以便使半轴各部分达到基本

等强度；为了使半轴的花键小径不小于其杆部直径，常常将花键的端部做得粗些，并适当减小花键槽的深度，因此花键齿数必须相应地增加，通常取 10 齿（乘用车半轴）至 18 齿（普通货车半轴），在设计中渐开线花键齿数取 16 齿。

3）半轴的破坏形式大多是扭转疲劳损坏，因此在结构设计时应尽量增大各过渡部分的圆角半径，尤其是凸缘与杆部、花键与杆部的过渡部分，以减小应力集中。

4）为了使半轴杆部和凸缘间的过渡圆角有较大的半径而又不致引起与其他零件的干涉，常常将半轴凸缘用平锻机锻成。

5）货车半轴的杆部较粗，外端凸缘也较大，当无较大锻造设备时，可采用两端用花键连接的结构，且取相同花键参数以简化工艺。在现代汽车半轴上，渐开线花键用得较广，但也有采用矩形或梯形花键的。

6）设计全浮式半轴杆部的强度储备应低于驱动桥其他传力零件的强度储备，使半轴起一个"熔丝"的作用。半浮式半轴直接安装车轮，应视为保安件。

四、半轴的材料及热处理

半轴计算时的许用应力与所选用的材料、加工方法、热处理工艺及汽车的使用条件有关。国产汽车的半轴多采用含铬（Cr）的中碳合金钢制造，如 40Cr、40MnB、40CrMnMo、40CrMnMoSi、40CrMnA、35CrMnSi、35CrMnTi 等。

第六节　驱动桥桥壳的设计

驱动桥桥壳是安装主减速器、差速器、半轴、轮毂和悬架的基础件。桥壳使左、右驱动车轮的轴向相对位置固定；同从动桥一起支承车架及其上的各总成质量；承受驱动轮传来的各种反力和力矩，并经悬架传给车架或车身。桥壳应有足够的强度和刚度，质量要小，还要便于主减速器和差速器的维修。

一、桥壳结构形式的选择

驱动桥桥壳的结构形式如图 7-28 所示，大致可分为可分式、整体式和组合式三种形式。

1. 可分式桥壳

可分式桥壳如图 7-28a 所示，整个桥壳由一个垂直接合面分为左、右两部分，两部分通过螺栓连接成一体。每一部分均由一个铸造壳体和一个压入其外端的半轴套管组成，轴管与壳体用铆钉连接。

这种桥壳结构简单，制造工艺性好，主减速器支承刚度好；但拆装、调整、维修不方便，桥壳的强度和刚度受结构的限制，曾用于轻型货车上，现已较少使用。

2. 整体式桥壳

如图 7-28b、c 所示，整体式桥壳的特点是整个桥壳是一根空心梁，桥壳和主减速器壳为两个分开的壳体。它具有强度和刚度较大，主减速器拆装、调整方便等优点。

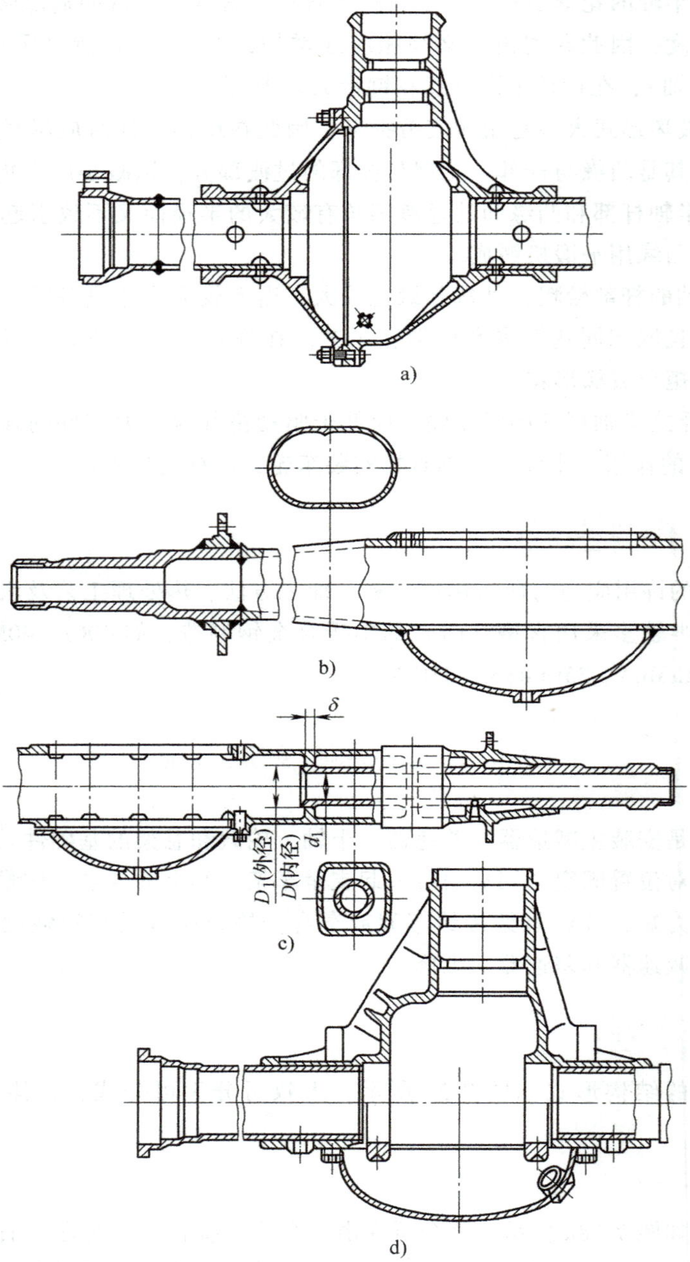

图 7-28 驱动桥桥壳的结构形式

a) 可分式桥壳 b) 钢板冲压焊接整体式桥壳 c) 铸造整体式桥壳 d) 组合式桥壳

按制造工艺不同，整体式桥壳可分为铸造式、钢板冲压焊接式和扩张成形式三种形式。

铸造整体式桥壳如图 7-28c 所示，直接径整体铸造而成，其强度和刚度较大，但质量大，加工面多，制造工艺复杂，主要用于中、重型货车上。为增加桥壳的强度和刚度，在桥壳的两端压入用无缝钢管制成的半轴套管。这种结构的桥壳强度和刚度较大，钢板弹簧座与桥壳壳体铸成一个整体，桥壳可根据强度要求铸成适当的形状。壳的前端平面及孔可装主减速器，后端平面及孔可装上后盖，打开后盖可作为检视孔用。

钢板冲压焊接整体式桥壳如图7-28b所示，由钢板冲压焊接成形的整体式桥壳，具有质量小、工艺简单、材料利用率高和制造成本低等优点，并适合于大批量生产，因此在中、小型货车及轿车上被广泛采用。目前由于冲压设备和焊接技术有了发展，这种桥壳的优点显得更加突出，因此许多重型车的桥壳也已采用了这种结构。

3. 组合式桥壳

组合式桥壳如图7-28d所示，是将主减速器壳与部分桥壳铸造成为一个整体，而后用无缝钢管分别压入壳体两端，两者间用塞焊或销钉固定。它的优点是从动齿轮轴承的支承刚度较好，主减速器的装配、调整比可分式桥方便；然而它要求有较高的加工精度，其拆装、调整和维修与整体式桥壳相比仍比较复杂。桥壳强度和刚度与整体式相比也差，因此常用于乘用车和总质量较小的商用车上。

二、驱动后桥壳的强度计算

驱动桥是汽车总成中的主要承载件之一，其强度的大小将直接影响汽车的有效使用寿命，局部的应力集中将导致桥壳的局部开裂甚至断裂。因此，设计时必须对其强度、刚度、寿命及特性进行预测，从而指导产品设计，使设计指标得以保证，并缩短设计周期。

过去主要靠对桥壳样品进行台架试验和整车试验来检验其强度和刚度，或采用电测方法，使汽车在选定的典型路段上满载行驶，以测定桥壳的应力。现在利用有限元法对桥壳进行分析计算已成为一种较为普遍的方法。

计算时将桥壳复杂的受力状况简化成三种典型的计算工况（静载、加速和侧滑）。只要在这三种载荷计算工况下桥壳的强度得到保证，就认为该桥壳在汽车的各种行驶条件下是可靠的。

对于具有全浮式半轴的驱动桥，强度计算的载荷工况与半轴强度计算的三种载荷工况相同。在此，选择三个经常损坏的典型截面进行强度校核。因为除侧滑时，桥壳关于中心对称的断面都受载相同，所以只选取一边的三个断面即可。在计算时，不妨假设向右侧滑时，右边车轮受力比左边车轮受力要大，因此，只需选取右边的三个截面做分析即可达到校核桥壳的目的。

三、驱动后桥壳强度的有限元分析

下面介绍采用有限元分析软件HyperWorks对某轻型货车驱动桥桥壳强度进行分析的过程。

1. 桥壳结构分析

该轻型货车所采用的是整体式铸造桥壳，该桥壳结构简单，制造工艺性好，成本低，且便于主减速器的装配、调整和维修。该桥壳关于汽车的纵向对称平面不完全对称，其三维结构如图7-29所示。

2. 桥壳有限元模型建立

(1) 有限元模型 利用 HyperMesh 进行有限元分析的流程：导入模型文件→几何清理→创建硬点→创建材料和几何属性→二维网格剖分→二维网格检查→三维网格剖分→三维网格检查→施加边界条件→求解计算→后处理。

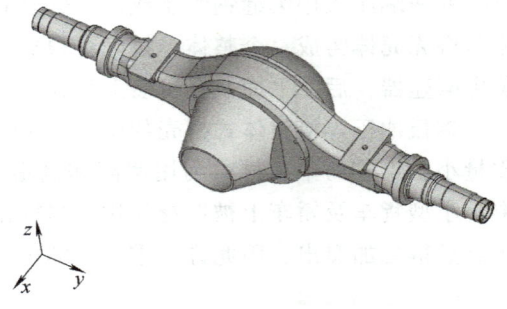

图 7-29 桥壳的三维结构

建立桥壳有限元模型时进行了下列必要的简化：省略了加油孔、放油孔、加强筋等对结果的影响；且桥壳上过渡圆角用分段的直线或直角代替，并认为桥壳结构的材料为均质材料且各向同性。利用四面体单元对桥壳几何模型进行剖分，所得的有限元模型如图 7-30 所示。

(2) 边界条件 根据车辆的工作状况，计算时将桥壳复杂的受力状况简化成四种典型的计算工况（静载、加速、制动和侧滑）。在以下四种载荷计算工况下桥壳的强度得到保证，则认为该桥壳在汽车的各种行驶条件下是可靠的。

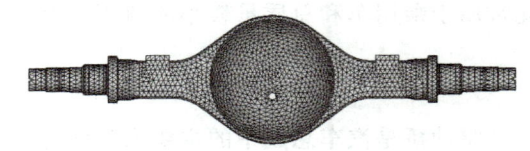

图 7-30 桥壳的有限元模型

1) 桥壳承受最大垂向力工况。此工况为汽车满载并通过不平路面，受冲击载荷的工况，这时不考虑侧向力和切向力。此时的桥壳犹如一个空心横梁，两端经轮毂轴承支承于车轮上，此时桥壳则承受地面给轮胎的反力与车轮重力的差值，为

$$F_{ZL} = F_{ZR} = \frac{G_e}{2} - G_w \tag{7-45}$$

式中，F_{ZL}、F_{ZR} 分别为施加在左、右钢板弹簧座上的垂直载荷；G_e 为汽车总重量；G_w 为车轮重量。

该工况下，约束桥壳两端轮距处的节点三个方向的平动，即将桥壳两端轮距处固定，将垂向力施加在两侧钢板弹簧座处的平面上。

2) 桥壳承受最大牵引力工况。此工况为汽车满载以最大牵引力做直线行驶时的工况，不考虑侧向力，设地面对驱动桥左、右车轮的垂向反作用力 F_{Z2L}、F_{Z2R} 相等，则

$$F_{Z2L} = F_{Z2R} = \frac{1}{2}\left(\frac{G_e L_1}{L} + \frac{F_{max} h_g}{L}\right) \tag{7-46}$$

式中，G_e 为汽车总重量；h_g 为汽车质心的高度；L 为汽车的轴距；L_1 为汽车质心到前轴的水平距离；F_{max} 为最大牵引力。

此时左、右驱动轮除作用有垂向力外，还作用有地面对驱动车轮的最大切向反作用力（即牵引力），最大牵引力

$$F_{max} = \frac{T_{emax} i_{g1} i_0 \eta_T}{r_r} \tag{7-47}$$

式中，T_{emax} 为发动机最大转矩；i_{g1} 为变速器一档传动比；i_0 为驱动桥主减速比；η_T 为传动系的传动效率；r_r 为驱动车轮的滚动半径。

该工况下，约束两侧钢板弹簧座处节点三个方向的平动，即将两侧钢板弹簧座处固定，在两侧车轮轮距处施加垂向力，对桥壳两端的法兰端面上施加一个作用点在轮胎与地面接触位置处，大小为最大牵引力，方向与运动方向一致的偏远载荷。

3）汽车紧急制动时桥壳的加载情况。此工况为汽车满载紧急制动时的工况，不考虑侧向力。

设地面对后驱动桥左、右车轮的垂向反作用力 F_{Z2L}、F_{Z2R} 相等，则

$$F_{Z2L} = F_{Z2R} = \frac{1}{2} \frac{G_2}{L} \left(L_1 - \frac{h_g}{g} \frac{du}{dt} \right) \tag{7-48}$$

式中，$\dfrac{du}{dt}$ 为汽车的制动加速度。

汽车紧急制动时，左、右驱动车轮除了作用有垂向反力外，还作用有地面对驱动车轮的制动力，最大制动力

$$F_{b2} = G_2 m' \varphi / 2 \tag{7-49}$$

式中，G_2 为汽车后桥静负荷；m' 为汽车制动时的质量转移系数，对载货汽车后驱动桥一般取 0.75~0.95；φ 为驱动车轮与路面的附着系数，计算时取 0.75~0.8。

该工况下，约束两侧钢板弹簧座处节点三个方向的平动，即将两侧钢板弹簧座处固定；在两侧车轮轮距处施加垂向力，对桥壳两端的法兰端面上施加一个作用点在轮胎与地面接触位置处，大小为最大制动力，方向与运动方向相反的偏远载荷。

4）最大侧向力作用下桥壳的加载情况。当汽车满载、高速急转弯时，会产生一个作用于质心处的很大的离心力。汽车也会由于其他原因而承受侧向力。当汽车所承受的侧向力达到地面给轮胎的侧向反作用力的最大值（即侧向附着力）时，汽车处于侧滑的临界状态，侧向力一旦超过侧向附着力，汽车则侧滑。因此汽车驱动桥的侧滑条件为

$$F_{L2} \geq F_{Y2L} + F_{Y2R} = G_2 \varphi_1 \tag{7-50}$$

式中，F_{L2} 为驱动桥所受的侧向力；F_{Y2L}、F_{Y2R} 为地面给左、右驱动车轮的侧向反作用力；φ_1 为轮胎与地面间的侧向附着系数。

根据汽车发生侧滑时的受力情况，得出驱动桥侧滑时左、右驱动车轮的支承反力为

$$F_{Z2L} = G_2 \left(\frac{1}{2} - \frac{h_g \varphi_1}{B} \right)$$

$$F_{Z2R} = G_2 \left(\frac{1}{2} + \frac{h_g \varphi_1}{B} \right) \tag{7-51}$$

式中，B 为驱动车轮的轮距。

当它达到地面给轮胎的侧向反作用力的最大值（即侧向附着力）时，汽车处于侧滑的临界状态，侧向力一旦超过侧向附着力，汽车就侧滑。此时驱动桥的全部载荷由侧滑方向一侧的驱动车轮承担，驱动桥承受的侧向力为

$$F = G_2 \varphi_1 \tag{7-52}$$

式中，F 为驱动桥承受的侧向力；G_2 为汽车后桥静负荷。

该工况下，约束左侧钢板弹簧座处节点三个方向的平动，约束右侧钢板弹簧座处节点纵向和垂向的平动；在侧滑方向一侧车轮轮距处施加垂向力，且在该侧的法兰端面上施加作用点在轮胎与地面接触位置，方向为水平方向的最大侧向力。

3. 有限元分析结果

图 7-31 和图 7-32 所示分别为桥壳承受最大垂向力工况下，桥壳的变形图和应力分布图。

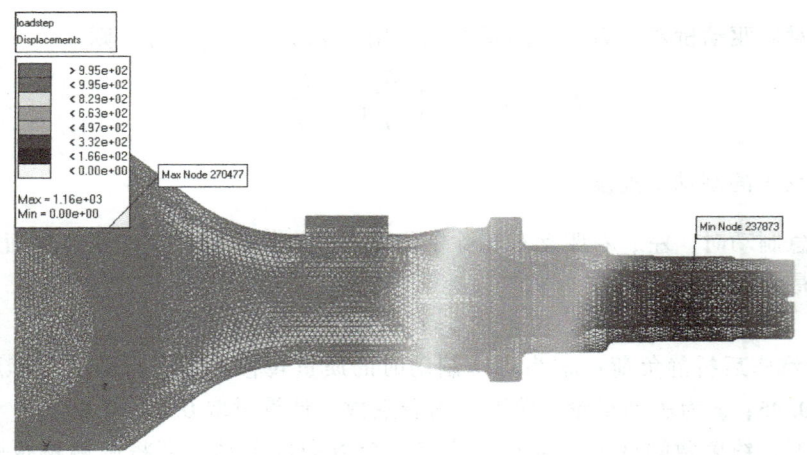

图 7-31　最大垂向力作用下桥壳的变形图（局部）

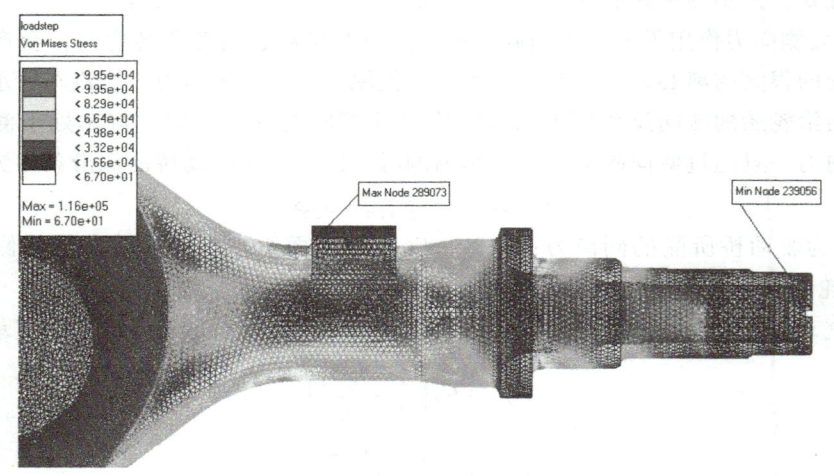

图 7-32　最大垂向力作用下桥壳的应力分布图（局部）

由图 7-32 可知，最大应力发生在后桥鼓包的圆弧过渡处。另外，在后盖加强圈、后桥鼓包向板簧支座过渡处、板簧支座与套管交汇处及桥壳三角区域等处出现应力集中。这些地方正是桥壳在使用过程容易出现破坏的地方。将最大应力与材料强度极限进行比较来判定是否满足强度条件，必要情况下进行试验来验证。

另外三种工况的结果可以通过类似方法得到，在此不再赘述。

思 考 题

1. 以 CAD/CAE 为基础的现代驱动桥设计方法相对于传统的设计方法有什么优势？

2. 汽车驱动桥是汽车传动系的主要组成部分，也是汽车振动和噪声的主要来源之一。为降低噪声，在其设计过程中应注意哪些因素？

3. 根据车轮端支承方式的不同，半轴的结构形式可分为半浮式、3/4 浮式和全浮式三种形式，不同的形式在设计方面存在哪些差异？

4. 在驱动桥壳的设计过程中，桥壳的强度是如何校核的？桥壳的实际强度和理论值有什么联系？

第八章 悬架设计

第一节 概 述

悬架是车架（或车身）与车桥（或车轮）之间的一切传力连接装置的总称，其作用是传递车轮和车架（或车身）之间的一切力和力矩，并缓和路面不平传给车架（或车身）的冲击载荷，衰减由此引起的承载系统的振动，保证汽车行驶平顺。

悬架由弹性元件（弹簧）、阻尼元件（减振器）、导向机构组成，有些悬架中还有缓冲块和横向稳定杆。常见的弹性元件有钢板弹簧、螺旋弹簧、扭杆弹簧、空气弹簧、油气弹簧和橡胶元件。根据导向机构的结构特点，悬架可分为非独立悬架和独立悬架。不同类型的汽车，对悬架的结构类型与使用要求也不相同，但需满足下列设计要求：

（1）**合理设计悬架的弹性特性及阻尼特性** 保证汽车有良好的行驶平顺性，即具有较低的振动频率、较小的振动加速度值和合理的减振性能，并能避免在悬架的压缩或伸张行程极限点发生硬冲击，同时还要保证轮胎具有足够的接地能力。

（2）**合理设计导向机构** 以确保车轮和车架（或车身）之间所有力和力矩的可靠传递，保证车轮跳动时车轮定位参数的变化不会过大，并且使汽车具有良好的操纵稳定性；同时导向机构的运动应与转向杆系运动相协调，避免发生干涉，保证转向轮无摆振。

（3）**侧倾中心及纵倾中心位置恰当** 汽车转向时具有适当的抗侧倾能力，汽车制动和加速时能保持车身稳定，具有良好的抗纵倾（即所谓的"点头"和"后仰"）能力。

第二节 悬架形式及选择

非独立悬架结构上的特点是左、右车轮用一根刚性轴连接起来，再通过悬架与车架（或车身）相连（见图8-1a），其典型代表是纵置钢板弹簧式悬架。独立悬架结构上的特点是左、右车轮通过各自的悬架与车架（或车身）连接，可独立运动，互不影响（见图8-1b）。

与独立悬架相比，非独立悬架的主要优点是结构简单，工作可靠，维修保养方便，成本低。当车轮上下运动时，车轮定位变化小，轮胎磨损较小。其缺点是由于整车布置上的

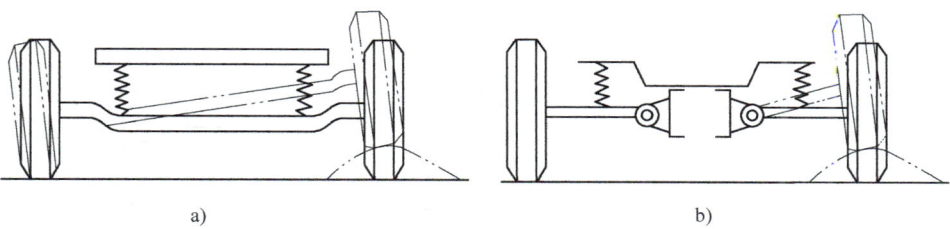

图 8-1 非独立悬架与独立悬架
a) 非独立悬架　b) 独立悬架

限制，钢板弹簧不可能有足够的长度（特别是前悬架），使之刚度较大，因此汽车平顺性较差；其簧下质量（含车轮和整个车桥）大，不能充分保证高速工况下车辆的行驶平顺，用于前悬易发生摆振现象；在不平路面上行驶时，左、右车轮相互影响，使车轴（桥）和车身倾斜，平顺性和操纵稳定性较差；当汽车直线行驶在凹凸不平的路段上，左、右两侧车轮反向跳动或只有一侧车轮跳动时，会产生不利的轴转向特性；汽车转弯行驶时，离心力会产生不利的轴转向特性；车轴（桥）上方要求有与弹簧行程相适应的空间。这种悬架主要用于商用车的前、后悬架以及某些乘用车的后悬架。

独立悬架的优点是：簧下质量（只有车轮及部分连接元件）小，悬架受到并传给车身的冲击载荷小；悬架占用的空间小；弹性元件只承受垂向力，因此可以用刚度小的弹簧，从而使车身振动频率降低，改善了行驶平顺性；前轮采用独立悬架后，取消整根前轴，可降低发动机位置，使整车的质心高度下降，提高了行驶稳定性；左、右车轮各自独立运动互不影响，可减少车身的倾斜和振动，同时在起伏的路面上能获得良好的地面附着能力；通过适当选择导向机构的形式和参数，利于消除前轮摆振现象。但独立悬架结构复杂，成本较高，维修困难，多用于乘用车和小型商用车的前悬，部分乘用车的后悬也采用独立悬架。越野汽车也多采用独立悬架，能保持车轮与不平路面的接地性，提高离地间隙，改善通过性。

独立悬架按车轮运动形式分为车轮在汽车横向平面内摆动的悬架、车轮在汽车纵向平面内摆动的悬架、车轮绕着与汽车纵轴线成一定角度的轴线摆动的悬架、车轮沿主销滑动的悬架；按导向机构的特点又分为双横臂式、单横臂式、双纵臂式、单纵臂式、单斜臂式、麦弗逊式和扭转梁随动臂式等几种，如图 8-2 所示。表 8-1 分别对不同形式独立悬架的特点进行了分析。

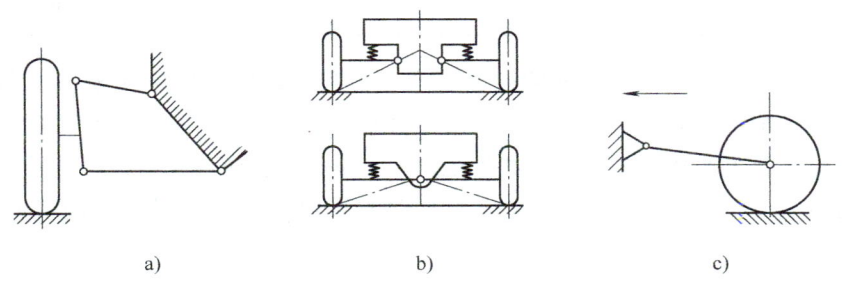

图 8-2 独立悬架结构形式简图
a) 双横臂式　b) 单横臂式　c) 单纵臂式

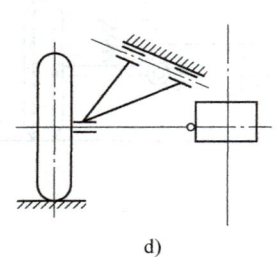 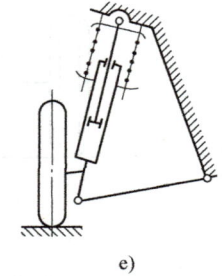 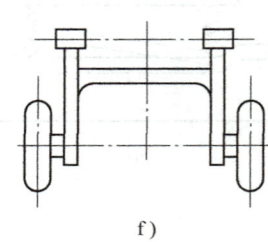

d)   e)   f)

图 8-2 独立悬架结构形式简图（续）

d) 单斜臂式　e) 麦弗逊式　f) 扭转梁随动臂式

表 8-1 不同形式独立悬架的特点

结构形式	侧倾中心高度	车轮垂直上下跳动定位参数的变化	悬架侧倾角刚度	横向刚度	其他
双横臂式	比较低	车轮外倾角与主销内倾角均有变化；轮距变化小，故轮胎磨损速度慢	较小，需要用横向稳定器	横向刚度大	占用较多的空间，结构稍复杂，前悬架用得较多
单横臂式	比较高（特别是图 8-2b 中上图所示结构）	车轮外倾角与主销内倾角变化大，轮距变化大，故轮胎磨损速度快	较大，可不装横向稳定器		占用空间小，结构简单，成本低，前悬架上用得少
单纵臂式	比较低	主销后倾角变化大，轮距不变	较小，需要用横向稳定器	横向刚度小	几乎不占用高度空间，结构简单，成本低
单斜臂式	在单横臂式与单纵臂式之间	定位参数有变化，轮距变化不大	在单横臂式与单纵臂式之间	横向刚度较小	
麦弗逊式	比较高	定位参数变化小，轮距变化很小	较大，可不装横向稳定器	横向刚度大	占用空间小，结构简单、紧凑，乘用车上用得较多
扭转梁随动臂式（半独立悬架）	比较低	左、右轮同时跳动时定位参数不变，轮距不变			占用空间小，结构简单，用于发动机前置前轮驱动乘用车的后悬架

  由于非独立悬架的车轴在车厢侧倾时会产生不利的轴转向现象（故乘用车将后悬架纵置钢板弹簧的前部吊耳位置布置得比后部吊耳低），且前悬架采用纵置钢板弹簧非独立悬架时，前轮容易发生摆振现象，不能保证汽车有良好的操纵稳定性，因此乘用车的前悬架多采用独立悬架。对于发动机前置前轮驱动的乘用车，常采用麦弗逊式前悬架（见图 8-3）和扭转梁随动臂式后悬架。

  由于麦弗逊式前悬架的弹性元件螺旋弹簧套装在减振器外部，下摆臂的球头伸到轮辋空间内，所以其结构非常紧凑，而且负的主销偏移距 r_s 有利于保证汽车的制动稳定性。

在扭转梁随动臂式后悬架中，由于扭转梁随动臂式支承点处采用各向异性的橡胶衬套，既具有隔振性能，又能防止汽车因后轴转向而产生过多转向，使汽车在转弯行驶时比装用传统橡胶衬套的汽车具有更好的操纵稳定性，但在装配时要特别注意这种衬套的安装方向。

乘用车多行驶在市区及城市间的高速公路上，道路状况良好，承载质量相对不大，但要求快速、舒适、安全、平稳和低噪声，因此乘用车常选择断开式前驱动桥及前后独立悬架等结构。在选择悬架形式及性能参数时，既要求有好的平顺性，又要采取抗侧倾及抗倾俯等措施，也要注意前后悬架结构形式的合理匹配以获得良好的操纵稳定性与安全性。主动悬架与半主动悬架最能满足这些方面的要求。在普通的悬架安装中，为了减少噪声和高频振动，常在副车架、弹性元件或导向杆系、推力杆等连接处安装橡胶衬套或橡胶节点。

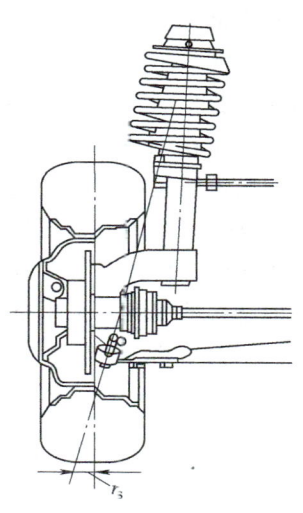

图 8-3 麦弗逊式前悬架

为了提高乘坐舒适性，大客车可采用能调节车身高度的空气悬架或油气悬架，以保证振动频率在不同承载下的变化很小，并使车厢地板保持在适当位置。

商用载货汽车的行驶系广泛采用边梁式车架和纵置钢板弹簧悬架这一传统组合。而单片或少片变厚钢板弹簧，在保证同样寿命的情况下，既能节省钢材，减小质量，又能减少片间摩擦以保持良好的弹性，已为中、轻型商用汽车所广泛采用。三轴汽车的中、后桥（轴）广泛地采用两端为滑板结构的纵置钢板弹簧平衡悬架，以便使中、后桥车轮同时与地面具有良好的接触。

重型商用自卸汽车在空载和满载时簧上质量相差很大，如采用刚度不变的悬架结构，即使满载时悬架能保证汽车有良好的行驶平顺性，也往往使其空车的平顺性很差。采用具有变刚度特性的油气悬架，就可保证空载、满载时汽车都有良好的行驶平顺性，且可节省大量弹簧钢材。

越野汽车要在坏路面上和无路地区使用，常采用扭转刚度大的车架，并采用低角刚度的悬架与之相配，以减小车架的扭角。采用独立悬架可减小车架的扭转负荷。

第三节 悬架主要性能参数的确定

悬架设计可以大致分为结构形式及主要参数选择阶段和详细设计阶段，有时还要反复交叉进行。由于悬架的参数影响到许多整车特性，并涉及其他总成的布置，一般要综合考虑确定。

一、悬架偏频与静挠度

汽车前、后悬架及其簧上质量组成的振动系统的固有频率是影响汽车行驶平顺性的主要参数之一。悬架振动频率的选取主要依据 ISO 2631《人体处于全身振动的评价指南》。大多数汽车的悬架质量分配系数 $\varepsilon = 0.8 \sim 1.2$，因此可近似认为 $\varepsilon = 1$，即前、后桥上方车身部分集中质量的垂向振动是相互独立的,并用偏频 n_1、n_2 表示前、后部分车身的固有频率。不同用途的汽车,对平顺性的要求不一样,故前、后悬偏频的选取也不同。以运送人为主的乘用车对平顺性的要求最高,商用客车次之。普通级乘用车满载时,前悬架偏频要求在 1.00~1.45Hz,后悬架则要求在 1.17~1.58Hz。原则上乘用车的级别越高,悬架的偏频越小。高级乘用车满载时,前悬架偏频要求在 0.80~1.15Hz,后悬架则要求在 0.98~1.30Hz。商用货车满载时,前悬架偏频要求在 1.50~2.10Hz,而后悬架则要求在 1.70~2.17Hz。为了改善微型乘用车后排乘客的乘坐舒适性,有时取后悬架的偏频低于前悬架的偏频。采用空气弹簧后,这些数值可以进一步降低。

当 $\varepsilon = 1$ 时,汽车前、后悬架偏频 n_1、n_2 可表示为

$$n_1 = \sqrt{C_1/m_1}/2\pi,\quad n_2 = \sqrt{C_2/m_2}/2\pi \tag{8-1}$$

簧上质量和簧下质量

式中,C_1、C_2 为前、后悬架的刚度(N/mm);m_1、m_2 为前、后悬架的簧上质量(kg)。

悬架静挠度 f_c 是指汽车满载静止时悬架上的载荷 F 与此时悬架刚度 C 之比,即 $f_c = F/C$。当采用弹性特性为线性变化的悬架时,前、后悬架的静挠度可表示为

$$f_{c1} = m_1 g/C_1,\quad f_{c2} = m_2 g/C_2 \tag{8-2}$$

式中,g 为重力加速度($g = 9810 \text{mm/s}^2$)。

将 f_{c1}、f_{c2} 代入式(8-1)得

$$n_1 = 15.76/\sqrt{f_{c1}},\quad n_2 = 15.76/\sqrt{f_{c2}} \tag{8-3}$$

式中,f_{c1}、f_{c2} 的单位为 mm。

分析式(8-3)可知,悬架的静挠度 f_c 直接影响车身振动的偏频 n。选定偏频以后,再利用式(8-3)即可计算出悬架的静挠度。

前、后悬架的静挠度 f_{c1} 和 f_{c2} 的取值,对行驶平顺性有着较大的影响,一般使两者接近,并希望后悬架的静挠度 f_{c2} 比前悬架的静挠度 f_{c1} 小些,以防止车身产生较大的纵向角振动。理论分析证明,若汽车以较高车速驶过单个路障,$n_1/n_2 < 1$ 时的车身纵向角振动要比 $n_1/n_2 > 1$ 时小,故推荐取 $f_{c2} = (0.8~0.9)f_{c1}$。考虑到货车前、后轴荷的差别和驾驶人的乘坐舒适性,取前悬架的静挠度值大于后悬架的静挠度值,推荐 $f_{c2} = (0.6~0.8)f_{c1}$。

二、悬架的动挠度

悬架的动挠度 f_d 是指从满载静平衡位置开始,悬架开始由于冲击而压缩到结构允许的最大变形(通常指缓冲块压缩到其自由高度的 1/2 或 2/3)时,车轮中心相对车架(或车身)的垂直位移。一般要求悬架应有足够大的动挠度,以防止在坏路面上行驶时经常碰撞缓冲块。对乘用车,$f_d = 70~90\text{mm}$;对客车,$f_d = 50~80\text{mm}$;对货车,$f_d = 60~90\text{mm}$;对越野车,$f_d = 70~130\text{mm}$。

前、后悬架的动挠度值常按其相应的静挠度值来选取,与车型和经常使用的路况有关。对于行驶路况较好的乘用车,f_d/f_c 的取值较小;对于经常在恶劣路况行驶的越野车,f_d/f_c 取值较大。

三、悬架的工作行程

悬架的静挠度与动挠度取值受到汽车总体布置允许的工作行程限制。由式（8-2）可知，为得到良好的平顺性，应当采用较软的悬架以降低偏频，但软的悬架在载荷一定的情况下其变形也大。对于一般乘用车，悬架总的工作行程即静挠度f_c与动挠度f_d之和应当不小于160mm，大型车则更大一些。其中，在悬架有效行程即上限位块到下限位块之间的这段距离，弹簧刚度起主要作用，悬架刚度呈线性变化。在设计悬架行程分配时，有1/3用于空载变形，即33%用于静态载荷。

为了同时满足在设计载荷位置附近的低刚度和有限的悬架工作行程的要求，悬架往往设计成具有非线性的弹性特性。一般是靠增加上下行程限位缓冲块或辅助弹簧以增加行程端点附近的刚度。

四、悬架的弹性特性

悬架受到的垂直载荷F与由此所引起的车轮中心相对于车身位移f（即悬架的变形）的关系曲线称为悬架的弹性特性，其切线的斜率是悬架的刚度。悬架的弹性特性有线性弹性特性和非线性弹性特性两种。当悬架变形f与所受垂直外力F之间呈固定比例变化时，弹性特性为一直线，称为线性弹性特性，此时悬架刚度为常数。当悬架变形f与所受垂直载荷F之间不呈固定比例变化时，悬架刚度是变化的，称为非线性弹性特性。

典型的乘用车前悬架弹性特性曲线如图8-4所示。其特点是，在满载位置（载荷$F=2.56$kN处）附近，刚度小且曲线变化平缓，因而平顺性良好；距满载较远的两端，曲线变陡，刚度增大。这样可在有限的动挠度f_d范围内，得到比线性悬架更多的动容量。悬架的动容量是指悬架从静载荷的位置起，变形到结构允许的最大变形为止消耗的功。悬架的动容量越大，对缓冲块击穿的可能性越小。

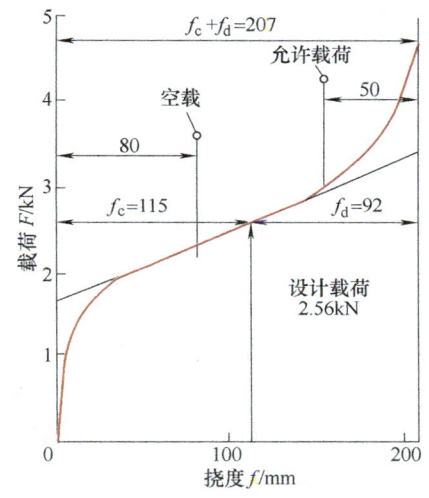

图8-4 典型乘用车前悬架弹性特性曲线

由图8-4还可知，悬架总的工作行程为207mm，其中设计载荷$F=2.56$kN处的静挠度$f_c=115$mm，动挠度$f_d=92$mm。为了防止汽车行驶过程中频繁撞击限位块，悬架应当有足够的动挠度，对乘用车f_c/f_d的值应不小于0.5，客车应不小于0.75，货车不小于1.0，而行驶路况恶劣的越野车，这个值还要大一些。同时，从空载位置到弹簧完全松弛的反弹行程为80mm，从允许轮载到压缩行程限位块压死的剩余压缩行程为50mm，前者对保证行驶过程中轮胎保持必要的接地能力具有重要意义，后者则可以避免曲线行驶中车身质心位置过分抬高。

因此，对空载与满载时簧上质量变化大的客车和货车，为了减少振动频率和车身高度的变化，应当选用刚度可变的非线性悬架。乘用车簧上质量在使用中虽然变化不大，但为了减少车轴对车架的撞击，减少转弯行驶时的侧倾、制动时的前俯角和加速时的后仰角，也应当采用刚度可变的非线性悬架。钢板弹簧非独立悬架的弹性特性可视为线性的，而带有副簧的钢板弹簧、空气弹簧、油气弹簧等，均为刚度可变的非线性弹性特性悬架，可使车身高度和静挠度 f_c 都不随装载质量发生变化。装有车身高度自动调节装置的空气悬架或油气悬架均可实现这种非线性弹性特性，但成本比较高。目前常采用的方法是：①组合式悬架，综合应用导向机构、主簧、副簧和缓冲块来趋近理想的弹性特性；②纵置式钢板弹簧+副簧。

五、后悬架主、副簧刚度的分配

具有主、副簧结构的钢板弹簧悬架，其弹性特性曲线如图 8-5 所示。载荷小时副簧不工作，载荷达到一定值 F_K 时，副簧与托架接触，开始与主簧共同工作。货车后悬架多采用具有主、副簧结构的钢板弹簧悬架。

副簧开始参加工作的载荷 F_K 和主、副簧之间的刚度分配，受悬架的弹性特性和主、副簧上载荷分配的影响。一般要求车身从空载到满载时的振动频率变化要小，以保证汽车有良好的平顺性，同时还要求副簧参加工作前、后的悬架振动频率变化不大。但这两项要求不能同时满足，具体确定方法有如下两种：

1) 使副簧开始起作用时的悬架挠度 f_a 等于汽车空载时悬架的挠度 f_0，而使副簧开始起作用前一瞬间的挠度 f_K 等于满载时悬架的挠度 f_c。于是，可求得

$$F_K = \sqrt{F_0 F_W}$$

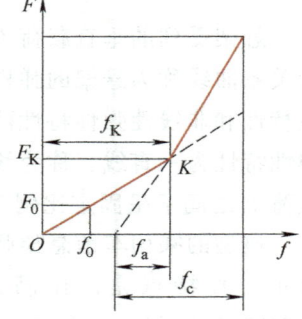

图 8-5 主、副簧为钢板弹簧结构的弹性特性

式中，F_0 和 F_W 分别为空载与满载时的悬架载荷。

副簧、主簧的刚度比为

$$C_a/C_m = \sqrt{\lambda} - 1, \quad \lambda = F_0/F_W \tag{8-4}$$

式中，C_a 为副簧刚度；C_m 为主簧刚度。

用此方法确定的主、副簧刚度比能保证在空载、满载使用范围内悬架振动频率变化不大，但副簧接触托架前、后的振动频率变化比较大。

2) 使副簧开始起作用时的载荷等于空载与满载时悬架载荷的平均值，即 $F_K = 0.5(F_0 + F_W)$，并使 F_0 和 F_W 间的平均载荷对应的频率与 F_K 和 F_W 间平均载荷对应的频率相等，此时副簧与主簧的刚度比为

$$C_a/C_m = (2\lambda - 2)/(\lambda + 3) \tag{8-5}$$

用此方法确定的主、副簧刚度比值，能保证副簧起作用前、后悬架振动频率变化不大。对于经常处于半载运输状态的车辆，采用此方法较为合适。

六、悬架侧倾角刚度及其在前、后轴的分配

悬架侧倾角刚度对簧上质量的侧倾角有着一定影响。侧倾角过大或过小都不好。乘坐侧倾角刚度过小而侧倾角过大的汽车，乘员缺乏舒适感和安全感。侧倾刚度过大而侧倾角

过小的汽车又缺乏汽车发生侧翻的感觉，同时使轮胎侧偏角增大，如果发生在后轮会使汽车增加了过多转向的可能。一般要求在侧向惯性力等于车重的40%时，乘用车车身侧倾角在 2.5°~4°，货车车身侧倾角不超过 7°。

另外，汽车转弯行驶时，在 0.4g 的侧向加速度作用下，要求前、后轮侧偏角之差 $\delta_1 - \delta_2$ 应当在 1°~3°。而前、后悬架侧倾角刚度的分配会影响前、后轮的侧偏角大小，从而影响转向特性，因此设计时还应考虑悬架侧倾角刚度在前、后轴上的分配。为满足汽车具有一定不足转向特性的要求，应使汽车前轴的轮胎侧偏角略大于后轴的轮胎侧偏角。为此，应该使前悬架具有的侧倾角刚度要略大于后悬架的侧倾角刚度。对乘用车而言，前、后悬架侧倾角刚度比值一般为 1.4~2.6。

第四节 钢板弹簧的设计

钢板弹簧可以分为纵置式和横置式。横置式钢板弹簧由于要传递纵向力，必须设置附加的导向传力装置，使其结构较为复杂，故只在少数轻、微型汽车上应用。纵置钢板弹簧能传递各种力和力矩，并且结构简单，故在汽车上得到了广泛应用。

一、主要参数的确定

计算钢板弹簧主要参数时，需要如下初始条件：静止状态时作用在弹簧上的载荷 F，钢板弹簧刚度 C，悬架的静挠度 f_c、动挠度 f_d 及满载静止弧高 f_a。

钢板弹簧的长度 L 一般在总布置时选定，推荐乘用车 $L = (0.4 \sim 0.55)$ 轴距；货车前悬架 $L_1 = (0.26 \sim 0.35)$ 轴距，后悬架 $L_2 = (0.35 \sim 0.45)$ 轴距。满载静止弧高 f_a：一般前悬架 $f_a = 10 \sim 15\text{mm}$，后悬架 $f_a = 20 \sim 30\text{mm}$。

1. 钢板弹簧的断面尺寸

有关钢板弹簧的刚度、强度等，可按等截面简支梁的计算公式计算，但需引入挠度增大系数 δ 加以修正。因此，可根据修正后的简支梁公式计算钢板弹簧所需要的总惯性矩 J_0。对于对称钢板弹簧，其总惯性矩

$$J_0 = \frac{(L-ks)^3 C\delta}{48E} \tag{8-6}$$

式中，s 为 U 形螺栓中心距（mm）；k 为考虑 U 形螺栓夹紧弹簧后的无效长度系数（如刚性夹紧取 $k=0.5$，挠性夹紧取 $k=0$）；C 为钢板弹簧垂直刚度（N/mm），$C=F/f_c$；δ 为挠度增大系数（先确定与主片等长的重叠片数 n_1，再估计总片数 n_0，求得 $\eta = n_1/n_0$，然后用 $\delta = 1.5/[1.04(1+0.5\eta)]$ 初定 δ）；E 为材料的弹性模量（MPa）。

由钢板弹簧必须满足的强度要求，其总截面系数

$$W_0 = \frac{F(L-ks)}{4[\sigma_c]} \tag{8-7}$$

式中，$[\sigma_c]$ 为许用弯曲应力。对于 55SiMnVB 或 60Si2Mn 等材料，表面经喷丸处理后，推荐 $[\sigma_c]$ 在下列范围内选取：前弹簧和平衡悬架弹簧为 350~450N/mm²；后主簧为

450~550N/mm²；后副簧为 220~250N/mm²。一般静挠度大的弹簧取值可大些。

根据式（8-7）可计算钢板弹簧平均厚度 h_p，即

$$h_p = 2\frac{J_0}{W_0} \tag{8-8}$$

计算出 h_p 以后，再选钢板弹簧的片宽 b。若片宽选取过宽，能增加卷耳强度，但当车身受侧向力而倾斜时，弹簧的扭曲应力增大；若片宽选取过窄，则需增加片数，从而增加了片间的摩擦和弹簧的总厚。推荐片宽与片厚的比值 b/h_p 为 6~10。

钢板弹簧各片厚度应尽量一致，取不同值时，相差范围不超过 3mm。叶片断面尺寸 b 和 h_p 的最后选取应符合国产型材的规格尺寸。

多片钢板弹簧一般片数在 6~14 片之间选取，货车可达 20 片。用变截面少片弹簧时，片数在 1~4 片之间选取。

2. 各片长度的确定

片厚不变、宽度连续变化的单片钢板弹簧是等强度梁，形状为菱形（两个三角形）。将由两个三角形钢板组成的钢板弹簧分割成宽度相同的若干片，然后按照长度不同依次排列、叠放到一起，就形成接近实用价值的钢板弹簧。实际上的钢板弹簧不可能是三角形，因为为了将钢板弹簧中部固定到车轴（桥）上和使两卷耳处能可靠地传递力，必须使它们有一定的宽度，因此应该用中部为矩形的双梯形钢板弹簧（见图 8-6）替代三角形钢板弹簧才有真正的实用意义。这种钢板弹簧各片具有相同的宽度，但长度不同。钢板弹簧各片长度就是基于实际钢板各片展开图接近梯形梁的形状这一原则作图。首先假设各片厚度不同，则具体进行步骤如下：

先将各片厚度 h_i 的三次方值 h_i^3 按同一比例尺沿纵坐标绘制在图上（见图 8-7），再沿横坐标量出主片长度的一半 $L/2$ 和 U 形螺栓中心距的一半 $s/2$，得到 A、B 两点，连接 A、B 即得到三角形的钢板弹簧展开图。AB 线与各叶片上侧边的交点即为各片长度。如果存在与主片等长的重叠片，就从 B 点到最后一个重叠片的上侧边端点连一直线，此直线与各片上侧边的交点即为各片长度。各片实际长度尺寸需经圆整后确定。

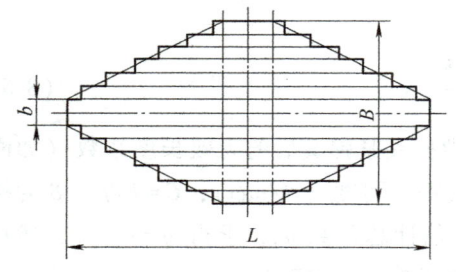

图 8-6 双梯形钢板弹簧

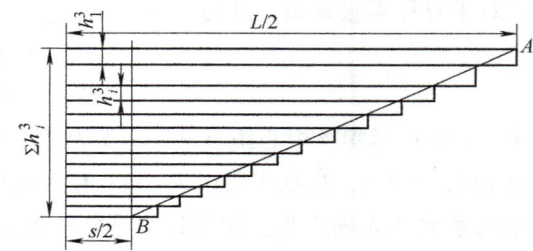

图 8-7 确定钢板弹簧各片长度的作图法

3. 钢板弹簧总成自由状态弧高及曲率半径的确定

钢板弹簧总成装配后的自由弧高

$$H_1 = f_a + f_c + \Delta \tag{8-9}$$

式中，Δ 为钢板弹簧在预压缩时产生的塑性变形，常取 $\Delta = 5~15\text{mm}$。

U形螺栓夹紧时的总自由曲率半径

$$R_0 = \frac{(L-L_s)^2}{8H_1} \tag{8-10}$$

式中，L_s 为弹簧无效长度，$L_s = ks$，k 为非工作长度系数，U形螺栓挠性夹紧时 $k=0$，刚性夹紧时 $k=0.5$。

二、钢板弹簧的验算

（1）**刚度验算** 钢板弹簧的刚度验算可用共同曲率法和集中载荷法进行计算。共同曲率法的前提假定：同一截面上各片曲率半径变化值相同，各片所承受的弯矩正比于惯性矩，该截面上各片的弯矩和等于外力所引起的力矩。集中载荷法的前提假设：弹簧受载时各片仅在片端处与邻片相接触，相邻两片在接触点具有相同挠度。实际状况与假设差异较大，需要修正。

（2）**各片在自由状态下的曲率半径和弧高** 钢板弹簧总成装配后，各片中应存在预应力。确定了预应力可确定曲率半径。预应力的确定方法有以下两种：

1）若各片厚度相同，由于主片受力最复杂，设计时取第一、二片预应力为 $-(80\sim150)\mathrm{N/mm^2}$，末几片的预应力取 $+(20\sim60)\mathrm{N/mm^2}$，使各片装配好后能很好地紧贴，全部叶片同时参加工作。

2）如果叶片存在几种不同厚度，为使各片寿命相同，应根据材料的疲劳曲线来确定各片的预应力 σ_{0i}。

如图8-8所示，要求各片有大致相同的疲劳强度，可得

$$\sigma_{0i} \leqslant \sigma_{-1\mathrm{N}}\cot\theta - \sigma_{ic}\left(1+\frac{f_d}{f_c}\cot\theta\right) \tag{8-11}$$

式中，θ 为斜线 AB 的倾角，对于铬钢和硅钢，$\theta = 7°\sim9°$；σ_{ic} 为第 i 片的静应力。

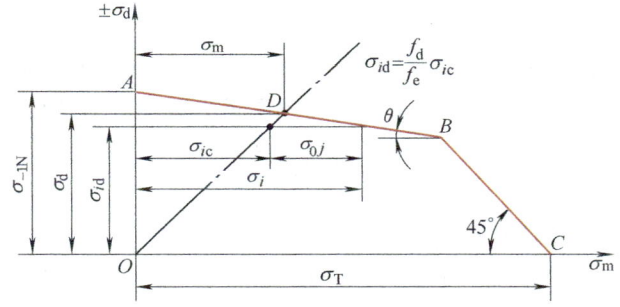

图 8-8　由疲劳曲线来确定各片的预应力

σ_T—材料屈服极限　　$\sigma_{-1\mathrm{N}}$—对称循环疲劳极限

钢板弹簧的制造

确定各片预应力后，应满足：未受载荷时，钢板弹簧在任何断面中各片预应力所造成的弯矩 M_i 的代数和为零，即

$$\sum_{i=1}^{n} M_i = \sum_{i=1}^{n} \sigma_{0i} W_i = 0 \tag{8-12}$$

式中，W_i 为第 i 片的截面系数。

钢板弹簧各片在自由状态下的曲率半径

$$\frac{1}{R_i} = \frac{1}{R_0} + \frac{2\sigma_{0i}}{Eh_i} \tag{8-13}$$

式中，R_i 为第 i 片自由状态下的曲率半径；h_i 为第 i 片的厚度。

各片的弧高

$$H_i \approx \frac{L_i^2}{8R_i}$$

(3) 钢板弹簧组装后总成弧高 钢板弹簧组装后的平衡状态是各片势能总和最小，由此可得

$$\frac{1}{R_0} = \frac{\sum_{i=1}^{n}(J_i L_i / R_i)}{\sum J_i L_i}$$

若片厚相等，则

$$\frac{1}{R_0} = \frac{\sum_{i=1}^{n}(L_i / R_i)}{\sum L_i}$$

总成弧高

$$H \approx L^2 / 8R_0$$

若 H 与式（8-9）中计算的结果相近，则合适；否则，应重新调整各片预应力再进行计算。

(4) 钢板弹簧强度验算 钢板弹簧必须进行极限工况下的强度验算。

1) 紧急制动时（见图 8-9），前钢板弹簧承受最大载荷，它的后半段有最大应力

$$\sigma_{max} = \frac{m_1' G_1 (l_1 + \varphi c) l_2}{(l_1 + l_2) W_0} \tag{8-14}$$

式中，m_1' 为制动时前轴负荷转移系数，商用车取 $m_1' = 1.4 \sim 1.6$，乘用车取 $m_2' = 1.2 \sim 1.4$；G_1 为作用在前轮上的静垂直载荷；φ 为道路附着系数，取 0.7；l_1、l_2 为弹簧前、后段的长度；c 为弹簧固定点到路面的距离。

2) 驱动时，后钢板弹簧承受最大载荷，它的后半段出现最大应力

$$\sigma_{max} = \frac{m_2' G_1 (l_2 + \varphi c) l_1}{(l_1 + l_2) W_0} + \frac{\varphi m_2' G_2}{bh} \tag{8-15}$$

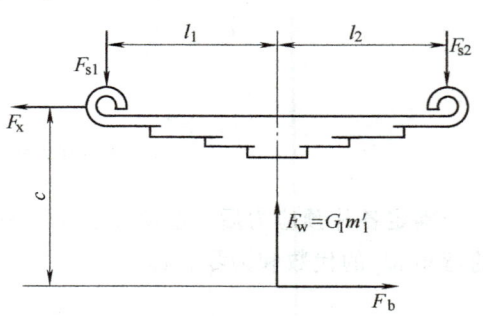

图 8-9　汽车制动时钢板弹簧的受力

式中,m_2' 为驱动时后轴负荷转移系数,商用车取 $m_2' = 1.1 \sim 1.2$,乘用车取 $m_2' = 1.25 \sim 1.3$;G_2 为作用在后轮上的静垂直载荷;φ 为道路附着系数,猛踩离合器起步时取 $\varphi = 1$;b、h 为主片片宽和片厚。

3)汽车通过不平路面时,弹簧中部应力最大,为

$$\sigma = \frac{kG_i l_1 l_2}{(l_1 + l_2) W_0} \tag{8-16}$$

式中,k 为动载荷系数,可按 $k = (f_c + f_d)/f_c$ 计算;G_i 为作用在对应车轮上的载荷。

钢板弹簧还应验算其卷耳和弹簧销的强度。

卷耳处的应力为弯曲应力和拉(压)应力的合成,即

$$\sigma = \frac{3F_x(D+h)}{bh^2} + \frac{F_x}{bh} \tag{8-17}$$

式中,F_x 为沿弹簧纵向作用在卷耳中心线上的力;D 为卷耳内径。

钢板弹簧主片卷耳受力如图 8-10 所示。

许用应力 $[\sigma] = 350 \text{N/mm}^2$。

对钢板弹簧销直径 d,可按钢板弹簧受静载荷时受到的挤压应力验算:$\sigma_z = F_s/(bd)$。其中,F_s 为满载静止时钢板弹簧端部的载荷;b 为卷耳处叶片宽。许用挤压应力:用 30 钢或 40 钢经液体碳氮共渗处理时,弹簧销许用挤压应力 $[\sigma_z] = 3 \sim 4 \text{N/mm}^2$;用 20 钢或 20Cr 钢经渗碳处理或用 45 钢经高频淬火后,其许用应力 $[\sigma_z] \leq 9 \text{N/mm}^2$。

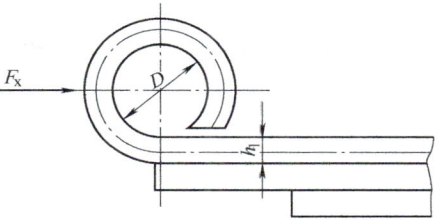

图 8-10 钢板弹簧主片卷耳受力

三、少片弹簧

少片弹簧在轻型车和轿车上得到越来越多的应用。其特点是叶片由等长、等宽、变截面的 1~3 片叶片组成(见图 8-11)。利用变厚断面来保持等强度特性,并比多片弹簧减少 20%~40% 的质量。片间放有减摩作用的塑料垫片,或做成只在端部接触以减少片间摩擦。如图 8-12 所示,单片变截面弹簧的端部 CD 段和中间夹紧部分 AB 段是厚度为 h_1 和 h_2 的等截面形,BC 段为变厚截面。BC 段厚度可按抛物线形或线性变化。

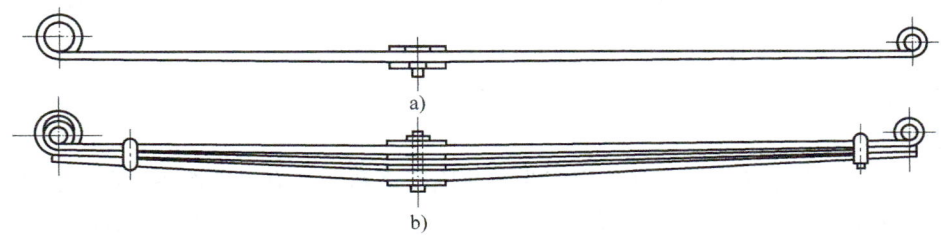

图 8-11 单片弹簧和少片弹簧

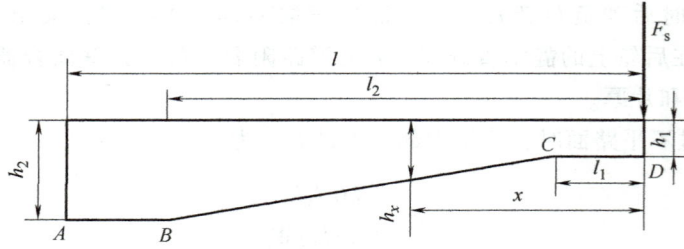

图 8-12 单片变截面弹簧的一半

(1) **按抛物线形变化** 此时厚度 h_x 随长度的变化规律为 $h_x = h_2 \left(\dfrac{x}{l_2}\right)^{\frac{1}{2}}$,惯性矩 $J_x = J_2 \left(\dfrac{x}{l_2}\right)^{\frac{3}{2}}$,单片刚度

$$c = \dfrac{6EJ_2\xi}{l^3\left[1+\left(\dfrac{l_2}{l}\right)^3 k\right]} \tag{8-18}$$

式中,E 为材料的弹性模量;ξ 为修正系数,取 0.92;$J_2 = \dfrac{bh_2^3}{12}$,其中 b 为钢板宽度;$k = 1 - \left(\dfrac{h_1}{h_2}\right)^3$。

弹簧在抛物线区段内各点应力相等,其值 $\sigma = \dfrac{6F_s l_2}{bh_2^2}$。

(2) **按线性变化** 此时厚度 h_x 随长度的变化规律为
$$h_x = A'x + B'$$

式中,$A' = \dfrac{h_2 - h_1}{l_2 - l_1}$;$B' = \dfrac{h_1 l_2 - h_2 l_1}{l_2 - l_1}$。单片钢板弹簧刚度仍用式 (8-18) 计算,但式中系数 k 用 k' 代入,k' 为

$$k' = \gamma^3 - \dfrac{3}{2}\left(\dfrac{1-\alpha}{1-\beta}\right)^3 \left[2\ln\beta + \dfrac{4(1-\beta)(1-\gamma)}{1-\alpha} - \left(\dfrac{1-\gamma}{1-\alpha}\right)^2 (1-\beta^2)\right] - 1$$

式中,$\alpha = l_1/l_2$;$\beta = h_1/h_2$;$\gamma = \alpha/\beta$。

当 $l_1 > l_2(2\beta-1)$ 或 $2h_1 < h_2$ 时,弹簧最大应力点发生在 $x = \dfrac{B'}{A'}$ 处,此处 $h_x = A'x + B' = 2B'$,其应力值 $\sigma_{\max} = 3F_s/(2bA'B')$。

当 $l_1 \leq l_2(2\beta-1)$ 时,最大应力点发生在 B 点,其值 $\sigma_{\max} = 3F_s l_2/(2bh_2^3)$,$\sigma_{\max}$ 应小于许用应力 $[\sigma]$。

由 n 片组成少片弹簧时,其总刚度为各片刚度之和,其应力则按各片所承受的载荷分量计算。少片弹簧的宽度,在布置允许的情况下尽可能取大些,以增大横向刚度,常取 75~100mm。厚度 h_1 不小于 8mm,以保证足够的抗剪强度,并防止太薄而淬裂;h_2 取 12~20mm,以保证淬透性好。

第五节 独立悬架弹性元件的设计

一、扭杆弹簧的设计

作为悬架弹性元件的一种，扭杆弹簧的两端分别与车架（车身）和导向臂连接。目前在轻型客车、货车上得到了比较广泛的应用。扭杆弹簧按照断面形状不同可分为圆形、管形、片形和组合形，其中端部为花键的圆形断面扭杆，因工艺性良好和装配容易而得到了广泛应用。

下面以汽车上常用的圆形断面扭杆弹簧为例，介绍扭杆弹簧的设计要点。

设计前应当根据对汽车平顺性的要求，先选定悬架的刚度 C。设计扭杆弹簧需要确定的主要尺寸有扭杆直径 d 和扭杆长度 L（见图 8-13）。

设计时应当根据最大扭矩计算扭杆直径

$$d = \sqrt[3]{16 M_{max} / (\pi \tau)} \quad (8\text{-}19)$$

式中，M_{max} 为扭杆承受的最大扭矩；τ 为扭转切应力，可取允许扭转切应力代入计算。

扭杆的有效长度

$$L = \pi d^4 G / (32 C_n) \quad (8\text{-}20)$$

式中，G 为切变模量，设计时取 $G = 7.7 \times 10^4 \mathrm{MPa}$；$C_n$ 为扭杆的扭转刚度。

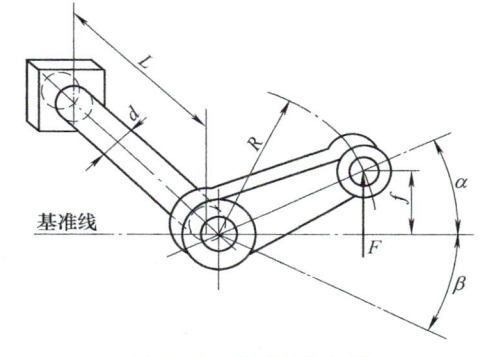

图 8-13 扭杆弹簧与臂

分析式（8-20）可知，扭杆直径 d 和有效长度 L 对扭杆的扭转刚度 C_n 有影响。增加扭杆直径 d 会使扭杆的扭转刚度 C_n 增大，因为悬架刚度与扭杆扭转刚度成正比，所以汽车平顺性变坏；而扭杆直径 d 又必须满足式（8-19）的强度要求，不能随意减小。增加扭杆有效长度 L 能减小扭杆的扭转刚度 C_n，使汽车平顺性获得改善，但过长的扭杆在汽车上布置有困难，此时宜采用组合式扭杆。

常采用 45CrNiMoVA、40Cr、42CrMo、50CrV 等弹簧钢制造扭杆。为了提高疲劳强度，扭杆需要经过预扭和喷丸处理。经过预扭和喷丸处理的扭杆许用切应力 $[\tau]$ 可在 800~900MPa 范围内选取，乘用车可取上限，商用车宜取下限。

扭杆弹簧可分为端部、杆部和过渡段三部分。圆形扭杆使用有花键的端部占多数，这种结构在端部直径较小时也能保证足够的强度。为使端部和杆部寿命一样，推荐端部直径 $D = (1.2 \sim 1.3) d$，其中 d 为扭杆直径；花键长度 $l = 0.4D$，端部花键一般采用渐开线花键。

从端部直径到杆部直径之间的一段称为过渡段。为了使这段应力集中降到最小，过渡段的尺寸应该是逐渐变化的。比较常用的方法是采用一个 30°夹角的锥体，把端部和杆部连接起来（见图 8-14a），过渡段长 $L_g = (D-d)/(2\tan 15°)$，过渡圆角 $r = 1.5d$。

过渡段可以分为靠近直径为 D 的花键端部的非有效部分和靠近直径为 d 的杆部的有效部分，有效部分可以看作是扭杆工作长度的一部分，称为有效长度 L_e。对于图 8-14a 所

示结构，有效长度

$$L_e = \frac{L_g}{3}\left[\frac{d}{D} + \left(\frac{d}{D}\right)^2 + \left(\frac{d}{D}\right)^3\right] \tag{8-21}$$

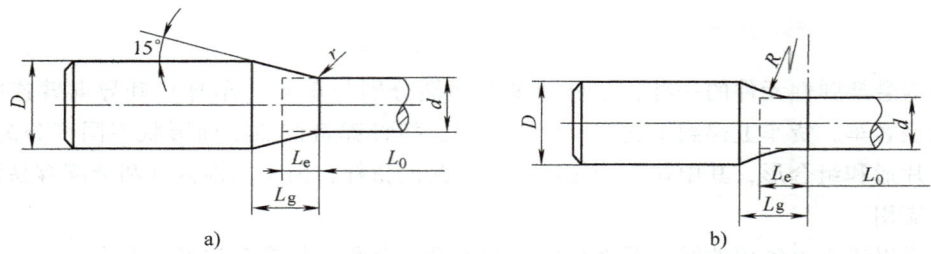

图 8-14 扭杆端部、杆部与过渡段
a）锥度过渡段 b）圆弧过渡段

对于图 8-14b 所示结构，有效长度

$$L_e = \frac{L_g}{48}\left[8\left(\frac{d}{D}\right)^3 + 10\left(\frac{d}{D}\right)^2 + 15\frac{d}{D} + 15\left(\frac{d}{D-d}\right)^{0.5}\arctan\left(\frac{D}{d}-1\right)^{0.5}\right] \tag{8-22}$$

过渡段圆弧半径

$$R = \frac{L_g^2}{D-d} + \frac{D-d}{4} \tag{8-23}$$

扭杆的工作长度 L 等于杆身长 L_0 再加上有效长度 L_e 的两倍，即

$$L = L_0 + 2L_e$$

与扭杆花键连接的支座上的内花键长度要求比扭杆上的外花键长度长些，并且设计时还应保证内花键的两端长度都要超出外花键长度。

有的扭杆端部采用直接锻造出六角形的结构。为了提高侧边的平直度，锻后再进行精压加工。六角对边的宽度 B 与扭杆直径 d 之间要求保持 $B = (1.2 \sim 1.4)d$ 的关系，以保证六角形的端部有足够的强度。

二、螺旋弹簧的设计

1. 螺旋弹簧的刚度及应力计算

螺旋弹簧常用于独立悬架中，仅承受垂直载荷作用。螺旋弹簧在其轴向载荷 F 作用下的变形

$$f = 8FD_m^2 i/(Gd^4) \tag{8-24}$$

式中，D_m 为弹簧中径（mm）；d 为弹簧钢丝直径（mm）；i 为弹簧工作圈数；G 为弹簧材料的剪切弹性模量，取 $G = 8.3 \times 10^4$ MPa。

因此，弹簧刚度

$$C_s = F/f = Gd^4/(8D_m^3 i) \tag{8-25}$$

弹簧在压缩时其工作方式与扭杆类似，都是靠材料的剪切变形吸收能量的，弹簧钢丝表面的切应力

$$\tau = 8FD_\mathrm{m}K'/(\pi d^3) = 8FcK'/(\pi d^2) \tag{8-26}$$

式中，τ 为切应力（MPa）；c 为弹簧指数（旋绕比），$c = D_\mathrm{m}/d$；K' 为曲度系数，为考虑簧圈曲率对强度影响的系数，$K' = \dfrac{4c-1}{4c-4} + \dfrac{0.615}{c}$。

一般情况下，弹簧钢的许用切应力 $[\tau]$ 与许用拉应力 $[\sigma]$ 成比例关系，通常情况下，可以取 $[\tau] = 0.63[\sigma]$。

2. 弹簧端部形状

表 8-2 所列为螺旋弹簧不同端部结构时弹簧总圈数 n 与有效圈数 i 以及弹簧完全并紧时的高度 H_s 间的关系，其中 H_s 计算公式中的系数 1.01 为考虑螺旋角的补偿系数，t 为端部碾细时的末端厚度。

表 8-2 螺旋弹簧不同端部结构时的总圈数 n 及并紧高度 H_s

端部结构	总圈数 n	完全并紧时的高度 H_s
两端碾细	$i+2.00$	$1.01d(n-1)+2t$
两端切断	$i+1.33$	$1.01d(n+1)$
两端内弯	$i+1.50$	$1.01d(n-1.25)$
一端碾细、一端切断	$i+1.67$	$1.01dn+t$
一端碾细、一端内弯	$i+1.75$	$1.01d(n-1)+t$
一端切断、一端内弯	$i+1.42$	$1.01dn$

3. 螺旋弹簧的设计计算

螺旋弹簧的设计计算分以下几步：

1) 根据总布置要求及悬架的具体结构形式求出需要的弹簧刚度 C_s、设计载荷时弹簧的受力 F_i、弹簧高度 H_i，以及悬架在压缩行程极限位置时弹簧高度 H_m。

2) 初步选择弹簧中径 D_m、端部结构形式及所用的材料。

3) 参考相关标准确定台架试验时伸张及压缩极限位置相对于设计载荷位置的弹簧变形量 f_1、f_2，并确定要想达到的寿命 n_c（循环次数）。

4) 初选钢丝直径 d，并由相关材料标准查出许用拉应力 $[\sigma]$。

5) 由式（8-25）解出 i，用表 8-2 中的相应公式求出 H_s。

6) 由 H_s、F_i、H_i 及 C_s 可求出弹簧在完全压紧时的载荷 F_s，台架试验伸张、压缩极限位置对应的载荷 F_1、F_2，以及工作压缩极限位置的载荷 F_m 分别为

$$F_\mathrm{s} = F_i + C_\mathrm{s}(H_i + H_\mathrm{s}) \tag{8-27}$$

$$F_1 = F_i - C_\mathrm{s} f_1, \quad F_2 = F_i + C_\mathrm{s} f_2 \tag{8-28}$$

$$F_\mathrm{m} = F_i + C_\mathrm{s}(H_i - H_\mathrm{m}) \tag{8-29}$$

7) 按弹簧指数 $c = D_\mathrm{m}/d$ 及 K' 的表达式求得 K'，运用式（8-26）求出载荷 F_1、F_2、F_s 以及 F_m 所对应的切应力 τ_1、τ_2、τ_s 以及 τ_max（计算出的 $\tau_\mathrm{s} > \tau_\mathrm{max}$，但 τ_max 是悬架工作时弹簧实际对应的最大切应力，对应悬架的极限压缩状态）。

8) 校核 τ_max 是否小于 $[\tau] = 0.63[\sigma]$，若不成立，则返回第 4) 步重新选择钢丝直

径 d；若余量很大，则视第 9）步寿命校核结果决定是否重新选取小些的直径 d。

9）校核台架试验条件下的寿命。给定试验条件下的循环次数 n_c，其估算公式为

$$n_c = (1.808/K_e)^{1/0.13} \tag{8-30}$$

式中，$K_e = 0.74(\tau_2 - \tau_1)/[1.48[\sigma] - (\tau_2 + \tau_1)]$。

若算出的 n_c 小于预期的台架寿命，则返回第 4）步重新选择 d；若有较大余量，则与第 8）步的结果综合考虑是否选择更小的钢丝直径，以节约材料，减小质量。

10）得到合适的 d 以后，可以进一步确定弹簧的自由高度 H_0 和最小工作高度 H_n：

$$H_0 = H_i + F_i/C_s$$

$$H_n = H_s + \delta d i$$

式中，δ 为与弹簧指数 c 有关的系数。

弹簧的总圈数可由表 8-2 求出。

11）稳定性校核。又细又高的弹簧在大载荷作用下会失稳，失稳的临界载荷不仅与其高度对直径之比 $\lambda = H_0/D_m$ 有关，还与弹簧两端的支承方式有关，对于钢丝截面为圆形的螺旋弹簧，其相对变形量 f/H_0 必须小于如下临界值，即

$$\left(\frac{f}{H_0}\right)_{cr} = 0.811\left[1 + \sqrt{1 - 6.89\left(\frac{C_0}{\lambda}\right)^2}\right] \tag{8-31}$$

式中，系数 C_0 的取值见图 8-15，必要时，可以重新选取 D_m，然后从第 2）步开始重新计算。

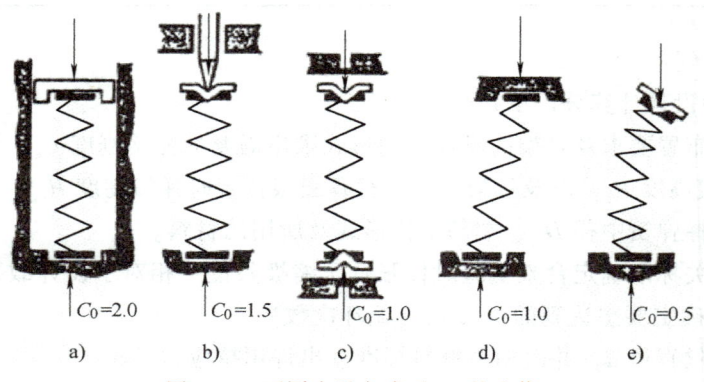

图 8-15 不同支承方式下 C_0 的取值

三、空气弹簧的设计

空气悬架多应用于各类大型客车和无轨电车上，在高级乘用车、货车和半挂车上应用也日益增多。其弹性元件空气弹簧由夹有帘线的橡胶囊或膜和充入其内腔的压缩空气所组成。空气弹簧与螺旋弹簧类似，仅能承受垂直载荷，因此空气悬架也需要导向机构。除弹性元件、减振器和导向机构外，空气悬架一般还装有车身高度调节装置。

根据气囊结构形式不同，空气弹簧可分为囊式和膜式两种。囊式较膜式寿命长，载荷高，制造方便，但刚度大，常用于商用车，并常配备有辅助气室以降低弹簧刚度。膜式空气弹簧的刚度小，弹性特性比较理想，尺寸小，布置方便，但是承载能力和寿命较低，多

用于乘用车悬架。

如图 8-16 所示，设空气弹簧上受载荷 F 作用，则有

$$F = (p-1)A, \quad p = p_0\left(\frac{V_0}{V}\right)^k \quad (8\text{-}32)$$

式中，p、V 为任意位置时气体的绝对压力和容积；p_0、V_0 为静平衡位置时气体的绝对压力和容积；A 为弹簧有效面积；k 为多变指数，汽车振动缓慢时取 $k=1$，汽车振动激烈时取 $k=1.4$，一般情况下取 $k=1.3 \sim 1.38$。

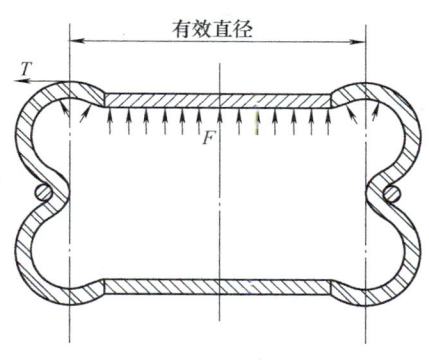

图 8-16 空气弹簧受力简图

空气弹簧的刚度 C 为载荷 F 对其垂直位移的导数，即

$$C = \frac{\mathrm{d}F}{\mathrm{d}f} = \left(p_0\frac{V_0^k}{V^k} - 1\right)\frac{\mathrm{d}A}{\mathrm{d}f} - Akp_0\frac{V_0^k}{V^{k+1}}\frac{\mathrm{d}V}{\mathrm{d}f}$$

静平衡时的刚度

$$C_0 = (p_0 - 1)\frac{\mathrm{d}A}{\mathrm{d}f} + kp_0\frac{A^2}{V_0}$$

空气弹簧

由此可以看出，要想获得较小的刚度，应该增大 V_0，但在布置上又不允许占用过高的空间，因而常常采用增加辅助气室的办法达到增大 V_0、减小刚度的目的。

静平衡时的振动频率

$$n_0 = \frac{1}{2\pi}\sqrt{\frac{g}{A}\frac{\mathrm{d}A}{\mathrm{d}f} + \frac{p_0 kgA}{(p_0-1)V_0}} \quad (8\text{-}33)$$

为了获得较低的振动频率，在式（8-33）中，须使 $\mathrm{d}A/\mathrm{d}f$ 很小，或增大 V_0。影响 $\mathrm{d}A/\mathrm{d}f$ 的因素很多，如气囊形状、气压、气囊两端的连接装置及气囊膜片内帘线角等，设计中应注意选择。增大 V_0 可适当增大辅助气室，以降低振动频率。但过大的辅助气室对降低频率的效果不显著，因此辅助气室的容积不宜超过原气囊容积的 3 倍。

四、油气弹簧的设计

油气弹簧也以气体作为弹性元件，在气体与活塞之间引入油液作为中间介质，因此是空气弹簧的一种特殊类型。油气弹簧由气体、油气隔膜、油液、工作缸、活塞等组成，其工作缸由气室和浸在油液中的阻尼阀组成。与空气弹簧相比，油气弹簧采用缸筒作为气室，气压比囊式空气弹簧高 10~20 倍，一般可达 5~7MPa，有些甚至高达 20MPa。因此，油气弹簧体积小，承载能力强，同时油气弹簧具有变刚度特性，兼起减振器作用，用在重型自卸车上可比钢板弹簧减重 50% 以上。油气弹簧也可得到较低的固有频率，且容易实现车身高度调节，在轿车上也有应用前景。但是油气弹簧也有缺点，其加工、装配及密封性要求高，维修比较麻烦。图 8-17 所示为单气室油气弹簧，有油气分隔式和油气不分隔式两种。另外还有双气室和两级压力式油气弹簧。

单气室油气弹簧的有效面积是其活塞的面积 A，在活塞移动时保持不变，即 $\mathrm{d}A/\mathrm{d}f=0$，且 $\mathrm{d}V/\mathrm{d}f=-A$ 保持不变。可利用与空气弹簧相同的公式计算其特性，其刚度

$$C = \frac{\mathrm{d}F}{\mathrm{d}f} = \frac{\mathrm{d}}{\mathrm{d}f}\left[(p-p_a)A\right] = \frac{\mathrm{d}}{\mathrm{d}f}\left[\left(p_0\frac{V_0^k}{V^k}-p_a\right)A\right]$$

$$= \left(p_0\frac{V_0^k}{V^k}-p_a\right)\frac{\mathrm{d}A}{\mathrm{d}f}-Ap_0k\frac{V_0^k}{V^{k+1}}\frac{\mathrm{d}V}{\mathrm{d}f}$$

$$= \frac{A^2 p_0 k V_0^k}{V^{k+1}} = \frac{Ap_0 k}{V/A}\left(\frac{V_0}{V}\right)^k$$

$$= \frac{Ap_0 k}{H}\left(\frac{V_0}{V}\right)^k \tag{8-34}$$

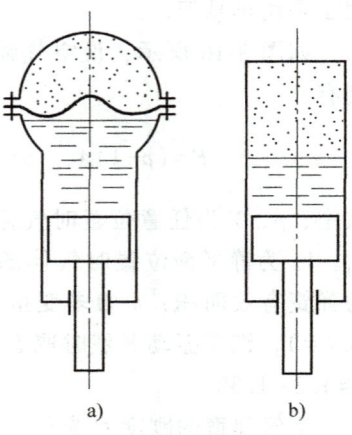

图 8-17 单气室油气弹簧
a) 油气分隔式 　b) 油气不分隔式

式中，H 为气体折算高度，是气体体积 V 与活塞面积 A 的比值。

在静平衡位置的刚度

$$C_0 = \frac{Ap_0 k}{V_0/A}\left(\frac{V_0}{V}\right)^k = \frac{Ap_0 k}{H_0}\left(\frac{V_0}{V_0}\right)^k = \frac{Ap_0 k}{H_0} \tag{8-35}$$

式中，H_0 为静平衡位置的气体折算高度。

在静平衡位置的偏频

$$n_0 = \frac{1}{2\pi}\sqrt{\frac{p_0}{p_0-p_a}\frac{gk}{H_0}} \tag{8-36}$$

一般 $p_0-p_a \approx p_0$，因此近似有

$$n_0 = \frac{1}{2\pi}\sqrt{\frac{gk}{H_0}}$$

可以看出偏频主要取决于气体的折算高度 H_0 和多变指数 k。在不同路面上行驶时振动强度不同，影响气体状态变化的快慢，使 k 值不同。在良好路面上行驶，气体状态变化慢，k 值小，偏频低；在坏路面行驶，则相反。

油气弹簧和空气弹簧在车辆装载量不同时其偏频也不同。当装载量大时，容器中气体容积 V_0 减小，压力 p_0 升高，H_0 也变小，使得偏频 n_0 随着装载量的增大而提高。这与线性弹簧的偏频随着装载量的增大而降低的特性相反。在设计中应该注意这一特点。为了保持 H_0、偏频 n 不变，就需要向气室中充气，使其体积 V_0 恢复到装载量增大以前的数值，从而使 $H_0=V_0/A$，偏频 n 也恢复到装载量增大以前的状态。如果只是改变油缸中油的体积而不向气室充气，虽然可以调节车身高度，但是不能改变偏频。

第六节　独立悬架导向机构的设计

独立悬架中的导向机构承担着悬架中除垂向力之外的所有作用力和力矩，并决定了悬

架跳动时车轮的运动轨迹和车轮定位角的变化。因此，在设计独立悬架的导向机构时，前、后轮要分别满足设计要求。

一、设计要求

1. 对前轮独立悬架导向机构的要求

1）悬架上载荷变化时，保证轮距变化不超过±4.0mm，过大会引起轮胎早期磨损。

2）悬架上载荷变化时，前轮定位参数要有合理的变化特性，车轮不应产生纵向加速度。

3）汽车转弯行驶时，应使车身侧倾角小。在0.4g的侧向加速度作用下，车身侧倾角不大于7°，并使车轮与车身的倾斜同向，以增强不足转向效应。

4）汽车制动时，应使车身有抗前俯作用；加速时，有抗后仰作用。

2. 对后轮独立悬架导向机构的要求

1）悬架上的载荷变化时，轮距无显著变化。

2）汽车转弯行驶时，应使车身侧倾角小，并使车轮与车身的倾斜反向，以减小过多转向效应。

此外，导向机构还应有足够强度，并可靠地传递除垂向力以外的各种力和力矩。

二、车轮定位参数的变化

在整车运动过程中，轮胎和车身之间的相对位置可能发生变化，这也将造成车轮定位参数发生相应的变动。如果车轮定位参数的变动过大，将会加剧轮胎和转向机件的磨损，并降低整车操纵稳定性和其他相关性能，因此原则上车轮定位参数的变化量不能太大。

车轮垂直上下跳动分析是悬架性能分析中一种非常重要的方法。车轮定位参数随车轮垂直上下跳动的变化特性，常指从满载位置到车轮跳动范围内前轮定位参数的变化。下面以三个车轮定位参数：前束、车轮外倾角和轮距在车轮垂直上下跳动行程的变化为例，对悬架性能进行分析。

1. 前束

车轮跳动时前束变化对车辆的直线行驶稳定性、稳态响应特性有很大的影响，是汽车悬架的重要参数之一。比对一个静止的汽车调整出一个正确的前束更为重要的是，前束值在行驶中能否保持，或者说是否会因为车轮上下跳动而变化。

为了不因轮胎的侧偏而使磨损加剧、滚动阻力加大以及直线行驶能力受到损害，汽车直线行驶时，悬架设计应当保证车轮前束值不随车轮跳动而变化或变化幅度较小，如图8-18中曲线1所示。但是为了获得足够的不足转向量，有时在设计上通过选择转向横拉杆断开点的位置，将前轮

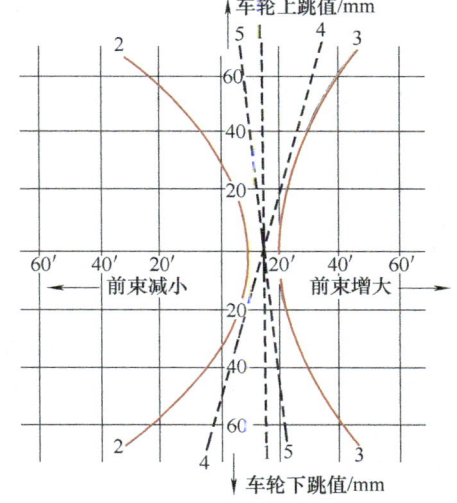

图8-18　前轮前束变化随车轮跳动的关系

前束随车轮跳动变化的特性设计成图 8-18 中曲线 5 的形状，即前轮在上跳时希望是弱负前束变化，而在下跳时希望是弱正前束变化。

前束变化的不同可能是由于转向横拉杆的长度和位置不确定的结果。在转向横拉杆位于前桥后方的情况，图 8-18 中五条不同的曲线分别对应图 8-19 中五个不同的转向横拉杆断开点位置。图 8-19 中点 1 代表最佳断开点（不发生干涉）位置，点 2、点 3 分别代表转向横拉杆偏短和偏长的情况，点 4、点 5 则代表转向横拉杆内侧点相对于位置 1 偏高和偏低的情况。图 8-19 中所绘为转向横拉杆位于前桥后方的情形，若转向横拉杆位于前桥前方，则各种情况下前束的变化与上述相反。

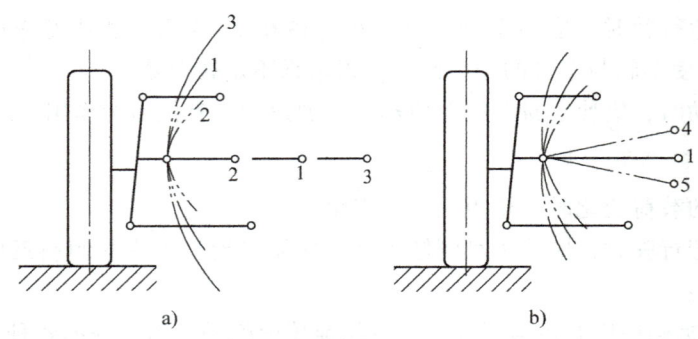

图 8-19　不同转向横拉杆断开点位置

对于前悬架，在曲线行驶时，应使上跳的外侧车轮产生后束（负前束），而下落的内侧车轮产生前束（正前束），即在车身侧倾的影响下转向轮转角轻微回转，从而由前桥的侧倾不足转向性可抵消汽车的过度转向趋势及改善换道行驶时的性能。同样，后悬架可以设计成在转弯时车桥产生侧倾不足转向，即上跳的外侧车轮产生前束，而下跳的内侧车轮产生后束。

2. 前轮外倾角

前轮外倾角具有定位作用，同时也可以使行驶过程中轮胎与拱形路面相适应，保证车轮始终与地面垂直接触，即维持最好的轮胎抓地力，使轮胎磨损均匀，并减轻轮毂外轴承的负荷。汽车曲线行驶时，一个理想的独立悬架就是能够保证车轮的倾斜角度与车身的侧倾角度一致。车轮外倾能够补偿（变化量）得越大越好，理想的情况是能够弥补整车所有的侧倾角度，使轮胎能够始终与地面垂直接触。但是大的外倾补偿（变化量）（希望得到）通常意味着大的轮距变化，导致轮胎偏磨（不希望得到）和操稳性、舒适性方面的问题，因此外倾角变化也不宜过大。对于独立悬架，外倾的变化量也需要同时考虑到侧倾中心的高度。好的外倾变化，应是通过最小的轮距变化达到路面良好的操纵稳定性和乘坐舒适性。

研究表明，对轿车而言，当外倾角为 5′～10′即约 0.1°时，轮胎的磨损最均匀。为了获得转向时良好的轮胎侧偏性能，目前所取的外倾角大多偏离了理想值，一般在空载时，基本上在理想值附近，在加载状态下则有轻微的负外倾角。这是因为对于独立悬架而言，汽车做曲线行驶时车轮随车身一起倾斜，导致外倾车轮（轮荷大的一侧车轮）相对于地面的外倾角向正外倾的方向变化，引起车轮在同样侧偏角下传递侧向力的能力降低。为了消除这种不利的影响,在轿车悬架设计时常将车轮外倾角设计成当车轮上跳时减小,车轮下跳时增加。双横臂式悬架在车轮上跳曲线向负的外倾角方向凹入,表明了这种悬架的优点,如图 8-20 所示,其中曲线 A 为双横臂式前悬架,其余曲线为麦弗逊式悬架。从图 8-20 中可以看出,当车轮上跳时(即相当于转向时的外侧车轮在轮荷转移及车身侧倾的联合作用下向车身靠近),双横臂式悬架外倾角的减小量随上跳行程的增加呈增大的趋势,优于麦弗逊式悬架。

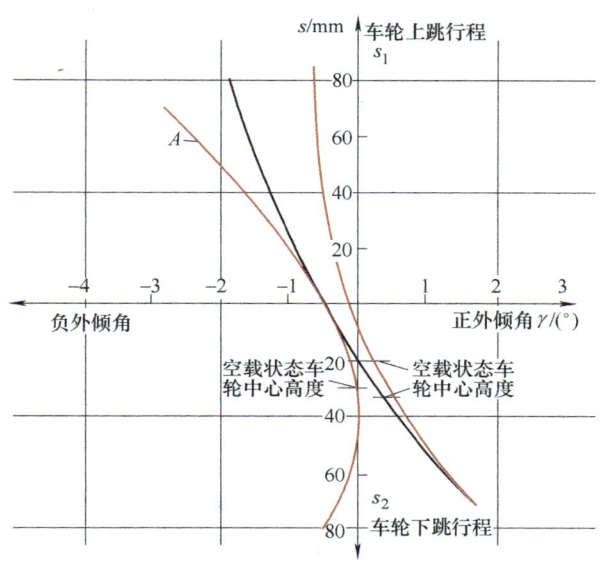

图 8-20 轿车前悬架车轮外倾角随车轮跳动的关系

3. 轮距

在独立悬架中,车轮的上下跳动都会导致轮距发生变化。对轮距的要求主要有两个方面:一是要求轮距变化要尽量小,不超过 ±4mm,以减少轮胎的磨损;二是轮距变化时,轮胎产生侧偏角,从而引起相应的侧向力并导致汽车的直线行驶能力下降,同时还造成滚动阻力的增大和对转向系的影响,因此,一个相对合适的轮距对于提高操纵稳定性具有十分重要的意义。

为了获得良好的行驶性能,希望车轮跳动时轮距的变化量尽量小。通过降低侧倾中心高度能获得小的轮距变化参数。当悬架的侧倾中心位于地面时,由于车轮跳动时接地点的速度没有水平分量,因而轮距变化量为零。对于双横臂式独立悬架,通过合理设计导向机构,可以在较大的悬架行程范围内近似保持侧倾中心位于地面,如图 8-21 所示。但过低的侧倾中心将导致同等侧向加速度下侧倾力矩的增大,从而在同样侧倾角刚度下车身侧倾角增大,因而在设计时应综合考虑这两方面的因素确定导向机构的臂长。

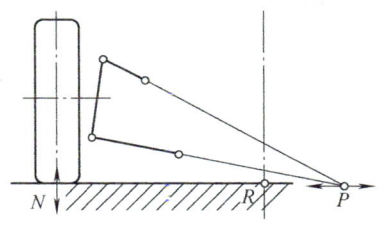

图 8-21 侧倾中心位于地面轮距变化为零

图 8-22 中给出了三种轿车前悬架的轮距的变化量,

其中曲线 A 为双横臂式独立悬架，其余为麦弗逊式独立悬架。从中可以看出，双横臂式悬架的轮距变化量明显要小。

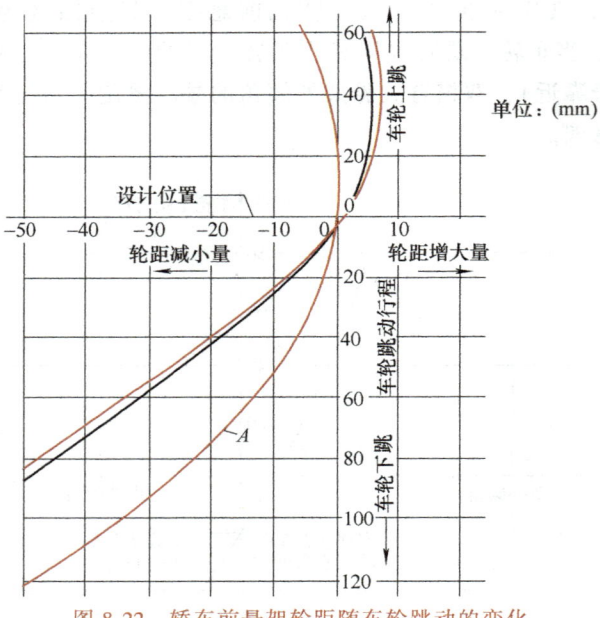

图 8-22　轿车前悬架轮距随车轮跳动的变化

除了前轮前束、前轮外倾角和轮距，主销内倾角和主销后倾角也要求车轮跳动时变化不宜过大，否则在转向时，会增加轮胎与路面间的摩擦阻力，使转向变得很沉重，并加速轮胎磨损。主销内倾角一般不大于 8°，主销后倾角一般不超过 3°，现代高速汽车，由于轮胎气压降低，主销后倾角可以减小到接近于零，甚至为负值。

三、导向机构的布置参数

1. 侧倾中心

双横臂式独立悬架的侧倾中心 W 由图 8-23 和图 8-24 所示方式得出。

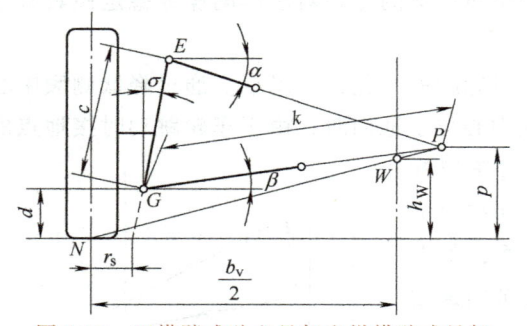

图 8-23　双横臂式独立悬架和纵横臂式悬架

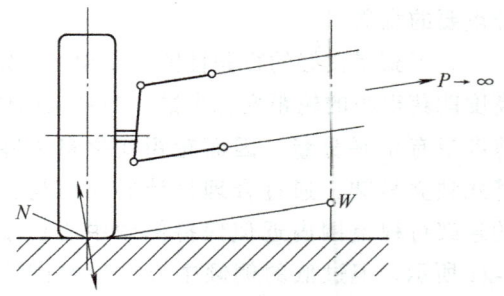

图 8-24　横臂相互平行的双横臂式悬架

麦弗逊式独立悬架的侧倾中心 W 由图 8-25 所示方式得出。麦弗逊式悬架的弹簧减振器柱 EG 布置得越垂直，下横臂 GD 布置得越接近水平，则侧倾中心 W 就越接近地面，从而使得在车轮上跳时车轮外倾角的变化很不理想。若加长下横臂，则可改善运动学特性。

在独立悬架中，前后侧倾中心连线称为侧倾轴线。侧倾轴线应大致与地面平行，且尽可能离地面高些。平行是为了使得在曲线行驶时前、后轴上的轮荷变化接近相等，从而保证中性转向特性；而尽可能高则是为了使车身的侧倾限制在允许范围内。

然而，前悬架侧倾中心高度受到允许轮距变化的限制且几乎不可能超过 150mm。此外，在前轮驱动的车辆中，由于前桥轴荷大，且为驱动桥，故应尽可能使前轮轮荷变化小。因此，独立悬架（纵臂式悬架除外）的侧倾中心高度为：前悬架为 0~120mm，后悬架为 80~150mm。

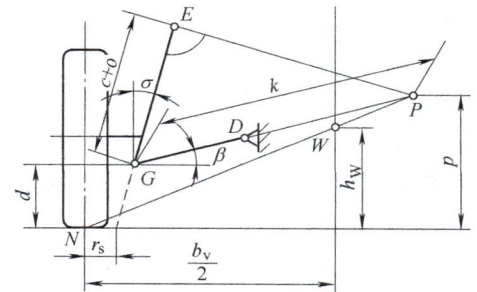

图 8-25 普通麦弗逊式独立悬架

设计时首先要确定（与轮距变化有关的）前悬架的侧倾中心高度，然后确定后悬架的侧倾中心高度。当后悬架采用独立悬架时，其侧倾中心高度要稍大些。如果用钢板弹簧非独立悬架时，后悬架的侧倾中心高度要取得更大些。

2. 抗制动纵倾性与抗驱动纵倾性

抗制动纵倾性使得制动过程中汽车车头的下沉量及车尾的抬高量减小。只有当前、后悬架的纵倾中心位于两根车桥（轴）之间时，这一性能方可实现。

抗驱动纵倾性可减小后轮驱动汽车车尾的下沉量或前轮驱动汽车车头的抬高量。与抗制动纵倾性不同的是，只有当汽车为单桥驱动时，该性能才起作用。对于独立悬架而言，只有当纵倾中心位置高于驱动桥车轮中心时，这一性能方可实现。

麦弗逊悬架 3D

四、双横臂式独立悬架导向机构设计

目前，汽车上广泛使用上、下横臂不等长的双横臂式独立悬架（主要用于前悬架）。下面以这种悬架为例，对其导向机构进行设计。

1. 纵向平面内上、下横臂的布置方案

上、下横臂轴抗前俯角的匹配对主销后倾角的变化有较大影响。图 8-26 给出了六种可能布置方案的主销后倾角 λ 值随车轮跳动的曲线。图中横坐标为 λ 值，纵坐标为车轮接地中心的垂直位移量。各匹配方案中 β_1、β_2 角度的取值见图注，其正负号按右手定则确定。

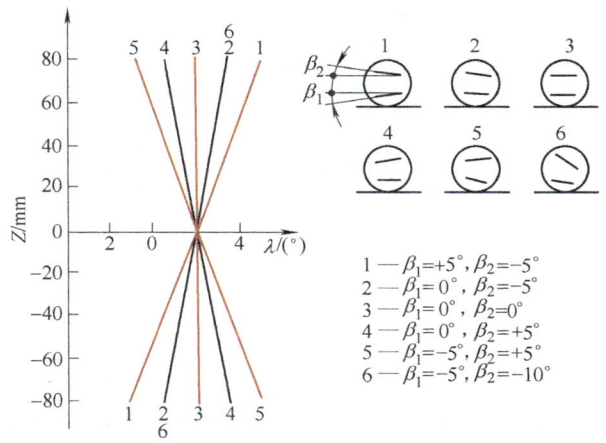

图 8-26 β_1、β_2 的匹配对 λ 的影响

为了提高汽车的制动稳定性和舒适性，一般希望主销后倾角的变化规律为：在悬架弹簧压缩时后倾角增大；在弹簧拉伸时后倾角减小，用以造成制动时因主销后倾角变大而在

控制臂支架上产生防止制动前俯的力矩。

分析图 8-26 中 λ 的变化曲线可知，第 4、5 方案的 λ 变化规律为压缩行程 λ 减小，拉伸行程 λ 增大，这与所希望的规律正好相反，因此不宜用在汽车前悬架中；第 3 方案虽然主销后倾角的变化最小，但其抗前俯的作用也小，因此现代汽车中也很少采用；第 1、2、6 方案的主销后倾角变化规律是比较好的，因此这三种方案在现代汽车中被广泛采用。

2. 横向平面内上、下横臂的布置方案

比较图 8-27a、b、c 可以清楚地看到，上、下横臂布置不同，所得侧倾中心位置也不同，这样就可根据对侧倾中心位置的要求来设计上、下横臂在横向平面内的布置方案。

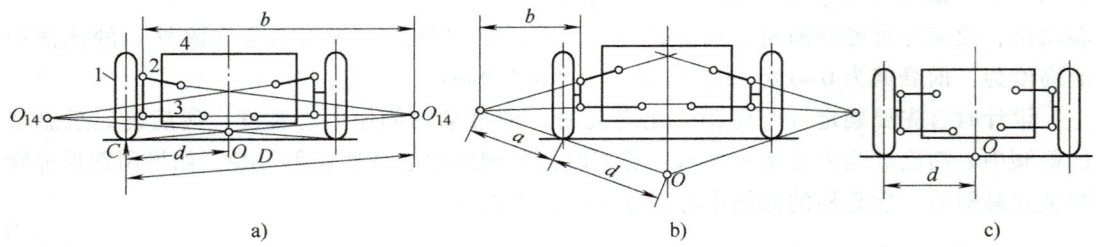

图 8-27　上、下横臂在横向平面内的布置方案

3. 水平面内上、下横臂摆动轴线的布置方案

上、下横臂轴线在水平面内的布置方案有三种，如图 8-28 所示。

下横臂轴 $M—M$ 和上横臂轴 $N—N$ 与纵轴线的夹角，分别用 α_1 和 α_2 来表示，称为导向机构上、下横臂轴的水平斜置角。一般规定，轴线前端远离汽车纵轴线的夹角为正，反之为负，与汽车纵轴线平行者，夹角为零。

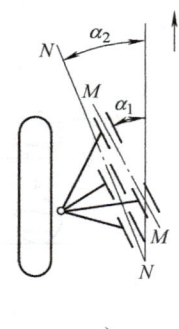 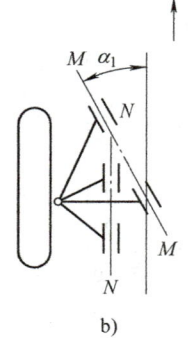 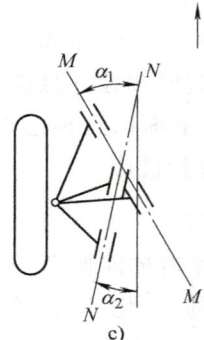

图 8-28　水平面内上、下横臂布置方案

为了在遇到凸起路障时能够使轮胎一面上跳，一面向后退让，以减少传到车身上的冲击力，还为了便于布置发动机，大多数发动机前置汽车的悬架下横臂轴 $M—M$ 的斜置角 α_1 为正，而上横臂轴 $N—N$ 的斜置角 α_2 则有正值、零值和负值三种布置方案，如图 8-28a、b、c 所示。上、下横臂斜置角不同的组合方案，对车轮跳动时前轮定位参数的变化规律有很大影响。下横臂斜置角 α_1 为正、上横臂斜置角 α_2 为负值或零时，主销后倾角随车轮的上跳而增大。如组合方案为上、下横臂斜置角 α_1、α_2 都为正值，如图 8-29 所示，则主销后倾角随车轮的上跳较少

增加甚至减少（当 $\alpha_1<\alpha_2$ 时）。至于采取哪种方案为好，要和上、下横臂在纵向平面内的布置一起考虑。当车轮上跳、主销后倾角变大时，车身上的悬架支承处会产生反力矩，有抑制制动时前俯的作用。但主销后倾角变得太大时，会使支承处反力矩过大，同时使转向系对侧向力十分敏感，易造成车轮摆振或转向盘上力的变化。因此，希望乘用车的主销后倾角原始值为$-1°$~$+2°$。当车轮上跳时，悬架每压缩 10mm，主销后倾角变化范围为 $10'$~$40'$。

为了综合上述要求，选择恰当的抗前俯角，国外已根据设计经验制定出一套线图，如图 8-29 所示。该图由三组线图组成：图 8-29a 所示为汽车在不同减速度时（以重力加速度 g 的百分数表示），前轮上方车身下沉量 f_1 与抗前俯率 η_d 的关系；图 8-29b 所示为下横臂摆动轴线与水平线夹角 β_1 不相同时，主销后倾角 λ 的变化率 $d\lambda/df_1$ 与抗前俯率的关系；图 8-29c 所示为不同球销中心距时，主销后倾角 λ 的变化率 $d\lambda/df_1$ 与上、下横臂摆动轴线夹角 $\beta_2-\beta_1$ 的关系。运用图 8-29 的步骤如下：

先根据设计的允许前俯角（在 $0.5g$ 时为 $1°$~$3°$）确定 f_1，然后找到相应的 η_d，并在图 8-29b 上初选 β_1，求出主销后倾角变化率（推荐悬架每压缩 10mm 时为 $10'$~$40'$）。若超出范围，即重新选 β_1，直至达到要求为止。接着可用图 8-29c，先选定球销中心距，从图 8-29b 所定的 $d\lambda/df_1$ 值与初选的球销中心距在图上沿虚线所示的路线找到上、下横臂的夹角 $\beta_2-\beta_1$，若布置上允许即认为初选成功。图 8-29 适用于轴距为 2.8~3.2m、质心高为 0.58~0.6m 的乘用车。

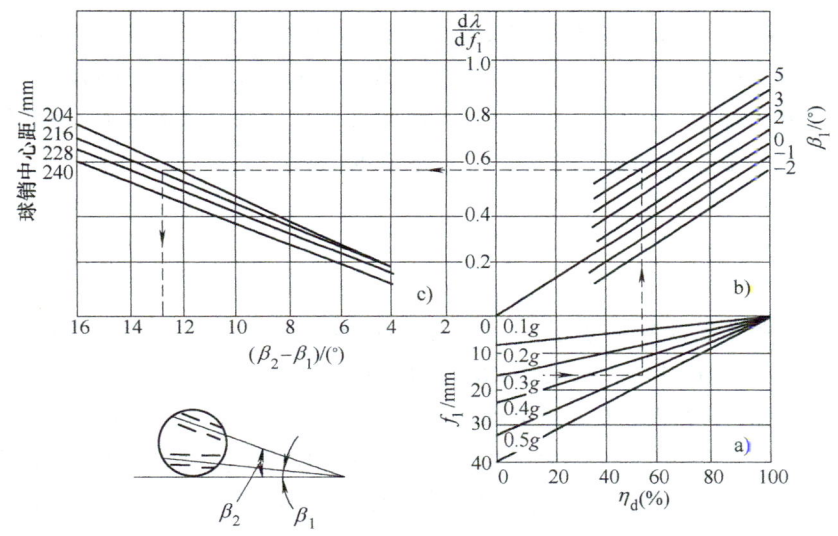

图 8-29 选择上、下横臂轴线纵向倾角的线图

4. 上、下横臂长度的确定

双横臂式悬架的上、下臂长度对车轮上、下跳动时前轮的定位参数影响很大。现代乘用车所用的双横臂式前悬架，一般设计成上横臂短、下横臂长。这一方面是考虑到布置发动机方便，另一方面也是为了得到理想的悬架运动特性。

图 8-30 所示为下横臂长度 l_1 保持原车值不变，改变上横臂长度 l_2，使 l_2/l_1 分别为 0.4、0.6、0.8、1.0、1.2 时计算得到的悬架运动特性曲线。其中 Z-B（1/2 轮距）为车

轮接地点在横向平面内随车轮跳动的特性曲线。由图 8-30 可以看出，当上、下横臂的长度之比为 0.6 时，B_y 曲线变化最平缓；l_2/l_1 增大或减小时，B_y 曲线的曲率都增加。图中的 Z-δ 和 Z-γ 分别为车轮外倾角和主销内倾角随车轮跳动的特性曲线。当 $l_2/l_1=1.0$ 时，δ 和 γ 均为直线并与横坐标垂直，这时 δ 和 γ 在悬架运动过程中保持定值。

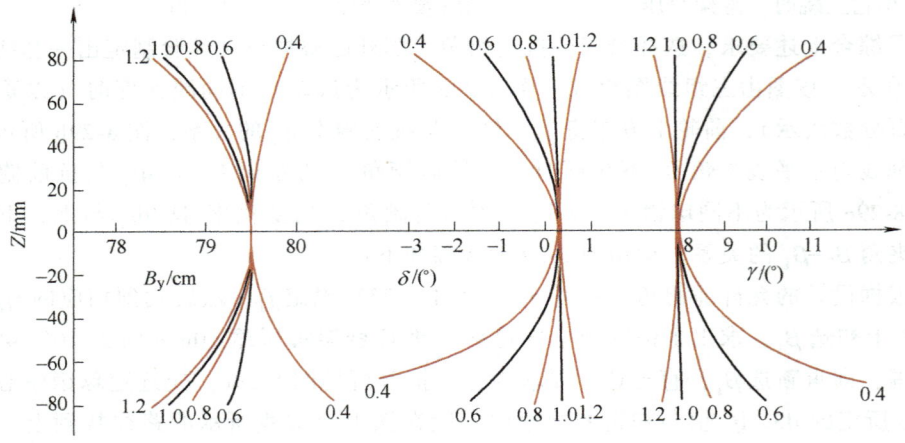

图 8-30　上、下横臂长度之比 l_2/l_1 改变时的悬架运动特性

设计汽车悬架时，希望轮距变化要小，以减少轮胎磨损，提高其使用寿命，因此应选择 l_2/l_1 在 0.6 附近；为保证汽车具有良好的操纵稳定性，希望前轮定位角度的变化要小，这时应选择 l_2/l_1 在 1.0 附近。综合以上分析，该悬架的 l_2/l_1 应在 0.6~1.0 范围内。美国克莱斯勒和通用汽车公司分别认为，上、下摆臂长度之比取 0.7 和 0.66 为最佳。根据我国乘用车设计的经验，在初选尺寸时，l_2/l_1 取 0.65 为宜。

第七节　基于 ADAMS 的汽车双横臂式独立悬架实例分析

悬架系统是整车底盘系统的关键，其性能直接影响整车平顺性和操纵稳定性。研究悬架性能离不开研究其 K&C 特性。悬架的 K&C 特性为悬架 K（Kinematics）特性和 C（Compliance）特性的统称。K 特性，指悬架运动学特性，描述的是在不考虑力和质量时车轮在上下跳动及转向过程中悬架的评价参数随车轮运动的关系。C 特性，指悬架弹性运动学特性或柔性特性，描述的是在轮胎受到来自地面的各种力或力矩作用时悬架的评价参数随这些力或力矩的变化关系，在外力作用下悬架弹簧、橡胶衬套等部件需考虑自身变形问题。

在车轮跳动或车厢侧倾过程中，车轮定位参数的变化对汽车操纵稳定性、平顺性及轮胎磨损有较大的影响。要设计出理想的悬架系统，首先需要对其运动特性，即车轮上、下跳动时车轮定位参数变化等运动规律做出准确的描述和判断。独立悬架空间结构复杂且直观性差，传统分析方法工作量大，效率低。随着计算机技术的发展，虚拟样机仿真技术脱颖而出，在运动学和动力学仿真分析方面，利用多体动力学仿真软件 ADAMS 对悬架系统进行研究分析已成为较为通用的方法。其中 ADAMS/Car 轿车设计专业模块在汽车子系统及整车建模、仿真试验及输出等方面独具特色，是悬架系统及整车性能仿真的有力分析工具,可大大简化悬架开发过程,降低开发成本,提高系统性能。

双横臂式独立悬架是现代汽车上常用的悬架结构形式,广泛应用于乘用车、轻型商用车前悬架,因此,本节以某乘用轿车的双横臂式独立前悬架(Double Wishbone Dependent Suspension)为例,基于 ADAMS/Car 软件对现代汽车悬架分析与设计方法进行简单介绍。由于篇幅有限,本例中主要考虑悬架运动学问题,即悬架 K 特性。利用 ADAMS/Car 进行悬架 K 特性仿真试验主要包含左、右车轮平行轮跳试验,反向轮跳试验和单侧轮跳试验等仿真分析项目。

一、双横臂式独立悬架结构分析

悬架 K 特性分析主要是研究车轮定位参数随车轮跳动时的变化规律,故可以将悬架简化为一个多连杆机构,并确定关键的铰接点。该悬架主要包括上横臂、下横臂、转向节、转向横拉杆、车轮和车身 6 个主要部件。运动学建模时,假设所有部件均为无质量的刚体,不考虑力作用下的变形;部件之间的链接均为理想运动副,忽略摩擦作用;忽略横向稳定杆、弹性元件和阻尼元件;车架视为固定部件。悬架具有左、右对称性,图 8-31 所示为双横臂式独立悬架右侧结构简图。

图 8-31 所示的 A、B、C 点分别为上横臂前、后、外支点;D、E、F 分别为下横臂前、后、外支点;G、H 分别为转向横拉杆外、内支点;J 点为车轮中心,I 点为主销轴线与车轮轴线的交点。上、下横臂分别通过 AB、ED 轴线处的 2 个旋转副与车架相连,并分别通过 C、F 铰接点的 2 个球副与转向节相连;转向节轴 JI 通过 J 点的 1 个旋转副与车轮连接;转向横拉杆 GH 通过 G 点的 1 个球副与转向节相连,转向器通过断开点 H 的 1 个球副与转向横拉杆 GH 相连。综上可知,悬架运动学分析模型的自

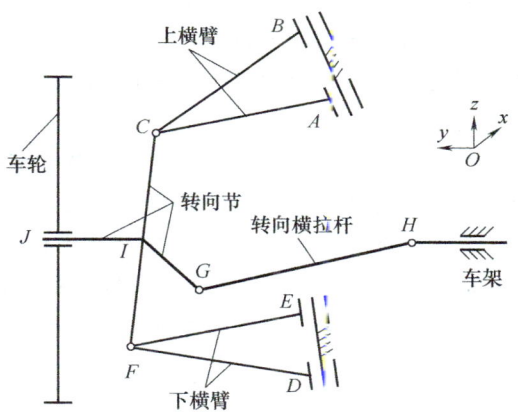

图 8-31 双横臂式悬架右侧结构简图

由度 $F=6×6-4×3-3×5-1×6=3$,3 个自由度分别为车轮的 1 个垂直跳动自由度、车轮分别绕主销和绕轴线的 2 个转动自由度。

二、ADAMS/Car 模块简介

ADAMS/Car 模块是 MSC 公司与 Audi、BMW 等汽车公司合作开发的轿车设计模块,它能够快速建立高精度的车辆子系统模型和整车模型,可通过高速动画直观地再现各种工况下车辆运动学和动力学响应,并输出与操纵稳定性、制动性、平顺性有关的性能参数。

ADAMS/Car 模块分为 Standard Interface(标准界面)和 Template Builder(模板)两种模式。在 ADAMS/Car 里的模型由三级组成:模板(Template)、子系统(Subsystem)和总成(Assembly)。ADAMS/Car 的建模顺序是自下而上的,即悬架或整车总成都建立于子系统模型之上,而不同的子系统则需要建立不同的模板。

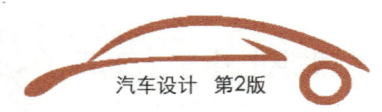

ADAMS/Car 的一个主要特点是基于模板。建立模板即定义部件、部件之间的连接以及其他模板和试验台如何交换信息。其中后者则是基于模板的产品所特有的。ADAMS/Car 的共享数据库里提供了包括各种悬架、转向系、动力总成以及车身的模板，因此用户在建模时，无须从零开始，可调用已有模板进行相应调整（如硬点位置），从而大大简化建模过程。

如果 ADAMS/Car 没有提供用户所要求的悬架模型或其他模型模板，这时就需用户在"Template Builder"中自行创建。在 ADAMS/Car 下创建模型拓扑结构的过程如下：

（1）创建 Hard Point（硬点） 硬点定义了模型的关键位置，是建模的基本单元。通过它们可以参数化更高级实体的位置和方位。创建硬点只需要输入相应的坐标，这些坐标可以是来自于 CAD 模型的装配图，也可以是基于实车测试得到。

（2）创建 General Part（部件） 根据硬点创建部件。之后可以给新部件添加新的 Geometry（几何形体）。在 ADAMS/Car 下，部件包括刚体、柔体、Mount Part（无质量的部件，在装配时会被其他部件替换）、Switch Part（无质量的部件，用于连接）。

（3）创建 Attachment（连接） 部件间的连接包括 Joint（铰链）、Bushing（橡胶衬套）。连接可以有两种模式，即铰链-运动学模式和衬套-弹性模式。后者可考虑衬套的弹性变形特性对悬架运动学和动力学的影响。

（4）创建 Communicator（通信器） ADAMS/Car 通过通信器把各子系统装配起来，其作用是在各子系统和 Test Rig（试验台）之间交换信息，故在模板中必须正确创建相匹配的通信器。

对于悬架系统，通常还需创建弹簧和减振器（具有弹性特性和阻尼特性的力元），并定义悬架的特性参数，如外倾角、前束及转向轴线。

以上是在 Template Builder 中建立模板的一般步骤，之后可根据建立的模板在 Standard Interface 下建立子系统，并通过通信器检查匹配，将子系统组装成系统总成或整车总成；最后根据研究目标，对组装好的总成模型进行不同工况的仿真分析。

三、基于 ADAMS/Car 的前悬架系统建模

下面以某轿车双横臂式独立前悬架为例，介绍应用 ADAMS/Car 软件进行悬架系统建模的一般方法。

1. 悬架模型简化

假设前悬架关于整车纵向中心对称面对称，因而只需建立一半前悬架模型，而另一半模型可自动生成。这里假设所研究的前悬架为一个多刚体系统，因而忽略了导向杆系的柔性和变形。除了在减振器与车身及控制臂与副车架等连接处定义了 Bushing（衬套）的弹性外，系统各零件及车身均定义为刚体。此外，为了简化分析，还假设所研究的轿车前后部符合不耦合力学条件，即前、后悬架前、后簧上质量的垂向运动相互独立，无轴荷纵向转移。簧上质量则根据质心位置按比例分配于前、后车架。

其次，定义系统模型的绝对坐标系。坐标原点为两侧前轮接地印迹中心点连线的中点，x 轴与车辆行驶方向相反，y 轴由坐标原点指向驾驶人右侧，z 轴则符合右手螺旋法则垂直向上。

2. 建立悬架模板

此轿车前悬架为现代汽车上常用的双横臂式独立悬架,在共享数据库中提供有用户所需的同类型悬架模板,在 Template Builder 下,可根据实际要求对模板进行修改,过程如下:

(1) **调用悬架模板** 在 Template Builder 模式下,通过 File→Open,在对话框空白处右击打开<acar_shared>/templates.tbl 中的_double_wishbone.tpl(双横臂式独立悬架)。

(2) **修改硬点坐标** 通过 Build→Hardpoint→Table,修改列表中的硬点坐标,见表 8-3 所示。图 8-32 所示为相应的双横臂式悬架结构模型。

表 8-3 前悬架硬点坐标(左侧)

序号	硬点 (Hard Point)	在绝对坐标系中的位置/mm		
		x	y	z
1	驱动轴内支点(drive_shaft_inr)	0.0	-200.0	225.0
2	下横臂前支点(lca_front)	-200	-400	150
3	下横臂外支点(lca_outer)	0.0	-750.0	100
4	下横臂后支点(lca_rear)	200	-450.0	155.0
5	减振器下安装点(lwr_strut_mount)	0.0	-600.0	150.0
6	副车架前支点(subframe_front)	-400.0	-450.0	155.0
7	副车架后支点(subframe_rear)	400.0	-450.0	150.0
8	转向横拉杆内支点(tierod_inner)	200.0	-400.0	300.0
9	转向横拉杆外支点(tierod_outer)	150.0	-750.0	300.0
10	减振器上安装点(top_mount)	40.0	-500.0	650.0
11	上横臂前支点(uca_front)	100.0	-450.0	525.0
12	上横臂外支点(uca_outer)	40.0	-675.0	525.0
13	上横臂后支点(uca_rear)	250.0	-490.0	530.0
14	车轮中心(wheel_center)	0.0	-800.0	300.0

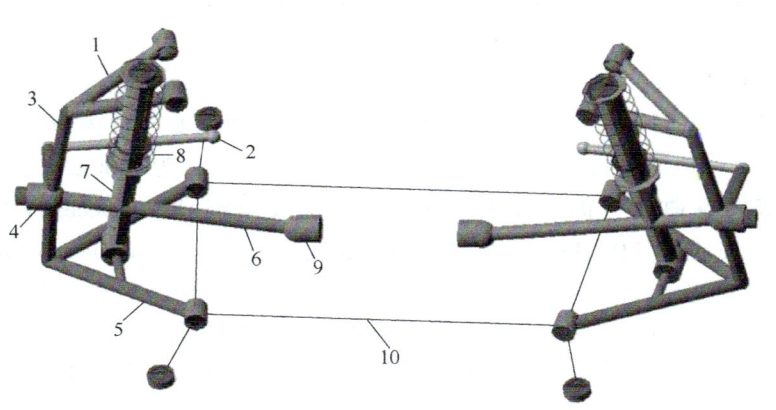

图 8-32 双横臂式独立悬架模型
1—上控制臂 2—转向横拉杆 3—转向节 4—转轴 5—下控制臂
6—驱动半轴 7—减振器 8—螺旋弹簧 9—半轴接头 10—副车架

双横臂独立悬架同向跳动

双横臂独立悬架反向跳动

(3) 定义悬架的特性参数 在 Build→Suspension Parameters→Toe/Camber Value 中设置外倾角和前束角分别为：0.1 和 -1.0。在 Characteristic Array 中已采用几何方法对转向轴线（主销）进行定义，无须修改。其他的悬架特性参数可采用默认设置。

3. 创建前悬架分析总成

基于已创建的悬架模板，在 Standard Interface 下生成悬架子系统。最后将悬架子系统、齿轮齿条式转向子系统（选用共享数据库中的 MDI_FRONT_STEERING.sub 转向系子系统）与试验台（Test Rig）装配在一起，再通过通信器检查，得到最终的前悬架系统分析总成，如图 8-33 所示。

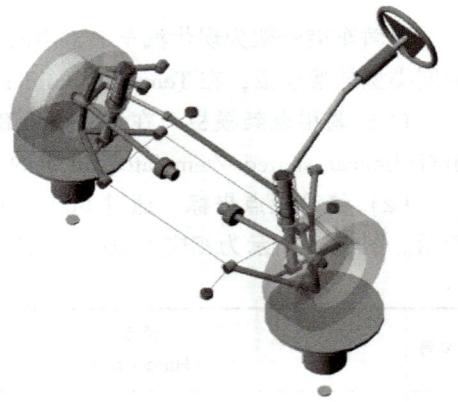

图 8-33 前悬架系统分析总成

四、悬架性能仿真与结果分析

在 ADAMS/Car 中，可通过对悬架进行车轮跳动仿真，得到车轮垂直跳动行程定位参数的变化曲线。下面简单介绍对悬架进行运动学仿真分析的一般步骤，并给出一些典型的仿真结果。

(1) 定义车辆参数 在标准模式 Simulate→Suspension Analysis→Set Suspension Parameters 中定义与前悬架系统分析相关的车辆参数：轮胎自由半径为 300mm，轮胎垂向刚度为 200N/mm，簧上质量为 1400kg，质心高度为 400mm，轴距为 2765mm。另外，制动力分配系数为 64%，即表明该车的前轴制动力为 64%，后轴为 36%。在 Adjust→Parameters Variable 中修改前轮定位参数中的 pvl_camble_angle 和 pvl_toe_angle 为 0.25 和 0.13，单位为（°）。

(2) 设置运动学 K 特性仿真模式 在主菜单中选择 Adjust→Kinematic Toggle，在弹出的对话框中选择当前模式为 Kinematic，单击 OK 按钮。

(3) 性能仿真 在 Simulate→Suspension Analysis 中可对悬架进行多种典型工况仿真。这里以车轮同向跳动分析 Parallel Wheel Travel 为例，设置仿真步数为 30 步，设定车轮跳动行程跳上限值（Bump Travel）和下限值（Rebound Travel）为 ±100mm 进行仿真。

(4) 创建特性曲线 仿真分析完毕之后，在 ADAMS/PostProccessor 模块中，通过 Plot→Create Plots 选择 ADAMS/Car 提供的图表配置文件 mdi_suspension_parallel_travel，其中有多种悬架特性输出，如悬架运动中车轮前束角变化、车轮外倾角变化、悬架刚度变化等。此外，设计人员也可以根据实际需要，自主地选择不同的自变量和参变量构造需要的特性函数。这里仅给出了车轮定位参数与车轮跳动量关系曲线，如图 8-34~图 8-37 所示，各图中左、右轮曲线重合。

(5) 结果分析 图 8-34 所示为本例中两侧车轮同向跳动时车轮外倾角（Camber Angle）的变化曲线。由图 8-34 可见，车轮由下向上跳动过程中，车轮外倾角呈减小趋势，变化范围为 -2.77°~1.19°，符合前轮定位参数的一般设计要求。

图 8-35 所示为车轮前束（Toe Angle）的变化曲线。由图 8-35 可见，平衡位置前束值为零，故悬架对路面不平引起的前束变化控制较好，从而保证了良好的直线行驶能力。车轮上跳时，前束为弱负前束变化，可使车辆获得一定的不足转向特性。同样说明，车辆的装载质量增加引起车身高度下降时，车辆的不足转向特性会略有增加。

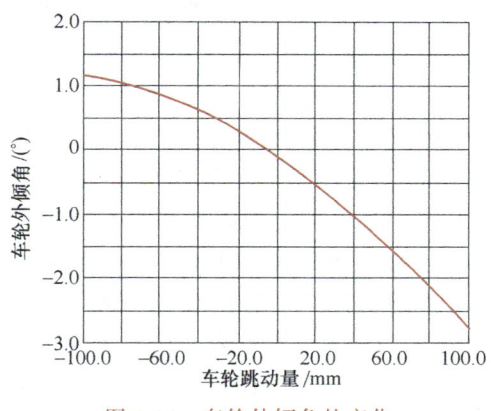

图 8-34 车轮外倾角的变化　　　　　　图 8-35 前轮前束的变化

主销后倾角（Caster Angle）的仿真曲线如图 8-36 所示。平衡处的主销后倾角为 5.36°，车轮上下跳动时，主销后倾角都增大，且整个变化范围小于 0.5°，符合主销后倾角的设计要求。

轮距（Wheel Travel Track）的变化如图 8-37 所示。由图 8-37 可知，轮距在空载状态附近保持最大，车轮上跳与下跳轮距都减少，轮距变化值不大。车轮上下跳动导致轮距发生变化，会引起滚动轮胎的侧偏，从而产生侧向力、较大的滚动阻力和使直线行驶性能下降，因此希望跳动中轮距变化尽可能小。

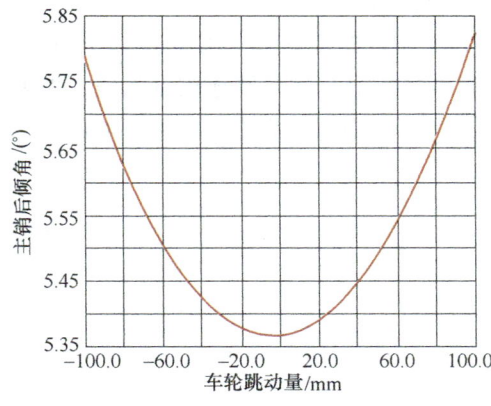

图 8-36 主销后倾角的变化　　　　　　图 8-37 轮距的变化

通过分析仿真结果，观察车轮各定位参数在车轮跳动行程的变化趋势及变化范围是否满足设计要求，可参照前述车轮定位参数变化要求进行分析，特别是前轮前束、前轮外倾角和轮距的变化。如果不满足设计要求，就需要对相应的硬点坐标进行修改、调整，使相应定位参数变化趋势合理，从而改善悬架性能。

五、悬架 Pull 分析

所谓 Pull 是指不平衡的纵向力（驱动力和制动力）引起的汽车转向。在 ADAMS/Car 中，由于试验台（Test Rig）的作用，在分析结果中直接给出使汽车保持直线行驶需要的、作用于转向盘的力矩。在实际中引起 Pull 的原因包括：轮胎的不均匀性、汽车行驶在左右车轮摩擦系数不同的路面。前者影响汽车保持直线行驶的能力，后者则会影响汽车在极限工况下的稳定性。

在进行仿真之前，需要在 Simulate→Suspension Analysis→Loadcase 中定义 Pull 分析的输入载荷，即不平衡的制动力。例如，给质量为 1400kg 的汽车一个负 0.5g 的制动减速度，左轮分配前轴制动力为 55%，右轮分配制动力的 45%，在前轴制动率为 64% 时，可以算出前轴总的制动力为：$1400kg \times 0.5 \times 9.81m/s^2 \times 0.64 = 4395N$，因此左轮的制动力为 2417N，右轮的制动力为 1978N。在保持输入制动力的情况下，转向盘从 -180° 转动到 180°。设置仿真步数为 30。这样 ADAMS/Car 就创建了一个 *.ldf 的输入载荷文件。最后通过 Simulate→Suspension Analysis→Extern files，即利用外部文件（载荷分析文件 *.ldf）来驱动仿真。图 8-38 所示为 Pull 分析结果，作用于转向盘的力矩是由试验台（Test Rig）作用的，该力矩与不平衡的制动力形成力矩抵消，从而保持车轮的位置。力矩为负表明所施加的力矩为顺时针方向。

在 Pull 分析中，分析磨胎半径（主销偏移距）的变化是很重要，它是指转向轴线（主销）或其延长线的落地点与车轮接地印迹中心线间的距离。减少磨胎半径是悬架设计的主要目标之一，因为它的存在会导致纵向力转向（包括制动力和驱动力引起的转向）。该参数对很多车辆动力学问题有着重要的影响，包括制动转向、ABS 工作时引起的转向扰动等。如果磨胎半径过大，会使得不平衡的制动力造成的力矩过大，因此它一般不超过 60mm。图 8-39 给出了磨胎半径随转向盘转角转动的变化趋势。

由图 8-39 可看出，磨胎半径的变化很小，在整个转向盘转角范围内，其初值约为 32.687mm，变化范围不超过 0.04mm。可以通过调整悬架上、下主销球铰点位置，即上横臂外支点（lca_outer）与下横臂外支点（lca_outer）两硬点的坐标来减少磨胎半径值，从而减少不平衡的制动力造成的力矩。

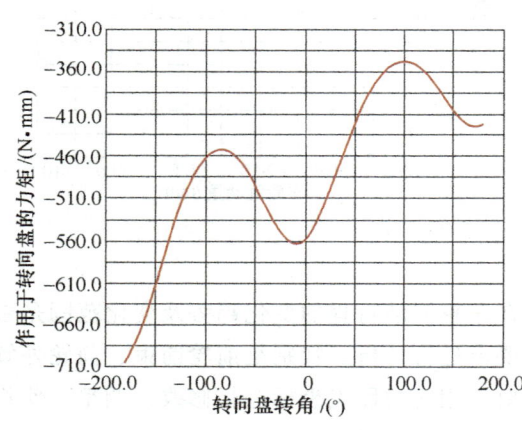

图 8-38 作用于转向盘的力矩

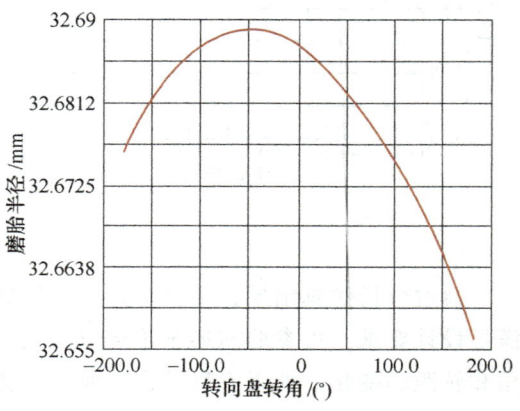

图 8-39 转向盘转角与磨胎半径曲线

六、悬架优化设计方法概述

通过修改关键点的位置来改进悬架的性能，是现代悬架设计和开发中经常用到的方法。在悬架运动过程中，如果车轮定位参数的变化不能满足设计要求，可对相应关键硬点进行调整。但是，影响悬架运动特性的关键硬点较多，而车轮各定位参数之间存在相互影响，进行调整时需要相互权衡才能获得理想的悬架特性，这就给设计带来了较大的难度和工作量。国内对独立悬架的运动学优化设计已有较多研究，其中利用 ADAMS 软件及其 Insight 模块对悬架进行优化设计，是国内目前较为通用的研究方法。近年来，随着多学科设计优化软件 iSIGHT 在汽车行业的应用，利用 iSIGHT 集成 ADAMS 等 CAD/CAE 软件进行悬架系统的优化设计也将成为一种有效手段。功能强大的计算机仿真技术，为汽车系统的快速开发与设计提供了有力工具。

影响双横臂式独立悬架轮跳运动特性的关键设计硬点包括：上控制臂的前支点、外支点、后支点；下控制臂的前支点、外支点、后支点；转向横拉杆的内支点、外支点，共计 8 个关键点。可选取每个硬点的 x、y、z 三个坐标作为设计变量，或者根据实际调整和改进情况，以悬架杆件长度或夹角等作为设计变量。由于各个设计变量对每个定位参数随轮跳的变化影响程度各不相同，且设计变量过多使设计分析难度增加，调整不便，也会使优化迭代计算量过大，比较耗时。试验设计（Design of Experiment，DOE）分析技术可有效解决这一问题。DOE 分析技术是一种在明确的试验目标前提下，合理安排试验和分析试验数据的数理统计方法，其目的是分析出最关键的影响因素。常用的 DOE 分析方法有参数试验、全因子/部分因子设计、正交数组、中心组合设计、拉丁超立方、优拉丁超立方等。利用 DOE 方法分析众多设计因素（设计硬点 x、y、z 三个方向的坐标值称为因素）在一定范围内对设计目标的影响程度，可快速有效地调整硬点，提高悬架性能，也可据此选择有效的设计变量进行优化计算。

国内对独立悬架的运动学优化设计已有较多研究，对于定位参数优化目标方面的描述虽各有不同的考虑，但大多是以各定位参数在车轮跳动时的变化量最小为目标。但是需要注意的是，虽然悬架设计时不希望车轮定位参数随轮跳有较大变化，但是实际中，一般情况下这种变化还是存在的。因此在考虑设计优化目标时，还应注意车轮定位参数变化趋势的合理性问题，例如，前轮前束在设计时为了使汽车获得一定的不足转向特性，希望前束在前轮上跳时为弱负前束变化，下跳时为弱正前束变化。悬架设计时定位参数的变化规律对汽车操纵稳定性的影响是不可忽视的，同时对前悬架或后悬架这些要求可能也存在差异。

悬架运动学优化中，车轮定位参数较多，因此悬架的设计优化是一个复杂多目标优化问题。实际工程优化问题大多数属于多目标优化问题，各子目标之间一般是相互冲突的，某子目标的改善可能引起其他目标的降低，即同时使多个目标均达到最优一般是不可能的。解决多目标问题的最终目的只能是在各个目标之间进行协调权衡和折中处理，使各子目标均尽可能达到最优。法国经济学家 V. Pareto 最早研究了经济学领域内的多目标优化问题，提出了 Pareto 最优解集的概念。由于多目标优化问题中各子目标是相互冲突的，优化解不可能是单一解，而是一个解集，称为 Pareto 最优解集，对应的目标函数空间的像称为 Pareto 前沿。就目标函数而言，这些解之间是无法比较优劣的，即无法在改进任何目标函数的同时不削弱至少一个其他目标函数。求解多目标优化问题就是要毫无偏好地找到尽可能多的具有代表性的符合要求的 Pareto 最优解，在计算得到均匀分布的 Pareto 最优解之后，根据设计要求和工程实际经验，从中客观地选择最满意的优化结果。

多目标优化方法有归一化方法和非归一化方法两种。归一化方法以加权法为代表算法。目前，进行悬架优化时可通过加权方法来降低优化目标的个数，即多目标归一化，各种算法已较为成熟。但是归一化方法中权重值的选取可能会受到设计者主观因素等影响，有待深入研究。非归一化方法是采用 Pareto 机制直接处理多个目标的优化技术，它不需要将多个目标转化为单一目标，避免了归一化方法存在的诸多问题。而遗传算法（MOGA）是非归一化方法的代表方法，研究应用较为广泛，也是解决多目标优化问题的有效算法。

拓展资源 1~6

思 考 题

1. 为保证悬架性能良好，悬架设计应满足哪些要求？
2. 悬架有哪些具体类型？各有什么特点？如何根据车型选择合适的悬架结构形式？
3. 对空载与满载时簧上质量变化大的商用车，为了减少振动频率和车身高度的变化，对悬架的弹性特性有何要求？如何实现？
4. 分析影响选取钢板弹簧的长度、片厚、片宽以及片数的因素。简述钢板弹簧的设计流程。
5. 独立悬架导向机构的设计有哪些要求？前轮定位参数的变化特性与导向机构有哪些关系？

第九章 转向系设计

转向系 1~2

第一节 概 述

汽车转向系是用来保持或改变汽车行驶方向的机构,在汽车转向行驶时,保证各转向轮之间有协调的转角关系。

汽车转向系是由转向盘、转向传动装置、转向器、转向杆系等零部件组成的,有些汽车还装有防伤机构和转向减振器;采用助力转向的汽车还装有助力系统。汽车转向性能不仅与转向器的结构性能有关,还和转向系其他零部件的布置、结构参数及系统的匹配有关。

转向系的主要设计要求:

1)汽车在任何行驶状态下,转向轮都不得产生自激振动,转向盘没有摆动。

2)汽车转向时,应保证全部车轮绕瞬时转向中心旋转,任何车轮不应有侧滑。

3)操纵轻便。汽车转向时,驾驶人施加在转向盘上的切向力,对轿车不应超过150~200N,对货车不应超过500N,否则应考虑助力转向。

4)汽车转向行驶后,转向盘应能自动回正,并使汽车保持在稳定的直线行驶工况。

5)转向轮碰撞到障碍物以后,传给转向盘的反冲力要尽可能小,以减轻驾驶人的疲劳。

6)转向器和转向传动机构的球头处应有消除因磨损而产生间隙的调整机构。

7)转向传动机构和悬架导向装置共同工作时,由于运动不协调使车轮产生的摆动应最小。

8)保证汽车具有较高的机动性。

9)在车祸中,当转向轴和转向盘由于车架或车身变形而共同后移时,转向系应有能使驾驶人免遭或减轻伤害的防伤装置。

10)进行运动校核,保证转向轮与转向盘转动方向一致。

第二节 转向系的主要性能参数

转向系的主要性能参数有转向器的效率、转向系的角传动比与力传动比、转向器的传动间隙特性、转向系的刚度以及转向盘的总转动圈数等。

一、转向器的效率

在转向系中,功率 P_1 从转向轴输入,经转向摇臂轴输出所求得的效率称为正效率,用符号 η_+ 表示,$\eta_+=(P_1-P_2)/P_1$;反之称为逆效率,用符号 η_- 表示,$\eta_-=(P_3-P_2)/P_3$。式中,P_2 为转向器中的摩擦功率;P_3 为作用在转向摇臂轴上的功率。为了保证转向时驾驶人转动转向盘轻便和转向器的摩擦损失小,要求正效率高;为了保证汽车转向后转向轮和转向盘能自动返回到直线行驶位置,又需要有一定的逆效率。为了减轻在不平路面上行驶时驾驶人的疲劳,车轮与路面之间的作用力传至转向盘上要尽可能小,防止"打手",这又要求逆效率尽可能低。

1. 转向器的正效率 η_+

影响转向器正效率的因素有转向器的类型、结构特点、结构参数和制造质量等。汽车上常用的转向器形式有循环球式、蜗杆滚轮式、齿轮齿条式、蜗杆曲柄指销式等几种。其中,齿轮齿条式、循环球式转向器的正效率比较高,而蜗杆曲柄指销式特别是固定销式以及蜗杆滚轮式转向器的正效率要明显低一些。

同一类型的转向器,因结构不同效率也不一样。如蜗杆滚轮式转向器的滚轮与支承轴之间的轴承,可以选用滚针轴承、圆锥滚子轴承和球轴承三种结构之一。第一种结构除滚轮与滚针之间有摩擦损失外,滚轮侧翼与垫片之间还存在滑动摩擦损失,故这种转向器的效率 η_+ 仅有54%。另外两种结构转向器的正效率,根据试验结果分别为70%和75%。转向摇臂轴轴承的形式对效率也有影响,用滚针轴承比用滑动轴承可使正效率或逆效率提高约10%。如果忽略轴承和其他地方的摩擦损失,只考虑啮合副的摩擦损失,对于蜗杆和螺杆类转向器,其效率为

$$\eta_+=\frac{\tan\alpha_0}{\tan(\alpha_0+\rho)} \tag{9-1}$$

式中,α_0 为蜗杆(或螺杆)螺线导程角;ρ 为摩擦角,$\rho=\arctan f$,f 为摩擦系数。

2. 转向器的逆效率 η_-

逆效率表示转向器的可逆性。根据逆效率大小不同,转向器又有可逆式、极限可逆式和不可逆式之分。

可逆式转向器的逆效率较高。路面作用在车轮上的力,经过转向系可大部分传递到转向盘,使驾驶人路感好。它能保证转向后,转向轮和转向盘自动回正,这既减轻了驾驶人的疲劳,又提高了行驶安全性。但在不平路面上行驶时,车轮受到的冲击力大部分会传至转向盘,造成驾驶人"打手",使之精神紧张;如果长时间在不平路面上行驶,易使驾驶人疲劳,影响安全驾驶。齿轮齿条式转向器和循环球式转向器属于可逆式转向器。

不可逆式转向器不会将车轮受到的冲击力传到转向盘。该冲击力由转向传动机构的零件承受，因而这些零件容易损坏。同时，它既不能保证车轮自动回正，又会使驾驶人缺乏路感，因此，已不应用于现代汽车上。

极限可逆式转向器介于上述两者之间。它的逆效率低，在不平路面上行驶，驾驶人不会十分紧张，同时转向传动机构的零件所承受的冲击力也比不可逆式转向器要小，如果忽略轴承和其他地方的摩擦损失，只考虑啮合副的摩擦损失，则逆效率为

$$\eta_- = \frac{\tan(\alpha_0 - \rho)}{\tan\alpha_0} \tag{9-2}$$

式（9-1）和式（9-2）表明：增加螺线导程角 α_0，正、逆效率均增大。受 η_- 增大的影响，α_0 不宜取得过大。当螺线导程角小于或等于摩擦角时，逆效率为负值或者为零。此时表明，该转向器是不可逆式转向器。为此，螺线导程角必须大于摩擦角。通常螺线导程角选在 8°~10°之间。

二、传动比的变化特性

1. 转向系的角传动比与力传动比

转向系的传动比包括转向系的角传动比 $i_{\omega 0}$ 和力传动比 i_p。转向盘角速度 ω_w 与同侧转向节偏转角速度 ω_k 之比，称为转向系角传动比 $i_{\omega 0}$。$i_{\omega 0}$ 又由转向器角传动比 i_ω 和转向传动机构角传动比 i'_ω 所组成。转向器角传动比 i_ω 定义为转向盘角速度 ω_w 与摇臂轴角速度 ω_p 之比。而摇臂轴角速度 ω_p 与同侧转向节偏转角速度 ω_k 之比，称为转向传动机构的角传动比 i'_ω（此定义适用于齿轮齿条式之外的转向器）。它们之间的关系为

$$i_\omega = \frac{\omega_w}{\omega_p} = \frac{\mathrm{d}\varphi/\mathrm{d}t}{\mathrm{d}\beta_p/\mathrm{d}t} = \frac{\mathrm{d}\varphi}{\mathrm{d}\beta_p}$$

$$i'_\omega = \frac{\omega_p}{\omega_k} = \frac{\mathrm{d}\beta_p/\mathrm{d}t}{\mathrm{d}\beta_k/\mathrm{d}t} = \frac{\mathrm{d}\beta_p}{\mathrm{d}\beta_k}$$

$$i_{\omega 0} = \frac{\omega_w}{\omega_k} = i_\omega i'_\omega$$

式中，$\mathrm{d}\varphi$ 为转向盘转角增量；$\mathrm{d}\beta_p$ 为摇臂轴转角增量；$\mathrm{d}\beta_k$ 为转向节转角增量；$\mathrm{d}t$ 为时间增量。

转向传动机构角传动比，除用 $i'_\omega = \mathrm{d}\beta_p/\mathrm{d}\beta_k$ 表示外，还可以近似地用转向节臂臂长 L_2 与摇臂臂长 L_1 之比来表示，即 $i'_\omega \approx L_2/L_1$。现代汽车结构中，$L_2$ 与 L_1 的比值在 0.85~1.10 之间，可近似认为其比值为 1，则 $i_{\omega 0} \approx i_\omega$。由此可见，研究转向系的传动比特性，只需研究转向器的角传动比 i_ω 及其变化规律即可。

从轮胎接触地面中心作用在两个转向轮上的转向阻力合力 $2F_w$ 与作用在转向盘上的手力 F_h 之比，称为力传动比，即 $i_p = \frac{2F_w}{F_h}$。

2. 力传动比与转向系角传动比的关系

轮胎与地面之间的转向阻力 F_w 和作用在转向节上的转向阻力矩 T_r 之间有如下关系

$$F_w = \frac{T_r}{a} \tag{9-3}$$

式中，a 为主销偏移距，指从转向节主销轴线的延长线与支承平面的交点至车轮中心平面与支承平面交线间的距离。

作用在转向盘上的手力 F_h 为

$$F_h = \frac{2T_h}{D_{sw}} \tag{9-4}$$

式中，T_h 为作用在转向盘上的力矩；D_{sw} 为转向盘直径。

将式（9-4）代入 $i_p = 2F_w/F_h$ 得

$$i_p = \frac{T_r D_{sw}}{T_h a} \tag{9-5}$$

分析式（9-5）可知，当主销偏移距 a 小时，力传动比 i_p 应取大一些才能保持转向轻便。通常乘用车的 a 值在轮胎胎面宽度尺寸的 40%~60% 之间选取，而货车的 a 值在 40~60mm 范围内选取。转向盘直径 D_{sw} 对轻便性有影响，选用尺寸小些的转向盘，虽然占用的空间少，但转向时需对转向盘施加较大的力；而选用尺寸大些的转向盘又会影响驾驶人进出驾驶室。根据车型不同，转向盘直径 D_{sw} 在 380~550mm 的标准系列范围内选取。

如果忽略摩擦损失，根据能量守恒原理

$$\frac{2T_r}{T_h} = \frac{d\varphi}{d\beta_k} = i_{\omega 0} \tag{9-6}$$

将式（9-6）代入式（9-5）后得

$$i_p = \frac{i_{\omega 0} D_{sw}}{2a} \tag{9-7}$$

变传动比

当 a 和 D_{sw} 不变时，力传动比 i_p 越大，转向越轻，但 $i_{\omega 0}$ 也越大，表明转向不灵敏。

3. 转向系角传动比及其变化规律

式（9-7）表明增大转向系角传动比可以增加力传动比。由 $i_p = 2F_w/F_h$ 可知，当 F_w 一定时，增大 i_p 能减小作用在转向盘上的手力 F_h，使操纵轻便。考虑到 $i_{\omega 0} \approx i_\omega$，由 $i_{\omega 0}$ 的定义可知：对于一定的转向盘角速度，同侧转向轮偏转角速度与转向器角传动比成反比。转向器角传动比增加后，同侧转向轮偏转角速度对转向盘角速度的响应变得迟钝，使转向操纵时间增长，汽车转向灵敏性降低，因此"轻"和"灵"构成一对矛盾。为解决这对矛盾，可采用变速比转向器。而转向器角传动比的变化规律又因转向器的结构形式和参数的不同而异。图 9-1 给出了几种典型的转向器角传动比变化规律。由图 9-1 可见：转向器角传动比 i_ω 随转向盘转角 φ 的变化特性有不变（曲线 3）和可变之分，后者又有多种变化规律。

i_ω 大小及其变化特性的选择应考虑到车型

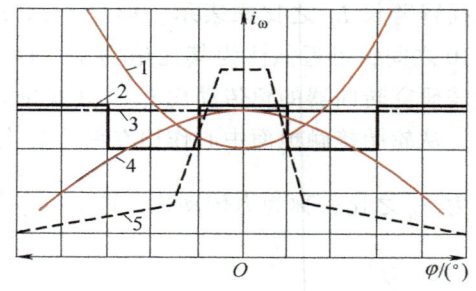

图 9-1 转向器角传动比 i_ω 的变化特性曲线

和使用条件的不同。对高速车辆来说，转向盘处于中间位置时的转向器角传动比 i_ω 不宜过小，否则会在高速直线行驶时对转向盘的转角过分敏感。转向盘处于中间位置的转向器角传动比不宜小于 15。

对于乘用车和轻型以下的商用车，因前轴负荷不大，在转向盘的全转角范围内不存在转向沉重问题，而具有助力转向的车辆，其转向阻力矩由助力装置克服，故在上述两种情况下均有可能选择较小的转向器角传动比和减少转向盘转动的总圈数，以提高汽车的转向灵敏性。转向器角传动比 i_ω 宜采用转向盘处于中间位置时具有较大值而在左、右两端具有较小值的变化特性，如图 9-1 中的曲线 4 及曲线 5 所示。

对于没有装助力转向的中、重型商用汽车，因转向轴负荷大，而转向传动机构的力传动比 i_p 在转向过程中是变化的，使急转弯时的操纵轻便性问题显得十分突出，故转向器角传动比的理想特性应当是中间小两端大的曲线，如图 9-1 中的曲线 1 所示。

对乘用车，推荐转向器角传动比 i_ω 在 17~25 范围内选取；对商用车，i_ω 在 23~32 范围内选取。

三、转向器的传动间隙特性

转向器的传动间隙是指转向器传动副之间的间隙，该间隙随转向盘转角的改变而改变。通常将这种变化关系称为转向器的传动间隙特性。研究该传动间隙特性的意义在于它与汽车直线行驶稳定性和转向器寿命有关。

汽车做直线行驶时，如果转向器有传动间隙，一旦转向轮受到侧向力作用，则将在该间隙范围内偏离直线行驶位置而失去稳定性。为防止这种情况发生，要求转向器的传动间隙当转向盘处于中间位置时（一般是 10°~15°）要极小，最好无间隙。汽车多直线行驶，因此转向器传动副在中间部位的磨损量大于其两端部位的磨损量。为了保证转向器传动副磨损最大的中间部位能通过调整来消除因磨损而形成的间隙，调整后当转动转向盘时又不至于使转向器传动副在其他啮合部位卡住。为此应使传动间隙从中间部位到两端逐渐增大，并在端部达到其最大值（自由行程转角为 25°~35°），以利于对间隙的调整及提高转向器的使用寿命。不同结构的转向器其传动间隙特性也不同。

四、转向系的刚度

转向系的各零、部件尤其是一些杆件均具有一定的弹性，这就使得转向轮的实际转角要比驾驶人转动转向盘并按转向系角传动比换算至转向轮的转角要小，这样就会有不足转向的趋势。转向系的刚度对轮胎的侧偏刚度影响也很大，转向系的刚度不足会使前轮的侧偏刚度减小，并导致汽车不足转向倾向的加剧。转向系的刚度如果过低，汽车在转向时的运动就变得迟钝，使操纵性能恶化。

五、转向盘的总转动圈数

转向盘从一个极端位置转到另一个极端位置时所转过的圈数称为转向盘的总转动圈数。它与转向轮最大转角及转向系角传动比有关，并影响转向的操纵轻便性和灵敏性。乘用车转向盘的总转动圈数较少，一般在 3.6 圈以内；商用车一般不宜超过 6 圈。

第三节　转向器结构形式的选择及设计计算

一、结构形式的选择

对转向器结构形式的选择，主要是根据汽车的类型、前轴载荷和使用条件等来决定的，并要考虑其效率特性、转向器角传动比变化特性等对使用条件的适应性以及转向器的寿命和制造工艺等其他性能。

机械式转向器根据结构特点的不同，可分为齿轮齿条式转向器、循环球式转向器、蜗杆滚轮式转向器和蜗杆曲柄指销式转向器等形式。前两种转向器在汽车上使用较为普遍，而后两种由于不同程度地存在结构复杂、传动效率低等缺点，现在已经很少被使用。

1. 齿轮齿条式转向器

齿轮齿条式转向器（见图9-2）由与转向轴做成一体的转向齿轮和常与转向横拉杆做成一体的齿条组成。与其他形式的转向器比较，齿轮齿条式转向器的主要优点是：结构简单、紧凑；壳体采用铝合金或镁合金压铸而成，转向器的质量比较小；传动效率高达90%；齿轮与齿条之间因磨损出现间隙后，利用装在齿条背部、靠近主动小齿轮处的压紧力调节弹簧，可自动消除齿间间隙，这不仅可以提高转向系的刚度，还可以防止工作时产生冲击和噪声；该转向器占用的体积小；没有转向摇臂和直拉杆，因此转向轮转角可以增大；制造成本低。

齿轮齿条机构

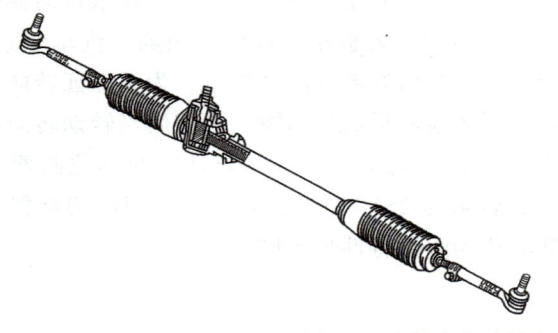

图9-2　齿轮齿条式转向器

齿轮齿条式转向器的主要缺点是：因逆效率高（60%~70%），汽车在不平路面上行驶时，发生在转向轮与路面之间的冲击力大部分能传至转向盘，称之为反冲。反冲现象会使驾驶人精神紧张，并难以准确控制汽车行驶方向，转向盘突然转动又会造成"打手"，对驾驶人造成伤害。

齿轮齿条式转向器广泛应用于乘用车上。一些装载量不大、前轮采用独立悬架的货车和客车也采用齿轮齿条式转向器。

2. 循环球式转向器

循环球式转向器由螺杆和螺母共同形成的螺旋槽内装有钢球构成的传动副，以及螺母上齿条与摇臂轴上齿扇构成的传动副组成，如图9-3所示。

循环球式转向器的优点是：在螺杆和螺母之间因为有可以循环流动的钢球，将滑动摩擦变为滚动摩擦，因而传动效率可达到 75%～85%；在结构和工艺上采取措施后，包括提高制造精度，改善工作表面的表面粗糙度，对螺杆、螺母上的螺旋槽进行淬火和磨削加工，使之有足够的硬度和耐磨损性能，可保证有足够的使用寿命；转向器的传动比可以变化；工作平稳可靠；齿条和齿扇之间的间隙调整工作容易进行；适合用来做整体式动力转向器。

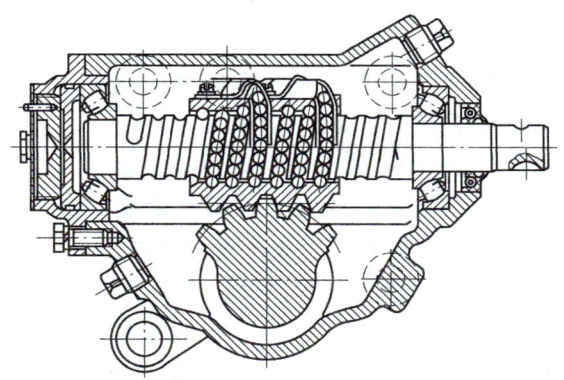

图 9-3 循环球式转向器

循环球式转向器

循环球式转向器的主要缺点是：逆效率高，结构复杂，制造困难，制造精度要求高。

循环球式转向器主要用于商用车上。

二、转向系计算载荷的确定

为了保证行驶安全，组成转向系的各零件应有足够的强度。欲验算转向系零件的强度，需首先确定作用在各零件上的力。转向系载荷的大小由转向轮与道路之间作用力决定。这些作用力包括车轮绕主销转动时与路面的摩擦力、车轮的滚动阻力、转向时车轮受到的侧向力、主销内倾引起转向时汽车前部抬高的重力。

转向时驾驶人作用到转向盘上的手力与转向轮在地面上回转时产生的转向阻力矩 T_r（N·mm）有关。影响转向阻力矩的主要因素有转向轴的负荷、轮胎与地面之间的滑动摩擦系数和轮胎气压。其计算公式为

$$T_r = \frac{f}{3}\sqrt{\frac{G_1^3}{p}} \tag{9-8}$$

式中，f 为轮胎与地面间滑动摩擦系数，在沥青、混凝土路面上取 0.7；G_1 为转向轴负荷（N）；p 为轮胎气压（MPa）。

原地转向时，作用在转向盘上的手力

$$F_h = \frac{2T_r \eta_+}{i_{\omega 0} R_{sw}} \tag{9-9}$$

式中，F_h 为作用在转向盘上的手力（N）；R_{sw} 为转向盘半径（mm）；η_+ 为转向器正效率，转向系的正效率一般为 0.67～0.85；$i_{\omega 0}$ 为转向系角传动比。在没有助力转向的情况下，所需的转向盘手力 F_h 需要满足 GB 17675—1999《汽车转向系　基本要求》的要求。

三、循环球式转向器的设计

1. 主要结构设计

（1）螺杆-螺母-钢球传动副　螺杆-螺母-钢球传动副与通常的螺杆-螺母传动副的区别

在于前者是经过滚动的钢球将力由螺杆传至螺母，变滑动摩擦为滚动摩擦。螺杆和螺母上相互对应的螺旋槽构成钢球的螺旋滚道，如图9-4所示。

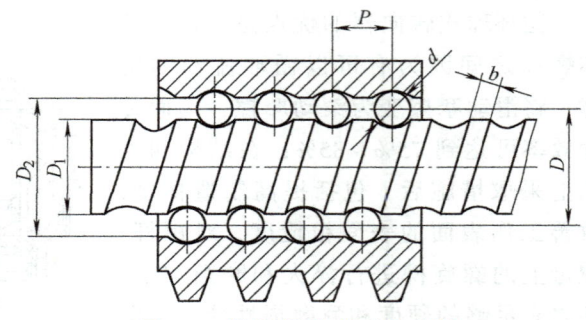

图9-4　螺杆-螺母-钢球传动副

1）钢球中心距 D。钢球中心距是基本尺寸。D 选择得越大，螺杆刚度越大，承载能力和抗弯疲劳能力越强，安全系数大，但结构尺寸大，会导致整个结构大而重。在保证足够的强度条件下，尽可能将 D 值取小些。如前轴荷为 5.5t 的汽车，D 值取 35~40mm。设计时可参照同类车型初选，再进行强度校核，最后进行修正。

2）螺杆外径 D_1 和螺母内径 D_2。一般取 $D_2 = D+(0.03~0.07)D$，$D_1 = D-(0.03~0.07)D$。这样可以避免螺杆与螺母的摩擦。螺杆、螺母、钢球间的径向和轴向间隙影响转向器的传动间隙特性，设计时注意螺杆螺母直径配合公差的设计，目前往往采用尺寸分组装配的办法达到减少径向间隙的目的。螺杆外径 D_1 通常在 20~38mm 范围内变化，设计时应根据转向轴负荷的不同来选定。

3）钢球直径 d、钢球数 n 和工作圈数 W。钢球直径的选取应考虑钢球的负荷能力，钢球直径应符合国家标准，一般常在 7~9mm 范围内选用。增加钢球数 n 可以提高承载能力，但不是成正比地提高，承载能力的高低取决于有效工作的钢球数。钢球数量多影响钢球的流动，会使传动效率下降。经验表明，每个环路中的钢球数以不超过 60 粒为好。通过增加钢球工作圈数来增加有效工作钢球数，从而减轻单个钢球承受的载荷，也可减低螺杆的接触应力，一般工作圈数有 2、2.5、3 圈。

钢球直径 d、工作圈数 W 和钢球数 n 之间的关系为

$$n = \frac{\pi DW}{d\cos\alpha_0} \tag{9-10}$$

式中，n 为不包括导管中的钢球数；α_0 为螺线导程角，常取 $\alpha_0 = 5°~8°$，故 $\cos\alpha_0 \approx 1$。

4）滚道截面。由于螺杆螺母有螺线导程角，所研究的滚道截面是法向的。滚道截面有单圆弧滚道、四段圆弧滚道和椭圆滚道等。

单圆弧滚道（见图9-5a）在静止状态时，螺杆螺母圆弧中心与钢球中心在一条直线上。螺杆受轴向力向左移动时，螺杆中心与螺母中心不在一条直线上，产生轴向位移 ΔS。轴向位移从转向盘自由行程增大反映出来。在助力转向中，轴向位移将引起控制阀灵敏度的降低。

四段圆弧滚道（见图9-5b）是指螺杆螺母滚道截面分别由两段圆弧组成，基本上可消除轴向位移，受力后钢球与滚道仍是两点接触。球与滚道间的间隙可以储存杂物和润滑油，从而可以减少磨损，是目前常用的滚道截面之一。为了减少摩擦，螺杆和螺母沟槽的半径 R_2 应大于钢球半径 $d/2$，一般取 $R_2 = (0.51~0.53)d$。

椭圆滚道（见图9-5c）是指螺母滚道由一段圆弧组成，螺杆滚道截面是一段椭圆，钢球与滚道三点接触，钢球被精确地定位在滚道的加工中心上。轴向定位精确，但加工较复杂。

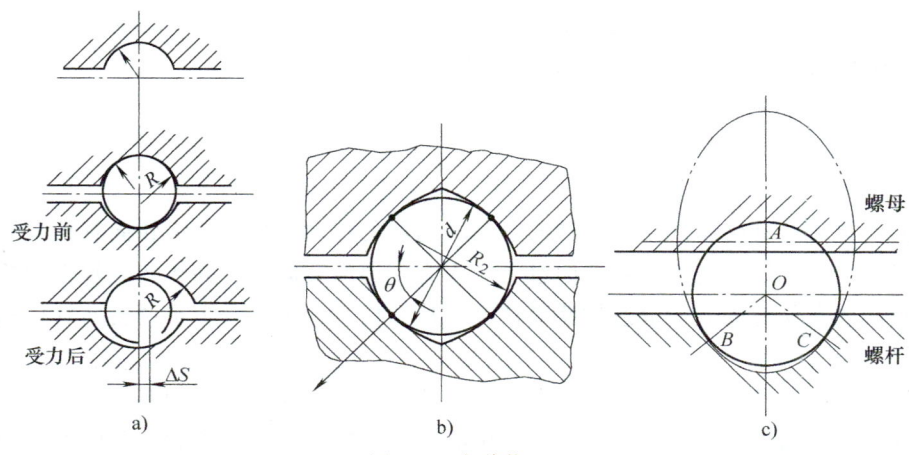

图 9-5 滚道截面
a) 单圆弧滚道 b) 四段圆弧滚道 c) 椭圆滚道

5) 接触角 θ。接触角 θ 是指钢球与螺杆滚道接触点正压力与螺杆轴线的夹角（见图 9-5b）。接触角的大小影响螺杆螺母机构轴向力和径向力的分配。θ 增大轴向力减少，径向力增大；θ 减小轴向力增大，径向力减小。θ 角大小可根据需要来选定，一般取 $\theta = 45°$，也有的转向器 θ 为 35° 或 42.5°。

6) 螺距 P 和螺线导程角 α_0。螺距 P 的大小影响转向器传动比的大小，螺距 P 一般为 8~11mm。螺线导程角影响传动效率，设计过程中应合理选择，即保证转向器传动比的要求，又保证反向行程时不发生自锁现象及正行程中有较高的传动效率。

（2）齿条齿扇传动副 考虑加工的方便，该传动副中一般齿条是等齿厚的，齿扇是变齿厚，两者啮合，优点是能够精确地传递运动；齿扇与齿条共轭，工作性能良好；对安装尺寸精度要求不高；磨损后便于调整，可以消除齿侧间隙，使转向器基本做到中间位置无间隙啮合。

2. 主要零件强度计算

主要零件一般指结构的主要受力件，循环球式转向器中对转向螺杆、钢球与滚道、转向摇臂等主要件应进行强度校核，所用公式均属材料力学中基本公式，在此不再重复。

四、齿轮齿条式转向器的设计

齿轮齿条式转向器的齿轮多数采用斜齿圆柱齿轮。为了转向方便，齿轮的直径应尽可能小，通常齿轮模数多为 2~3mm，齿轮齿数多为 5~8 个，压力角取 20°，螺旋角多为 9°~15°。齿条齿数应根据转向轮达到最大偏转角时，相应的齿条移动行程应达到的值来确定。变传动比的齿条压力角，对现有结构在 12°~35° 范围内变化。此外，设计时应验算齿轮的抗弯强度和接触强度。

在齿轮齿条式转向器中，为了便于相互比较，通常设将转向盘转动一圈时相应的齿条移动量定义为齿轮齿条式转向器的角传动比 $i_角$，即 $i_角$ = 齿条行程（mm）/转向盘圈数。该数值一般为 35~60。

齿轮齿条式转向器的齿轮可选用低碳合金钢（如 20MnCr5、16MnCr5）材料制造并经渗碳淬火；而齿条常采用中碳钢或中碳合金钢（如 45 钢）制造并经高频淬火，表面硬度均应在 56HRC 以上。为减小质量，壳体用铝合金压铸。

第四节　转向管柱带传动轴总成的设计

转向管柱带传动轴总成是连接转向盘与转向器的传动机构。它由转向管柱总成和传动轴总成组成。其作用是将作用在转向盘上的手力传递给转向器，并将转向轮受到的力和冲击回传到转向盘使驾驶人能够感知路面情况。从结构方面可以分为可调转向管柱和不可调转向管柱。

在进行转向管柱带传动轴总成的布置时，首先要满足空间角度的要求。转向心轴中心线、传动轴形成的中心线、转向器输入轴中心线形成的空间角度会影响转向力矩和传动效率。在图 9-6 中，α_1 为转向心轴中心线与传动轴形成的中心线夹角，α_2 为传动轴中心线与转向器输入轴中心线夹角。为了获得较高的传动效率，要求 α_1、α_2 大于或等于 150°，此角度越大越好。

其次，要满足对力矩波动的要求。力矩波动影响到驾驶人对转向系的感觉，尤其是原地转向，驾驶人对力矩波动比较敏感，力矩波动越小越好。角速度波动量 $\delta = \omega_o / \omega_i$。式中，$\omega_o$ 为转向盘处的输入角速度；ω_i 为转向器输入轴获得的角速度。角速度波动量最好为 0.95~1.05，若低于 0.90 或高于 1.10 均不可接受。

另外，还要满足对转向管柱夹角的要求。根据人机工程及碰撞的要求，转向心轴与整车水平面的交角 α，推荐值为 20°~26°，如图 9-7 所示。对于可调转向管柱，在满足总布置和保证仪表的可视范围等条件下，转向盘调节的范围越大越好。推荐 AB 值（转向盘中心在调节过程中的移动距离）为 35~45mm；对于可以伸缩的转向柱，伸缩的行程推荐值为 40mm 左右。由于存在制造公差和装配误差，为避免调节过程中的卡滞，确保滑动销能在固定滑道里顺利滑动，要使 $R_2 > 2R_1$，R_2 为固定滑道圆弧半径，R_1 为滑动销圆弧半径；调节手柄的调节力不大于 75N。考虑通用化与标准化，使转向管柱带传动轴总成与转向机、转向盘连接更稳定可靠，减少设计及校核的工作量，设计时需制定接口尺寸规范。

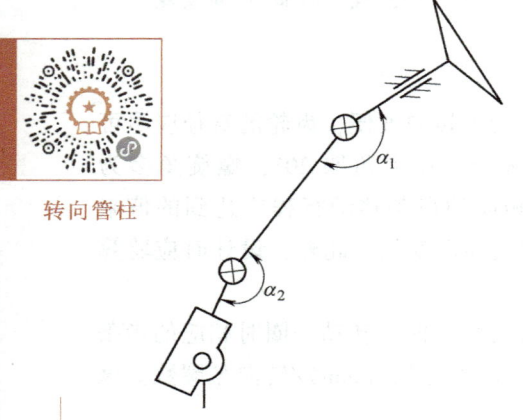

图 9-6　转向管柱带传动轴总成夹角示意图

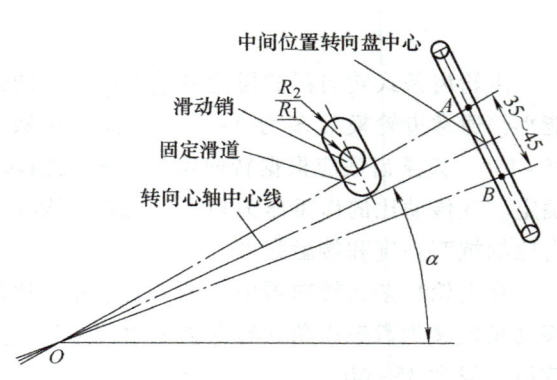

图 9-7　转向盘调节的范围

根据交通事故统计资料和对汽车碰撞试验结果的分析表明：汽车正面碰撞时，转向盘和转向管柱是使驾驶人受伤的主要元件。为此，在转向系设计中需要安装能防止或者减轻驾驶人受伤的机构。如在转向系中，使有关零件在撞击时产生塑性变形、弹性变形或是利用摩擦等来吸收冲击能量。当转向传动轴中采用图 9-8 所示的有万向节连接结构时，只要布置合理，即可在汽车正面碰撞时防止转向轴等向乘客舱或驾驶室内移动。这种结构虽然不能吸收碰撞能量，但其结构简单，只要万向节连接的两轴之间存在夹角，正面撞车后转向传动轴下端后移，转向盘没有后移，便不会危及驾驶人安全。

图 9-9 所示为乘用车上应用的防伤安全机构。将转向轴分为两段，上转向轴的下端经弯曲成形后，其轴线与主轴轴线之间偏移一段距离，其端面与焊有两个圆头圆柱销的紧固板焊接，两圆柱销的中心线对称于上转向轴的主轴线。下转向轴呈 T 字形，其上端与一个压铸件相连，压铸件上铸有两孔，孔内压入橡胶套与塑料衬套后再与上转向轴呈倒钩状连接，构成安全转向轴。该轴在使用过程中除传递转矩外，在受到一定数值的轴向力时，上、下转向轴能自动脱开，如图 9-9b 所示，以确保驾驶人安全。其结构最简单，制造容易。在一些汽车上，还会在转向轴上加装柔性联轴器或网状转向柱管吸能装置。

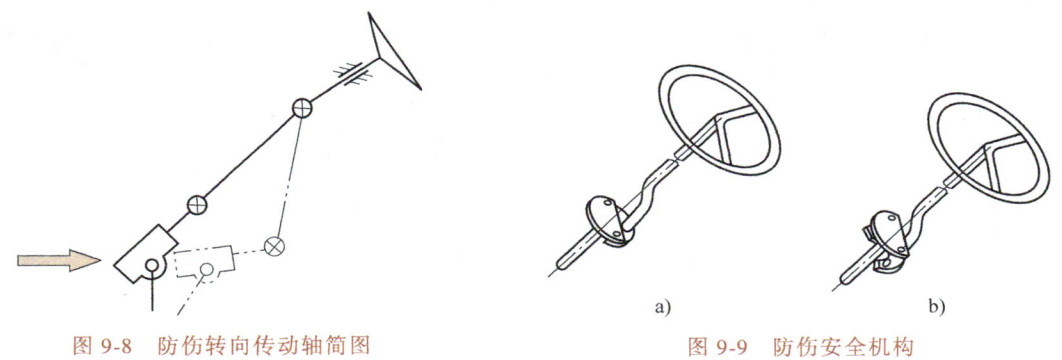

图 9-8　防伤转向传动轴简图　　　　图 9-9　防伤安全机构

第五节　助力转向机构的设计

为了减轻转向时驾驶人作用于转向盘上的手力和提高行驶安全性，在有些汽车上装设了助力转向机构。中级以上乘用车，由于对其操纵轻便性的要求越来越高，采用或者可供选装的助力转向器逐渐增多。转向桥轴荷为 20~30kN 的商用车可以采用助力转向，轴荷为 30~40kN 时最好采用助力转向，当轴荷超过 40kN 时应该采用助力转向。

在汽车上采用助力转向后，为了保证原车良好的转向性能，对其提出了如下要求：

（1）**工作可靠**　助力转向系失灵时，仍可用人力来操纵汽车转向。

（2）**有随动作用**　转向轮的转角和驾驶人转动转向盘的转角保持一定的比例关系，使转向轮的偏转角度与偏转速度能随着转向盘转动的角度和转动速度而成正比地变化，并能使转向轮保持在任一偏转角位置上。

（3）**转向灵敏**　在转向器的操纵下，助力转向系产生增力作用要迅速。

（4）**良好的"路感"**　能及时地把路面阻力情况成正比地反映到转向盘上，使驾驶人对道路情况有所感觉。

按照助力转向系助力的能源不同可分为液压式助力转向系（HPS）、电液式助力转向系（EHPS）和电动式助力转向系（EPS）。

一、液压式助力转向系（HPS）

1. 助力转向机构布置方案分析

液压式助力转向因为液体工作压力高、助力缸尺寸和质量小、结构紧凑、液体具有不可压缩性、灵敏度高以及液体的阻尼作用可吸收路面冲击等优点而被广泛应用。

（1）**助力转向机构布置方案** 由分配阀、转向器、助力缸、液压泵、储液罐和油管等组成液压式助力转向机构。根据分配阀、转向器和助力缸三者相互位置的不同，它分为整体式（见图9-10a）和分置式两类。

后者按分配阀所在位置不同又分为：分配阀装在助力缸上的称为联阀式，如图9-10b所示；分配阀装在转向器和助力缸之间的拉杆上的称为连杆式，如图9-10c所示；分配阀装在转向器上的称为半分置式，如图9-10d所示。

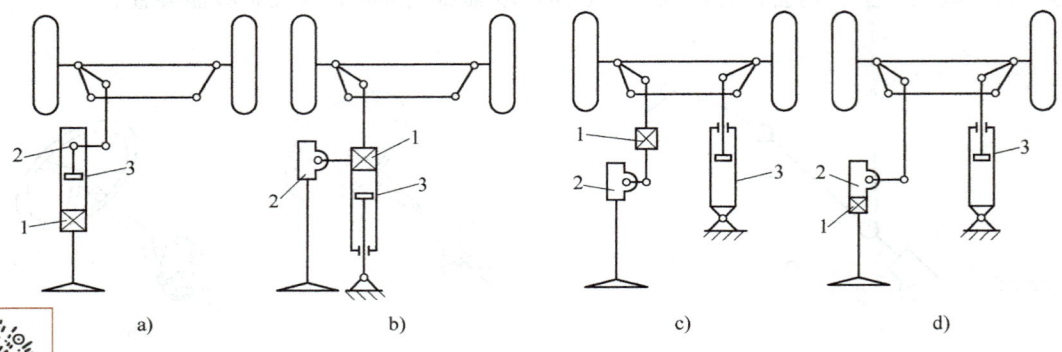

图 9-10 助力转向机构布置方案图
a）整体式 b）分置-联阀式 c）分置-连杆式 d）半分置式
1—分配阀 2—转向器 3—助力缸

在分析比较上述几种不同助力转向机构布置方案时，常从结构是否紧凑、转向器主要零件是否承受由助力缸建立起来的载荷、拆装转向器是否容易、管路特别是软管的管路长短、转向轮在侧向力作用下是否容易引起转向轮摆振、能否采用典型转向器等方面来做比较。例如，整体式助力转向器，由于其分配阀、转向器、助力缸三者装在一起，因而结构紧凑，管路也短。在转向轮受到侧向力作用时或者发动机振动时不会导致分配阀的振动，因而不能引起转向轮摆振。它的缺点是转向摇臂轴、摇臂等转向器主要零件，都要承受由助力缸所建立起来的载荷，因此必须加大它们的尺寸和质量，这对布置它们带来不利的影响。同时还不能采用典型转向器，拆装转向器时要比分置式的困难。除此之外，由于对转向器的密封性能要求高，这对转向器的设计，特别是重型汽车的转向器设计带来困难。整体式助力转向器多用于轿车和中型货车。

（2）**分配阀的结构方案** 分配阀有两种结构方案：分配阀中的阀与阀体以轴向移动方式来控制油路的称为滑阀式，以旋转运动来控制油路的称为转阀式。

滑阀式分配阀结构简单，生产工艺性较好，易于布置，使用性能较好，曾得到广泛应用。转阀式与滑阀式比较,灵敏度高,密封件少,结构较为先进,在国内外得到了广泛应用。但由于转阀式是利用扭杆弹簧使转阀回位的,因此其结构复杂。

2. 乘用车助力转向系的布置设计

图 9-11 所示为乘用车上广泛使用的液压助力转向系。它主要由转向器、转向液压泵、管路系统、储液罐及一些附件构成。

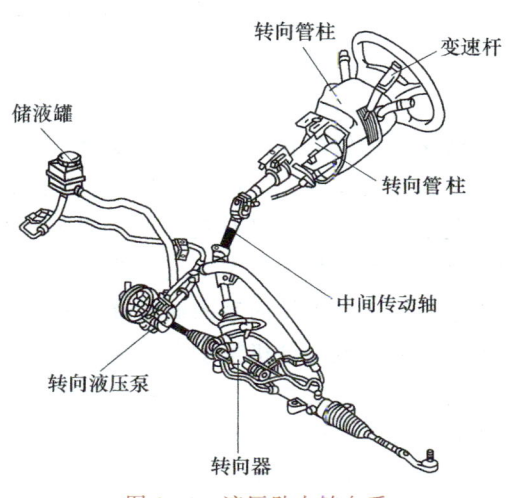

图 9-11 液压助力转向系

（1）**助力转向管路** 助力转向管路在助力转向系中用于传输液压液,另外还可以降低助力转向系的噪声和工作液的温度。它包括吸液软管总成、高压管总成和回液管总成。助力转向管路设计应利用发动机舱盖上的有效空间,避免与其他零部件发生运动干涉;并防止管子弯曲半径过小（应参考弯管工艺）;软管外最好加防护套,以免管子与其他零部件相互摩擦;发动机侧倾时,橡胶管发生弯曲,但不应发生扭转和拉伸;对于较长的软管,应加支架或夹子固定。

（2）**转向储液罐** 转向储液罐的功能是储存转向液,向转向液压泵及系统供液,并起到散热和降低转向液工作温度,过滤转向系中的杂质,保证转向液清洁度等作用。转向储液罐一般用钢制成,或采用铝合金、塑料等材料制成。

转向储液罐最小容积

$$V = V_1 + V_2 + V_3 + V_4 \tag{9-11}$$

式中,V_1 为转向液压泵进、出液管子及工作腔容积之和（L）;V_2 为各管路容积之和（L）;V_3 为转向器工作腔、管路和控制阀容积之和（L）;V_4 为储液罐工作容积（L）。

V_4 需保证汽车倾斜 20°时储液罐液面不能到达上盖油封处,以便最大限度地减少漏液的可能性。因此要控制储液罐直径,不能过大,一般储液罐的直径为 120~150mm。

（3）**转向液压泵** 转向液压泵由发动机驱动,为液压助力转向系提供高压转向液,转向液压泵带有泄压阀以限制系统的压力。转向液压泵主要有叶片泵、柱塞泵、齿轮泵和转子泵等几种类型。叶片泵与其他泵相比具有体积小、工作效率高和噪声低等优点,因此在乘用车和小型货车上得到了广泛的应用。

转向叶片泵由叶片、定子、转子、流量控制阀、安全阀、泵轴、配流盘、各种密封件和轴承等零件组成。在工作时,泵轴在外驱动力矩作用下旋转,叶片在离心力和叶片底部压力油的双重作用下向外伸出,其顶部紧贴在定子内表面上。处于四段同心圆弧上的四个叶片分别与转子外表面、定子内表面及两个配流盘组成四个密封工作腔。随着转子的转动,密封工作腔产生由小到大或由大到小的变化,可以通过配流盘的吸液口或排液口将工作液吸入或压出。为适应发动机转速变化,转向泵内设有流量控制阀以实现输出流量的自动调整,使得输出流量符合系统要求。为使转向系压力得到限定,在转向液压泵内,还设有系统安全阀,以保护转向系安全。

要求转向液压泵要有合适的流量及压力特性曲线,能够满足转向特性的要求;工作噪声要低；最高允许转速范围应能满足整车的需要。

二、电控液压助力转向系（EHPS）

液压助力转向在汽车上的广泛使用，在很大程度上解决了转向轻便性和灵敏性的矛盾，但在能量消耗、严格的密封要求和助力特性等方面始终存在不足。为了保证在任何行驶工况下汽车转向都具有良好的操纵轻便性及稳定性，必须采用车速感应型助力转向机构。将电子控制技术应用于液压助力转向系中，开发了电控液压助力转向系。

电控液压助力转向系的储液罐、液压泵、电动机及电子控制系统都集成在电动机液压泵组内。由直流电动机带动电动泵工作，而不是由发动机驱动，可根据转向需求提供不同的转向助力，满足汽车对转向系的要求。在发动机怠速时，电动泵提供较大的流量；而在高速时，按转向要求使其流量有所下降。使汽车低速行驶时，驾驶人只需较小的转向力就能灵活地进行转向，而在高速转向时，所需操纵力逐渐增大。该系统优化了转向操纵，提高了驾驶人舒适性和转向灵活性，又克服了转向"发飘"感觉，使驾驶人操纵时有显著的"路感"，保证在高速行驶时的稳定性和安全感。

三、电动助力转向系（EPS）

随着近年来电子控制技术的成熟和成本的降低，电动助力转向（Electronic Power Steering）系在乘用车上得到应用，部分取代了液压助力转向系。

1. 电动助力转向系的结构和工作原理

电动助力转向系是在机械转向器的基础上，增加信号传感器、电子控制单元和转向助力机构。图9-12所示为电动助力转向系简图。

信号传感器包括转矩传感器、车速传感器及转向角传感器等。通过这几个传感器，获取作用在转向盘上的操纵力、转向角及汽车车速信号，从而为确定助力控制命令提供信息。电子控制单元包括检测电路、微处理器及控制电路等。检测电路将传感器的信号进行整形放大后输往微处理器，然后微处理器计算出最优化的助力转矩。控制电路将来自微处理器的电流命令输送到电动机驱动电路。转向助力机构包括助力电动机、电磁离合器及减速传动机构。助力电动机一般采用直流电动机，其电流大小

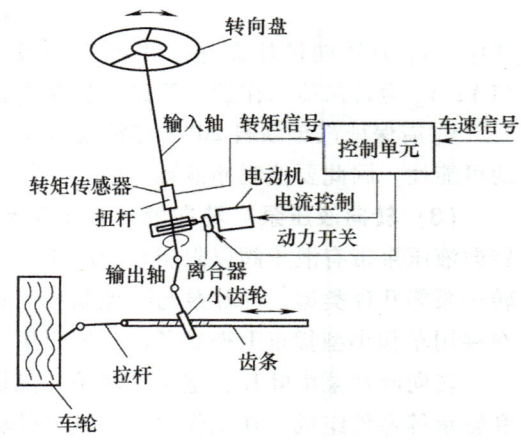

图9-12 电动助力转向系简图

由微处理器来控制，可根据不同的车速得到相应的助力特性。通过减速传动机构，将电动机的动力传给转向器。电磁离合器则作为安全装置确保系统在发生故障时，切断电动机与减速传动机构，中断动力传递，使系统从电动助力转向状态转入人力-机械转向状态。

2. 电动助力转向系的特点

电动助力转向系具有以下特点：

(1) **节能环保**　据资料显示，EPS的燃料消耗率仅为液压助力转向系的10%，整车的燃油消耗率可以降低5%。

(2) **改善整车性能**　在不同车速、不同使用条件下保证驾驶人能获得最佳转向力和最佳路感，提高了车辆高速行驶稳定性，改善了整车的回正性，降低了转向盘的摆振。

(3) **通用性强，符合车辆发展趋势**　对于不同车型和使用要求，在基本上不改动硬件的条件下，通过软件调整助力特性就能满足使用要求。EPS符合未来车辆安全性、智能化和节能环保的发展趋势，容易与底盘其他控制系统构成底盘系统的一体化控制。

(4) **模块化、轻量化**　将电动机、减速结构和控制器进行一体化设计，取消原管路、液压泵等装置，使得结构紧凑、质量减小，而且为整车布置带来了方便。

(5) **高可靠性，维修方便**　电动助力转向系零部件数目少，不存在液压助力转向中常有的液压液泄漏问题，降低了故障发生概率，安装、使用和维修方便。

(6) **成本低，竞争力强**　与EHPS相比，整个系统降低了总成和零部件数目，批量生产后成本降低。

3. 电动助力转向机构的布置方案

电动助力转向机构按电动机布置位置的不同分为转向轴助力式、齿轮助力式和齿条助力式三种（见图9-13）。

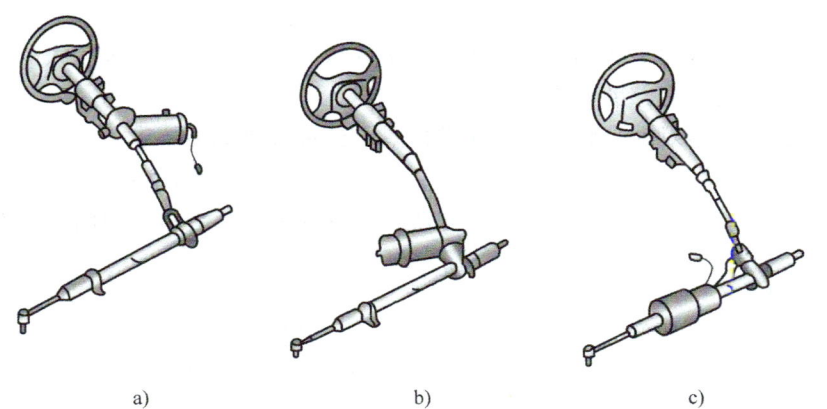

图9-13　电动助力转向机构的布置方案

a) 转向轴助力式　b) 齿轮助力式　c) 齿条助力式

电动助力转向

(1) **转向轴助力式**　助力单元、控制器和传感器都集中于转向轴处（见图9-13a）。系统比较紧凑，易于安装在车辆上，可安装在固定式转向轴、可调式转向轴和其他形式的转向轴上。它装在转向盘下面，周围环境较好，不需要严格的防水、防高温技术。相对于其他EPS，它对转向系的改动最小，因此适用于将以前生产的无助力纯机械转向汽车改装成电动助力转向汽车。转向轴助力式的成本最低，经济性好，目前市场占有量较大。其缺点是占用了转向盘下面的空间，助力电动机的振动、噪声很容易传递给驾驶人，传动路线也较长，损失较大，反应不如其他类型快。它适用于中、小排量和轴荷较小的乘用车。

(2) 齿轮助力式　其助力单元固定在转向齿轮轴上端（见图9-13b）。它具有结构紧凑的优点，与转向轴助力式相比，在不增加质量的情况下，增大了系统的刚度。它安装在驾驶室外，位于发动机舱下方，距离前桥很近，环境温度变化大（-30~95℃），环境恶劣，常受到尘土、泥土和雨水等的腐蚀，要求传感器、ECU和电动机等防水、耐高温性能好。其技术要求比转向轴助力式高，适用于中等排量和中等轴荷的乘用车。

(3) 齿条助力式　助力单元固定于转向器的齿条处（见图9-13c）。齿条助力式性能最好，结构最紧凑，电动机直接带动齿条助力，助力效果好，响应时间最短，超调量最小，电动机的振动、噪声都不容易传递给驾驶人。其缺点是造价高，成本高，零件结构复杂。它适用于大功率、大负荷的汽车和豪华乘用车。

4. 电动助力转向的助力特性

在液压助力转向系中，助力特性主要由转向系的结构决定，一般无法调整，不能随车速的变化而变化。速度感应型转向系（EPS或H-EPS）的助力特性曲线由软件设定，将助力特性曲线设计成可随汽车行驶速度v的变化而变化，并将这种助力特性称为车速感应型。

针对EPS的特点，对助力特性曲线提出以下要求：

1) 当转向盘输入力矩小于某一特定值时，助力矩为零，EPS不起作用。

2) 在转向盘输入力矩较小的区域，助力部分的输出应较小，以保持较好的路感；在转向盘输入力矩较大的区域，为使转向轻便，助力效果要明显。

3) 在转向盘输入力矩达到驾驶人体力极限区域时，应尽可能发挥较大的助力效果。

4) 随着车速的增高，助力应减小。

5) 符合国家标准对助力转向作用在转向盘上的最大操纵力要求。

电动助力转向系助力特性的输出和跟踪由控制器实现，因此可以将转向盘输入力矩M_h、助力和车速信息设计在一起。图9-14所示为三种电动助力转向的助力特性。

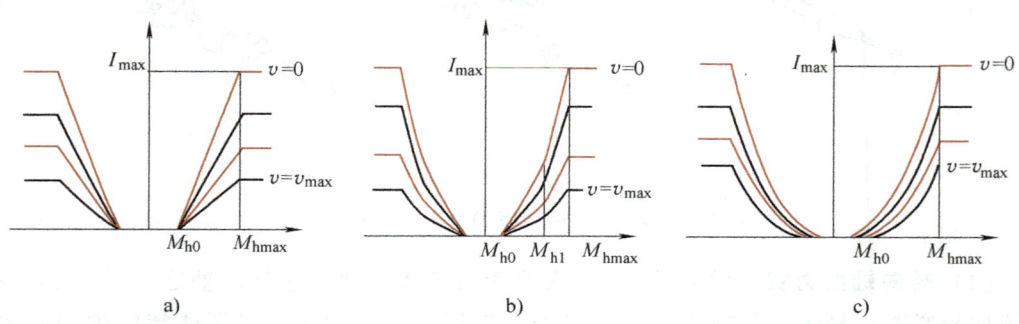

图9-14　三种电动助力转向的助力特性
a) 直线型　b) 折线型　c) 曲线型

图9-14a所示为直线型，其优点是助力特性确定简单，便于控制系统设计，调整也容易；缺点是虽然可以感应车速，对助力特性曲线的斜率特性做出变化，但对于输入的高、低区域却不能区别对应，输出特征为线性，路感单一，无法很好地协调路感和轻便性的关系。图9-14c所示为曲线型，在感应速度的同时，每条曲线自身的斜率可在

高、低输入区域进行平滑变化,是理想的助力特性曲线,但在确定过程中需要大量和密集的理想转向盘力矩特性信息,故确定和调整较为困难;折线型(见图9-14b)的优缺点则介于两者之间。

四、主动转向系(AFS)

在传统转向系中,转向盘到前轮的转向传动比是固定的。转向系定传动比的缺陷主要表现为:低速或停车工况下驾驶人需要大角度地转动转向盘,而高速时又不能满足低转向灵敏度的要求,否则车辆的稳定性和安全性会随之下降。因此,同时满足转向系在低速时的灵活性要求与高速时的稳定性要求是当今车辆转向系设计的核心问题之一。

德国宝马公司和ZF公司联合开发的主动前轮转向系很好地解决了上述问题,该转向系已装备于部分宝马3系列和5系列轿车上。它具有可变传动比设计:在低速状态下传动比较小,使转向更加直接,以减少转向盘的转动圈数,提高车辆的灵活性和操控性;在高速行驶时转向传动比较大,以提高车辆的稳定性和安全性。除了可变传动比设计外,通过转向干预来实现对车辆的稳定性控制是该转向系最大的特点。

1. 主动转向系的组成及工作原理

主动转向系保留了传统转向系中的机械构件,包括转向盘、转向管柱、齿轮齿条转向机以及转向横拉杆等,其最大特点就是在转向盘和齿轮齿条转向机之间的转向管柱上集成了一套双行星齿轮机构,用于向转向轮提供叠加转向角,如图9-15所示。除传统的转向机械构件外,该主动转向系主要包括两大核心部件:一是一套双行星齿轮机构,通过叠加转向实现变传动比功能;二是电子伺服转向系,用于实现转向助力功能。驾驶人的转向角输入包括力矩输入和角输入两部分,将共同传递给扭杆。其中的力矩输入由电子伺服机构根据车速和转向角度进行助力控制,而角输入则通过由伺服电动机驱动的双行星齿轮机构进行转向角叠加,传递给齿轮齿条转向机构的最终转角是经过叠加后的总转向角。与常规转向系的显著差别在于,该主动转向系不仅能够对转向力矩进行调节,而且还可以对转向

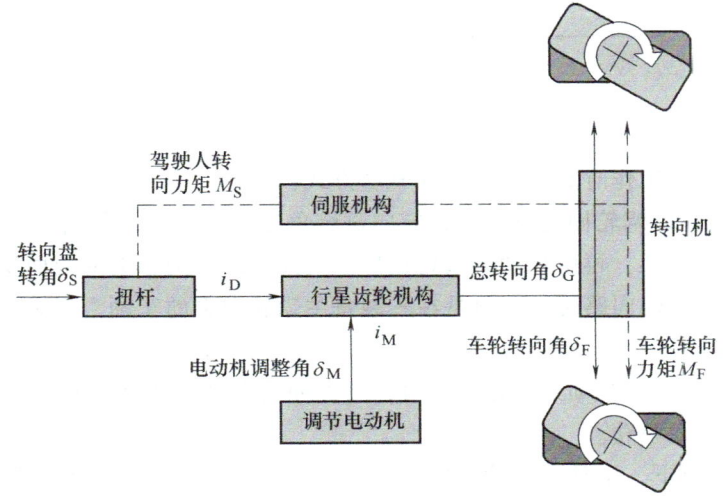

图9-15 主动转向系的组成及工作原理

角进行调整,使其与当前的车速达到很好的匹配。其中的总转角 δ_G 等于驾驶人转向盘转角和伺服电动机转角之和,即

$$\delta_G = \frac{1}{i_D}\delta_S + \frac{1}{i_M}\delta_M \tag{9-12}$$

式中,i_D 为转向系的总传动比;δ_S 为转向盘转角(°);i_M 为蜗轮、蜗杆传动比;δ_M 为电动机调整角(°)。

2. 核心部件的结构

集成在转向柱上的双行星齿轮机构,如图 9-16 所示,该机构包括上、下两排行星齿轮机构,共用一个行星架进行动力传递。上排的主动太阳轮与转向盘相连,将转向盘上输入的转向角经由行星架传递给行星齿轮。而上排的行星齿轮副具有两个转向输入自由度,一个是行星架传递的转向盘转角输入,另一个是由伺服电动机通过一个自锁式蜗轮蜗杆驱动的齿圈输入,即所谓的叠加转角输入。下排的太阳轮作为输出轴,其输出的转向角度是由转向盘转向角度与伺服电动机驱动的转向角度叠加得到的,也就是汽车的实际转向角度。低速时,伺服电动机驱动的行星架转动方向与转向盘转动相同,叠加后增加了实际的转向角度,可以减少转向力的需求。高速时,伺服电动机驱动的行星架转动方向与转向盘转动相反,叠加后减少了实际的转向角度,转向过程会变得更为间接,提高了汽车的稳定性和安全性。

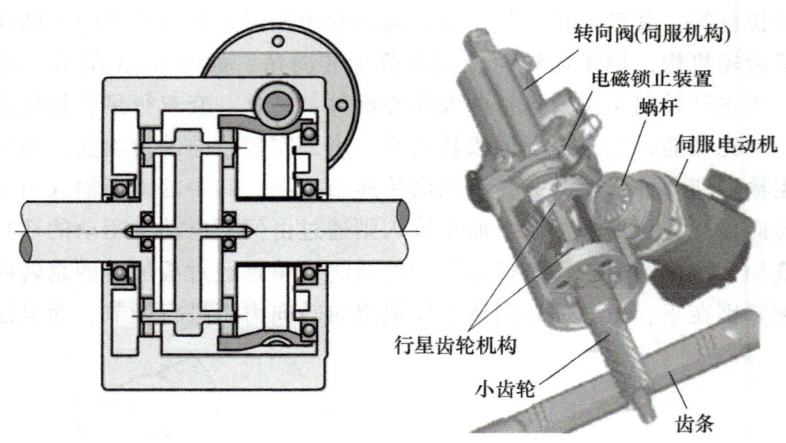

图 9-16 主动转向系中的双行星齿轮机构

该行星齿轮机构工作时具有如下三种驱动方式:

1)伺服电动机即蜗轮固定不动时,转向盘转角通过主动太阳轮将动力传递给双行星齿轮机构中间的行星架,再由从动太阳轮输出。与此同时,前轴上的地面反力也通过相同的途径为驾驶人提供转向路感,这也是在不装备主动转向系的车辆上驾驶人对于前轮转向的操纵过程。

2)转向盘不动,即主动太阳轮固定时,可由伺服电动机驱动蜗轮通过行星齿轮机构将动力传递给从动太阳轮。

3)在通常情况下,主动太阳轮和伺服电动机是共同工作的,车轮转角是驾驶人转向角和伺服电动机调节转向角的叠加。

五、线控转向系

线控转向（Steering By Wire，SBW）是取消了转向盘与转向轮之间的机械连接，完全由电信号实现转向的信息传递和控制。它能最小化驾驶人的工作负荷，同时保持好的驾驶感觉，转向系的特性可根据驾驶任务、驾驶人需要和喜好、车辆固有特性、道路环境和交通条件主动而恰当地调整。SBW 系具有路感好、反应速度快、整车安装方便、节省空间、安全性高、扩展性好等诸多优点，SBW 系给汽车转向特性的设计带来无限的空间，是汽车转向系的重大革新。

1. 线控转向系的结构

线控转向系由转向盘总成、转向桥机构总成和基本控制器三个主要部分以及自动防故障系统、电源等辅助系统组成，如图 9-17 所示。

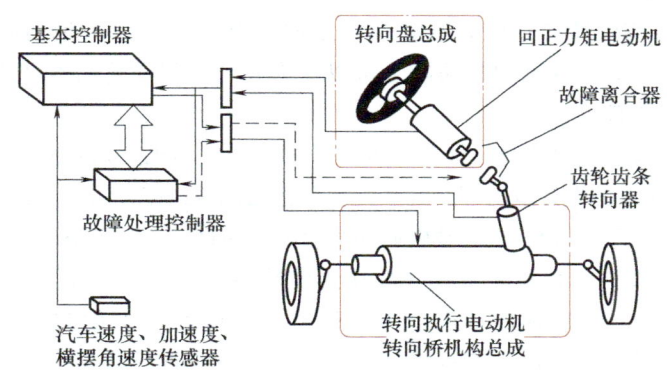

线控转向技术 1～5

图 9-17 线控转向系的结构示意图

汽车的转向盘总成主要由转向盘、转向盘转角传感器、转向盘回正力矩电动机以及力矩传感器等部件构成。其工作模式主要是转向盘总成将驾驶人的转向意图转变为数字信号，并将其传送给基本控制器，然后由其发出指令控制汽车的前轮完成转向动作。

转向桥机构总成包括前轮转角传感器、转向执行电动机、转向电动机控制器和前轮转向组件等。转向桥机构总成的功能是接受基本控制器的命令，通过转向电动机控制器控制转向轮转动，实现驾驶人的转向意图。

在线控转向系中，基本控制器的作用是采集驾驶人所发出的信号，然后对所采集到的信号进行相应的分析处理，并向汽车的控制器、前轮转向电动机等发送控制信号，然后通过驾驶人的实际操作，进而达到控制汽车转向的目的。

2. 线控转向系的工作原理

汽车线控转向系将来自于转向盘传感器接收到的转向信息传输给电子控制系统，进行相关信息指令的控制运算，然后向车辆的转向系发出指令，最终完成车辆的转向工作。与此同时，电子控制子系统还控制着阻力传感器所发出的信息指令，进而传送给转向盘子系统中的模拟路感的部件。线控转向系的工作原理如图 9-18 所示。

3. 线控转向系的典型布置方式

按照转向电动机的数量、布置位置与控制方式不同，目前线控转向系的典型布置方式可分为五类，分别为单电动机前轮转向、双电动机前轮转向、双电动机前轮独立转向、线控后轮转向和四轮独立转向。

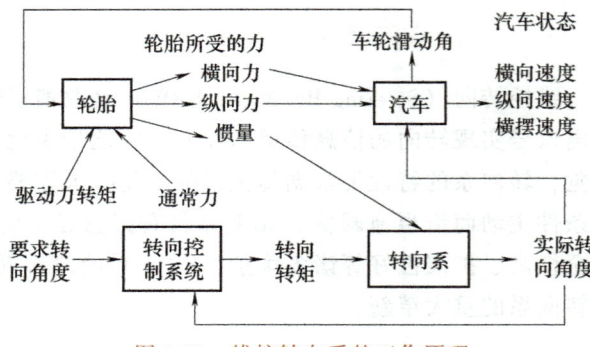

图 9-18　线控转向系的工作原理

(1) **单电动机前轮转向**　该布置方式与传统的电动机助力转向相近，对底盘构造改动较小，易于布置。当匹配转向功率需求大的重载车型时，转向电动机可布置在齿条处或采用滚珠丝杠、齿轮减速器增大转矩。但单电动机不具有故障冗余性，且由于为单电动机驱动，电动机功率较高。

(2) **双电动机前轮转向**　该布置方式采用两个电动机共同实现前轮转向，英菲尼迪Q50即采用了这种方式。双电动机功能上可以互为冗余，但是转向器结构、冗余控制算法较复杂，且增加了零部件成本。

(3) **双电动机前轮独立转向**　该布置方式采用两个电动机分别独立控制左、右前轮，进一步提高了前轮转向系的设计自由度。其左、右车轮无机械连接，占用空间小。该方式在单电动机出现故障时无法冗余备份，会导致转向功能缺失，而且双电动机协调控制的复杂度较高。

(4) **线控后轮转向**　该布置方式一般作为前轮转向的补充，例如，ZF公司开发的主动后轮转向系，可在前轮转向的基础上对后轮左右进行最大3°的转向，进一步实现转向系的高速稳定性和低速灵活性。不过采用该布置，系统零部件数量与成本增加，控制自由度增加，控制策略的复杂度也增大。

(5) **四轮独立转向**　该布置方式是转向系中自由度最多的形式，四个车轮都为转向轮，可全方位自由设计转向特性，实现侧向和零转弯半径行驶。该方式与底盘集成控制协同的潜力最大，但是零部件数量多，且四电动机转向协同控制算法更加复杂。

第六节　转向梯形机构的优化设计

转向梯形机构用来保证汽车转弯行驶时，汽车的全部车轮均能绕一个瞬时转向中心在不同圆周上做无滑动的纯滚动。转向梯形有整体式和断开式两种。整体式的用于非独立悬架的转向轮，断开式的用于独立悬架的转向轮。

一、转向梯形结构方案分析

1. 整体式转向梯形

整体式转向梯形是由转向横拉杆1、转向梯形臂2和前轴3组成的，如图9-19所示。其中转向梯形臂呈收缩状向后延伸。这种方案的优点是结构简单，调整前束容易，制造成本低；主要缺点是一侧转向轮上、下跳动时，会影响另一侧转向轮。

当汽车前悬架采用非独立悬架时，应当采用整体式转向梯形。整体式转向梯形的横拉杆可位于前轴后或前轴前（称为前置梯形）。对于发动机位置低或前轮驱动汽车，常采用前置梯形。前置梯形的转向梯形臂必须向前外侧方向延伸，因而会与车轮或制动底板发生干涉，所以在布置上有困难。为了保护转向横拉杆免遭路面不平物的损伤，转向横拉杆的位置应尽可能布置得高一些，至少不低于前轴高度。

2. 断开式转向梯形

转向梯形的横拉杆做成断开的，称之为断开式转向梯形。断开式转向梯形方案之一如图 9-20 所示。断开式转向梯形的主要优点是它与前轮采用的独立悬架相配合，能够保证一侧车轮上、下跳动时，不会影响另一侧车轮，与整体式转向梯形相比，由于其杆系、球头增多，因此结构复杂，制造成本高，并且调整前束比较困难。

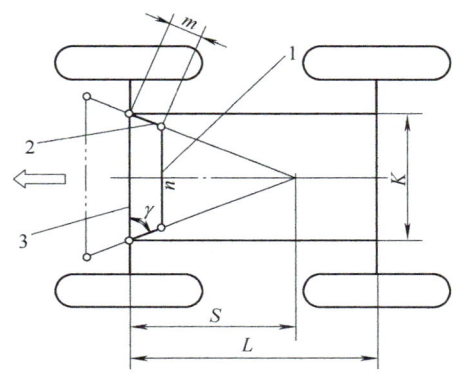

图 9-19 整体式转向梯形
1—转向横拉杆 2—转向梯形臂 3—前轴

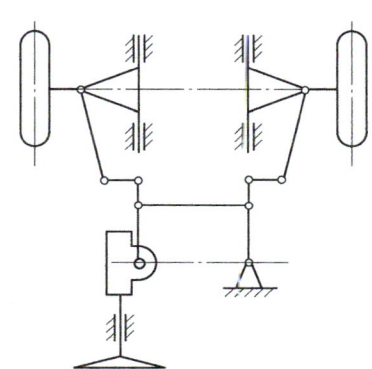

图 9-20 断开式转向梯形方案之一

二、整体式转向梯形机构的优化设计

1. 目标函数与设计变量

汽车转向行驶时，受弹性轮胎侧偏角的影响，所有车轮不是绕位于后轴延长线上的点滚动，而是绕位于前轴和后轴之间的汽车内侧某一点滚动。此点位置与前轮和后轮的侧偏角大小有关。由于影响轮胎侧偏角的因素很多，且难以精确确定，故下面是在忽略侧偏角的影响条件下，分析有关两轴汽车的转向问题。此时，两转向前轮轴线的延长线应交在后轴延长线上，如图 9-21 所示。设 θ_i、θ_o 分别为内、外转向车轮的转角，L 为汽车轴距，K 为两主销中心线延长线到地面交点之间的距离。若要保证全部车轮绕一个瞬时转向中心行驶，则梯形机构应保证内、外转向车轮的转角关系为

$$\cot\theta_o - \cot\theta_i = \frac{K}{L} \tag{9-13}$$

若自变角为 θ_o，则因变角 θ_i 的期望值为

$$\theta_i = f(\theta_o) = \text{arc}\cot(\cot\theta_o - K/L) \tag{9-14}$$

现有转向梯形机构仅能近似满足此关系。以图 9-21 所示的后置梯形机构为例，利用

余弦定理可推得转向梯形所给出的实际因变角 θ'_i 为

$$\theta'_i = \gamma - \arcsin \frac{\sin(\gamma+\theta_o)}{\sqrt{\left(\frac{K}{m}\right)^2 + 1 - 2\frac{K}{m}\cos(\gamma+\theta_o)}} - \arcsin \frac{\frac{K}{m}[2\cos\gamma - \cos(\gamma+\theta_o)] - \cos 2\gamma}{\sqrt{\left(\frac{K}{m}\right)^2 + 1 - 2\frac{K}{m}\cos(\gamma+\theta_o)}} \quad (9\text{-}15)$$

式中，m 为梯形臂长；γ 为梯形底角。

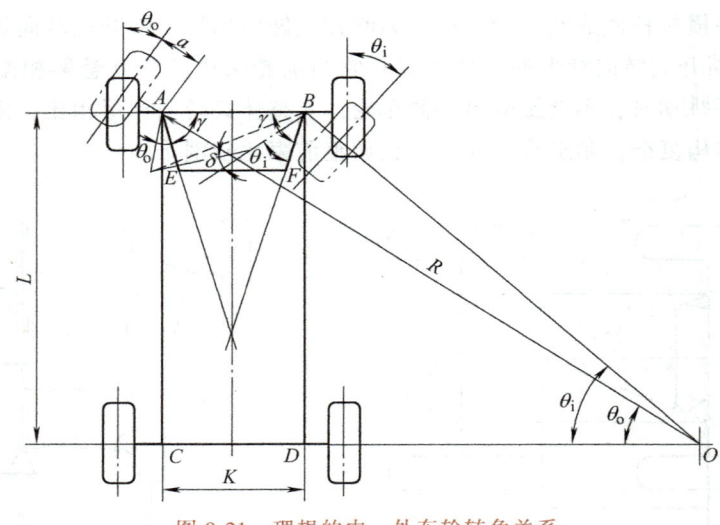

图 9-21 理想的内、外车轮转角关系

所设计的转向梯形给出的实际因变角 θ'_i，应尽可能接近理论上的期望值 θ_i。其偏差在最常使用的中间位置附近小转角范围内应尽量小，以减少高速行驶时轮胎的磨损；而在不经常使用且车速较低的最大转角时，可适当放宽要求，因此再引入加权因子 $\omega(\theta_{oi})$，构成评价设计优劣的目标函数 $f(x)$ 为

$$f(x) = \sum_{\theta_{oi}}^{\theta'_{omax}} \omega(\theta_{oi}) \left[\frac{\theta'_i(\theta_{oi}) - \theta_i(\theta_{oi})}{\theta_i(\theta_{oi})} \right] \times 100\% \quad (9\text{-}16)$$

将式（9-14）和式（9-15）代入式（9-16）得

$$f(x) = \sum_{\theta_{oi}=1}^{\theta_{omax}} \omega(\theta_{oi}) \left| \frac{\gamma - \arcsin \frac{\sin(\gamma+\theta_{oi})}{\sqrt{\left(\frac{K}{m}\right)^2 + 1 - 2\frac{K}{m}\cos(\gamma+\theta_{oi})}}}{\arccot\left(\cot\theta_{oi} - \frac{K}{L}\right)} - \frac{\arccos \frac{\frac{K}{m}[2\cos\gamma - \cos(\gamma+\theta_{oi})] - \cos 2\gamma}{\sqrt{\left(\frac{K}{m}\right)^2 + 1 - 2\frac{K}{m}\cos(\gamma+\theta_{oi})}}}{\arccot\left(\cot\theta_{oi} - \frac{K}{L}\right)} - 1 \right| \times 100\% \quad (9\text{-}17)$$

式中，$x = \begin{pmatrix} x_1 \\ x_2 \end{pmatrix} = \begin{pmatrix} \gamma \\ m \end{pmatrix}$；$\theta_{\text{omax}}$ 为外转向车轮最大转角，由图 9-21 得

$$\theta_{\text{omax}} = \arcsin \frac{L}{\frac{D_{\min}}{2} - a}$$

式中，$D_{\min}$ 为汽车最小转弯直径；a 为主销偏移距。

考虑到多数使用工况转角 θ_o 小于 20°，且 10° 以内的小转角使用得更加频繁，因此取

$$\omega(\theta_{oi}) = \begin{cases} 1.5 & 0° < \theta_o \leq 10° \\ 1.0 & 10° < \theta_o \leq 20° \\ 0.5 & 20° < \theta_o \leq \theta_{\text{omax}} \end{cases} \tag{9-18}$$

2. 约束条件

考虑到：设计变量 m 及 γ 过小时，会使横拉杆上的转向力过大；当 m 过大时，将使梯形布置困难，故对 m 的上、下限及对 γ 的下限应设计约束条件。因 γ 越大，梯形越接近矩形，$f(x)$ 值就越大，而优化过程是求 $f(x)$ 的极小值，故可不必对 γ 的上限加以限制。综上所述，各设计变量的取值范围构成的约束条件为

$$\begin{aligned} m - m_{\min} &\geq 0 \\ m_{\max} - m &\geq 0 \\ \gamma - \gamma_{\min} &\geq 0 \end{aligned} \tag{9-19}$$

设计时，梯形臂长度 m 常取为 $m_{\min} = 0.11K$、$m_{\max} = 0.15K$；梯形底角 $\gamma_{\min} = 70°$。

此外，由机械原理可知，四连杆机构的传动角 δ 不宜过小，通常取 $\delta \geq \delta_{\min} = 40°$。如图 9-21 所示，转向梯形机构在汽车向右转弯至极限位置时，δ 达到最小值，故只考虑转弯时 $\delta \geq \delta_{\min}$ 即可。利用该图所作的辅助用虚线及余弦定理，可推出最小传动角约束条件为

$$\frac{\cos\delta_{\min} - 2\cos\gamma + \cos(\gamma + \theta_{\text{omax}})}{(\cos\delta_{\min} - \cos\gamma)\cos\gamma} - \frac{2m}{K} \geq 0 \tag{9-20}$$

式中，$\delta_{\min}$ 为最小传动角。

已知 $\theta_{\text{omax}} = \arcsin \dfrac{L}{\dfrac{D_{\min}}{2} - a}$，故由式（9-20）可知，$\delta_{\min}$ 为设计变量 m 及 γ 的函数。由四项约束条件所形成的可行域，有如图 9-22 所示的几种情况。图 9-22b 所示情况适用于

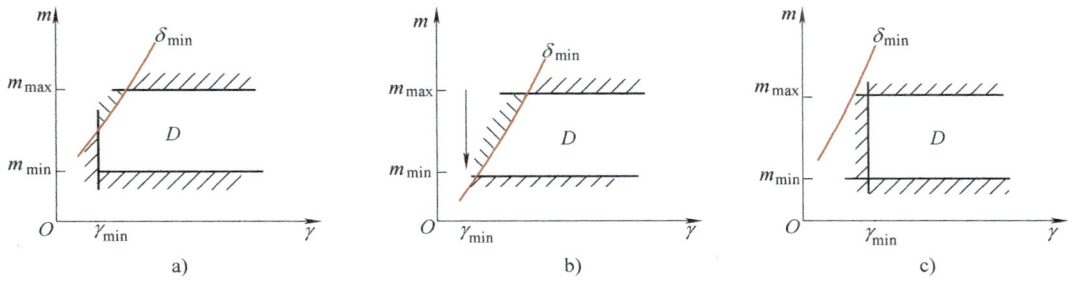

图 9-22 转向梯形机构优化设计的可行域

要求 δ_{min} 较大而 γ_{min} 可小些的车型；图 9-22c 所示情况适用于要求 γ_{min} 较大而 δ_{min} 小些的车型；图 9-22a 所示情况适用于介于图 9-22b、c 之间要求的车型。

由上述数学模型可知，转向梯形机构的优化设计问题，是一个小型的约束非线性规划问题，可以调用 MATLAB 优化工具箱中的 fmincon 函数来求解这个优化问题。

3. MATLAB 优化工具箱中的 fmincon 函数简介

MATLAB 优化工具箱中的函数 fmincon 用于求解有约束的非线性最小化问题。

对于数学模型：$\min f(\boldsymbol{x})$

$$c(\boldsymbol{x}) \leqslant 0$$
$$ceq(\boldsymbol{x}) = 0$$
$$\boldsymbol{A} \cdot \boldsymbol{x} \leqslant \boldsymbol{b}$$
$$\boldsymbol{Aeq} \cdot \boldsymbol{x} \leqslant \boldsymbol{beq}$$
$$\boldsymbol{lb} \leqslant \boldsymbol{x} \leqslant \boldsymbol{ub}$$

式中，$\boldsymbol{x}$、$\boldsymbol{b}$、$\boldsymbol{beq}$、$\boldsymbol{lb}$、$\boldsymbol{ub}$ 为矢量；$\boldsymbol{A}$ 和 $\boldsymbol{Aeq}$ 为矩阵；$c(\boldsymbol{x})$ 和 $ceq(\boldsymbol{x})$ 为函数，返回标量。

4. 转向梯形优化设计数学模型的求解

利用本节所建转向梯形数学模型，对某汽车的转向梯形进行优化设计，调用 MATLAB 优化工具箱中的 fmincon 函数求解计算。根据式（9-17）编写返回目标函数的 M 文件；代入转向系参数 $m_{max} = 220mm$，$m_{min} = 170mm$，$\theta_{omin} = 75.25°$，$\delta_{min} = 35.5°$，根据式（9-19）、式（9-20）编写非线性约束函数的 M 文件；代入初值 $m = 200mm$，$\gamma = 75.5°$，$\delta = 35.49°$，编写调用 fmincon 函数的命令流 M 文件并运行计算。优化计算结果见表 9-1。

表 9-1 某汽车转向梯形优化计算结果

优化目标	梯形底角/(°)	梯形臂长/mm	目标函数(%)
优化前	75.5	200	18.4246
优化后	75.25	176	17.6528

从表 9-1 中可以看出，经过优化后目标函数值，即实际因变角与理论值的加权相对偏差值减小了 4.2%。图 9-23 所示为计算结果与原设计值以及理论值的比较。

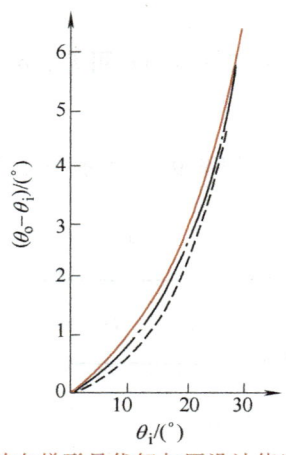

图 9-23 某汽车转向梯形最优解与原设计值以及理论值的比较
——为理论值　—·—为最优解　------为原设计值

第七节　转向系振动分析与优化

汽车转向系振动的主要表现形式为转向盘的振动,是影响整车 NVH 性能的重要因素之一。随着设计和生产水平的提高,高速行驶时的不平路面激励与发动机怠速激励是转向系振动的主要激励源,由此引发的转向盘振动会带来一系列问题,容易造成驾驶人的疲劳,引发错误的操作,从而造成交通事故,同时由于转向盘的振动,会引发各零部件的振动,加速了零部件的损坏,降低了汽车的可靠性。因此,研究并优化转向系的振动特性,来抑制其低频振动显得十分重要。

本节将以某款轿车怠速工作状态下转向盘振动过大问题,通过有限元分析的方法对其进行模态分析,根据模态分析结果,对转向系各支架厚度进行灵敏度分析,将影响转向系模态性能的关键部件作为设计变量,进行拉丁超立方试验设计,利用 Kriging 模拟法构建转向系近似模型,选用多目标遗传算法进行尺寸优化,从而在提高转向系模态性能的同时尽量控制全局质量变化不大。

一、转向系有限元模态分析

1. 转向系有限元模型的建立

将转向系的三维模型导入 HyperMesh 软件中,进行抽取中面、几何清理,采用壳单元进行网格划分,单元尺寸为 8mm。本文采用 Rbe2 刚性单元对连接进行模拟。建立的有限元模型如图 9-24 所示,转向系有限元模型共有 11179 个壳单元和 11529 个节点,其中三角形单元 746 个,占总单元数的 6.67%。

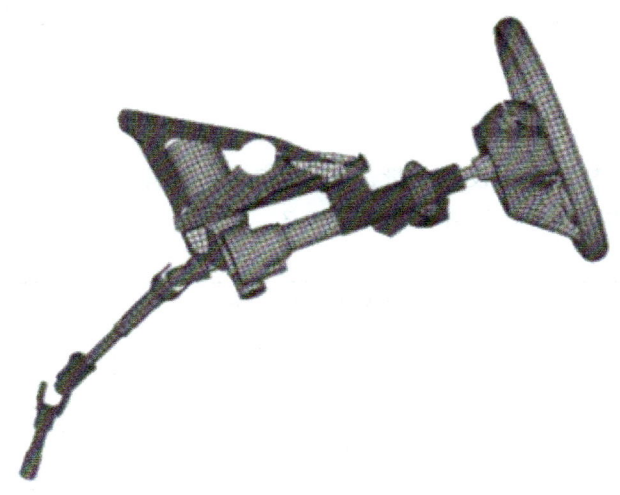

图 9-24　转向系的有限元模型

2. 模态计算及结果分析

在 HyperMesh 软件中对转向系进行约束模态分析,计算出转向系有限元模型在 1~200Hz 范围内的模态。根据模态计算结果,提取前 8 阶作为说明,其固有频率及振型见表 9-2。

表 9-2 前 8 阶计算模态频率及振型

阶数	频率/Hz	振型描述
1	28.68	一阶转向盘左右振动
2	43.58	一阶转向盘上下振动
3	61.95	局部振动
4	70.94	一阶转向盘扭转振动
5	91.84	二阶转向盘上下和扭转振动
6	99.17	局部振动
7	112.35	三阶转向盘左右和扭转振动
8	125.06	局部振动

根据模态分析结果,与转向系低阶模态固有频率接近的外界激励源主要有发动机怠速激励、路面不平度激励以及较高车速行驶时车轮动不平衡激励。汽车行驶速度低于 180km/h 时,路面不平度激励频率一般低于 25Hz,轮胎动不平衡产生的激励频率与汽车的行驶速度有关且频率范围较大,发动机怠速激励与发动机转速有关。本文的车型采用 1.5L 直列 4 缸发动机,其怠速状态为 900r/min,进而得出发动机怠速状态下的激励频率为 31.7Hz,因而在怠速情况下容易引起转向系结构的共振。避免这类问题的原则是使转向系的频率避开激励频率,使转向系的频率尽可能高,一般原则是使转向系的频率高于激励频率至少 3Hz,因此此处要求转向系的频率至少达到 35Hz。

考虑到转向系怠速抖振的原因,需要通过优化转向系的设计避免转向盘与发动机共振。要想实现这一目标,通过使用动力吸振器、优化转向系结构、降低发动机怠速转速、减小转向盘质量和匹配安装动力总成等方式实现转向系的优化设计。相对而言,转向盘质量、发动机型号和动力总成难以改变,因此,需通过改变转向系支架的厚度,从而提高转向系的一阶固有频率。

二、转向系各支架灵敏度分析

以转向系 8 个支架厚度为设计变量,在 OptiStruct 求解器中计算一阶固有频率和总质量对各个设计变量的灵敏度,计算结果见表 9-3。

表 9-3 转向系各支架灵敏度分析值

转向系各支架	一阶固有频率灵敏度	总质量灵敏度
Thick1	1.12E-01	6.21E-05
Thick2	5.90E-02	2.55E-05
Thick3	4.76E-01	2.90E-04
Thick4	1.88E+00	1.53E-04
Thick5	5.26E-02	5.82E-05
Thick6	1.97E-01	1.03E-04
Thick7	1.36E-01	3.46E-05
Thick8	7.30E-01	6.05E-05

基于本文的优化目标和约束，需要考虑一阶固有频率的提高对转向系总质量的影响。为了便于观察各支架厚度变化对一阶固有频率和总质量的灵敏度，绘制出如图 9-25 所示的柱状图。

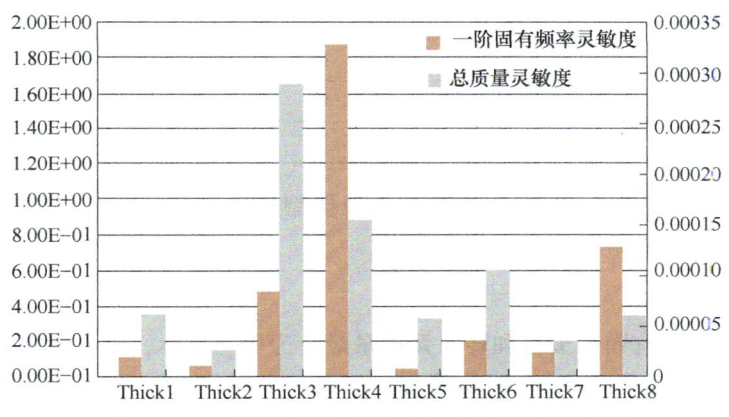

图 9-25　一阶频率及总质量对各支架灵敏度柱状图

由图 9-25 可以看出，设计变量 Thick4、Thick8 对转向系一阶固有频率和总质量都比较敏感，这表明在增加设计变量 Thick4、Thick8 的厚度时，一阶固有频率和总质量都会明显增加；设计变量 Thick1、Thick3、Thick5、Thick6 对一阶固有频率的增加作用不够明显，但是降低这些变量的值会明显降低系统的总质量；设计变量 Thick2、Thick7 对一阶固有频率和系统总质量都不够敏感，因此不选择 Thick2、Thick7 作为最终的设计变量。综上所述，最终选择 Thick1、Thick3、Thick4、Thick5、Thick6、Thick8 作为优化的设计变量。

三、转向系的结构优化

1. 优化问题的数学模型

目标函数

$$\max: f(\boldsymbol{X}) = f(x_1, x_2, \cdots, x_6)$$
$$\min: g(\boldsymbol{X}) = g(x_1, x_2, \cdots, x_6) \tag{9-21}$$

约束条件

$$x_i^l \leqslant x_i \leqslant x_i^U, i = 1, 2, \cdots, 6 \tag{9-22}$$

式中，$\boldsymbol{X} = [x_1, x_2, \cdots, x_6]^T$ 为设计变量；$f(\boldsymbol{X})$ 和 $g(\boldsymbol{X})$ 为目标函数；L 为设计变量值下限；U 为设计变量值上限。

2. 拉丁超立方试验设计

在 HyperStudy 中，设定上述 6 个支架为设计变量，转向系一阶固有频率和总质量为响应。应用拉丁超立方试验设计进行 6 因素 100 水平的试验设计，则可对因素的每个水平都进行一次试验，从而获得 100 组因素与响应对应关系的样本数据。

3. Kriging 模型的建立

文中采用 Kriging 模型建立转向系一阶固有频率和质量的近似模型。利用 Hammersley

试验设计方法在设计空间均匀选取20个样本点,所有样本点的平均相对误差(MRE)、最大绝对误差(MAE)以及均方根误差(RMSE)见表9-4。

表9-4 样本点响应误差统计

误差准则	一阶频率灵敏度	总质量灵敏度
MRE	5.65E-02	1.57E-04
MAE	5.96E-01	9.97E-08
RMSE	2.93E-01	4.54E-08

由表9-4可知,用Kriging方法构建的近似模型误差都较小,具有较高的精度,因此可用该近似模型代替有限元模型进行优化。

4. 多目标遗传算法优化与结果分析

以转向系一阶固有频率最大和转向系质量最小为优化目标,以一阶固有频率介于38~42Hz为约束条件,综合考虑优化的精度、计算规模和普适性,选择多目标遗传算法(MO-GA)作为优化方法。优化在进行了50次迭代后结束,根据图9-26所示的一阶固有频率-总质量响应值散点图挑选最优点。

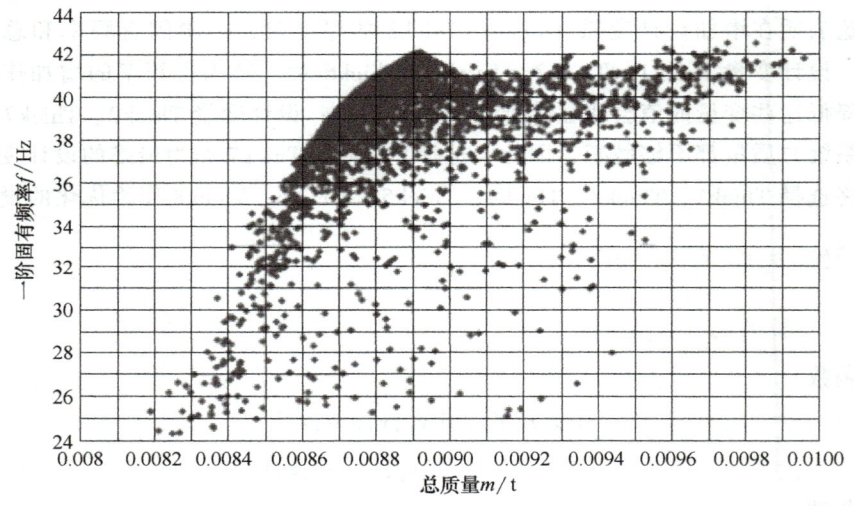

图9-26 一阶固有频率-总质量响应值散点图

为了保证在提升转向系一阶固有频率的同时尽可能保证总质量变化不大,最后选择了响应值为$f=41.09923$Hz,$m=0.008805$t对应的最优点。将模型预测的最优值与有限元模型仿真值进行对比,以最终确定该方法的实际效果。把模型预测的各支架厚度带入有限元模型进行仿真计算,各响应的相对误差(RE)见表9-5。

表9-5 最优点响应预测值与仿真值对比

响应	有限元模型仿真值	Kriging模型预测值	RE(%)
f/Hz	38.78	41.10	5.98
m/t	0.00881	0.00881	0

由表 9-5 可知，经优化后，转向系一阶固有频率提高到了 38.78Hz，与 Kriging 模型预测值的相对误差为 5.98%，与平均相对误差相差不大，满足设计的精度要求；优化后转向系总质量为 8.81kg，与优化前的总质量 8.65kg 相比只增加了 1.85%，基本满足了提高一阶固有频率的同时控制总质量变化不大的要求。

将拉丁超立方试验设计、Kriging 模拟方法和多目标遗传算法相结合，构建转向系近似模型，用此模型代替有限元模型进行优化计算，实现了提高转向系一阶模态固有频率的同时尽量控制总质量的要求，最终得到一组转向系支架厚度的最优组合，有效降低了发动机怠速频率与转向系低阶频率发生耦合共振的可能性。

拓展资源 1~3

思 考 题

1. 简述转向系的设计要求。
2. 转向系的性能参数包括哪些？各自是如何定义的？
3. 转向器角传动比的变化特性是什么？在不装助力转向的车上采用什么措施来解决"轻"和"灵"的矛盾？
4. 助力转向系有几种布置形式？若在现有客车底盘上加装助力转向，采用哪种布置形式最好？为什么？
5. 简述电动助力转向系的结构和工作原理。其转向机构的布置方案有哪些？
6. 简述宝马主动转向系的组成及工作原理。

第十章 制动系设计

制动系 1~4

第一节 概 述

制动系的基本功用是使汽车以适当的减速度降速行驶直至停车,使汽车在下坡行驶时保持适当的稳定车速以及使汽车可靠地停在原地或坡道上。制动系至少应有两套独立的制动装置,即行车制动装置和驻车制动装置。前者用来保证前两项功能,后者则用来保证第三项功能。除此之外,有些汽车还设有应急制动、辅助制动和自动制动装置。

制动系的设计要求:

(1) **具有足够的制动效能** 行车制动能力是用一定制动初速度下的制动减速度和制动距离两项指标来评定的;驻坡能力是以汽车在良好路面上能可靠地停驻的最大坡度来评定的。详见 GB 12676—2014《商用车辆和挂车制动系统技术要求及试验方法》。

(2) **制动稳定性好** 汽车前、后轴制动力分配应合理,同一轴上左、右轮的制动力应相同,以避免汽车制动时出现跑偏和侧滑现象。有关方向稳定性的评价标准,详见 GB 12676—2014 和 GB 7258—2017《机动车运行安全技术条件》。

(3) **工作可靠性** 制动系各零部件工作可靠,行车制动装置至少有两套独立的驱动制动器的管路,当其中一套管路失效时,另一套完好的管路应保证汽车制动能力不低于原规定值的 30%。制动系应设有必要的安全设备和报警装置。

(4) **操纵轻便** 要求操纵制动系所需的力不超过法规规定,并具有良好的随动性。

(5) **作用滞后性好** 作用滞后时间要尽可能短,包括从制动踏板开始动作至达到给定的制动效能所需的时间和从放开制动踏板至完全解除制动的时间。

(6) **制动热稳定性好** 制动器摩擦片的抗热衰退性能好,具体要求详见 QC/T 564—2018《乘用车行车制动器性能要求及台架试验方法》。

(7) **制动水稳定性好** 应防止水和污泥进入制动器工作表面,摩擦片浸水后恢复摩擦系数能力要好。

(8) **制动公害小** 制动系产生的噪声尽可能小,同时力求减少散发出对人体有害的石棉纤维等物质,以减少公害。

(9) **能调整制动间隙** 摩擦副磨损后,应有能消除因磨损而产生间隙的机构,且调整间隙工作容易,最好设置自动调整间隙机构。

第二节 制动系的结构形式及选择

汽车制动装置是由制动器和制动驱动机构组成的。

一、制动器的选型

制动器是用来吸收汽车的动能,使之转变成热能散失到大气中,迫使汽车迅速降低车速直至停车的机构。

制动器主要有摩擦式、液力式和电磁式等几种形式。电磁式制动器虽有作用滞后性好、易于连接而且接头可靠等优点,但因成本高,只在一部分总质量较大的商用车上用作车轮制动器或缓速器;液力式制动器一般只用作缓速器。目前广泛使用的仍为摩擦式制动器。摩擦式制动器按摩擦副结构形式不同,可分为鼓式、盘式和带式等。以鼓式制动器和盘式制动器应用最为广泛。

1. 鼓式制动器

鼓式制动器主要由制动鼓、制动蹄和驱动装置组成。鼓式制动器的各种结构形式如图 10-1 所示。

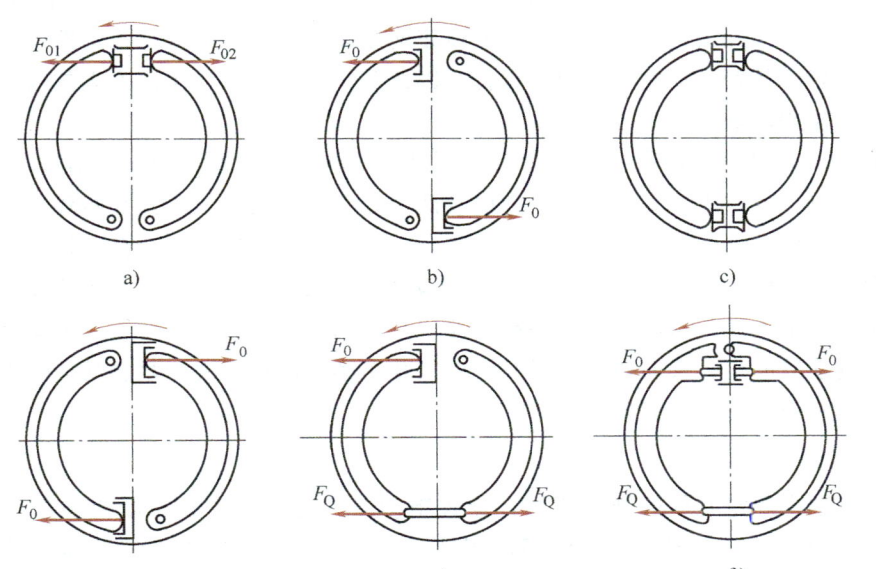

图 10-1 鼓式制动器的各种结构形式

鼓式制动器

(1) 领从蹄式制动器 领从蹄式制动器的每块蹄片都有自己的固定支点,而且两固定支点位于两蹄的同一端,如图 10-1a 所示。它可采用凸轮、楔块或液压轮缸作为张开装置。领从蹄式制动器的效能和效能稳定性,在各式制动器中居中游;前进、倒退行驶时的制动效果不变;结构简单,成本低;便于附装驻车制动驱动机构;易于调整蹄片与制动鼓之间的间隙。但因两蹄片上的单位压力不等,领从蹄式制动器存在着两蹄衬片磨损不均匀、寿命不同的缺点。这种制动器在各种汽车上应用很广泛，特别是乘用车和总质量较小商用车的后轮制动器用得较多。

（2）**单向双领蹄式制动器**　单向双领蹄式制动器的两块蹄片各有自己的固定支点，而且两固定支点位于两蹄的不同端，如图10-1b所示。汽车前进制动时，这种制动器的制动效能相当高；当倒车制动时，由于两蹄片都变为从蹄，使制动效能明显下降。与领从蹄式制动器相比，由于多了一个轮缸，使结构略显复杂。很多中档乘用车的前轮制动器采用这种双领蹄式制动器，是因为这类汽车前进制动时前轴动轴荷及附着力大于后轴，而倒车制动时则相反。它不用于后轮的另一原因是两个互相成中心对称的轮缸难以附加驻车制动驱动机构。单向双领蹄式制动器的制动效能稳定性仅强于增力式制动器。

（3）**双向双领蹄式制动器**　双向双领蹄式制动器的结构特点是两蹄片浮动，并用各有两个活塞的两轮缸张开蹄片（见图10-1c）。无论是前进还是倒车制动，这种制动器的两块蹄片始终为领蹄，因此制动效能相当高，而且不变。这种制动器广泛应用于轻、中型载货汽车和部分乘用车的前、后车轮，但用作后轮制动器时，需另设中央驻车制动器。

（4）**双从蹄式制动器**　双从蹄式制动器的两蹄片各有一个固定支点，而且两固定支点位于两蹄片的不同端，并用各有一个活塞的两轮缸张开蹄片（见图10-1d）。双从蹄式制动器的制动器效能稳定性最好，但因制动器效能最低，所以很少采用。

（5）**单向增力式制动器**　单向增力式制动器的两蹄片只有一个固定支点，两蹄下端经推杆相互连接成一体，制动器仅有一个轮缸用来产生推力张开蹄片（见图10-1e）。汽车前进制动时，因两块蹄片都是领蹄，所以正向效能很高，但其效能稳定性差。在倒车制动时，两蹄皆为从蹄，使制动器效能很低。因此其只用作少数总质量不大的商用车和部分乘用车的前轮制动器。

（6）**双向增力式制动器**　双向增力式制动器的两蹄片上端部有一个制动时不同时使用的共用支点，支点下方有一个轮缸，内装两个活塞用来同时驱动张开两蹄片，两蹄片下方经推杆连接成一体（见图10-1f）。这种制动器因次领蹄下端受有来自主领蹄经推杆放大的张开力，次领蹄上的制动力矩比主领蹄制动力矩大2~3倍，制动效能很大，且前进与倒车的制动效果不变。目前汽车中央制动器广泛应用双向增力式制动器，主要是因为驻车制动要求制动器的正、反向效能都很高，而且驻车制动器在不用于紧急制动时不会产生高温，因而热衰退问题并不突出。

2. **盘式制动器**

按摩擦副中固定元件的结构不同，盘式制动器分为钳盘式制动器和全盘式制动器两类。钳盘式制动器（见图10-2）的固定摩擦元件是制动块，装在与车轴连接且不能绕车轴轴线旋转的制动钳中。制动块与制动盘接触面很小，在盘上所占的中心角一般仅为30°~50°，故这种盘式制动器又称为点盘式制动器。全盘式制动器中摩擦副的旋转元件及固定元件均为圆盘形，制动时各盘摩擦表面全部接触，作用原理如同离合器，故又称离合器式制动器。全盘式制动器中用得较多的是多片全盘式制动器，以便获得较大的制动力，但其结构较复杂，散热性能较差。

钳盘式制动器按制动钳的结构不同，分为以下几种：

（1）**固定钳式制动器**　如图10-2a所示，制动钳固定不动，制动盘两侧均有液压缸。

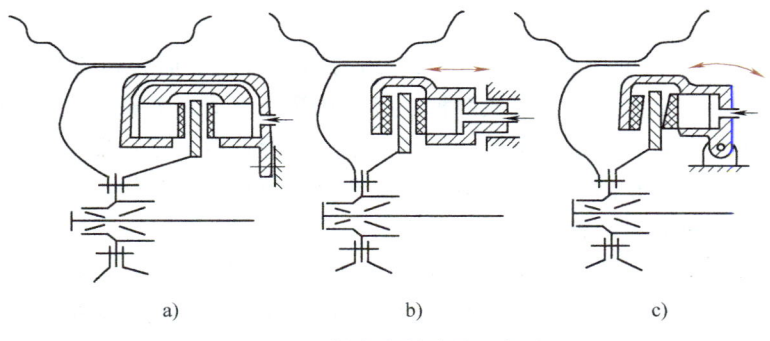

图 10-2 钳盘式制动器示意图
a) 固定钳式 b) 滑动钳式 c) 摆动钳式

盘式制动器

制动时仅两侧液压缸中的制动块向盘面移动。

（2）浮动钳式制动器

1）滑动钳式制动器。如图 10-2b 所示，制动钳可以相对制动盘做轴向滑动，其中只在制动盘的内侧置有液压缸，外侧的制动块固装在钳体上。制动时活塞在液压作用下使活动制动块压靠到制动盘，而反作用力则推动制动钳体连同固定制动块压向制动盘的另一侧，直到两制动块受力均等为止。

2）摆动钳式制动器。如图 10-2c 所示，它也是单侧液压缸结构，制动钳体与固定于车轴上的支座铰接。为实现制动，钳体不是滑动而是在与制动盘垂直平面内摆动。显然，制动块不可能全面而均匀地磨损。因此，有必要将制动块预先做成楔形。

与鼓式制动器比较，盘式制动器有如下优点：

1）热稳定性好。一般无摩擦助势作用，因而制动器效能受摩擦系数的影响较小，即制动效能较稳定。

2）水稳定性好。浸水后效能降低较少，而且只需经一两次制动即可恢复正常。

3）制动力矩大小与汽车运动方向无关。

4）易于构成双回路制动系，使系统有较高的可靠性和安全性。

5）尺寸小，质量小，散热良好。

6）衬块比鼓式中的衬片磨损均匀，且更换容易。

7）易于实现间隙自动调整。

盘式制动器的不足主要是制动效能低，难以完全防尘和防锈。

现在乘用车的前后轮一般都采用盘式制动器。随着商用车速度和总质量的不断增加，对制动热稳定性的要求也越来越高，盘式制动器在商用车上的使用也日渐增多。

二、制动驱动机构

制动驱动机构将来自驾驶人或其他力源的力传给制动器，使之产生制动力矩。制动驱动机构直接影响汽车使用的安全性，因此，制动驱动机构应工作可靠，反应灵敏，随动作用好，操纵轻便省力。

1. 制动驱动机构的形式

根据制动力源的不同，制动驱动机构一般可分为简单制动、动力制动和伺服制动三大类。

(1) **简单制动** 简单制动单靠驾驶人施加的踏板力或手柄力作为制动力源,也称人力制动。其中,又有机械式和液压式两种。机械式简单制动完全靠杆系或钢丝绳传力,简单、可靠、造价低。但其机械效率低,传动比小,润滑点多,尤其难以保证前、后轴制动力的正确比例和左、右轮制动力的均衡,因此在汽车的行车制动装置中已被淘汰,仅应用于中小型汽车的驻车制动装置中。

液压式简单制动(通常简称为液压制动)用于行车制动装置。液压制动驱动机构由一个制动主缸和若干个轮缸组成。它的特点是:传动比大,机械效率较高,作用滞后时间较短(0.1~0.3s),工作压力高(可达10~20MPa),轮缸尺寸小,容易布置,质量小;但过度受热后,制动液汽化产生气阻,降低制动效能,甚至失效,一旦漏液或侵入空气,同样降低制动效能。液压制动曾广泛应用在乘用车和总质量不大的货车上。

(2) **动力制动** 动力驱动机构工作时,驾驶人施力于踏板或操纵手柄的控制单元,使蓄有压力的气路或液路传递动力至工作气室或液压分泵,使制动器制动,即驾驶人施加的力仅用于回路控制元件的操纵。因此,简单制动中的踏板力和踏板行程之间的反比例关系,在动力制动中不复存在,可使踏板力较小,同时又有适当的踏板行程。动力驱动机构有气压式、液压式和综合式。

气压式广泛用于总质量大于8t的商用车上,它的力源为压缩空气,制动作用完成后无须收回排气,可简化回路,管路中不会出现液压系统中的气阻现象。备用的压缩空气可驱动其他工作装置,但其工作气压低,使驱动机构复杂、笨重,作用滞后时间长达0.3~0.9s,不利于改善汽车的平顺性和缩短制动距离。对较长距离的供气,为缩短滞后时间,需在系统中的适当位置安装加速阀、快放阀、储气筒,这使机构更加复杂,制造成本增加,制动气室还会有较大排气噪声。由于挂车制动系的摘和挂都很方便,汽车列车多采用气压制动。

用气压系统作为普通的液压制动系主缸的驱动力源而构成的气顶液制动也是动力制动。它兼有液压制动和气压制动的主要优点;因气压系统管路短,作用滞后时间较短。但因其结构复杂,质量大,成本高,所以主要用在总质量较大的商用车上。

全液压动力制动,用发动机驱动液压泵产生的液压作为制动力源,有闭式(常压式)与开式(常流式)两种。开式(常流式)系统在不制动时,制动液在无负荷情况下由液压泵经制动阀到储液罐不断循环流动;而在制动时,则依靠阀的节流作用而产生所需的液压并传入轮缸。闭式油路结构相当复杂,精密件多,系统的密封性要求较高,但滞后时间比开式短。在油路发生故障时,开式的不起制动作用,而闭式的还可以利用蓄能器的压力继续进行若干次制动。全液压动力制动除了具有一般液压驱动系统的优点外,而且制动能力强,尺寸小,质量小,易于采用制动力调节装置和防滑移装置,即使产生气阻影响也不很大。但其结构相当复杂,精密件多,对系统的密封性要求也较高,故目前应用并不广泛。

各种形式的动力制动在动力系统失效时,制动作用全部丧失。

(3) **伺服制动** 伺服制动系由人力制动系与起伺服作用的动力制动系合成。正常情况下由动力伺服系统工作。伺服系统失效时,还可以靠人力驱动系统工作,产生一定的制动力，最大限度地保证了汽车制动的可靠性。它广泛用于乘用车和总质量较大的商用车上。

按伺服力源不同，伺服驱动有真空伺服驱动、空气伺服驱动和液压伺服驱动三种。真空伺服驱动和空气伺服驱动的工作原理基本一致，只是其力源的相对压力不同。真空伺服驱动的伺服力源一般为真空度 0.05~0.07MPa，空气伺服驱动的伺服气压为 0.6~0.7MPa。若输出力相同，空气伺服驱动气室直径比真空伺服驱动的气室小很多，但空气伺服驱动的其他组成部分比真空伺服驱动的复杂。目前，真空伺服驱动用于总质量在 1.35t 以上的乘用车和装载量在 6t 以下的商用车上，空气伺服驱动则广泛用于装载量为 6~12t 的商用车及少数发动机排量在 4.0L 以上的乘用车上。

2. 分路系统

为了提高制动工作的可靠性，应采用分路系统，即全车所有行车制动器的液压或气压管路分为两个或更多的互相独立的回路，其中一个回路失效后，仍可利用其他完好的回路起制动作用。

双轴汽车的双回路制动系有以下常见的五种分路形式，依次为 II 型、X 型、HI 型、LL 型、HH 型，如图 10-3 所示。

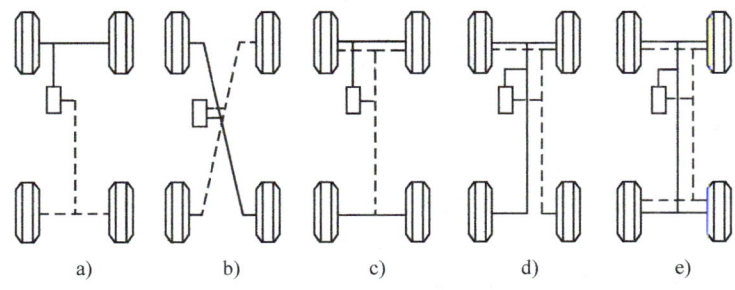

图 10-3　分路系统

II 型实际应用较多，如图 10-3a 所示。它的结构最简单，零件少，最易在原单管路系统上实现改进，成本较低，广泛用于商用车上。这种形式若后制动回路失效，则一旦前轮抱死极易丧失转弯制动能力。对于采用前轮驱动而前制动器强于后轮的汽车，当前制动回路失效而只有后轴制动时，制动力将严重不足（小于正常值的一半）；并且，若后轴负荷小于前轴负荷，踏板力过大时，后轴易抱死而导致汽车甩尾。

X 型的结构简单，如图 10-3b 所示。直行制动时任一回路失效，剩下的制动力仍能保持正常值的 50%，由于制动力的分配系数没有变化，保证了制动时与整车负荷的适应性。但会使左、右制动力不对称，前轮将朝制动力大的一边绕主销转动，使汽车制动跑偏。因此，它适用于主销偏移距为负值的汽车，此时不平衡的制动力使汽车车轮反向转动，汽车制动稳定性变化不大。

HI 型、LL 型和 HH 型结构都较复杂，如图 10-3c~e 所示。LL 型和 HH 型的任一回路失效时，前后制动力比值均与正常情况相同，剩余总制动力可达正常值的 50% 左右。HI 型单用一轴半回路（见图 10-3c 中虚线所示）时，剩余制动力较大，但此时与 LL 型一样，紧急制动时，后轮容易先抱死。

第三节 制动系主要参数的确定

制动器设计中需要预先给定的整车参数有：汽车空、满载时的总质量 m_a'、m_a；空、满载时的轴荷分配，前轴负荷 G_1'、G_1，后轴负荷 G_2'、G_2；空、满载时的质心位置，即质心高度 h_g'、h_g，质心距前轴距离 L_1'、L_1，质心距后轴距离 L_2'、L_2；汽车轴距 L；车轮滚动半径 r_r 等。

一、同步附着系数的确定

当汽车各车轮制动器制动力足够时，根据前、后轴制动器制动力的分配、载荷情况及道路附着系数和坡度情况等，制动过程可能出现以下三种情况：

1) 前轮先抱死滑移，然后后轮抱死滑移。
2) 后轮先抱死滑移，然后前轮抱死滑移。
3) 前后轮同时抱死滑移。

以上三种情况中，显然是最后一种情况附着条件利用得最好。

在任何附着系数为 φ 的路面上，前、后车轮同时抱死的条件为

$$F_{\mu 1}+F_{\mu 2}=\varphi G, \quad \frac{F_{\mu 1}}{F_{\mu 2}}=\frac{L_2+\varphi h_g}{L_1-\varphi h_g}$$

式中，$F_{\mu 1}$ 为前制动器制动力；$F_{\mu 2}$ 为后制动器制动力；G 为汽车重力；h_g 为汽车质心高度；L_1 为汽车质心至前轴的距离；L_2 为汽车质心至后轴的距离。

由上式可知，前、后车轮同时抱死时前、后轮制动器制动力之比是 φ 的函数。如图10-4 所示，图上的 I 线为某车的前、后轮同时抱死时前、后轮制动器制动力的关系曲线（理想的前、后轮制动器制动力分配曲线）。如果汽车前、后轮制动器制动力能按 I 线的要求分配，则能保证汽车在不同附着系数的路面上制动时，前、后车轮同时抱死。然而，目前大多数两轴汽车（特别是货车）的前、后制动器制动力之比为定值，并以前制动器制动力与汽车总制动器制动力之比来表明分配的比例，称为汽车制动器制动力分配系数 β，$\beta = F_{\mu 1}/F_\mu$，F_μ 为汽车总制动器制动力。图10-4 中 β 线就是该车的实际前、后制动器制动力分配曲线。图10-4 中 I 线与 β 线交点对应的附着系数称为同步附着系数，用 φ_0 表示。当汽车在不同 φ 值路面上制动时：

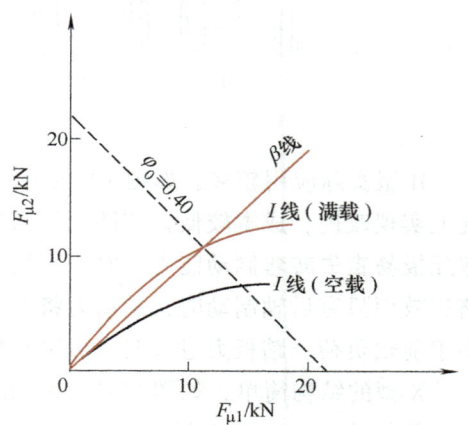

图10-4 某商用汽车的 I 线和 β 线

1) 当 $\varphi<\varphi_0$，β 线位于 I 线下方，制动时总是前轮先抱死。这是一种稳定工况，但在制动时汽车有可能丧失转向能力。

2) 当 $\varphi<\varphi_0$，β 线位于 I 线上方，制动时总是后轮先抱死，因而容易发生后轴侧滑使汽车失去稳定性。

3）当 $\varphi=\varphi_0$，制动时汽车的前、后轮将同时抱死，是一种稳定工况，但也失去转向能力。

为了防止汽车的前轮失去转向能力和后轮产生侧滑，希望在制动过程中，在即将出现车轮抱死但尚无任何车轮抱死时的制动减速度，为该车可能产生的最高减速度。分析表明，汽车在同步附着系数 φ_0 的路面上制动（前、后车轮同时抱死）时，其制动减速度为 $du/dt=qg=\varphi_0 g$，即 $q=\varphi_0$，q 为制动强度。而在其他附着系数 φ 的路面上制动时，达到前轮或后轮即将抱死时的制动强度 $q<\varphi$，这表明只有在 $\varphi=\varphi_0$ 的路面上，地面的附着条件才得到充分利用。附着条件的利用情况可用附着系数利用率 ε（或附着力利用率）来表示。ε 可定义为

$$\varepsilon=\frac{F_B}{G\varphi}=\frac{q}{\varphi}$$

式中，F_B 为汽车所受总的地面制动力；G 为汽车所受重力。

当 $\varphi=\varphi_0$ 时，$q=\varphi_0$，$\varepsilon=1$，利用率最高。

当道路条件不好、汽车行驶速度不高时，后轮抱死侧滑的后果不像前轮抱死丧失转向能力那样严重，曾经将 φ_0 值定得较低，即处于常遇附着系数范围的中间偏低区段。随着道路条件的改善，汽车行驶速度也大大提高，制动时后轮先抱死会引起车辆侧滑甩尾甚至会掉头而丧失操纵稳定性，所以不希望发生后轮先抱死的情况。因此各类乘用车和商用车的 φ_0 值有增大的趋势。一般推荐满载时的同步附着系数，乘用车取 $\varphi_0\geqslant 0.6$，商用车取 $\varphi_0\geqslant 0.5$。对装有比例阀或感载比例阀等制动力调节装置的汽车，可根据制动强度、载荷等因素来改变前、后制动器制动力的比值，使之接近于理想制动力分配曲线。

为保证汽车制动时的方向稳定性和有足够的附着系数利用率，联合国欧洲经济委员会（ECE）的制动法规规定，在各种载荷情况下，乘用车在 $0.15\leqslant q\leqslant 0.8$，其他汽车在 $0.15\leqslant q\leqslant 0.3$ 的范围内，前轮均应能先抱死；在车轮尚未抱死的情况下，在 $0.2\leqslant\varphi\leqslant 0.8$ 的范围内，必须满足 $q\geqslant 0.1+0.85(\varphi-0.2)$。

二、制动器最大制动力矩

最大制动力是在汽车附着质量被完全利用的条件下获得的，这时制动力与地面作用于车轮的法向力 F_{z1}、F_{z2} 成正比。双轴汽车前、后车轮附着力同时被充分利用，或前、后轮同时抱死时的制动力之比为

$$\frac{F_{\mu 1}}{F_{\mu 2}}=\frac{F_{z1}}{F_{z2}}=\frac{L_2+\varphi_0 h_g}{L_1-\varphi_0 h_g}$$

式中，$F_{\mu 1}$ 为前轴制动器的制动力，$F_{\mu 1}=F_{z1}\varphi$；$F_{\mu 2}$ 为后轴制动器的制动力，$F_{\mu 2}=F_{z2}\varphi$；F_{z1} 为作用于前轴车轮上的地面法向反力；F_{z2} 为作用于后轴车轮上的地面法向反力；L_1、L_2 为汽车质心离前、后轴距离；φ_0 为同步附着系数；h_g 为汽车质心高度。

通常，上式的比值：轿车为 1.3~1.6；货车为 0.5~0.7。

制动器所能产生的制动力矩，受车轮的计算力矩所制约，即

$$T_{\mu 1}=F_{\mu 1}r_e，T_{\mu 2}=F_{\mu 2}r_e$$

式中，r_e 为车轮有效半径。

三、制动器效能因数

制动器在单位输入压力或力的作用下所输出的力或力矩,称为制动器效能。在评比不同形式制动器的效能时,常使用制动器效能因数。其定义为:在制动鼓或制动盘的作用半径 R 上所得到的摩擦力 (T_μ/R) 与输入力 F_0 之比,即

$$K = \frac{T_\mu}{F_0 R}$$

式中,K 为制动器效能因数;T_μ 为制动器输出的制动力矩。

制动器效能的稳定性是指其效能因数 K 对制动摩擦材料摩擦系数 f 的敏感性 (dK/df)。图 10-5 所示为各种制动器效能因数与摩擦系数的关系。使用中 f 随温度和水湿程度变化。要求制动器的效能稳定性好,即其效能对 f 的变化敏感性要小。

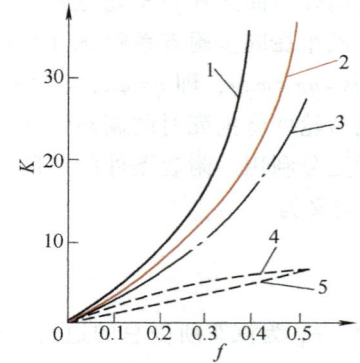

图 10-5 制动效能因数曲线
1—双向自增力蹄制动器　2—双领蹄制动器
3—领、从蹄制动器
4—双从蹄制动器　5—盘式制动器

四、制动器主要参数的选取

在有关的制动力参数及制动器结构形式确定之后,即可参考已有相同等级汽车的同类型制动器,初选制动器的主要参数。下面分别介绍鼓式制动器和盘式制动器参数的选取。

1. 鼓式制动器的主要参数

(1) 制动鼓内径 D　输入力 F_0 一定时,制动鼓内径 D 越大(见图 10-6),制动力矩越大,且散热能力也越强。但 D 的增大受轮辋内径限制,同时 D 增大后使制动鼓质量增加,因而使簧下质量增大,对汽车行驶平顺性不利。制动鼓与轮辋之间应保持足够的间隙,通常要求该间隙不小于 20mm,否则不仅制动鼓散热条件太差,而且轮辋受热后可能粘住内胎或烤坏气门嘴。

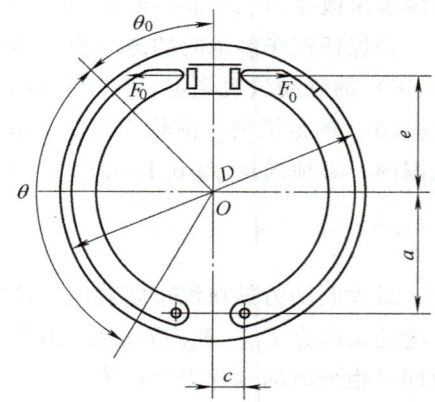

图 10-6 鼓式制动器的主要几何参数

制动鼓内径 D 与轮辋直径 D_r 之比 D/D_r 的范围如下:

乘用车　$D/D_r = 0.64 \sim 0.74$

商用车　$D/D_r = 0.70 \sim 0.53$

制动鼓内径尺寸可参照专业标准 QC/T 309—1999[⊖]《制动鼓工作直径及制动蹄片宽度尺寸系列》选取。

制动鼓应有足够的壁厚,用来保证有较大的刚度和热容量,以减少制动时的温升,制动鼓结构形式如图 10-7 所示。一般铸造的制动鼓壁厚,乘用车为 7~12mm,商用车为

⊖ 该标准已废止,但无新的标准。

13～18mm。另外，有的汽车为了减轻整车的重量，同时提高制动鼓的散热性能，采用铝合金铸造制动鼓，在鼓的内圆周表面铸进铁圈作为摩擦面（见图10-7c、d）。

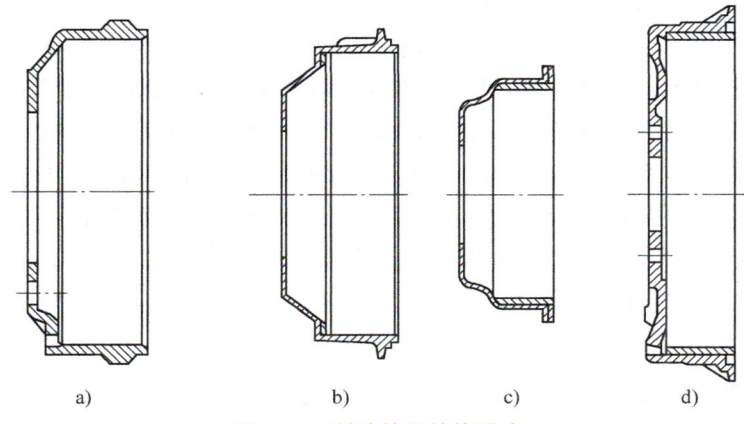

图 10-7 制动鼓的结构形式

（2）摩擦衬片宽度 b 和包角 θ 制动鼓内径 D 确定后，摩擦衬片的宽度 b 和包角 θ 便决定了衬片的摩擦面积 A_p；$A_p = Rb\theta$，R 为制动鼓半径。制动器各蹄衬片总的摩擦面积 ΣA_p 越大，制动时所受单位面积的正压力和能量负荷越小，磨损特性越好。

根据国外统计资料分析，单个鼓式制动器总的摩擦衬片摩擦面积随汽车总质量的增加而增大，见表10-1。

表 10-1 制动器衬片摩擦面积

汽车类别	汽车总质量 m_a/t	单个制动器总的衬片摩擦面积 A_p/cm²
乘用车	0.9～1.5	100～200
	1.5～2.5	200～300
商用车	1.0～1.5	120～200
	1.5～2.5	150～250（多为 150～200）
	2.5～3.5	250～400
	3.5～7.0	300～650
	7.0～12.0	550～1000
	12.0～17.0	600～1500（多为 600～1200）

试验表明，摩擦衬片包角 $\theta = 90° \sim 100°$ 时，磨损最小，制动鼓温度最低，制动效能最高。减小 θ 角，有利于散热，但单位压力增大，磨损加剧。通过延伸两端的衬片增大 θ 角，可减小单位面积的压力，但作用不大，因为包角两端处单位压力较小。若 θ 角过大，会使制动作用不平顺。摩擦衬片包角一般不宜大于 120°。

摩擦衬片宽度尺寸 b 的选取对摩擦衬片使用寿命有影响。衬片宽度 b 大，可减少磨损，但过大时难以保证与制动鼓全面接触。设计时，一般 $b/D = 0.16 \sim 0.26$，摩擦衬片宽度尺寸系列详见 QC/T 309—1999。

（3）摩擦衬片起始角 θ_0 一般将衬片布置在制动蹄的中央，即 $\theta_0 = 90° - \theta/2$。有时为了适应单位压力的分布情况，将衬片相对于最大压力点对称布置，以改善磨损均匀性和制动效能。

（4）**制动器中心到张开力 F_0 作用线的距离 e**　在保证轮缸或制动凸轮能够布置于制动鼓内的条件下，e 应尽可能大，以提高制动效能。初步设计时定为 $e=0.8R$ 左右。

（5）**制动蹄支承点位置坐标 a 和 c**　在保证两蹄支承端面互不干涉的条件下，使 a 尽可能大而 c 尽可能小（见图 10-6）。初步设计时，也可暂定 $a=0.8R$ 左右。

（6）**摩擦片摩擦系数**　选择摩擦片时，不仅希望其摩擦系数要高些，而且还要求其热稳定性好，受温度和压力的影响小。当前国产的制动摩擦片材料在温度低于 250℃ 时，保持摩擦系数 $f=0.35\sim0.40$ 已不成问题。在假想的理想条件下计算制动器的制动力矩，取 $f=0.3$ 可使计算结果接近实际值。

2. 盘式制动器的主要参数

（1）**制动盘直径 D**　制动盘直径 D 应尽可能取大些，以增大制动盘的有效半径，减小制动钳的夹紧力，降低衬块的单位压力和工作温度。受轮辋直径的限制，制动盘的直径通常选择为轮辋直径的 70%~79%。总质量大于 2t 的汽车应取上限。

（2）**制动盘厚度 h**　制动盘厚度 h 对制动盘质量和工作时的温升有影响。为使质量小些，制动盘厚度应取小些；为了减少温升，制动盘厚度应取大一些。制动盘可以做成实心的，或者为了散热通风需要在制动盘中间铸出通风孔道。一般实心制动盘厚度可取为 10~20mm，通风式制动盘厚度取为 20~50mm，采用较多的是 20~30mm。

（3）**摩擦衬块外半径 R_2 与内半径 R_1**　推荐摩擦衬块外半径 R_2 与内半径 R_1 的比值小于 1.5。若此比值偏大，工作时衬块的外缘与内侧圆周速度相差较大，会使摩擦衬块磨损不均匀，摩擦接触面积减小，最终导致制动力矩变化大。

（4）**制动衬块工作面积 A**　在确定盘式制动器制动衬块工作面积 A 时，推荐单位面积制动衬块所占有汽车质量在 $1.6\sim3.5\text{kg/cm}^2$ 范围内。

第四节　制动器的设计与计算

一、鼓式制动器的设计计算

1. 压力沿衬片长度方向的分布规律

鼓式制动器工作时，除制动蹄上的摩擦衬片有弹性容易变形外，制动鼓、蹄片和支承也发生变形，因此计算法向压力在摩擦衬片上的分布规律较为困难，通常只考虑衬片径向变形的影响，其他零件变形的影响较小，可以忽略不计。

制动蹄的支承主要有固定销式和滑动式，固定销式的制动蹄只能绕支承销转动，制动蹄只有一个自由度；而滑动式的制动蹄除了转动外，还可沿支承面滑动，有两个自由度。

首先计算有一个自由度的领蹄摩擦衬片的径向变形规律。如图 10-8a 所示，将坐标原点取在制动鼓中心 O 点。y_1 坐标轴线通过蹄片的转动中心 A_1 点。制动蹄与制动鼓接触时，衬片外圆与制动鼓内圆完全重合，圆心为 O。在张开力 F_{01} 的作用下，制动蹄将绕支

承点 A_1 转过一个角度（为便于说明，图 10-8a 中夸大地画出这一角位移）。如果没有制动鼓的约束，衬片外圆弧面将移到 E_1E_1 线所示位置，圆心也由 O 移到 O_1。因衬片有一定弹性，在转过一个角度后，其工作表面仍保持与制动内圆面重合（根据假设，制动鼓是绝对刚性的）。故制动鼓内圆与 E_1E_1 线之间的径向距离是衬片在相应各点处的径向压缩变形量，按胡克定律，径向压缩变形量应与该点单位压力成正比。延长连心线 OO_1 与制动鼓内圆的交点 D_1 为衬片各处径向变形量最大的点，即为最大压力点。

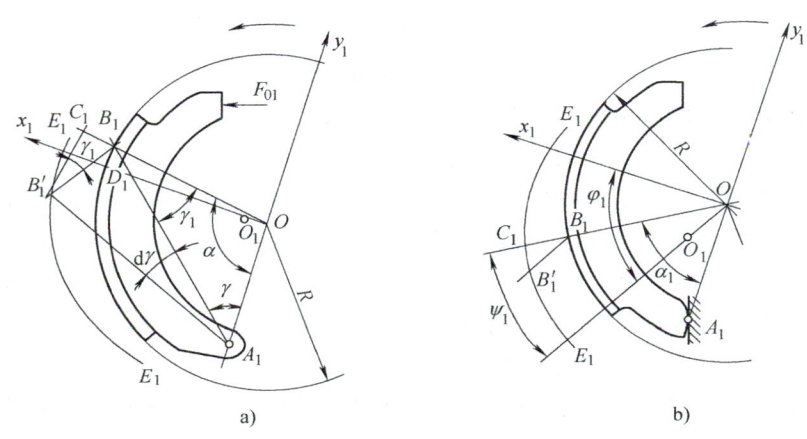

图 10-8 计算摩擦衬片径向变形简图
a) 有一个自由度的领蹄　b) 有两个自由度的领蹄

由于实际的径向变形量很小，可认为此时蹄片在张开力和摩擦力作用下，绕支承销 A_1 转动 $d\gamma$ 角。摩擦衬片表面任意点 B_1 沿蹄片转动的切线方向的变形就是线段 $\overline{B_1B_1'}$，其径向变形分量是这个线段在半径 OB_1 延长线上的投影，即为 $\overline{B_1C_1}$ 线段。由于 $d\gamma$ 很小，可认为 $\angle A_1B_1B_1' = 90°$，故所求摩擦衬片的变形

$$\delta_1 = \overline{B_1C_1} = \overline{B_1B_1'}\sin\gamma_1 = \overline{A_1B_1}\sin\gamma_1 d\gamma$$

考虑到 $\overline{OA_1} \approx \overline{OB_1} = R$，那么分析等腰三角形 A_1OB_1，则有 $\overline{A_1B_1}/\sin\alpha = R/\sin\gamma$，因此表面的径向变形 δ_1 和压力 p_1 分别为

$$\delta_1 = R\sin\alpha d\gamma$$
$$p_1 = p_{\max}\sin\alpha \tag{10-1}$$

综合以上可认为：对于未磨合的新蹄片压力沿摩擦衬片长度的分布符合正弦曲线规律，可用式（10-1）计算。

沿摩擦衬片长度方向压力分布的不均匀程度，可用不均匀系数 Δ 评价。其计算公式为

$$\Delta = p_{\max}/p_a \tag{10-2}$$

式中，p_a 为在同一制动力矩作用下，假想压力分布均匀时的平均压力；$p_{\max}$ 为压力分布不均匀时蹄片上的最大压力。

为了进一步得到不均匀系数 Δ，在摩擦衬片表面取一横向微元面积，如图 10-9 所示，其微元转角为 $d\alpha$，对应面积为 $bRd\alpha$。其中，b 为摩擦衬片宽度；R 为制动鼓半径。制动鼓作用在微元面积上的法向力

$$dF_1 = pbRd\alpha = p_{max}bR\sin\alpha d\alpha \tag{10-3}$$

而摩擦力 fdF_1 产生的微元制动力矩

$$dT_{\mu 1} = dF_1 fR = p_{max}bR^2 f\sin\alpha d\alpha$$

由 α' 到 α'' 区段积分上式，得

$$T_{\mu 1} = p_{max}bR^2 f(\cos\alpha' - \cos\alpha'') \tag{10-4}$$

当法向压力均匀分布时

$$\begin{cases} dF_1 = p_a bRd\alpha \\ T_{\mu 1} = p_a bR^2 f(\alpha'' - \alpha') \end{cases} \tag{10-5}$$

由式（10-4）和式（10-5）可计算出不均匀系数

$$\Delta = (\alpha'' - \alpha')/(\cos\alpha' - \cos\alpha'') \tag{10-6}$$

下面计算有两个自由度的领蹄摩擦衬片的径向变形规律。如图 10-8b 所示，将坐标原点取在制动鼓中心 O 点。y_1 坐标轴线通过蹄片的瞬时转动中心 A_1 点。

制动时，由于摩擦衬片变形，蹄片绕瞬时转动中心转动的同时，还顺着摩擦力作用的方向沿支承面移动。结果蹄片中心位于 O_1 点，因而未变形的摩擦衬片的表面轮廓（E_1E_1 线）就沿 OO_1 方向移动进入制动鼓内。显然，表面上所有点在这个方向上的变形是一样的。位于半径 OB_1 上的任意点 B_1 的变形就是 B_1B_1' 线段，因此，该点的径向变形 δ_1 为

$$\delta_1 = \overline{B_1C_1} \approx \overline{B_1B_1'}\cos\psi_1$$

式中，ψ_1 为半径 OB_1 和最大压力线 OO_1 之间的夹角。

由于 $\psi_1 = \varphi_1 + \alpha_1 - 90°$ 和 $\overline{B_1B_1'} = \overline{OO_1} = \delta_{1max}$，于是得到领蹄的径向变形 δ_1 和压力 p_1 分别为

$$\begin{cases} \delta_1 \approx \delta_{1max}\sin(\varphi_1 + \alpha_1) \\ p_1 = p_{max}\sin(\varphi_1 + \alpha_1) \end{cases} \tag{10-7}$$

式中，α_1 为任意半径 OB_1 和 y_1 轴之间的夹角；φ_1 为 x_1 轴和最大压力线 OO_1 之间的夹角。

2. 制动蹄片上的制动力矩

在计算鼓式制动器制动力矩时，必须建立制动蹄上张开力与制动力矩的关系。对于一个自由度的领蹄产生的制动力矩 $T_{\mu 1}$，其计算公式为

$$T_{\mu 1} = fF_1\rho_1 \tag{10-8}$$

式中，F_1 为领蹄的法向合力；ρ_1 为摩擦力 fF_1 的作用半径（见图 10-10）。

如果已知制动蹄的几何参数和法向压力的大小，用式（10-4）可计算出制动蹄的制动力矩。

为计算随张开力 F_{01} 与力 F_1 的关系，写出制动蹄上的力平衡方程式：

$$\begin{cases} F_{01}\cos\alpha_0 + F_{S1x} - F_1(\cos\delta_1 + f\sin\delta_1) = 0 \\ F_{01}a - F_{S1x}c' + f\rho_1 F_1 = 0 \end{cases} \tag{10-9}$$

式中，δ_1 为 x_1 轴和力 F_1 的作用线之间的夹角；F_{S1x} 为支承反力在 x_1 轴上的投影。

解式（10-9）得

$$F_1 = hF_{01}/[c'(\cos\delta_1 + f\sin\delta_1) - f\rho_1] \tag{10-10}$$

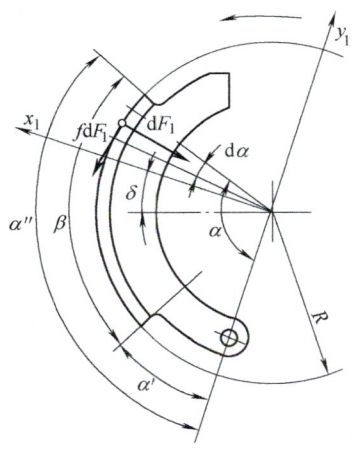

图 10-9 制动力矩的计算用简图

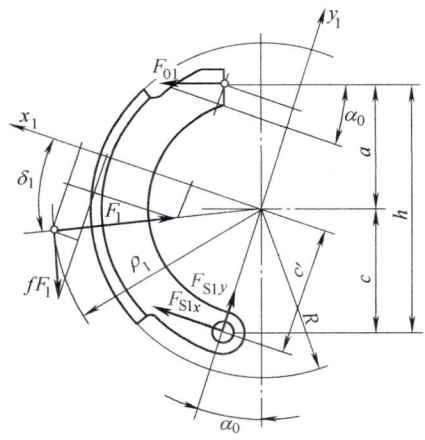

图 10-10 张开力计算用简图

对于领蹄可用式（10-11）表示：

$$T_{\mu 1} = F_{01} h f \rho_1 / [c'(\cos\delta_1 + f\sin\delta_1) - f\rho_1] = F_{01} B_1 \quad (10\text{-}11)$$

式中，令 $hf\rho_1/[c'(\cos\delta_1 + f\sin\delta_1) - f\rho_1] = B_1$。

对于从蹄可类似地表示为

$$T_{\mu 2} = F_{02} h f \rho_2 / [c'(\cos\delta_2 - f\sin\delta_2) + f\rho_2] = F_{02} B_2 \quad (10\text{-}12)$$

为计算领蹄的 δ_1、ρ_1 值，必须求出法向力 F_1 及其分量。如果将图 10-9 中的 dF_1 看作是它投影在 x_1 轴和 y_1 轴上分量 dF_{1x} 和 dF_{1y} 的合力，则根据式（10-3）有

$$\begin{cases} F_{1x} = \int_{\alpha'}^{\alpha''} dF_1 \sin\alpha = p_{\max} bR \int_{\alpha'}^{\alpha''} \sin^2\alpha\, d\alpha = p_{\max} bR(2\beta - \sin 2\alpha'' + \sin 2\alpha')/4 \\ F_{1y} = \int_{\alpha'}^{\alpha''} dF_1 \cos\alpha = p_{\max} bR \int_{\alpha'}^{\alpha''} \sin\alpha\cos\alpha\, d\alpha = p_{\max} bR(\cos 2\alpha' - \cos 2\alpha'')/4 \end{cases} \quad (10\text{-}13)$$

因此

$$\delta_1 = \arctan\frac{F_{1y}}{F_{1x}} = \arctan\frac{\cos 2\alpha' - \cos 2\alpha''}{2\beta - \sin 2\alpha'' + \sin 2\alpha'}$$

式中，$\beta = \alpha'' - \alpha'$。

根据式（10-4）和式（10-8），并考虑到

$$F_1 = \sqrt{F_{1x}^2 + F_{1y}^2}$$

则有

$$\rho_1 = \frac{4R(\cos\alpha' - \cos\alpha'')}{\sqrt{(\cos 2\alpha' - \cos 2\alpha'')^2 + (2\beta - \sin 2\alpha'' + \sin 2\alpha')^2}}$$

从蹄的 δ_2、ρ_2 值可类似求出。制动器有两块蹄片，鼓上的制动力矩等于它们的摩擦力矩之和，即

$$T_\mu = T_{\mu 1} + T_{\mu 2} = F_{01} B_1 + F_{02} B_2$$

用液力驱动时，$F_{01} = F_{02}$，所需的张开力

$$F_0 = T_\mu / (B_1 + B_2)$$

用凸轮张开机构的张开力，可由前述作用在蹄上的力矩平衡条件得到的方程式求出，即

$$F_{01}=0.5T_\mu/B_1,\quad F_{02}=0.5T_\mu/B_2$$

计算鼓式制动器，必须检查蹄有无自锁的可能，由式（10-10）得出领蹄的自锁条件。当式（10-10）中的分母等于零时，蹄自锁，即

$$c'(\cos\delta_1+f\sin\delta_1)-f\rho_1=0 \tag{10-14}$$

如果

$$f<\frac{c'\cos\delta_1}{\rho_1-c'\sin\delta_1} \tag{10-15}$$

成立，则不会发生自锁。

由式（10-4）和式（10-11）可计算出领蹄表面的最大压力

$$p_{\max1}=\frac{F_{01}h\rho_1}{bR^2(\cos\alpha'-\cos\alpha'')[c'(\cos\delta_1+f\sin\delta_1)-f\rho_1]} \tag{10-16}$$

二、摩擦衬片磨损特性的计算

摩擦衬片（衬块）的磨损受温度、摩擦力、滑磨速度、制动鼓（制动盘）的材质及加工情况，以及摩擦衬片（衬块）本身材质等许多因素的影响，因此在理论上计算磨损性能极为困难。但试验表明，影响磨损最重要的因素还是摩擦表面的温度和摩擦力。

汽车制动过程是将汽车的机械能（动能、势能）的一部分转变为热量而耗散的过程。各种汽车的总质量及其摩擦衬片（衬块）的摩擦面积各不相同，有必要用一种相对统一的量作为评价能量负荷的指标。目前，各国常用的指标是比能量耗散率，即每单位衬片（衬块）摩擦面积每单位时间耗散的能量。通常所用的计量单位为 W/mm^2。

双轴汽车的单个前轮及单个后轮制动器的比能量耗散率分别为

$$\begin{cases} e_1=\dfrac{1}{2}\dfrac{\delta m_a(v_1^2-v_2^2)}{2tA_1}\beta \\ e_2=\dfrac{1}{2}\dfrac{\delta m_a(v_1^2-v_2^2)}{2tA_2}(1-\beta) \\ t=\dfrac{v_1-v_2}{j} \end{cases} \tag{10-17}$$

式中，m_a 为汽车总质量（t）；δ 为汽车回转质量换算系数；v_1、v_2 为制动初速度和终速度（m/s）；j 为制动减速度（m/s²）；t 为制动时间（s）；A_1、A_2 为前、后制动器摩擦衬片（衬块）的摩擦面积（mm²）；β 为制动力分配系数。

在紧急制动到停车的情况下，$v_2=0$，并可认为 $\delta=1$，故

$$\begin{cases} e_1=\dfrac{1}{2}\dfrac{m_a v_1^2}{2tA_1}\beta \\ e_2=\dfrac{1}{2}\dfrac{m_a v_1^2}{2tA_2}(1-\beta) \end{cases}$$

鼓式制动器的比能量耗散率以不大于 1.8W/mm² 为宜，计算时取减速度 $j=0.6g$。制动初速度 v_1：乘用车用 100km/h（27.8m/s），总质量 3.5t 以下的商用车用 80km/h（22.2m/s），总质量 3.5t 以上的商用车用 65km/h（18m/s）。比能量耗散率过高不仅引起衬片（衬块）的磨损加速，且有可能使制动鼓或制动盘过早发生龟裂。

磨损特性指标也可用每单位衬片（衬块）摩擦面积的制动器摩擦力即比摩擦力来衡量。比摩擦力越大，则磨损将越严重。

单个车轮制动器的比摩擦力 F_{fo} 为

$$F_{fo}=\frac{T_\mu}{RA} \tag{10-18}$$

式中，T_μ 为单个制动器的制动力矩；R 为制动鼓半径（衬块平均半径 R_m 或有效半径 R_e）；A 为单个制动的衬片（衬块）摩擦面积。

在 $j=0.6g$ 时，鼓式制动器的比摩擦力 F_{fo} 以不大于 0.48N/mm² 为宜。

三、盘式制动器的设计计算

盘式制动器的计算用简图如图 10-11 所示，假定衬块的摩擦表面全部与制动盘接触，且各处单位压力分布均匀，则制动器的制动力矩

$$T_\mu = 2fF_0R \tag{10-19}$$

式中，f 为摩擦系数；F_0 为单侧制动块对制动盘的压紧力；R 为作用半径。

对于常见的具有扇形摩擦表面的衬块，若其径向宽度不大，取 R 等于平均半径 R_m 或有效半径 R_e，在实际上已经足够精确。如图 10-11 所示，平均半径

$$R_m = \frac{R_1+R_2}{2} \tag{10-20}$$

式中，R_1 和 R_2 为摩擦衬块扇形表面的内半径和外半径。

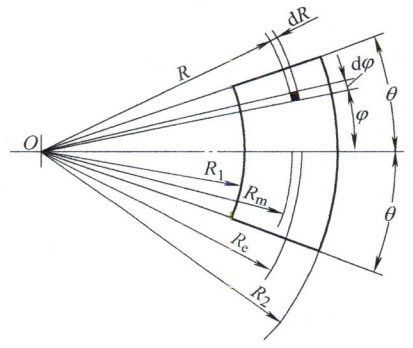

图 10-11　盘式制动器的计算用图

根据图 10-11，在任意微元面积 $RdRd\varphi$ 上的摩擦力对制动盘中心的力矩为 $fpR^2dRd\varphi$，式中，p 为衬块与制动盘之间的单位压力，则单侧制动块作用于制动盘的制动力矩为

$$\frac{T_\mu}{2}=\int_{-\theta}^{\theta}\int_{R_1}^{R_2}fpR^2dRd\varphi = \frac{2}{3}fp(R_2^3-R_1^3)\theta \tag{10-21}$$

单侧衬块加于制动盘的总摩擦力

$$fF_0=\int_{-\theta}^{\theta}\int_{R_1}^{R_2}fpRdRd\varphi = fp(R_2^2-R_1^2)\theta \tag{10-22}$$

故有效半径

$$R_e=\frac{T_\mu}{2fF}=\frac{2(R_2^3-R_1^3)}{3(R_2^2-R_1^2)} \tag{10-23}$$

可见，有效半径 R_e 即是扇形表面的面积中心至制动盘中心的距离。式（10-23）也可写成

$$R_e = \frac{4}{3}\left[1 - \frac{R_1 R_2}{(R_2^2 - R_1^2)}\right](R_1 + R_2) = \frac{4}{3}\left[1 - \frac{m}{(1+m^2)}\right]R_m \quad (10\text{-}24)$$

因为 $m = R_1/R_2 < 1$，$\frac{m}{(1+m^2)} < \frac{1}{4}$，故 $R_e > R_m$。当 R_1 趋近 R_2 且 m 接近于 1，R_e 趋近 R_m。但当 m 过小，即扇形的径向宽度过大，衬块摩擦面上各不同半径处的滑磨速度相差太大，磨损将不均匀，因而单位压力分布均匀这一假设条件不能成立，则上述计算方法失效。

四、应急制动和驻车制动所需的制动力矩

1. 应急制动

应急制动时，后轮一般将抱死滑移，故后桥制动力

$$F_{x2} = F_{z2}\varphi = \frac{m_a g L_1}{L + \varphi h_g}\varphi \quad (10\text{-}25)$$

此时所需的后桥制动力矩

$$T_{\mu 2} = F_{x2} r_e = \frac{m_a g L_1}{L + \varphi h_g}\varphi r_e \quad (10\text{-}26)$$

式中，$m_a g$ 为汽车满载总质量与重力加速度的乘积；L 为轴距；L_1 为汽车质心到前轴的距离；h_g 为汽车质心高度；F_{z2} 为路面对后桥的法向反力；φ 为附着系数；r_e 为车轮有效半径。

如用后轮制动器作为应急制动器，则单个后轮制动器的应急制动力矩为 $T_{\mu 2}/2$。

若用中央制动器进行应急制动，则中央制动器的制动力矩为 $T_{\mu 2}/i_0$，i_0 为主传动比。

2. 驻车制动

图 10-12 所示为汽车在上坡路上停驻时的受力情况。停驻时后桥的附着力

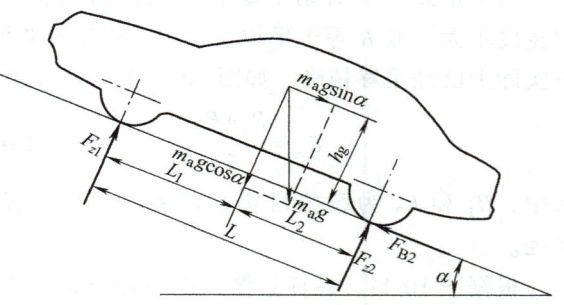

图 10-12 汽车在上坡路上停驻时的受力情况

$$F_{z2}\varphi = m_a g\varphi\left(\frac{L_1}{L}\cos\alpha + \frac{h_g}{L}\sin\alpha\right) \quad (10\text{-}27)$$

汽车在下坡路上停驻时的后桥附着力

$$F'_{z2}\varphi = m_a g\varphi\left(\frac{L_1}{L}\cos\alpha - \frac{h_g}{L}\sin\alpha\right) \quad (10\text{-}28)$$

汽车可能停驻的极限上坡路倾角 α_1 可根据后桥上的附着力与制动力相等的条件求得，即由

$$m_a g\varphi\left(\frac{L_1}{L}\cos\alpha_1 + \frac{h_g}{L}\sin\alpha_1\right) = m_a g\sin\alpha_1$$

得

$$\alpha_1 = \arctan \frac{\varphi L_1}{L - \varphi h_g} \quad (10\text{-}29)$$

同理可推导出汽车可能停驻的极限下坡路倾角

$$\alpha_1' = \arctan \frac{\varphi L_1}{L + \varphi h_g} \quad (10\text{-}30)$$

一般要求各类汽车的最大停驻坡度不应小于 16%~20%；汽车列车的最大停驻坡度为 12% 左右。

第五节 制动驱动机构的设计与计算

制动系工作的可靠性在很大程度上取决于制动驱动机构的结构和性能。因此，对制动驱动机构首先要求工作可靠；其次是制动力矩的产生和撤除都应尽可能快，以充分发挥汽车的动力性能；再次是操纵轻便省力；最后是加在踏板上的力和踩下踏板的距离应该与制动器中产生的制动转矩有一定的比例关系，即所谓的随动作用。下面依次讲述液压和气压制动驱动机构的设计。

一、液压制动驱动机构的设计

液压制动驱动机构主要由制动踏板、制动总泵、制动分泵及管路等组成。

1. 制动轮缸直径 d 的确定

制动轮缸对制动蹄（块）施加的张开力 F_0 与轮缸直径 d 和制动管路压力 p 的关系为

$$d = 2\sqrt{F_0/(\pi p)} \quad (10\text{-}31)$$

制动管路压力一般不超过 12MPa，若是盘式制动器，制动管路压力可更高一些。压力越高，对管路（特别是制动软管及管接头）的密封性要求越严格，但驱动机构越紧凑。轮缸直径 d 应在标准规定的尺寸系列（单位为 mm）中选取：19、22、24、25、28、30、32、35、38、40、45、50、55。

2. 制动主缸直径 d_0 的确定

一个轮缸的工作容积

$$V_i = \frac{1}{4} \sum_1^n d_i^2 \delta_i \quad (10\text{-}32)$$

制动主缸

式中，d_i 为轮缸活塞的直径；n 为轮缸中活塞的数目；δ_i 为轮缸活塞在完全制动时的行程，初步设计时，对鼓式制动器可取 $\delta_i = 2 \sim 5\text{mm}$。

所有轮缸的总工作容积

$$V = \sum_1^m V_i$$

式中，m 为轮缸数目。

在初步设计时，制动主缸的工作容积 V_0，对于乘用车，$V_0 = 1.1V$；对于商用车，

$V_0 = 1.3V_c$。

主缸活塞行程 S_0 和活塞直径 d_0 可用式（10-33）确定：

$$V_0 = \frac{\pi}{4}d_0^2 S_0 \quad (10\text{-}33)$$

一般 $S_0 = (0.8 \sim 1.2)d_0$。

主缸的直径 d_0 应符合系列尺寸（单位为 mm）：19、22、26、28、32、35、38、40、45。

3. 储液罐的设计

储液罐的作用是储存制动液，向制动主缸及制动系供液。储液罐一般采用聚丙烯材料。储液罐最小容积一般是制动主缸单腔失效容积的 2~3 倍，最大容积为制动主缸单腔失效容积的 3~5 倍。单腔失效容积要保证汽车倾斜 45°时还能有 3~5 次制动。制动主缸单腔失效容积的计算公式为

制动主缸单腔失效容积=（3~5）×制动主缸单腔活塞行程×活塞截面积

采用液压制动的汽车，储液罐的加注口必须易于接近，从结构设计上必须保证在不打开容器的条件下能很容易地检查液面。若不能满足此条件，则必须安装制动液面过低报警装置。储液罐一般固定在制动主缸上，有些由于布置需要直接把储液罐固定在车身上，此固定方式增加了吸液管，使制动系失效的可能性增加。储液罐在汽车上应该竖直安装，外置储液罐安装的高度应比制动主缸进液口高，以保证有一定的进液压力，以利于制动主缸工作。

4. 真空管的布置

真空管用于连接发动机进气歧管和真空助力器。真空管布置设计时应合理利用发动机舱盖上的有效空间，不应与其他零部件发生运动干涉，并防止真空管弯曲半径过小或者过大。一般情况下，若采用橡胶软管，弯曲半径是 30mm；若采用尼龙管，弯曲半径是 50mm 或者 80mm。对于较长的真空管应加支架或夹子固定。真空管总成包含有单向阀，橡胶真空管和内置单向阀相匹配，尼龙真空管和外置单向阀相匹配。

5. 制动管的布置

制动管分为制动软管和制动硬管。

液压制动软管总成由制动软管和制动软管接头组成，制动软管与软管接头之间是永久性连接，该连接是靠接头部分相对于软管压皱或冷挤变形来实现的。在设计制动软管的长度时，要综合考虑车轮跳动的上、下两个极限位置，转向轮还应该考虑转向的极限位置。制动软管的长度要适中，不能太短，否则在车轮跳动或车轮转向时会造成软管脱落；也不能太长，否则会导致软管的膨胀过大，影响制动性能。在汽车行驶的过程中，制动软管的位置会随着车轮位置的变化而变化，因此在容易与其他部件干涉或容易刮伤的软管处要加上挡圈或护簧等保护装置。

对于采用前盘浮动钳制动器的中高档轿车，可采用金属软管，它不易损坏，并有一定的伸缩能力，在高压力制动时发生的膨胀极小，但成本高。

制动硬管为双层卷焊钢管。它由两面镀铜的冷轧钢带横向卷轧两圈成管形后，通过钎

焊炉在还原体中沿管壁结合面进行钎焊,使结合面结合为 Cu-Fe 合金。双层卷焊钢管的主要优点是耐振动和疲劳,具有很高的防渗漏和防爆破性能,尺寸精确,内表面清洁、光滑,易于加工成形。在布置管路时,要尽量与车身贴靠,一般与车身的距离保持在 10mm 左右;应防止与其他部件以及制动管路之间发生相互干涉;在容易发生变形或脱落的地方加上管夹,一般在 200~300mm 就应该有一个管夹及管夹支架。

6. 踏板力 F_p

制动踏板力 F_p 的计算公式为

$$F_p = \frac{\pi}{4} d_0^2 p \frac{1}{i_p} \frac{1}{\eta} \tag{10-34}$$

式中,i_p 为踏板机构的传动比;η 为踏板机构及液压主缸的机械效率,可取 $\eta = 0.82 \sim 0.86$。

制动踏板力应满足以下要求:最大踏板力一般为 500N(乘用车)或 700N(商用车)。设计时,制动踏板力可在 200~350N 的范围内选取。

7. 制动踏板工作行程 S_p

其计算公式为

$$S_p = i_p (S_0 + \delta_{01} + \delta_{02}) \tag{10-35}$$

式中,δ_{01} 为主缸中推杆与活塞间的间隙,一般取 $\delta_{01} = 1.5 \sim 2.0$mm;$\delta_{02}$ 为主缸活塞的空行程,即主缸活塞从不工作的极限位置到使其皮碗完全封堵主缸上的旁通孔所经过的行程。

最大踏板行程(计入衬片或衬块的允许磨损量),对乘用车应不大于 150mm,对商用车不大于 180mm。此外,作用在制动手柄上最大的力,对乘用车不大于 400N,对商用车不大于 600N。制动手柄最大行程,对乘用车不大于 160mm,对商用车不大于 220mm。

二、气压制动驱动机构的设计

由于车型、质量及用途的不同,气压制动驱动机构的组成形式也不同。设计的主要问题是组成元件的设计与选择,以及空气压缩机、储气筒和制动气室的压缩气体生产、储存、消费关系的确定。一般气压制动驱动机构中,由调压器调定的储气筒压力为 0.67~0.73MPa,而溢流阀限定的储气筒最高压力则为 0.9MPa 左右。为了在空气压缩机停止工作后一段时间内,仍能保证各个气动装置的正常工作,各个气动装置的工作气压应低于储气筒压力。在计算时可取工作气压为 0.6MPa。

1. 制动气室设计

制动气室有膜片式和活塞式两种。膜片式的优点在于结构简单,对室壁的加工要求不高,但所允许的行程较小,膜片寿命也较短。活塞式的优点是不需经常调整,推力不变,行程大。目前,活塞式有取代膜片式的趋势。图 10-13 所示的制动气室输出的推杆推力 F_Q,其计算公式为

$$F_Q = \frac{a}{2h}(F_{01}+F_{02}) \quad (10\text{-}36)$$

如果制动气室的工作压力为 p，则力 F_Q 的作用面积

$$A = \frac{F_Q}{p} = \frac{a(F_{01}+F_{02})}{2hp} \quad (10\text{-}37)$$

对活塞式制动气室

$$A = \frac{\pi}{4}D^2$$

式中，D 为制动气室直径。

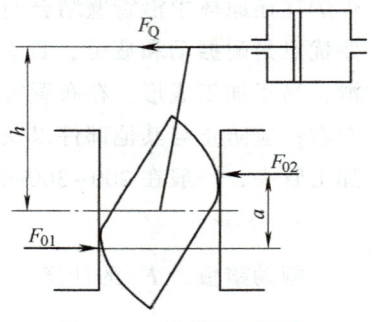

图 10-13　凸轮张开装置

制动气室直径 D 为

$$D = \sqrt{\frac{2a(F_{01}+F_{02})}{\pi hp}} \quad (10\text{-}38)$$

若给出制动蹄端部的行程，并已知制动凸轮轮廓几何参数，便可求出制动时所需凸轮转角，并求得 a 与 h 的值。于是气室推杆行程

$$l = \lambda\frac{2h}{a} \quad (10\text{-}39)$$

式中，λ 为行程储备系数，其中包括摩擦衬片允许磨损量的影响。对于在使用过程中推杆行程实际上不变的刚性中间传动机构，可取 $\lambda = 1.2 \sim 1.4$；对于带有摩擦件的中间传动机构，则应取 $\lambda = 2.2 \sim 2.4$ 或更大。

活塞式制动气室的工作容积 V_s 的计算公式为

$$V_s = Al = \frac{\pi}{4}D^2 l \quad (10\text{-}40)$$

2. 储气筒

储气筒容积大小应适当。容积过小将导致每次制动后，筒中压力降落太大，因而在空气压缩机不工作时可能进行的有效制动次数太少；储气筒容积过大将使得充气时间过长，影响及时出车。若汽车上具有气动车门开闭机构、空气悬架等大量消耗压缩空气的装置，往往加设副储气筒。主、副储气筒之间有压力控制阀，在主储气筒压力高于 0.63MPa 时方对副储气筒充气。

设储气筒容积为 V_c，所有制动管路总容积为 $\sum V_g$，所有制动气室压力腔最大容积之和为 $\sum V_s$。一般 $\sum V_g$ 为 $\sum V_s$ 的 25%～50%。

在制动前，储气筒同制动管路及制动气室隔绝。制动气室压力腔容积为零。制动管路中空气的绝对压力为大气压力 p_o。若此时储气筒相对压力为 p_c，则制动前储气筒-制动管路-制动气室系统中空气的绝对压力与容积的乘积的总和

$$\sum pV = (p_c+p_o)V_c + p_o\sum V_g \quad (10\text{-}41)$$

完全制动时，储气筒中压缩空气经制动阀输入到所有制动管路和制动气室，直到它们的相对压力达到制动阀所控制的最大工作压力 p_{max} 后，将储气筒同制动管路及制动气室隔绝。此时制动气室压力腔容积达到最大值 $\sum V_s$，同时储气筒中相对压力降低到 p'_c。此时上述系统中的空气绝对压力与容积的乘积的总和

$$(\sum pV)' = (p_c' + p_o)V_c + (p_{max} + p_o)(\sum V_g + \sum V_s) \quad (10\text{-}42)$$

设空气的膨胀过程为等温过程，则

$$\sum pV = (\sum pV)' \quad (10\text{-}43)$$

即

$$(p_c + p_o)V_c + p_o\sum V_g = (p_c' + p_o)V_c + (p_{max} + p_o)(\sum V_g + \sum V_s)$$

因而在空气压缩机不工作时，进行一次完全制动后，储气筒的压力降

$$\Delta p_c = p_c - p_c' = \frac{(p_{max} + p_o)(\sum V_g + \sum V_s) - p_o\sum V_g}{V_c} \quad (10\text{-}44)$$

相对于调压器调定的储气筒压力的压力降，Δp_c 应不超过 0.03MPa。在设计时一般取储气筒总容积

$$V_c = (20\sim40)\sum V_s \quad (10\text{-}45)$$

在设计时还应考虑在空气压缩机不工作的情况下，储气筒内气压由最大压力降至最小安全压力前的连续制动次数 n，其计算公式为

$$n = \frac{\lg\dfrac{p_{cmax}}{p_{cmin}}}{\lg\left(1 + \dfrac{\sum V_g + \sum V_s}{V_c}\right)} \quad (10\text{-}46)$$

式中，p_{cmax} 为储气筒内空气的最高绝对压力；p_{cmin} 为储气筒内空气的最低绝对压力。一般要求 $n = 8\sim12$ 次。

储气筒内的气压很高，需要对储气筒进行强度计算。由于储气筒直径远大于储气筒壁厚，因此按薄壁圆筒对储气筒进行强度计算。

3. 空气压缩机的选择

空气压缩机的出气率应根据汽车所有气动装置耗气率的总和来确定。每次制动所消耗的压缩空气的容积

$$V_B = \sum V_s + \sum V_g$$

每次制动所消耗的压缩空气的质量 m_{wB}（kg）为

$$m_{wB} = \frac{pV_B}{RT} \quad (10\text{-}47)$$

式中，p 为制动管路压力（Pa）；R 为空气的气体常数，可取为 287J/(kg·K)；T 为热力学温度（K），$T = 273 + t$，其中，t 为周围大气温度（℃）。

每单位时间内在制动方面所消耗的压缩空气质量（耗气率）

$$W_B = m_{wB}m \quad (10\text{-}48)$$

式中，m 为单位时间内制动次数，在市内 $m = 0.8\sim1.4$ 次/min，在郊外公路上 $m = 0.2\sim0.5$ 次/min。

汽车总的耗气率

$$W_o = W_B + \sum W_f + W_e \quad (10\text{-}49)$$

式中，$\sum W_f$ 为车上各种气动附属装置的耗气率的总和（kg/min）；W_e 为单位时间内容许

漏气量，一般取为 $3×10^{-6}$ kg/min。

考虑到还有不可预料的压缩空气损失和空气压缩机停止工作的可能，空气压缩机的出气率

$$W_k = (5 \sim 6) W_o$$

取空气密度为 1.3kg/m³，则按容积计算的空气压缩机出气率（m³/min）应为

$$V_k = (5 \sim 6) \frac{W_o}{1.3} \tag{10-50}$$

空气压缩机出气率（m³/min）与其主要设计参数的关系为

$$V_k = \frac{\pi D^2 S n i}{4} \eta_V \tag{10-51}$$

式中，D 为气缸直径（m）；S 为活塞行程（m）；i 为气缸数；n 为空气压缩机曲轴转速（r/min）；η_V 为容积效率，在设计时取 $\eta_V = 0.5 \sim 0.7$。

一般活塞行程与缸径之比 $S/D = 0.5 \sim 0.75$。空气压缩机的转速 n 值按平均车速来决定，有时取变速器挂直接档时发动机转速的 50%～100%。

4. 气管直径的选择

气压系统各元件连接管路直径的正确选择，对气压系统的工作有很大的影响。每个气路的直径应与其通过气量相适应，使得压缩空气在通过气路时压力不致下降太多，气路中各元件工作的滞后时间不致过长。

连接工作元件与分配元件的气管内径 $d_{管}$ 的计算公式为

$$d_{管} = 2 \sqrt{\frac{L}{\pi v}} d = 2 \sqrt{\frac{L}{\pi v}} \tag{10-52}$$

式中，L 为单位时间通过气管的压缩空气的容积（m³/s）；v 为气管中空气通过速度（m/s），设计时取 $v = 10 \sim 20$ m/s。

由空气压缩机到储气筒的气压管路的内径 d 与空气压缩机的出气率有关，其计算公式为

$$d = 2 \sqrt{\frac{DCi}{\pi v}} \tag{10-53}$$

式中，D 为空气压缩机活塞面积（m²）；C 为空气压缩机额定转速时的活塞平均速度（m/s），为 3～4m/s；i 为空气压缩机缸数。

当空气压缩机出气率小于 80L/min 时，选内径为 10mm 的气管；当压缩机出气率为 80～200L/min 时，选内径为 15mm 的气管；当压缩机出气率大于 200L/min、气管长度大于 2.5m 时，选内径不小于 22mm 的气管。

对于耗气气管，一般采用 14mm×12mm、12mm×10mm 或 10mm×8mm 的气管。小直径的气管（6mm×4mm）用在通过气量不大的管路中（如气压表及其他控制元件）。

第六节　ABS 的匹配

车轮抱死滑移是十分危险的，特别是后轮抱死而发生的侧滑更为危险。因此，汽车安装有限压阀、比例阀、惯性阀等装置对后轮制动力进行分配和调节，以减少后轮抱死。但

这并不能完全解决车轮制动时的抱死问题。因为各种调节装置的 β 线常在 I 线的下方，因此不管在任何附着系数 φ 值的路面上制动，前轮仍可能先抱死而使汽车失去转向能力；此外，因为它是开环制动系，无法感知制动轮的运动状况，轮缸或气室压力不能进行相应的调节，制动轮得不到相应的控制。汽车防抱制动系统（Antilock Braking System，ABS）可感知制动轮的瞬时运动状态，实时调节制动器制动力矩的大小，避免出现车轮抱死现象，是一个闭环控制系统。它可使汽车在制动时维持方向稳定性和缩短制动距离，有效地提高行车安全性。装有 ABS 的汽车，不仅要求其满足传统制动系的要求，还要求满足装有 ABS 汽车的特有性能。我国关于装有 ABS 汽车的性能试验方法和要求详见 GB/T 13594—2003《机动车和挂车防抱制动性能和试验方法》。

一、ABS 的工作原理

汽车在制动过程中，车轮在路面上的运动是一个边滚边滑的过程，而车轮未制动时可认为是纯滚动状态。当车轮抱死时，车轮在路面上的运动处于纯滑动状态。为了定量描述车轮的运动状态，引入车轮滑动率（滑移率）s 这一概念，它用来表示车轮滑动成分的多少，其定义为

$$s = \frac{v - r_e \omega}{v}$$

式中，v 为车轮中心速度即汽车车身速度；r_e 为车轮动力半径；ω 为车轮的角速度。

附着系数 φ 与车轮滑动率 s 的关系如图 10-14 所示。当 $s = 0$ 时，车轮处于纯滚动状态，轮胎纵向附着系数为 0，侧向附着系数最大；当 $s = 15\% \sim 20\%$ 时，轮胎纵向附着系数最大，侧向附着系数较大；当 $s = 1$ 时，车轮处于纯滑动状态，即车轮为抱死状态，轮胎纵向附着系数有所下降，侧向附着系数几乎为 0。ABS 通过控制制动管路中的压力，使车轮滑动率保持在 15% 左右，此时，轮胎纵向附着系数达到最大，制动效能最好，同时具有良好的转向和抵抗侧向干扰的能力。

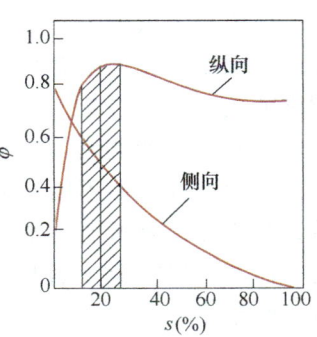

图 10-14 附着系数与车轮滑动率的关系

防抱制动系统主要由传感器、控制器和压力调节器三部分组成，如图 10-15 所示。其工作过程是汽车制动时，首先由轮速传感器测出与制动车轮转速成正比的交流电压信号，并将该电压信号送入电子控制单元（ECU）；由 ECU 中的运算单元计算出车轮速度、滑动率及车轮的加、减速度，然后由 ECU 中的控制单元对这些信号加以分析比较后，向压力调节器发出制动压力控制指令。使压力调节器中的电磁阀等直接或间接地控制制动压力的增减，以调节制动力矩，使之与地面附着状况相适应，防止制动车轮抱死。

二、ABS 的配置及控制

ABS 的配置是指汽车车轮或车轴的制动力矩是否直接受控于防抱制动系统和其控制方式，以及 ABS 轮速传感器、电磁阀的安装数量及安装部位的设计形式。

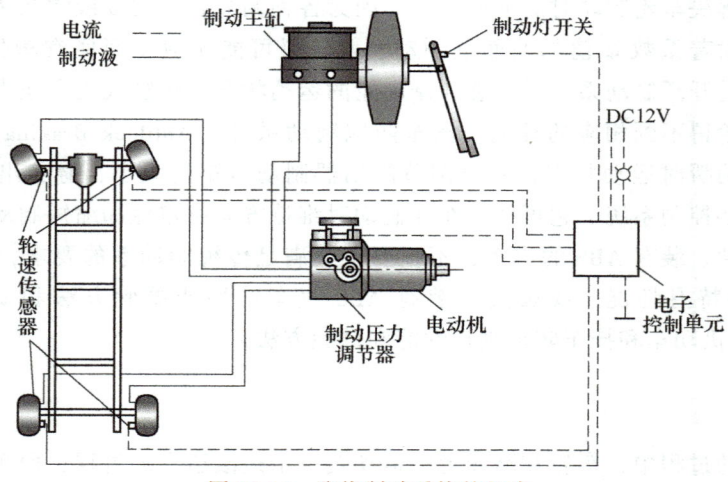

图 10-15 防抱制动系统的组成

ABS 的配置方法多种多样，典型三通道 ABS 的配置方式如图 10-16 所示，图中 ABS 由 4 个磁电式轮速传感器（简称 4S）、3 个电磁阀（简称 3B）和防抱电子控制单元（ECU）组成。它采用前轮独立控制，后轮"低选"轴控制的三通道（4S/3B）系统。所谓"低选"是指当左、右两个车轮处于不同附着系数路面上制动时，电子控制单元根据在低附着系数一侧路面测定的轮速进行控制，使左、右两个车轮具有相等的制动力，来保持制动方向的稳定性，但不能充分利用高附着系数路面一侧所能提供的最大制动力。而"高选"能分别利用高、低附

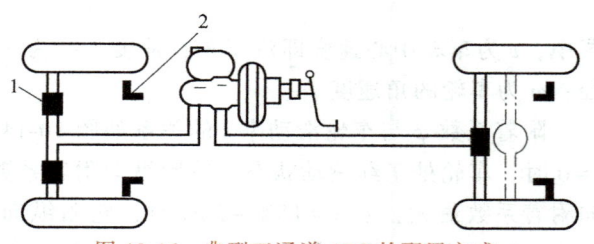

图 10-16 典型三通道 ABS 的配置方式
1—电磁阀　2—磁电式轮速传感器

着系数路面所能提供的最大制动力，但将产生不利于行驶稳定性的偏转力矩。目前三通道系统具有较高的性能价格比优势，广泛应用于前、后双管路和交叉双管路布置的乘用车。

根据不同车型结构、ABS 售价和用户的性能要求，可采用不同的 ABS 配置方式。除上述三通道外，还有以下典型方案。

四通道 ABS（见图 10-17a、b）有四个轮速传感器，分别对四个车轮进行独立控制，构成四通道控制形式。它可以最大限度地利用每个车轮的最大附着力进行制动，且各车轮均有较高的抗侧滑能力。但如果左、右两个车轮的附着系数相差较大（如路面部分积水或结冰），会影响汽车的制动方向稳定性。图 10-17c 所示为二通道 ABS，由于不能兼顾到方向稳定性、转向控制性和制动效能，目前很少采用。图 10-17d 所示为一通道 ABS，也称单通道 ABS，它在后轮制动器管路中设置一个制动压力调节器，在后轮上安装轮速传感器，一般对两后轮采用"低选"原则进行控制。其结构简单，成本低，曾广泛应用在轻型载货车上。

由于 ABS 在制动过程中是根据车轮运动状态来实时调节制动管路的压力，以实现制动时防止车轮抱死的目的，因此其控制方法十分重要。目前，主要有逻辑门限值控制、PID 控制、滑模变结构控制、最优控制、模糊控制、神经网络控制等方法。仿真控制时一

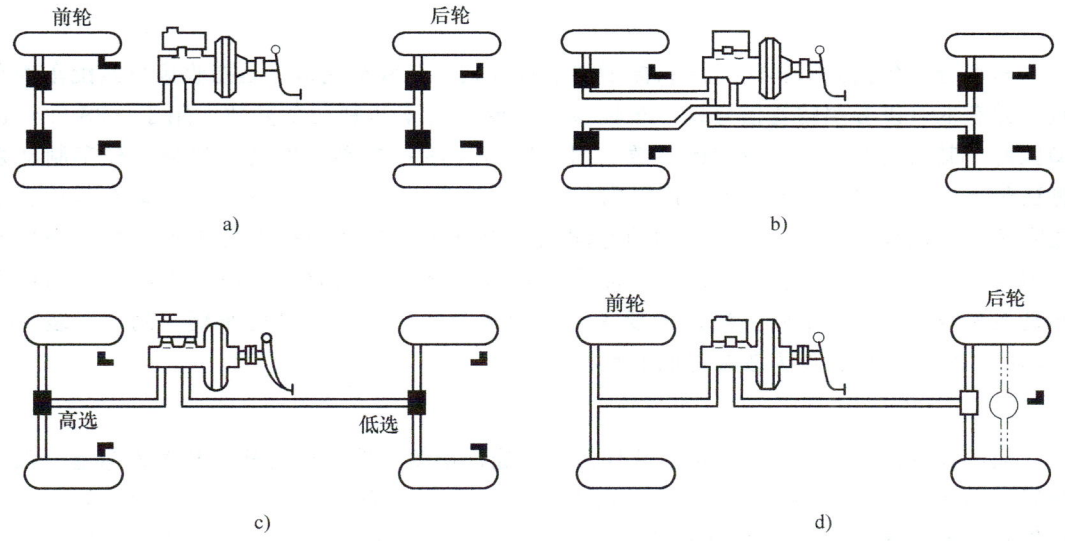

图 10-17 四、二、一通道 ABS 的配置方式

般以滑移率作为控制目标,而在 ABS 实际控制中滑移率只是估算值,又由于车辆模型的非线性以及参数的不确定性,基于模型的控制方法普遍存在稳健性问题,无法实用化。逻辑门限值控制方法不涉及具体系统的数学模型,对于非线性系统比较有效,具有控制简单、计算量小、便于实现的优点,因此该方法在实际工程中应用最为广泛。

三、ABS 匹配任务

ABS 匹配流程如图 10-18 所示。其主要任务分为车型分析、软件开发、硬件匹配、软件标定、可靠性测试和数据管理等。

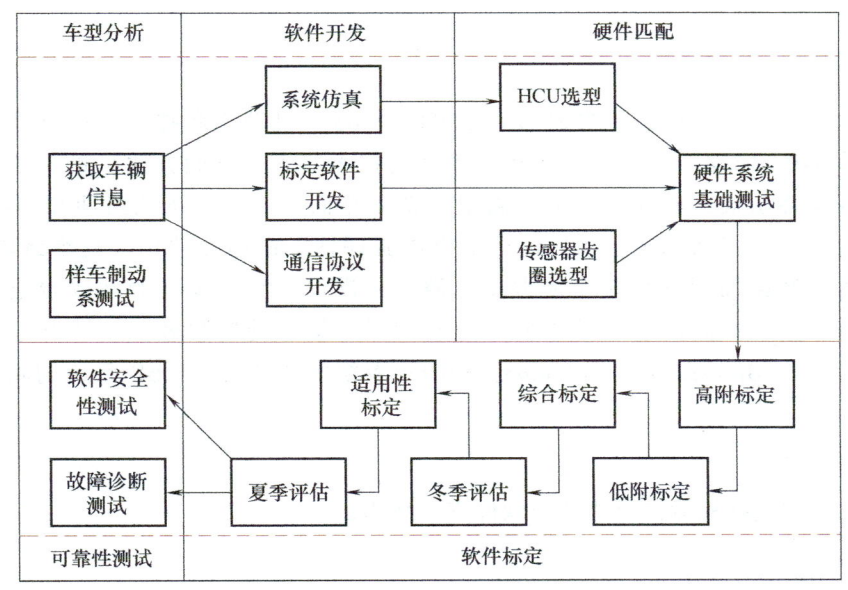

图 10-18 ABS 匹配流程

1. 车型分析

车型分析包括获取车辆信息和样车制动系测试。获取车辆信息是指收集待匹配车辆参数，并获取可以参照的通信协议。车辆参数主要是整车和制动系参数，用于 ABS 硬件选型匹配；其次是车辆建模所需的参数，用于后续 ABS 控制参数的仿真研究。样车制动系测试包括以下内容：车况检测，用以判断车辆是否符合 GB 7258—2017《机动车运行安全技术条件》的要求；制动系静态和动态测试，用以建立制动踏板力与制动总泵、分泵的压力与流量关系，并根据试验结果判断车辆是否符合 GB 12676—2014《商用车辆和挂车制动系统技术要求及试验方法》的要求；对标试验，对带有 ABS 的车辆，测试原装 ABS 的功能和性能指标，作为匹配对照的目标。

2. 软件开发

软件开发包括系统仿真、标定软件开发和通信协议开发。标定软件开发为标定工程师开展 ABS 软件标定提供相应的工具。由于标定工具的使用还需要 ECU 软件的协同，标定软件开发需要修改 ECU 中的 ABS 程序、底层交互程序，根据需求还要配置个人计算机上的操控界面。通信协议开发则是为了实现 ABS 与整车其他电控系统的信息交互。一方面是根据整车要求的通信方式配置 ECU 的底层硬件接口，另一方面是根据交互的协议内容和需求信息开发 ECU 程序。

3. 硬件匹配

硬件匹配是指液压调节单元（HCU）选型、传感器齿圈选型和硬件系统基础测试。HCU 选型根据制动系的特性对 HCU 结构要求进行选型。其主要参数包括 HCU 形式、增/减压阀节流孔尺寸、蓄能器容积、回流泵尺寸、电动机转速等。根据 ABS 工作的车速要求来确定传感器性能与齿圈齿数，在保障传感器与齿圈间隙的条件下设计传感器的安装方式。通过轮速和阀的驱动测试，判断系统线束连接是否正确。验证硬件匹配完成后 ABS 能够正常工作。

4. 软件标定

ABS 软件标定基本试验要参照 GB 13594—2003《机动车和挂车防抱制动性能和试验方法》和 GB 21670—2008《乘用车制动系统技术要求及试验方法》的相关规定，性能应符合强制性法规的要求。需进行高附着系数路面、低附着系数路面和高-低附着系数路面混合的综合路面标定，还要进行冬季试验评估、适用性评估、夏季试验评估等。比如高附着系数路面通常包括干燥混凝土路、干燥沥青路，少量的水或尘土会降低一点路面附着系数，在高附着系数路面紧急制动时车辆载荷转移较大，装有电子制动力分配（Electronic Brakeforce Distribution，EBD）系统的，还要对 EBD 系统的功能参数进行标定。

5. 可靠性测试

可靠性测试包括故障诊断测试和软件安全性测试。

6. 数据管理

数据管理是指对 ABS 程序管理及对试验数据与报告管理。

第七节　鼓式制动器的热-力耦合的有限元分析

鼓式制动器制动时摩擦片和制动鼓相互挤压产生接触压力和摩擦力，摩擦力做功会产生大量的热，使接触表层温度迅速升高至数百摄氏度。若存在不均匀的热变形，则会改变摩擦片和制动鼓的接触压力场分布。此外，温度的升高还会改变摩擦片和制动鼓的硬度和摩擦系数，从而改变接触压力和摩擦力的分布。这些力的分布的改变会改变热传导，使得热应力增加而制动力矩减小。因此，制动过程伴随着温度场和应力场的耦合过程，对制动器进行温度场及应力场的耦合分析，可以为制动器结构优化设计提供理论支持。

制动器热-力耦合问题涉及复杂的几何结构和接触非线性问题，而利用有限元法能够对鼓式制动器在单一的温度载荷或机械载荷作用下，以及热-力耦合问题的温度分布、应力及变形进行分析和研究。本节利用有限元法分析 EQ1090E 型汽车前轮鼓式制动器热-力耦合行为的特性，通过顺序耦合方式，利用 ANSYS 软件对制动鼓两种简化模型进行热分析、结构分析和热-力耦合分析，说明不同载荷对制动鼓温度分布、变形及应力的影响。其分析步骤如下：

一、制动鼓分析模型的建立

制动鼓所用的材料是灰铸铁（HT250），其主要材料性能参数见表 10-2。

表 10-2　灰铸铁（HT250）的材料性能参数

弹性模量 E/GPa	125	许用拉应力 $[\sigma]$/MPa	63（50~300℃）
泊松比 μ	0.26	热导率 $[W/(m\cdot℃)]$	50
密度/(kg/m³)	681	线胀系数/℃$^{-1}$	12.5×10^{-6}（20~400℃）
强度极限/MPa	250		

由于制动鼓的受力情况比较复杂，在建立分析模型时做了如下假设：
1）在最高车速时开始制动，直到车速为零。
2）制动过程中摩擦片的摩擦系数不随温度和压力的变化而变化。
3）制动气室的压力保持不变。
4）摩擦片和制动鼓之间在包角范围内完全接触。
5）摩擦衬片只发生径向变形，且符合胡克定理。

根据制动鼓的结构及受力特点，采用两种模型进行分析：1/8 模型与 1/2 模型。如果对制动鼓的受力情况进行简化，设蹄鼓间的最大压力 $p_{\max}$ 是均匀地作用在制动鼓的内表面的，可采用 1/8 模型进行分析；而实际中蹄鼓间的压力沿摩擦衬片长度方向基本是按正弦曲线规律 $p=p_{\max}\sin\alpha$ 分布的，考虑到包角的范围（一般不宜大于 120°），对制动鼓施加正弦载荷时，则采用 1/2 模型进行分析。

根据热分析、结构分析和热-力耦合分析的需要，建模时必须选择热分析单元和结构分析单元分别对模型进行网格划分。热分析单元采用 SOLID 90，结构分析单元采用 SOLID 95。两种制动鼓有限元模型的网格划分如图 10-19 所示。

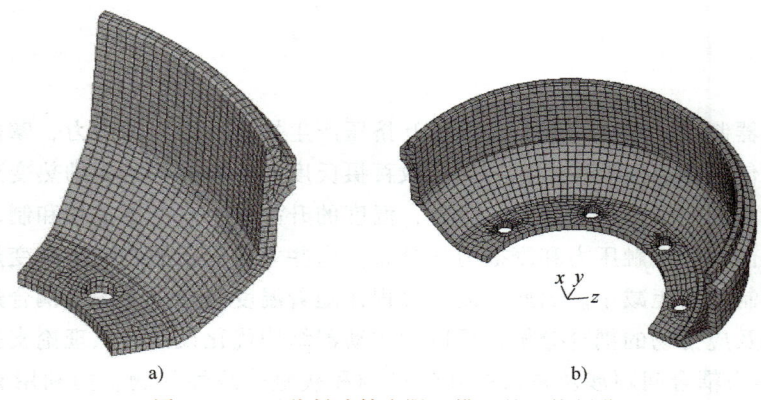

图 10-19 两种制动鼓有限元模型的网格划分

a) 1/8 模型　b) 1/2 模型

二、制动鼓的边界条件

1. 热分析的边界条件

制动鼓表面与空气的对流系数为 62.3W/(m²·℃)，假设大气温度为 24℃，分析制动鼓与摩擦衬片接触的内表面在 100℃的温度载荷下的温度分布，对流载荷加在制动鼓与空气接触的表面上，如图 10-20 所示。

2. 结构分析的边界条件

1/8 模型中，制动鼓与摩擦衬片之间最大压力 p_{max} 是均匀地施加在制动鼓的内表面上的，通过计算，最大压力 p_{max} 值为 1.82MPa；同时在旋转轴 z 轴上施加角速度载荷，在模型的两端面上施加对称约束，在螺栓孔处施加全约束，如图 10-21 所示。

1/2 模型中，制动鼓内表面压力沿摩擦衬片长度方向为正弦曲线规律 $p = p_{max}\sin\alpha$ 分布，如图 10-22 所示，包角取为 110°；同时绕 z 轴施加的角速度载荷及其他约束条件与 1/8 模型相同。1/2 模型边界条件如图 10-23 所示。

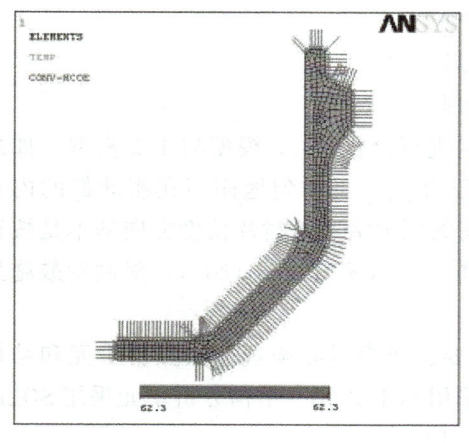

图 10-20　热分析边界条件

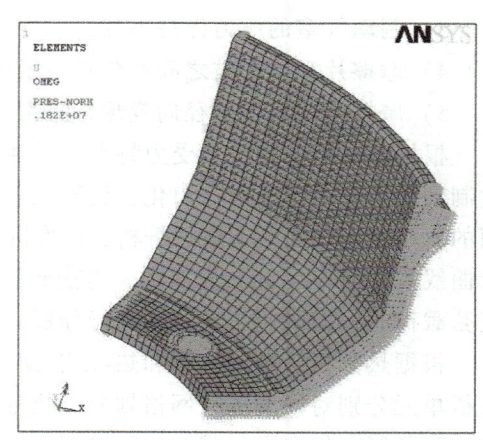

图 10-21　1/8 模型边界条件

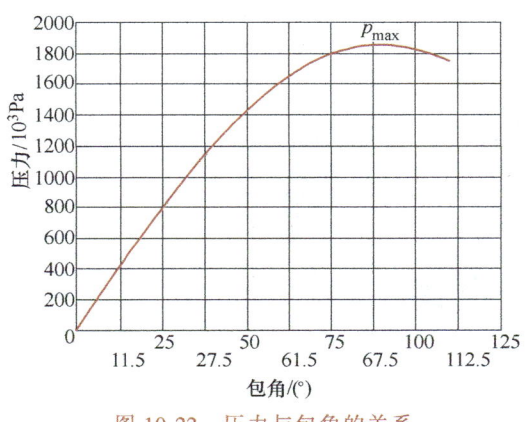

图 10-22 压力与包角的关系

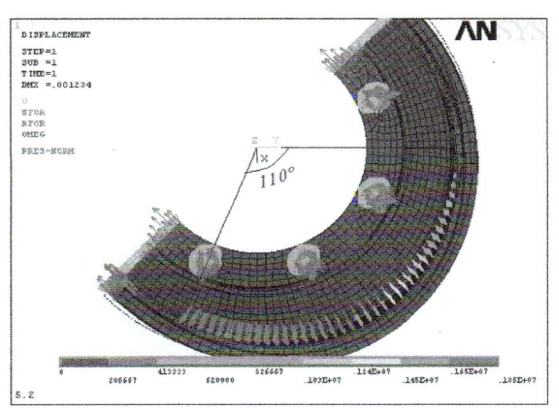

图 10-23 1/2 模型边界条件

3. 耦合分析的边界条件

利用顺序耦合方式，将热分析所得的节点温度作为体载荷，同时施加其他机械载荷，约束的施加与结构分析相同。在 1/8 模型中，耦合分析的边界条件如图 10-24 所示。

三、有限元仿真结果与分析

由于两种模型分析方法类似，这里以 1/8 模型为例，对其有限元结果进行分析。

1. 热分析结果

制动鼓的热分析中，三维 1/8 模型与 1/2 模型所得的温度分布是一致的。图 10-25 所示为 1/8 模型温度分布云图，由图 10-25 可看出，最低温度出现在螺栓孔附近，为 50.3℃。

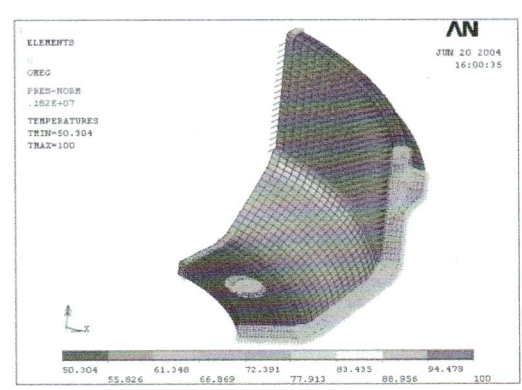

图 10-24 耦合分析边界条件（1/8 模型）

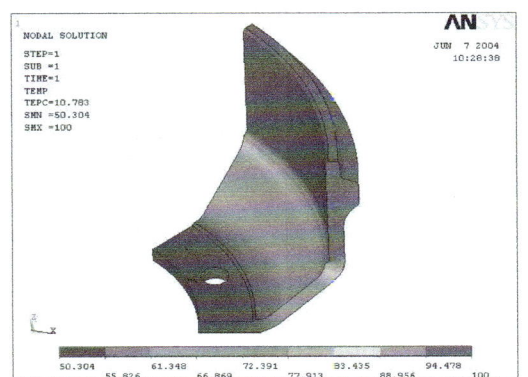

图 10-25 1/8 模型温度分布云图

2. 结构分析结果

用 S1（第一主应力）反映制动鼓在蹄鼓间最大压力及角速度载荷作用下的应力场，并绘出制动鼓径向位移场 UX 云图（见图 10-26），最大径向位移为 0.047mm，最大应力为 28.0MPa。

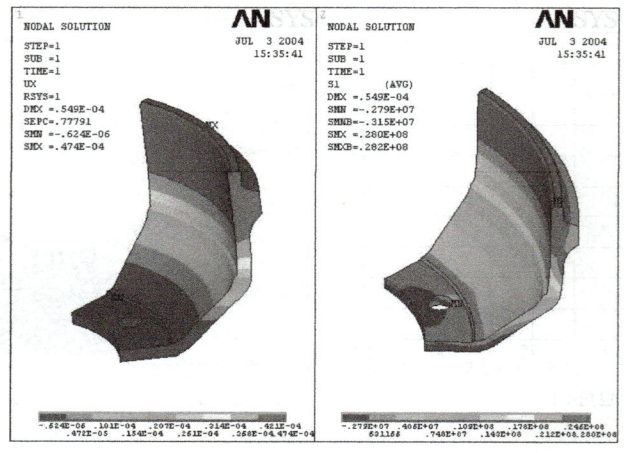

图 10-26 结构分析的径向位移云图和应力云图

3. 耦合分析结果

在结构分析中读入热分析结果文件,其他载荷及约束的施加方式和结构分析相同。用 S1(第一主应力)反映制动鼓在蹄鼓间最大压力、旋转惯性力及温度载荷共同作用下的应力场,并绘出制动鼓径向位移场 UX 云图(见图 10-27),最大径向位移为 0.337mm,最大应力为 43.8MPa。制动鼓的最大应力 $\sigma_{1max} < [\sigma] = 63$MPa,满足材料强度要求。

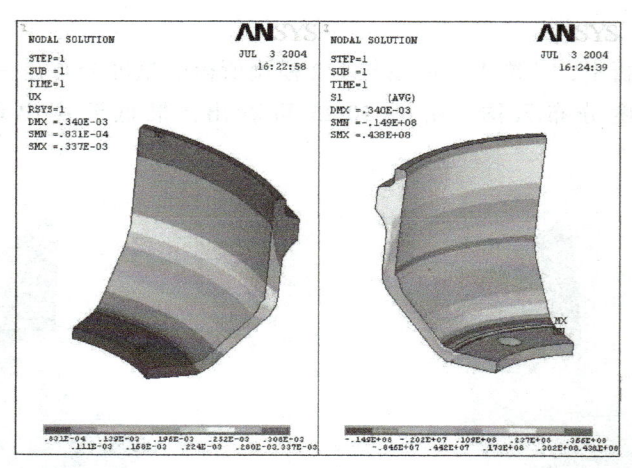

图 10-27 耦合分析的径向位移云图和应力云图

4. 结论

对比制动鼓 1/8 模型的热分析、结构分析和热-力耦合的分析结果,发现耦合分析所得的最大径向位移与最大应力都较大,说明温度对制动鼓的刚度与强度有很大影响,因此对制动鼓进行设计时必须考虑温度的影响;1/2 模型与 1/8 模型由于载荷施加方式的不同,两种模型之间有限元计算结果将会存在一定的差异,但有限元分析的结论是基本一致的。本节只对鼓式制动器在单一工况下,即持续制动进行了热-力耦合分析,为了更全面地研究制动鼓摩擦升温和应力分布对制动性能的影响，必须分析其他工况带来的影响，如紧急制动、重复制动等。为改善制动鼓散热效果，可在制动鼓周向加肋、径向加肋以及采用可能的强制降温措施以提高制动鼓的安全制动效果。

拓展资源
1~6

思 考 题

1. 设计制动系时应当满足哪些基本要求？
2. 什么是制动器效能因数？其主要影响因素是什么？
3. 前、后制动力矩如何分配？盘式制动器、鼓式制动器的制动力矩与哪些因素有关？
4. 进行盘式制动器的设计时制动力矩的作用半径如何确定？
5. 汽车有哪几种制动驱动形式？各自的应用范围如何？
6. 简述 ABS 的工作原理、主要配置形式以及进行汽车 ABS 匹配的主要任务。
7. 进行鼓式制动器的热-力耦合的有限元分析建立模型的假设条件是什么？

参 考 文 献

[1] 阎楚良，杨方飞．机械数字化设计新技术［M］．北京：机械工业出版社，2007．
[2] 苏春．数字化设计与制造［M］．2版．北京：机械工业出版社，2009．
[3] 杨海成．数字化设计制造技术基础［M］．西安：西北工业大学出版社，2007．
[4] 郭钢．新产品数字化设计与管理［M］．重庆：重庆大学出版社，2004．
[5] 刘涛．汽车设计［M］．北京：北京大学出版社，2008．
[6] 王望予．汽车设计［M］．4版．北京：机械工业出版社，2004．
[7] 任传波，庄继德，邹广德，等．汽车产品开发［M］．北京：机械工业出版社，2007．
[8] 过学迅．汽车设计［M］．2版．北京：人民交通出版社，2013．
[9] 黄金陵．汽车车身设计［M］．北京：机械工业出版社，2007．
[10]《汽车工程手册》编辑委员会．汽车工程手册：设计篇［M］．北京：人民交通出版社，2001．
[11] 喻凡，林逸．汽车系统动力学［M］．2版．北京：机械工业出版社，2017．
[12] 刘超凡．Benchmarking开发流程建立及应用研究［D］．长沙：湖南大学，2014．
[13] 郭一鸣，汪建安．乘用车参考样车静态参数的对标分析［J］．湖北汽车工业学院学报，2010（1）：15-20．
[14] 祁鹏华，褚超美，张轶．Benchmarking技术在汽车开发领域中的应用［J］．机械设计与制造，2008（10）：64-66．
[15] 王巍．逆向工程技术及其在汽车研发中的应用［J］．科技与创新，2016（5）：115．
[16] 武燕．逆向工程在汽车零部件设计中的应用研究［J］．价值工程，2014（30）：81-82．
[17] 王隆宇．SUV总体布置关键问题的研究［D］．长春：吉林大学，2013．
[18] 朱卫钢．基于人机工程学的汽车布置方法研究［D］．杭州：浙江工业大学，2016．
[19] 赵韩，程飞．基于人机工程学的轿车车身总布置设计［J］．合肥工业大学学报，2014，37（11）：1281-1284．
[20] 张洪欣．汽车设计［M］．2版．北京：机械工业出版社，1999．
[21] 钟文彬，周林杰．纯电动乘用车总布置设计研究［J］．上海汽车，2010（8）：3-7．
[22] 张华清．纯电动汽车的整车布置［J］．汽车工程师，2018（9）：47-49．
[23] 赵云．电动汽车结构布置及设计［J］．汽车电器，2006（6）：4-11．
[24] 印博．关于电动汽车动力系统总布置设计的研究［J］．科技风，2013（11）：79．
[25] 刘巳洋．中国新能源汽车开发三大模式［J］．新远见，2013（3）：16-25．
[26] 贺林．电动汽车设计［M］．合肥：合肥工业大学出版社，2017．
[27] 黄佳腾，罗永革．创新中的中国新能源客车［M］．北京：人民交通出版社股份有限公司，2016．
[28] 陈家瑞．汽车构造［M］．3版．北京：机械工业出版社，2009．
[29] 徐石安，江发潮．汽车离合器［M］．北京：清华大学出版社，2005．
[30] 林恩，桂良进，范子杰．膜片弹簧力学特性有限元分析［J］．汽车工程，2010，32（10）：892-896．
[31] 高维山．变速器［M］．北京：人民交通出版社，1990．
[32] 杨陆奕．壳体设计原则在SCM变速器中的应用［J］．上海汽车，2008（4）：17-21．
[33] 宋建军，唐立中，梁伟朋．变速器壳体设计方法研究［J］．机械研究与应用，2017，30（2）：58-61．
[34] 牛铭奎，高炳利，葛安林，等．双离合器式自动变速器系统［J］．汽车技术，2004（6）：1-3．

［35］ 葛安林. 车辆自动变速器理论与设计［M］. 北京：机械工业出版社，1993.

［36］ 武田信之. 载货汽车设计［M］. 方永龙，译. 北京：人民交通出版社，1998.

［37］ 刘惟信. 汽车设计［M］. 北京：清华大学出版社，2001.

［38］ 林秉华. 最新汽车设计实用手册［M］. 哈尔滨：黑龙江人民出版社，2005.

［39］ 羊拯民. 传动轴和万向节［M］. 北京：人民交通出版社，1986.

［40］ SCHMELZ F, et al. 万向节和传动轴：分析·设计·应用［M］. 伍德荣，肖生发，陶健民，译. 北京：北京理工大学出版社，1997.

［41］ TANIK C M, PARLAKAS V, TANIK E, et al. Steel compliant Cardan universal joint［J］. Mechanism and Machine Theory, 2015, 92：171-183.

［42］ 张胜兰，郑冬黎，郝琪，等. 基于HyperWorks的结构优化设计技术［M］. 北京：机械工业出版社，2007.

［43］ 姜勇，张波. ANSYS7.0实例精解［M］. 北京：清华大学出版社，2004.

［44］ 王海峰. 基于ADAMS的某车型前悬架的建模与分析［J］. 机械研究与应用，2008（5）：85-88.

［45］ 范成建，熊光明，周明飞. 虚拟样机软件MSC.ADAMS应用与提高［M］. 北京：机械工业出版社，2006.

［46］ 蒋励，余卓平，高晓杰. 宝马主动转向技术概述［J］. 汽车技术，2006（4）：1-4.

［47］ 欧阳永和. 浅析汽车线控转向系统［J］. 内燃机与配件，2018（5）：27-28.

［48］ 陈于思，黄锡金. 汽车线控转向系统发展概况与典型布置形式［J］. 汽车与驾驶维修（维修版），2017（12）：125-126.

［49］ 冯樱. 双领浮式制动器制动效能的计算与分析［J］. 湖北汽车，2000（2）：16-19.

［50］ 余志生. 汽车理论［M］. 6版. 北京：机械工业出版社，2019.

［51］ 马迅，秦剑. 制动鼓的热-结构耦合分析［J］. 湖北汽车工业学院学报，2004，18（3）：5-9.

［52］ 马迅，秦剑. 基于有限元法的制动鼓的耦合分析［J］. 机械设计与研究，2005（1）：68-71.

［53］ 龚曙光. ANSYS工程应用实例解析［M］. 北京：机械工业出版社，2003.

［54］ 郑燕萍，王瑜，宋怀兰. 基于CAE的驱动桥壳设计方法探讨［J］. 汽车技术，2007（6）：26-29.

［55］ 马迅，田荣. 基于协同仿真环境的驱动桥壳有限元分析［J］. 重庆工学院学报，2007（17）：69-72，86.

［56］ 金加龙. 汽车底盘构造与维修［M］. 4版. 北京：电子工业出版社，2016.

［57］ 张永辉. ABS匹配流程与标定技术研究［D］. 北京：清华大学，2010.

［58］ 李春，郝永明，李玲. 商用车气压ABS的设计匹配对制动性能的影响［J］. 客车技术与研究，2015（3）：46-48，58.

［59］ 张红妮，张雅丽，王虹霞. 电动汽车动力电池现状与发展［J］. 汽车实用技术，2019（6）：16-17.